Studies in Contemporary Capitalism

当代资本主义研究丛书

反对资本主义

Against Capitalism

戴维·施韦卡特（David Schweickart）/ 著

李智　陈志刚 等 / 译

中国人民大学出版社
·北京·

中文版序

　　《反对资本主义》是在 1989 年至 1991 年间那个多事之秋的氛围下撰写的，其间，经历了苏联解体和东欧社会主义的剧变。坦率地说，当时，中国并不在我的慎重考虑之列。

　　十多年前，我已开始把研究的重心转移到那个原本要成为我学术生涯的核心问题上：如果像马克思所坚信的那样，资本主义在工艺上的成就真的已经为一个真正的"人类社会"奠定了基础，如果我们不可能从资本主义社会直接飞跃到这个完全属人的"共产主义"社会，那么，这其间的过渡社会会是怎样的呢？

　　我们都知道，在这一点上，马克思没有明言。他倒是作出了不少提示性的表述，但没有提供一幅蓝图，哪怕一幅粗线条的草图也没有。当然，我不能因此而批判他。作为一位十足的科学家，他是不会花太多的精力去冥想他不可能证明的那些东西的。当时，毕竟没有证据，还没有人从事过任何这样的社会实验。

　　但如今，就过渡问题而言，情形会是怎样的呢？真的就存在着这样一系列的体制改革，能够为我们提供一种经济上明显充满活力、很大程度上会避免资本主义弊端的经济吗？应该说，迄今还没有这样一种十全十美的社会，还没有这样一种真正的共产主义，也还没有这样一个日子比我们过得好得多的社会。我的问题是——30 年前是、今天仍然是——凭目前我们自身的情形以及所掌握的技术和资源，我们能否有某种信心宣称：存在这样的非资本主义的替代性社会，无论在经济方面，还是在伦理道德方面，它比最好的资本主义形式的性能还要优越？

到 1980 年，我就得出了结论：对这个问题的回答是肯定的。确实存在这样一种形式的社会主义，起码从理论上讲，在经济方面和在伦理方面都比资本主义要优越。但这种社会主义并非当时那种主导着世界的社会主义形式，它并非苏联模式的翻版。我早就断言：一种充满活力的、理想的社会主义形式必须是工人自我管理的、市场的社会主义。[1]

因此，从某种意义上说，苏联模式的社会主义的解体不应该使人惊惶失措。我从来就不是中央集权的信徒，而我所探求的社会主义模式从来就定位在苏联模式的尖锐对立面上。然而，解体确实引起了一片恐慌，因为在当时，遭到断然否定的不仅仅是苏联模式。到 20 世纪 80 年代末，在社会主义国家，人们已普遍地认为，苏联式的指令性经济模式存在着深刻的弊病，起码有必要把某些市场的成分引入到这种体制中，以便使它变得更有效率。东欧大部分国家，乃至在某种程度上包括苏联，都在经历着市场社会主义的实验（自 1978 年以来，中国也在进行市场导向的巨大改革，但市场机制在东欧引入得更早，也更为理论化和系统化，因此，我一直对此密切关注）。在我看来，这些都是令人振奋的进展。在这一部分世界里，一种新的秩序——一种民主的、有效率的市场社会主义秩序——似乎正在孕育当中，就基本形式而言，它正符合我分析和倡导了十余年的那种模式。

然而，情形似乎并非如此。东欧、苏联共产主义体制的结束，不仅仅包含传统的苏联模式，还有那些同样有着市场社会主义因素的国家所进行的一切实验。当时，并不明朗的是，为什么会如此？在本来有更为理性的措施可供选择的情况下，这些国家为什么偏要采用那些如此明显地被误解为所谓"休克疗法"的计划？当然，这其中，西方——尤其是美国，也有西欧国家——强制性冲开了这些国家的经济门户，剥夺它们最有价值的资产，斩除它们所有社会主义的因子，最为要命的是，摧毁了那个关于企业可以由它的工人民主地管理的危险理念。[2]但是，难以理解的是，在这些国家，如此众多的市场社会主义的倡导者——这其中，有最为杰出的——为何如此迅速地否弃了他们过去的理论，而全身心地接受资本主义的复辟？比方说，像詹诺斯·科尔奈（Janos Kornai）这样有名的市场社会主义理论家怎么会这般写道："实现市场社会主义的企图产生出一种不自洽的体制：公有制的统治与市场的运作是不兼容的。"还有，怎么会说，工人自我管理"是改革进程的一大死结"[3]？

显然，我得反思我的论证。于是，就有了呈现在读者面前的这本书。正如本书所指出的那样，反思证实了我原初的结论。随着我最初的考察和研究不断地拓展，不断累积起来的理论上的和经验上的证据一直是在强化——而不是削弱——我的那个论断，即有一种比资本主义更美好的样式。东欧和苏联的进展绝没有使此断言失效。

稍加反思，我们就能看到：东欧那些如此快地拥抱亲资本主义议程的市场社会主义者既没有道德上的人格，也缺乏知性上的自信心，没法抗拒来自西方一流学府里著名经济学家所策划的政策，这些政策当然得到了美国和西欧政治和财政实力的支持。值得注意的是，上述引言所出自的科尔奈那本冗长的、灰暗的书曾获斯隆基金、福特基金和麦当娜基金的全额资助。其中许多内容是他在哈佛大学期间写就的，在那里，他应邀自1984年定期在"休克疗法"的设计师——杰弗里·萨克斯（Jeffrey Sachs）——所在的那个系讲学。

我决定把这本新书命名为《反对资本主义》，以此来强调一个事实，它是与当时凯歌高奏的亲资本主义情形针锋相对的。书名所提示的只是，本书是批判性的，是对资本主义消极性特征的一个概览，而实际上，本书的核心是对积极的替代性社会的一种阐明和辩护。很久以来，我就意识到，替资本主义辩护的一个最强有力的论据是被称为"TINA"的说法，即"别无选择"（There Is No Alternative）。要反驳这个论据，就不得不展示出一个替代者来——我在这本书里就这么做了，并称此替代者为"经济民主"（Economic Democracy）。

在《反对资本主义》出版十年后的今天，事态又是如何发展的呢？我认为，这本书主要的论证已经确立得相当牢靠了。事实上，我刚出版了另一本书，它再次替"经济民主"的基本模式作了辩护，再次更新了论据，只是这一次用的是不那么专业、而更贴近人的基调。[4]在过去的十年间，世界所发生的变化很少有支持资本主义的迹象。恰恰相反，继苏联瓦解时的那些被胜利冲昏头脑的日子之后，资本主义兴高采烈的情绪一落千丈。

还是想想当时资本主义的辩护士们所作的允诺和预言吧，他们曾信心百倍地断定：

> 俄罗斯和其他前社会主义社会在短期内就会变成兴旺发达的、在主流上是社会民主的社会。
>
> 剩余的那几个尚自称为社会主义的国家将很快步东欧社会主义的后尘，放弃社会主义的旗号。
>
> 社会上的富国，由于不再负担像冷战期间那样大规模的军备，会利用它们的专业技术和部分财富扶持穷国去赢得由资本主义所（自恃能够）推动的增长和发展。
>
> 一个全球性经济稳定的新时代必将到来。
>
> 一个世界和平的新时代将开启。

再来思量一下现实吧：

——东欧和苏联各加盟共和国所进行的巨大实验已经在很大程度上失败了，在许多场合，甚至遭受灭顶之灾。那些如此确信企业家精神和社会民主的资本主义会因此兴旺起来的所谓专家都已犯傻，多数人已销声匿迹了。

——世界上没有任何其他一个共产党政府——中国、越南、老挝、朝鲜或古巴——崩溃了，也没有任何这样的政府放弃他们的社会主义"遗产"（至少在形式上）。

——富国与穷国之间的差距迅速拉大，极度贫困的人群和极度贫困的国家的数量继续在攀升。[5]在后冷战时代，在穷国当中，还没有取得资本主义成功的例子。

——世界经济在重重危机中举步维艰，在内部金融精英圈子里，每一次这样的危机都引起恐慌。自冷战结束后，我们已经经历了墨西哥的"龙舌兰酒危机（tequila crisis）"、东亚的破产、俄罗斯的负债，还有巴西那场难以遏制的危机和如今发生在阿根廷的金融混乱。与此同时，日本经济也停滞不前，欧洲也意识到自身难以应付最高纪录的失业率，美国——就在我写这篇稿子的当下——股市正在下挫，卷走了数万亿美元的财富，其中大量的钱是普通老百姓的养老金。

——就世界和平而言：美国和它诸多的盟国投入到反伊拉克、南斯拉夫和阿富汗的战争。如果当前的美国政府一意孤行，它很可能马上又会陷入与伊拉克的战争中。在此期间，在非洲，一直发生着大规模的种族灭绝行为，还有众多军事武装起来的宗教原教旨主义已赢得了越来越多的信徒，因而越发变得有攻击性和破坏性了。

本书所阐明的"经济民主"理论同近来世界局势的进展是完全相吻合的。这些进展进一步证实了其中最基本的一个论点，那就是：资本主义是一种存在深层次缺陷的经济制度，完全不可能解决目前那些挑战人性的基本问题。事情的真相是，在过去十年间，资本主义已经耗尽其体制运作的自由，而事态已变得更糟（而不是好转）了。作为一种经济制度，资本主义看来行将穷尽它一切存在的理由。然而，仍待追问的问题是：是否有一种充满活力的替代性社会呢？

本书的论证得出了肯定的回答。而且，还有一些东西没来得及在本书中强调，我认为，当今世界存在着某些实实在在的力量，对在此所阐明和辩护的替代者的发展方向施加影响。倘若我们真的是历史唯物主义所界定的那种有创造性的、讲究实际的、善于解决问题的人，倘若本书的基本论点是正确的，那么，无论在此处，还是在别处，一种沿着这里的理论所提示的路线走下去的经济重构行动迟早会加以尝试。

中国会是担此重任的地方吗？显然，中国正处于一个历史关头。它到底要走哪条道路，这对中国自身与世界其他地区的后果和影响都将是深远的。把问题提得更尖锐点：1978年开始的改革进程会在向市场经济的过渡中达到极限吗？或者说，它会放任某些力量在可预见的将来就把国家瓦解掉吗（如同俄罗斯改革所做的那样）？或者说，它会仍然捍卫社会主义的基本价值取向，并创造出某些真正优越于资本主义的东西，成为真正"有中国特色的市场社会主义"吗？

我刚从杭州的一次学术研讨会赶回来，这次讨论会的主题是："全球化与中国的发展之路"。在会上，有众多的中国与国外学者——包括好几位曾是高级官员、现已退休的人士——直接就上述问题展开了激烈的争论。其中作了重要陈述的有：

来自海外的（除我本人外）：萨米尔·阿明（Samir Amin，第三世界论坛，塞内加尔，达喀尔），佩里·安德森（Perry Anderson，加利福尼亚大学洛杉矶分校历史学系，《新左翼评论》编辑），罗宾·布莱克本（Robin Blackburn，埃塞克斯大学社会学系，《新左翼评论》编委会成员），阿米雅·巴格奇（Amiya Bagchi，社会科学研究中心，加尔各答），约瑟夫·佛史密斯（Joseph Fewsmith，波士顿大学政治学系）和崔之元（新加坡国立大学）。

三位离任的知名官员是：杜润生（中共中央农村政策研究室原主任）、于光远（中国社会科学院原副院长）和朱厚泽（中共中央宣传部原部长）。

发言人还有：秦晖（清华大学教授）、汪晖（《读书》杂志主编）、温铁军（《中国改革报》总编）、胡祖刚（杭州商学院院长）、曲万文（台湾"中央经济研究所"副所长）。[6]

对我而言，靠一次学术讨论会、一次短暂的访问，就对中国的发展作出某种判决性的断言，可能是轻率和失当的。不过，我还是想通过提供几点对中国的印象来结束这篇献给中文版的"序言"。我不是中国学者，但透过本书所发展出来的这面理论透镜，我一直关注中国好些时日了。

《反对资本主义》是逆意识形态潮流而写的。没有一个充满活力的替代资本主义的社会，似乎获得了广泛的认同。与此同时，真要走这条路（追随资本主义），其客观制约因素也是很强大的，它们会不断激发出抵抗的力量。这些制约因素有三方面：

物质条件：很显然，"融入主流"，如果这意味着或多或少的经济私有化，而又不能增加国家对社会的民主调控，那么它不可能解决中国现在所面临的巨大问题，而最大的可能是使问题变得更严重。其中，最为严重的问题有：

大规模的失业、地区间和个人间的不平等与环境恶化。

意识形态：在某些群体中，无论对"社会主义的价值观念"的"效忠"有多少水分，一个仍然存在的事实是，在改革实施过程中，这些价值观念必须纳入慎重考虑之列，其旨归是替代资本主义的理想社会——不是退回到中央集权，而是一种承认工人参与企业管理和分享利润的权利、同时认可国家对投资的重要调控的市场社会主义。这些价值都是一个充满活力的、理想的社会主义的核心特征（正如本书所阐明的）。

阶级（阶层）斗争：阶级（阶层）斗争，无论是公开的还是隐蔽的，是任何尚未克服匮乏问题的社会（除了最原始的社会）所共有的，在这一点上，马克思当然是对的。自然地，在与生产资料的关系中处于相似地位的个体有着共同的利益，而这种共同利益通常被他们理解为普遍性利益，并且，只要有可能，他们就竭力加以推进。中国的情形当然是这样的。如今，中国有一个为数不多、但充满活力的中产阶级（阶层），他们会不断开拓，寻求自身的利益。但这绝不能推导出一个先定的结论，即这些人的利益要超越工人和农民的利益。当然，这也有可能，但如果因此导致阶级（阶层）斗争公开化，那么，可能带来的或是一损俱损、同归于尽；或有可能达成某种富有创意的阶级（阶层）妥协，并因此而开创出一个全新的社会体制。[7]

应该记起的是，领导者并不总是得到了他们认为正在得到的东西——即便在他们成功之时。正如马克思所注意到的，许多法国革命的领袖原以为，他们是在再造一个罗马共和国，而实际上他们在缔造的是一个现代意义的资本主义国家。不难设想，那些自认为在把中国纳入"主流"的人，事实上，是在把自身融入到孕育一个本质上全新的经济组织形式的阶段性进程中，而这个经济组织形式将被证明为远远优越于资本主义。

如果资本主义在中国复兴，带来的后果又会是怎样的呢？鉴于我们对本书所展示的理论的理解，凭借历史经验的证实，我们能够有把握地预测到：

● 稳步攀升的失业率；
● 不断扩大的地区差距和不断升级的地区紧张；
● 大规模的人口迁移和伴随而来的社会动荡；
● 生活在永久性贫困和绝境中的人口数量的激增；
● 不断加剧的生态灾难；
● 一个非政治化的公民，瞬间就成了种族或宗教煽情下的牺牲品，变得放浪形骸、麻木不仁。

这样的前景是可能的，当然也不是不可避免的。一个迥异的未来是可设想的。如果说20世纪是美国的世纪，那么21世纪将是中国的世纪，作这样的预测当然是基于另外的理由。即便有朝一日中国的 GDP 赶超美国（这当然是可能的），其人均收入也不可能达到美国人目前就已享有的水平。要知道，我们这个星球上的生态系统本来就不能够支撑这样高的消费层次。既然人类的繁荣并不以奢侈性消费（发达资本主义国家已沉溺于其中）为必要前提，接受相对落后这个事实并不残酷。

中国在军事实力上也超越不了美国。差距如此之大，因而也不值得费心力去弥合。可见，这也不是一个难以接受的事实。如同苏联所认识到的，军备竞赛只会耗尽自己；也如同美国正在意识到的，在现代世界，军事霸权算不了什么。如今，美国也许比任何时候都要趾高气扬，但美国公民的生活质量肯定不比 1989—1991 年苏联东欧剧变事件之前要高，也不会更幸福。恰恰相反，现在是浸在恐怖主义的恐惧中，止不住要紧张地发问："他们为何要这般仇视我们？"

如果中国特色的市场社会主义的大胆创新实验是成功的，那么 21 世纪必将是中国的世纪。如果中国真的能够完善一种真正民主的、工人自我管理的社会主义所要求（起码是）的某些机制，那么，"中国案例"将比苏联案例（尽管有这样那样的缺陷，但毕竟维持了半个世纪）要鼓舞人心得多。地球上深受贫困之苦的人们迫切希望有一种充满活力的发展战略，而现在发达资本主义国家那些处处担惊受怕的工人，也该竭尽全力、迫切要求有一种属于他们自己的、合理的、民主的经济制度，即所谓德国特色、法国特色、意大利特色、瑞典特色、英国特色、日本特色或美国特色等的市场社会主义。

走资本主义、还是走社会主义之路，还是让所有斗争着的阶层都陷入俄罗斯式的深渊里——这些都是处于这个历史时刻的中国所可能面临的前景。我毕竟是个哲学家，而不是什么预言家，我不会费劲去预测中国这场正在进行着的阶层竞争的大结局。我们所能希望的是，工人阶级，乃至整个人类的真实而持久的利益必将战胜一切。

戴维·施韦卡特

2002 年 8 月 5 日于芝加哥

[注释]

[1] 关于这个主题，在我的第一本书《资本主义还是工人管理？——一种伦理学和经济学的评判》（*Capitalism or Worker Control?: An Ethical and Economic Appraisal*，New York：Praeger，1980）中有所讨论。

[2] 就这一时期详细的描述，参见彼得·高文（Peter Gowen）：《全球游戏：华盛顿

争夺对世界的统治》（*The Global Gamble：Washington's Fautian Bid for World Domi-nance*，London：Verso，1999），尤其是第九章。

　　[3] 詹诺斯·科尔奈：《社会主义制度：共产主义的政治经济学》（*The Socialist System：The Political Economy of Communism*，Princeton，N. J.：Princeton University Press，1992），500、469 页。

　　[4] 戴维·施韦卡特：《资本主义之后》（*After Capitalism*，Lanham，Md.：Rowman and Littlefield，2002）。

　　[5] 联合国报告指出：富国与穷国之间的收入差距自 1990 年的 60：1 扩大到 1997 年的 74：1。[《联合国发展规划，1999》（*United Nations Development Programme*，1999，Oxford：Oxford University Press，1999），p. 3。]世界银行的报告也指出：从 1987 年到 1999 年，每天靠一美元左右维持生计的人口数量增长了 25％。[《世界发展报告，1999》（*World Development Report*，Washington D. C.：World Bank，1999），p. 25。]

　　[6] 在此，我要向曹天予与林春致谢，他们组织了这次引起强烈反响的活动，"会议简报"将用中文发表，作为献给中国共产党的十六大的一份礼物，见曹天予编：《现代化、全球化与中国之路》（北京，中央编译出版社，2002）。

　　[7] 对资本家在社会主义社会所能发挥的积极作用的分析，参见戴维·施韦卡特：《关于马克思主义的十大论题与共产主义的过渡》，见曹天予编：《现代化、全球化与中国之路》。

献给

帕　茨

……劳动的政治经济学对财产的政治经济学还取得了一个更大的胜利。我们说的是合作运动，特别是由少数勇敢的"手"独立创办起来的合作工厂。对这些伟大的社会试验的意义不论给予多么高的估价都是不算过分的。工人们不是在口头上，而是用事实证明：大规模的生产，并且是按照现代科学要求进行的生产，在没有利用雇佣工人阶级劳动的雇主阶级参加的条件下是能够进行的；他们证明：为了有效地进行生产，劳动工具不应当被垄断起来作为统治和掠夺工人的工具；雇佣劳动，也像奴隶劳动和农奴劳动一样，只是一种暂时的和低级的形式，它注定要让位于带着兴奋愉快心情自愿进行的联合劳动……

同时，1848年到1864年这个时期的经验毫无疑问地证明，不管合作劳动在原则上多么优越，在实际上多么有利，只要它没有越出个别工人的偶然努力的狭隘范围，它就始终既不能阻止垄断势力按着几何级数增长，也不能解放群众，甚至不能显著地减轻他们的贫困的重担……要解放劳动群众，合作劳动必须在全国范围内发展，因而也必须依靠全国的财力。但是土地巨头和资本巨头总是要利用他们的政治特权来维护和永久保持他们的经济垄断的。他们不仅不会赞助劳动解放的事业，而且恰恰相反，会继续在它的道路上设置种种障碍……

所以，夺取政权已成为工人阶级的伟大使命。

——卡尔·马克思：《国际工人协会成立宣言》（1864）
[《马克思恩格斯全集》，中文1版，第16卷，
12～13页，北京，人民出版社，1964——译者注]

前　言

毋庸讳言，这本书是逆潮流而写的。人人都知道，现在流行的一种观点是，社会主义死了，共产主义亡了，我们也看到"讣告"了。著名哲学家、麦克阿瑟"天才"奖得主理查德·罗蒂（Richard Rorty）说过：

> 对我们这些西方左翼知识分子来说，得经历好长一段心理调适期，才可理解"社会主义"这个词已经丧失光彩了。这个词所遭遇的命运，就像是其他许多的词，它们所拥有的光彩和力量都来自一个这样的观念，即：资本主义的替代物是伸手可及的。我们将不得不放弃使用"资本主义经济"这一术语，就仿佛我们已经知道了一种运行起来的非资本主义经济体制看来是如何如何的。[1]

"讣告"也许早产了。本书会证明罗蒂的说法是错误的。我们确实能够看到一种运行起来的非资本主义经济体制会是怎样的。共产主义的领导在东欧和苏联的瓦解，尽管与我们要讨论的问题不无相关，但并不能证实罗蒂及其他人所说的话。

本书要阐明一个更为有力的观点：由于存在着这样一种资本主义的替代物，它不仅富有生机活力，而且有着明显的优越性，因此，资本主义不再拥有一种有效的合理化证明，无论是经济上的、还是伦理道德上的。如果上述观点是正确的话，那么知识分子（西方出自左翼的分子和其他人）就应该停止伪称资本主义理应赢得我们对它的道德上的皈依。我们应该认识到，在眼下，我们之所以不可能超越资本主义，并不是因为除资本主义以外就不存在一种充满活力的理想之物，而是因为那种从现存社会秩序中获得既得利益的势力还太强大了。问题就这么简单。面对这种势力，人们要么是决定培植自己的后备力量，要么是改良现存的资本主义中粗劣的方面，要么是为激进的变革而斗争。三种选择都可以找到事例证明自身是值得做的。如果这里的说法是合乎情理的，那么下述的观点就不可能再加以坚持了："你需要资本主义来确保商品和服务的可靠供给，保证有足够的税收盈余为社会福利提供资金支持。"[2]

不消说，本书所阐明的这个强有力的论点不可能以某种数学证明的或科学发现的确定性来确立，结论不可能单单以逻辑的方式从某些不证自明的公理推导出来，也不存在这样一个国家，人们可以指着它说："在这，你看到了吧。"这里的论证更有点像法庭的审判程序：当被告人申诉自己无罪时，检举人必须一点一点地、一套一套地罗列证据，归整起来，直到提出的诉讼变得毫无疑义、"铁证如山"。这就是我在这里所要采取的策略，资本主义处在被告席上，读者则是陪审员。

这种法庭式的类比并不能贯彻到底。在刑事法庭，说服陪审员相信被告确实犯了重罪就足够了。但在政治哲学领域，仅仅举证证明资本主义的缺陷是不够的，因为它大多数的缺陷是众所周知的。对如此众多的（资本主义）批判的一个强有力的反驳如雷轰顶："那么拿出你的替代物来！"把丘吉尔为民主所作的辩护转换成为资本主义的辩护则是："这是所有可能中的最坏的制度，若无所有其他的制度。"这项（对资本主义的）批判工作实打实地遭受了同样（来自为资本主义辩护）的挑战。但无论如何，一种替代物会呈示出来，它就叫"经济民主"，其体制将会得到详细的阐述，其经济活力也会获得辩护。我将借助于一系列的经济、伦理参量，把它同资本主义的众多模式进行比较，由此向世人显示它优越得多的可取性。

同法庭程序相比的另一个不可类比性在于语言修辞。只要是能够感化陪审团，律师可以恣意地使用他们所能掌握的一切修辞诀窍（诡计）。我所接受的正式训练是数学的、哲学的，而不是法律的。我致力于对本书论点进行合乎理性的辩护。在提出有利于资本主义的论证、确认"经济民主"可能有的弱点时，我希望做到细致周到、公正不偏。在考虑论证所诉诸的价值，以及这些价值对怀有善意的人们（无论他们是保守的、自由的，还是左翼的）来说所可能有的可接受度时，我会尽力做到直率无疑。并非这里所呈现的每一个论证都会为每一个人所接受，因为，就如同将要表明的，有些论证本来就是建立在可争议的价值之上的。然而，我期待，在所有的话都说完时，即便是最保守的读者也都会被合乎情理地说服：资本主义不再具有有效的合理性。

我们若不是在所有的论点上，也有足够的共识足以达成这个最终的判定。

本书的酝酿工作一拖再拖。22年前，我以数学副教授的身份从岗位上退下来，研究哲学，因为我确信：我们的社会沉疴累累。我逐渐确认了"问题"的一个重大部分就是资本主义，并开始从事论文的写作，力图作出论证。在阐明论点的过程中，我越来越明白，我不能回避一个最基本的问题：可能存在这样一种经济上充满活力的社会主义，它不会像苏联模式所显示的那样走向反民主的权力集中吗？于是，我潜心经济学的研究，先是写出了一篇论文，尔后数年，写出了一本书《资本主义还是工人管理？——一种伦理学和经济学的评判》[3]。

1990年秋天，我决定修订这本书。起初，我以为只是一项小小的工作——无非是更新几处统计数据，修饰几个论证，增添几个注脚。但当我重读该书时，才发现，很显然，一本在20世纪90年代将要发表的关于社会主义的书，将不能不与1980年出版的书有很大的不同。在里根执政的12年以后，政治气候已完全不同了。而且，自1980年以来，就我一直视之为研究资本主义替代物——工场民主——的核心所在的话题，出现了理论上和应用上研究的"大爆炸"。数学模型不断增生，对生产者合作社和参与型工场的个案研究也层出不穷。在此期间，世界局势发生了巨大的变化。日本和德国经济在众多经济思想领域内异军突起。国际贸易和国际竞争已经成为关注的焦点。而在十年前可不是这样。

当然，最富戏剧性的变化无疑发生在东欧：1989年剧变。它紧随苏联的解体和前南斯拉夫的流血冲突，在我开始重读我的著作时，我不能不严肃地发问：那时展开的论证到今天是否还站得住脚？或者它们现在看来是否幼稚、可笑呢？毕竟，南斯拉夫一直是我的一个重要的灵感来源。

我得说，它们确实看来还相当站得住脚，即便在我重读时明显感觉到，现在就某些主题有更多的话要说，还有补充的话题要论及。我先前那本书的读者也许会注意到：那本书的基本构架在这一册里仍然保留着。在第一章，针对为资本主义的一系列非比较性辩护，作出了评判（这一次比上次的内容要多）；而后在第二章到第五章，我着手在社会主义的一种模式（这次称为"经济民主"）与资本主义的一种理想化的形态之间展开一种延展性的比较。像以前那样，我是从效率、增长和非经济价值三方面着眼展开比较的。在第六章，我转向了基本称之为"保守主义"理念的两大相当鲜明的"自由主义"修正"版本"，意在看看它们是如何发展的。

尽管一切都重写了，大量新的材料也整合进去了，但总的说来，从第一章到第六章的中间，论证都追随了我早期的那本书。在第六章的第二节开始，材料几乎都是新的。作为第二种自由主义的替代物，我用莱斯特·瑟罗（Lester Thurow）的"新自由主义"取代了约翰·肯尼思·加尔布雷思（John Kenneth Galbraith）的后凯恩斯的"理想产业状态"，因为新的自由主义已经作为凯恩斯自由主义的一种主要的自由主义的替代物而出现了。[4]这种替代要求涉及国际贸易的主题，而这是一个第一次完全被忽视了的主题。

在第七章和第八章，处理了先前只是草率关注的问题，这些问题相应涉及的是社会主义的过渡和其他的社会主义形式。东欧的前景和教训都突出地反映在这两章里。第七章还讨论了"经济民主"同第三世界的关联。

第九章以某种个人的笔调总结了全书。在该章，我论及一个同本书主题相贴切的话题，考虑到我确认了"经济民主"同马克思主义的关联，对此话题，我尤感兴趣。我确信，这一点对其他人来说也是有趣的。

由于本书是高度跨学科的，它必然会令各路专家挠头。本书既是为哲学家、也是为经济学家所写，因此，我尽量回避诉诸任何一门学科的太专业的知识，除非预先提供细致入微的解说。尽管要冒被专业人士讥为四处都不严谨的危险，但这一策略使得本书也能面向学识上的外行读者。我也真不知道如何走出这样的困境。

本书本意就是面向广泛的读者群，但同时我也得补充提醒一句：本书缺乏修辞性，论证繁复，脚注丛生，因此，它绝非一个轻松的读本。据我的经验，学生们往往发现第一章的材料尤其难以跋涉。缺乏耐心而又想急于知晓"经济民主"是何物的读者，不妨直接跳到第二章——尽管我认为，在这么做时，可能要错过某些东西。

本书的观点和论证一直缠绕了我大半生的学术生涯，它们得到了众多人——包括学生、同事、激进经济学家、左翼哲学家、私人朋友和家人的丰富和滋养。

最后要说的是：本书的初稿是在1992年9月完成的，也就是说在比尔·克林顿当选为美国总统的前两个月。尽管我本可以在出版前做些修改，以便在书里体现这件事，但似乎没有这么做的必要。要是书是在选举后写出的，或许在某些地方，调子会有稍微的不同，但整个论证定会一仍其旧。我得说，令我高兴（惊喜）的是，我在第六章里所分析的新的自由主义现在已经如此迅速地前移到了中心位置。

［注释］

[1] 罗蒂（1992, p. 16）。

[2] 同上。

[3] 施韦卡特（1980）。

[4] 上述术语将在第二章与第六章得到厘清。简单说来，凯恩斯自由主义是美国"传统"的民主党所奉行的经济模式，而我所称的"新的自由主义"是现在为政党提供咨询的众多年轻经济学家所提出的模式。凯恩斯自由派强调充分就业和福利；新自由派倡导结构性的革新，以强化公平和国际竞争。

目　录

第一章

非比较性辩护

资本主义——它可以由人们对它做辩护吗？为了解答这一问题，首先我们得问，人们曾经怎样对它进行过辩护？

当资本主义从即将寿终正寝的封建主义脱胎而生时，自私自利的概念就成为社会瞩目的核心问题。尽管新生制度的拥护者们对于这一"基本人类情感"固有的道德意义有认识上的分歧，但是有一点他们是相同的，即认为如果适当地将之与自由市场结合起来，将对社会非常有用。[1]

他们的观点——或者说，完全是整个资本主义——一统天下。但是，麻烦很快也跟着来了。运用亚当·斯密（Adam Smith）和大卫·李嘉图（David Ricardo）的经济范畴，特别是劳动价值论，卡尔·马克思（Karl Marx）论证了资本主义的剥削本质。即使没有垄断（斯密关注的问题）或地主（李嘉图憎恶的人），自由的、竞争性的资本主义仍然剥削工人阶级，因为工人是一切价值的创造源泉，但他们却被排斥，无缘获得经济剩余。马克思说资本不是一件具有不可思议的生产力的东西，而是人类社会中的一种社会关系，一种权利关系。自由市场掩盖了资本主义社会同封建社会或奴隶社会在形式上的相同点：一个统治阶级掌握着生产工具，而被统治阶级从事生产活动。

马克思的挑战，特别是在获得了越来越具有战斗力的工人阶级的支持之后，使得资本主义陷于防守地位。但马克思学说有一个理论上的弱点，即它的奠基性的价值理论。不久，在欧洲和美洲，出现了一种新的经济学。英格兰的杰文斯（Jevons）、瑞士的沃尔拉斯（Walras）、奥地利的门格（Menger）、波姆-巴威克（Bohm-Bawerk）和韦瑟（Wieser）以及美国的约翰·贝茨·克拉克（John Bates Clark）都声称劳动价值论已经过时。"古典的"分析让位于"边际主义的"分析。新古典经济学诞生了。[2]

新古典经济学的理性胜利并没有能够制止俄国革命，它使社会主义从理想变为现实。大约用了十年的光景，各种新古典经济学家试图证明社会主义在经济上是不可行的。[3]但是很快，经济学家们发生了不同的转变。事实——价值分离被用了进来，经济学家们宣称他们自己（以经济学家的身份）置身于道德问题之外。[4]因而，对资本主义的辩护问题就留给哲学家、政治家和作为公民的经济学家去做。当然，经济学的结论仍然是重要的：资本主义比社会主义更有效率，或者说，更有利于经济增长。宣称人固有的利己主义和自由企业制度具有天然联系的人性论论点仍不时被提及，尽管提及频率随着社会主义在全世界的传播而不断下降。但是另一种观点却逐渐占了上风。当俄国革命蜕变为斯大林主义后，一些人企图极力地重申资本主义和自由之间的因果关系，或者，不如说由于法西斯主义和其他冷酷的官僚资本主义制度使得那种因果关系令人难以置信，这种关联被说成是存在于社会主义和集权主义之间。弗里德里希·冯·哈耶克（Friedrich von Hayek）声称"社会主义是通向农奴制之路"[5]。

现如今情况如何呢？还是没有完全解决。自从 1989 年以来，西方媒体一直宣称社会主义已经死亡。弗兰西斯·福山（Francis Fukuyama）宣告，历史因自由资本主义走到末日而终结。[6]罗伯特·海伯纳（Robert Heilbroner），一个长期同情左派的著名经济学家，断言："从它正式开始以后不到 75 年的时间，资本主义和社会主义之间的竞赛就结束了：资本主义赢了"[7]。

但是，怀疑情绪始终存在。我们打量着我们周围的世界。我们看到了如此多的痛苦，如此多的绝望。难道这真的是人类的命运吗？这真的是我们能够做到的最好的制度吗？如果这是历史的结束，那我们为什么还要庆祝它呢？

不仅仅是大众阶层，就是在理论界这也不是件容易理解的事，缺少共识。在经济学家中，新古典主义理论仍占统治地位。它曾经一度为凯恩斯（和大萧条）所中断，但是又被各种混合的凯恩斯经济学重新拼凑起来。[8]然而，自从 20 世纪 60 年代以来，修正过的新古典主义受到了猛烈抨击。马克思主义者、新马克思主义者、制度主义者、新李嘉图主义者和新凯恩斯主义者都否定新古典模型，他们都怀疑边际主义的分析方法。[9]有很多人，尽管不是全部，对资本主义本身持批评态度。

20 世纪 60 年代的理论混乱不仅动摇了经济学，也动摇了政治哲学。当愤怒的青年人对制度问题的不懈求解浪潮兴起时，两位哈佛哲学家站出来为资本主义进行辩护。约翰·罗尔斯（John Rawls）声称，某些形式的资本主义可以是公正的，他承认某些形式的社会主义也是如此。罗伯特·诺齐克（Robert Nozick），罗尔斯自由主义思想的批评者，把道德问题和其他让步再次加给社会主义，他赞成更加保守的自由意志主义的资本主义。[10]但并非所有的政治哲学家们都对资本主义抱有这样的同情。荒谬的是，在那种时代思潮背景下，20 世纪 80 年代在讲英语的地区，左派政治哲学雨后春笋般地涌现而且现在依然如此。虽然不是大多数，但是资本主义的批判者几乎在所有的学科都大有人在。

像这样一项工作的目的并不是为了罗列，而是为了分析评价各种理论流派。如果我们看一下前面提到的为资本主义进行辩护的那些理论，我们认为可以把它们划分成两类：比较性理论和非比较性理论。所谓"比较性的"，我指的是这样一种理论："在各种可行的选择中，资本主义是最好的"。功利主义的理论就属于这一类。有很多建立在自由主义基础上的辩护理论也属于这一类。非比较性理论声称，资本主义是公正的，因为它满足一种特定的公正标准。那些提出这种理论的人通常还声称，社会主义不能满足这个标准，但这样一种声言不是最根本的。一个非比较性理论采用了"X满足标准J"这一形式，相反，一个比较性理论则认为"X比任何一个可能的Y都更好地满足，或者是更有可能满足标准J"。

我认为到目前为止，有关资本主义的比较性理论更重要些。本书将用更多的篇幅论述它们。但是，某些非比较性的理论也是很重要的，无论从历史上看还是鉴于目前它们仍然经常被用到，并常常是间接而不是直接用到。它们得到了认真的注意并不是因为它们难以被驳倒，而是因为它们常常是一些严重误解的根源，这些误解仍在困扰那些更复杂的比较性理论。

在本章中，我们将要分析几种非比较性理论。它们都维护"权利"说。针对马克思"利润取自未支付的劳动"的指责，他们都认为这种指责是错误的。他们一致认为资本家有权利获得利润。凭什么？很多人说"凭对生产的贡献"。有些人说是"风险"，有一少部分人说是"牺牲"。诺齐克说是"自由"。我们将分析这些说法。

在开始分析之前，先看几个有关这一重要术语的词汇。我们会问这种"资本主义"是什么？让我们把资本主义看做是一种具有三个特征的社会经济制度。第一，绝大多数生产工具归私人所有，可以直接归个人，也可以通过公司这个媒介间接归个人所有。第二，绝大部分经济活动的目的是为了生产在自由市场上出售的商品和服务——"自由市场"意味着价格主要由供给和需求来决定，而没有政府的干预。第三，劳动力是一种商品。也就是说，很大一部分劳动者将他们的劳动能力卖给那些能够为他们提供生产工具、原材料和工作场所的人。

要成为资本主义，一个社会必须具有三方面体制特征：私有财产[11]、自由市场和雇佣劳动。过去和现在的一些社会都具备了其中的一个或两个，而不是全部三个特征。比如靠农奴劳动而拥有自给自足的庄园财产的封建社会，虽具备私有财产，却不存在自由市场和雇佣劳动。一个小农场主和手工业者的社会（比如说殖民时期的新英格兰）不是资本主义社会。因为尽管它具有私有财产和市场，但它几乎没有雇佣劳动。今天所有的西方工业化国家都是资本主义性质的。一套较完善的福利制度、大量的国有企业、或者自我标榜为"社会主义"的执政党的存在都不能判定一个社会是非资本主义的。只要大部分企业是私有的，由雇佣劳动来从事生产，生产的产品基本上是按非管制价格出售，那么这个社会就是资本主义社会。

记住这些特征，现在让我们来考虑如何来（非比较性地）对这种社会进行辩护。

第一节 作为贡献的边际产品

约翰·贝茨·克拉克是"资本主义分配符合按生产贡献进行分配的道德标准"这一观点的早期倡导者，他认为资本主义对每个人生产的价值给予回报，所以它是公正的。克拉克写道："对'剥削劳动'的指责充斥着整个社会。"但这种指责是错误的。因为事实证明，"竞争的自然效果是给予每个生产者的财富数量正是他为社会所提供的"[12]。哈耶克同意这种说法。在哈耶克看来，"最根本的问题是社会是否期望人们应该按照从他们的活动中获得的收益来享受利益，或者说，利益分配是建立在别人对他们的功劳评定的基础上的"。他坚持认为最好的选择就是自由的（资本主义）社会。[13]诺齐克有不同意见，他引用了"可能由任何原因带来的遗产继承与礼物和慈善"作为反证。但是他同意"按收益进行分配是自由资本主义社会的一个重要组成部分"[14]。

但情况是这样吗？这就是我们在本章的这一节和下面三节将要进行研究的内容。我们尤其希望提的问题是，按照"正义就在于人们依他们对组织的实际贡献而得到相应的待遇"[15]这一标准，财产收入——得自于对生产工具的占有——可以合法化吗？

根据米尔顿·弗里德曼和大多数其他新古典经济学家的理论，资本主义分配的根本原则是"根据他和他拥有的生产工具生产出来的东西进行分配"[16]。但是这个原则也产生了一个问题。因为资本主义的特征是，生产工具的所有者常常不是生产工具的使用者，弗里德曼的学说假定人们可以在数量上精确地区分工具的贡献和工具使用者的贡献。如何能将它们区分开呢？注意，我们不能只是把它们各自的贡献定义为市场回报给它们的那些东西，因为这是用未经证明的假定来论证问题。我们知道市场的回报。我们想要知道的是这样的回报是否真实地反映了各种贡献。

马克思提出了考虑这个问题的另一思路。在马克思看来，工具的价值只不过是被转移到了最终产品上，而新价值则是由活劳动创造的。如果一部价值 100 美元的机器在它的使用期内生产了 1 000 件产品，那么它为每件产品的价值贡献了 10 美分。因为机器本身是劳动的产品，10 美分——以及这件产品的价值的所有部分——最终应归因于劳动。

这个答案对于那种非常推崇克拉克学说的新古典传统来说是无法接受的。克拉克理论的现代版从一个概念开始，加入了几个定义，然后引入了一个数学定理——一个简单的定理，但也许是历史上最具意识形态意义的数学结果。这个基本概念就是生产函数的概念，它是在给定的技术条件下，确定各种相关投入组合的最大产出的一种技术函数。例如，假定玉米是劳动与土地结合而生出的产品，各种要素的单位是同质的。[17] 这个生产函数可以表示为 $z = P(x, y)$，z 是能够用 x 个劳动者耕作 y 英亩土地（使用特定的技术）而生产出的最大玉米产量。现在问题是：在劳动和土地都是生产玉米所必需的要素这一前提下，各种要素的不同生产贡献是什么？

回答这一问题的关键是边际产品的概念。一种特定的要素投入的边际产品被定义为当其他所有各种投入不变时，由于增加最后一个单位的该种投入而产生的增量产品。例如，在给定 10 名工人和 5 英亩土地时，劳动的边际产品就是 10 名工人和 9 名工人在那 5 英亩土地上产出的差额，即 $P(10,5) - P(9,5)$。同理，在这个例子中，土地的边际产品是 $P(10,5) - P(10,4)$。

一个初等的标准计算结果是当函数 $P_x(x, y)$ 可微分且 x 和 y 很大时，$P(x,y) - P(x-1,y)$ 非常接近于 $P_x(x, y)$（P 对 x 的不完全导数），$P(x,y) - P(x,y-1)$ 非常接近 $P_y(x,y)$（P 对 y 的不完全导数）。[18] 将这一结果应用于我们的经济模型，我们可以说一种要素投入的边际产品与对应于投入的生产函数的不完全导数非常近似（当涉及的数量很大时）。

到目前为止，没有证明任何事情。我们仅仅是定义了几个术语。但是现在让我们来考虑一个奇妙的数学结果，这个结果是由 18 世纪的大数学家列昂哈德·欧拉（Leonhard Euler）首先发现的。如果 $P(x, y)$ 是一个"规范"函数[19]，那么 $P(x, y) = x P_x(x, y) + y P_y(x, y)$。这个式子表示 x 名劳动者在 y 英亩土地上工作的产出就等于两个数量的和，第一个是劳动者的数量乘以劳动的边际产品，第二个数字是土地英亩数乘以土地的边际产品。因此，如果我们把每个工人的贡献定义为劳动的边际产品即 $[P_x(x, y)]$，同时把每英亩土地的贡献定义为土地的边际产品 $[即 P_y(x, y)]$，那么，劳动的总贡献 $x P_x(x, y)$ 加上土地的总贡献 $y P_y(x, y)$，就正好等于总产量 $P(x, y)$。这就使我们根据纯粹的技术资料计算的结果，自然地将总产出分解为劳动的贡献和土地的贡献。这里没有涉及任何私有财产、雇佣劳动或市场。用未经证明的假定没有证明出任何问题。

用一个中性概念"贡献"作为包装,新古典经济学家现在可以问资本主义是否据此来分配它的总产出。答案是毫无疑义的,"并非总是如此"。亚当·斯密对垄断的怀疑再次得到证实:垄断扭曲了分配。然而,在一种"完全竞争"的状态下,相同的商品和服务得到相同的价格,不存在垄断,每个人都努力使自己福利最大化而导致的分配正好是欧拉定理推论出的分配。在一个有 x 个相同技术水平的工人在 y 英亩相同肥力的土地上劳动的社会里,工资水平(每个人)将是 $P_x(x, y)$,土地租金(每英亩)将是 $P_y(x, y)$。在给定足够的假定条件下,这一点就可以缜密地论证出来。[20]

尽管这些结果是很重要的,但是证明了什么呢?它能说明完全竞争的资本主义是按照这一分配律进行分配吗?每个人真的是按他所提供的产品来得到收入吗?克拉克对此毫不怀疑:

> 如果每一种生产要素按照它的(边际产品的)数量获得报酬,那么每个人都得到他自己生产的那部分。如果他劳动,他就得到通过他的劳动所创造的那部分;如果他还提供资本,他就得到他的资本所生产的那部分;如果再进一步,他通过管理劳动和资本提供服务,他就得到归因于这一功能的产出。只有通过这三种方式的任何一种,一个人才能生产出产品。如果他得到了通过三种功能的任何一种而产生的全部产出,那么他就得到了他所创造的全部。[21]

对克拉克来说,这个结论在道德和政治方面具有高度的重要性:

> 工人阶级的福利取决于他们所得的多少;但是他们对其他阶级的态度——并由此决定的社会稳定——主要是取决于这样一个问题,即他们得到的数量,无论大小,是否是他们生产的那部分。如果他们创造了一小部分财富并且得到了它的全部,那他们就不会去发动社会革命。但如果情况是他们生产了很大的数量,但是只得到了其中的一部分,那他们中的很多人就会成为革命家,所有人都有权利这样做。[22]

但是，边际主义理论的所有创见都是站不住脚的。它缺乏一个最重要的前提条件。如果"贡献"是指它在道德观念而且在日常英语中的含义，克拉克并没有指出完全竞争的资本主义是根据贡献进行分配的。他曾经表示，人们可以不考虑市场机制而决定对总产品的划分，"运作良好"的资本主义根据这种划分进行分配。什么事情都没有完成，他的"贡献"的定义在道德方面是否适宜一直是有争议的。

为了确定这个问题，我们必须更进一步考察克拉克的分析。为什么说一个劳动者正好得到了他生产的那部分。新古典主义的答案是：如果他停止工作，总产品的下降正好等于他的工资的价值［他的工资 P_x（x，y），大约是 P（x，y）$-$ P（$x-1$，y）］。但这里确实有个问题：如果两个工人一起停止工作，总产出不会按照他们的工资数量的下降而相应下降。总产品的下降将大于工资部分，因为每个工人在完全竞争条件下得到的工资是最后一个劳动的边际产品——并且新古典理论认为边际生产力是下降的；也就是说，第 10 个劳动者的边际产品低于第 9 个的，第 9 个的低于第 8 个的，依次类推。这一下降不是因为技术水平的下降，因为每个劳动者都被看做具有相同的技术水平，而是因为收益递减律。它假定在固定数量的土地上，x 个劳动力（当 x 足够大）将会生产出多于 $x-1$ 个劳动力的产出，但是每个劳动的平均产出将会轻微下降。

也许一个附有图例的例子将会表达得更清楚一些（见图 1—1）。假设我们有 10 个劳动者和 5 英亩土地。在图 1—1 中，我们绘制了第 1 个劳动者的边际产品，第 2 个劳动者的边际产品，第 3 个劳动者的边际产品，直到第 10 个劳动者的边际产品。在左边第 1 个长方形的面积是第 1 个工人的边际产品——如果他独自工作，这部分就是他在 5 英亩土地上生产出的东西。第 2 个长方形的面积是第 2 个工人的边际产品，即两个工人一起在 5 英亩土地上共同生产出来的产量与一个人单独生产的产量之间是有差异的。在这种情况下，由于合作带来的优势，总产量（两个长方形的面积）大于单个人产量的两倍。当第三个工人加入进来时，这种优势依然起作用，但是，对于第四个人和此后增加的人来说，就会出现收益递减，递减的力量超过合作带来的利益。每一个新工人都会使得总产量增加，但是，增加的量小于前一个工人。记住，这并不是因为技术下降，因为假设所有人都具有相同的技术水平，而是因为越来越多的工人来耕种同样固定数量的土地。

因为每一个长方形都代表一个既定的工人为总产出所提供的增量，由 10 个工人生产出的玉米总产量就是阶梯曲线下面的总面积。按边际主义的概念，劳动的贡献是点状区的面积，即工人的数量乘以最后一个工人的边际产品，由于边际生产力下降的作用，劳动的贡献低于总产出。根据欧拉定理，这个差额正是土地的贡献。也就是说，如果我们做一个类似的计算，使劳动保持不变，只改变土地的数量（正如图1—1所示），在这种情况下的点状区面积，按定义是土地的贡献，将等于上面哪个图中的非点状区面积（反之亦然）。[23]

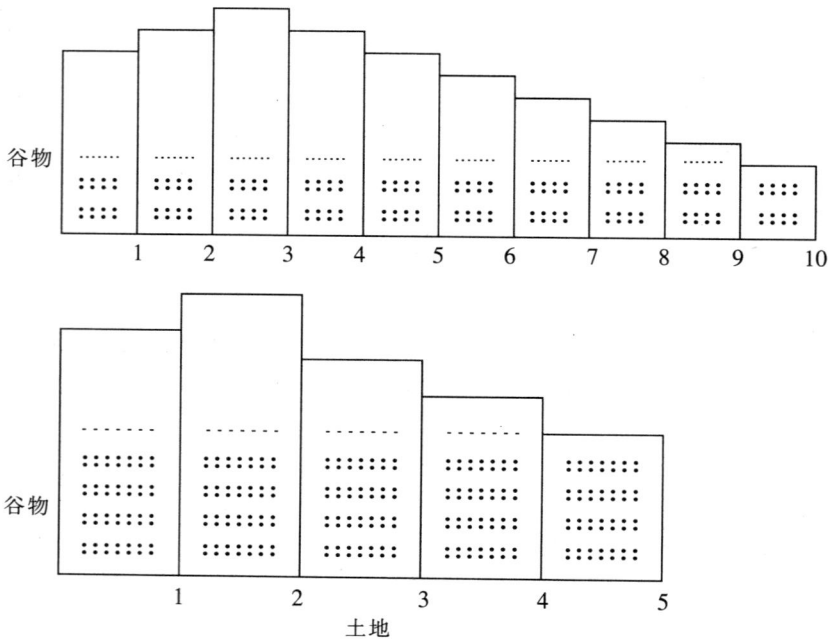

图1—1　劳动力和土地贡献的边际计算

但是这后一种贡献，即这块土地的贡献究竟是什么？从数学意义上说，它是第五英亩土地的边际产品乘以土地的亩数。但它的实际意义是什么呢？它不是一种没有任何劳动者而仅凭土地生产出来的玉米产量。没有劳动者，也就不会有任何玉米。也不是由地主自己耕种土地而得到的产量。[24]它与必须储存起来作为种子或者用于增加肥力的社会产品的那部分也没有任何关系。具体地说，土地的边际产品就是如果减少一亩耕种土地而导致的产量下降的数量。无论如何它并不反映土地所有者方面的任何生产活动。因而，它也不衡量他的生产贡献。

让我们用一种略微不同的方式重复一下这个观点，以便突出说明新古典主义的术语是如何将重要的问题搞得含混不清的。克拉克声称，一个人可以通过下面三种方式中的任何一种来创造财富：通过劳动、通过提供资本或者通过管理资本和劳动。如果我们把管理资本和劳动看做是一种与生产过程直接有关的管理行为[25]，那么，劳动和对资本与劳动的管理都是一种完全明显意义上的生产行为：如果劳动者和经理们停止他们的脑力和体力劳动，财富的生产同样也会停止下来。经济就会崩溃并停滞。

然而，"提供资本"则是另一件不同的事。在克拉克的完全竞争世界里，技术是给定的，物质资本已经存在。那么"提供资本"就只不过意味着"允许它被使用"。但是给予准许本身并不是一种生产性的活动。[26]如果劳动者停止劳动，在任何社会，生产都会停止。但是，如果所有者停止准许使用土地，只有当他们对生产工具的权利受到尊重时，生产才会受到影响。如果不是这样的话，那么生产不见得会下降。工人们可以继续做他们以前正在做的事情——生产玉米，还有面包和钢铁或是机器工具以及社会所需要的其他商品。无论所有者在做什么，当他们授权允许他们的资产为人使用时，它不应被称为"生产性活动"。

如果我们试图将"贡献"这个术语应用于别的社会形态，以便确定谁创造了什么，并且是否根据这一创造来分配，那么，新古典主义对"贡献"定义的不恰当性就变得更加明显了。考虑一个封建主的情况。假如他拥有的土地远比他的农奴们有能力耕种的数量多，那么，在"提供土地"的过程中，他不创造任何财富，因为他最后一亩土地的边际产品为零。减掉一亩土地不会减少产量。但是，当他的农奴人口增加时，最后一亩土地的边际产品即他的"贡献"也会随之增加。当所谓"他创造"的财富份额扩大了时，这种曾经通过不公正手段榨取的"贡献"就变得公平，甚至慈善了。

趁热打铁，再推进一步，而非后退：假定一国政府突然将生产工具国有化，那么除了向工人征收一笔使用税外不会有任何事情发生。我们将不会说，政府正在从事生产性活动，或者说税收是对政府的生产性贡献的回报，我们会这样说吗？即使税额并不等于生产要素的边际产品。

因为提供资本不是一种生产行为（至少在事先假定的静态的、完全竞争的模型中不是），因此，来自于这种功能的收入就不像按照人对这个集体的生产性贡献获取收入那么公正。克拉克的正统观点就此崩溃了。

在公正问题上，对于现代新古典经济学家们来讲，应该注意到在那些思考过这些事情的人中，几乎没有人接受克拉克的正统分析。但也不得不指出，新古典各流派似乎阻止清晰思考。约翰逊（H. G. Johnson）就是一个代表，他说：

> 各种要素从它们对生产过程的贡献获得报酬的积极理论，完全不同于要素所有者是否在道义上有权拥有它们的问题，也不同于如果所有者的偏好不同时，他们的报酬是否将是不同的问题。[27]

这似乎比克拉克有所改进，但其实并非如此。约翰逊已经与克拉克的道德论拉开了距离，但没有与提供资本就是生产活动的论点划清界限。他的评论完全说明新古典分析倾向于误导正统思想。

注意约翰逊所言非常模糊："各种要素的收入来自他们的贡献。"如果他用"要素"这个词表示土地、劳动和资本，那么他说的话明显是错的。土地、劳动和资本并不能得到收入；是要素的所有者得到它们。如果他用"要素"一词指所有者，那么他就是在宣称，这些所有者做出了一种贡献，这说明他们正在从事生产性活动——可实际上他们并没有。这种观点还暗示危险的道德问题，要么所有者做了贡献，从而所有者的要求权是合法的；要么道德标准本身是恰当的，收入应与贡献一致。换句话说，新古典主义思想"各种要素的收入来自生产贡献"转移了人们对更重要的问题观察的注意力，即提供资本这种特殊"活动"据称是建立了资本家的贡献的论点本身是有问题的。

尽管有重复之嫌，我们还是来总结一下我们与新古典理论不一致的地方。新古典主义评价资本家贡献问题的根本缺陷，既不是因为它建立在一个有问题的道德标准基础上，也不是因为它假定现存财产分配制度的合理性。大多数经济学家都意识到这些问题以及内容的标准性质，从而将它们留给哲学家和政治家去解决。缺陷就在于提供劳动是生产活动这一假定，这个概念在新古典主义者们的运用过程中实质上具有了真实性。以这样的方式来定义生产要素的贡献时把产品自然分解成这些要素的贡献，什么似乎更自然呢？称为要素贡献还是称为所有者贡献，特别当它恰好等于自由市场回报给每个所有者的贡献时。如果每个所有者都对最终产品有所贡献，什么东西比把他作为从事生产活动看上去更自然些呢？什么可能是更自然的呢？正如我们所看到的，还有一种手段被使用了进来。因为在一个我们一直在讨论的、静态的、完全竞争的新古典世界里，所有者没有从事任何可以成为"生产活动"的事情，因而，他不能求助于用来判定建立在生产贡献基础上的报酬的道德标准。即使所有者对他的财产有完全有效的要求权，即使这个标准是完全合理的，他也不能断言：他根据这个标准从他的财产中获得收入。

我们必须得出的结论是，关于"贡献"的边际产品定义不足以说明资本主义分配与贡献的道德标准是一致的。它提供了一个标准，以便评判"产出的 $x\%$ 是劳动的贡献；$y\%$ 是土地的贡献"等论断的正确性，这样做的后果就是切断了一种要素所有者的贡献与要素本身的法律关系以外的任何关系。在一个给定技术水平的、完全竞争的世界里，以资本家身份出现的资本家，不冒任何风险，不革新，不牺牲，不从事任何可以称之为生产活动的事情。对个别活动的抽象允许一个人用一种精确的数学方式来定义一种要素的贡献，也消除了所考虑的为一种要素的要求权找出的任何原因，贡献是在任何与道德有关的意义上对所有者的生产活动的一种衡量。如果一个人要为资本主义进行辩护，他必须要么对"资本家的贡献"重新进行定义，要么放弃用作辩护标准的道德标准。然而这个优美的数学意义上的边际产品理论作为一种道德理论的基础也许是，而且确实是失败了。

第二节　作为企业家行为的资本家贡献

边际主义者的"贡献"定义不能与道德意义上的使用保持一致，原因是它完全脱离了财产所有者的全部特有的活动。熊彼特在对我们一直在考察的新古典模型进行一次著名的批评时，提出了一种定义：

> 　　要抓住的最重要一点是我们在面对资本主义时就是在面对一个变革过程。也许看似奇怪的是任何人都没有看出这么明显的一个事实，而且是很久以前马克思就强调过的一个事实。但是催生了有关现代资本主义作用问题的大量论述的那个不完整分析却始终忽略了它……启动资本主义引擎并保持它处于运动状态中的根本推动力来自于新的消费品、新的市场、资本主义企业所创造的新的工业组织形式。[28]

如果确如熊彼特和马克思所指出的，资本主义的根本特征是它具有的动力，那么，使用这种动力来决定资本家和劳动者的相应贡献以便对不同时间点的社会加以比较，似乎是更合适的，而不是在一个特定时间给定的技术水平下，去观察设定的资本和劳动的变化（就像上文中边际主义的分析所做的那样）。至于在一段时间内的产出增加，可以将其归因于资本家的活动，也许我们可以把他的贡献定义为那个增加。一个简单的模型可以阐明这一思想。

假定资本家—地主雇用 10 个人种植玉米。这 10 个人按通常的方法能够生产，比如说 1 500 蒲式耳玉米。但是假定我们的资本家—地主重新组织一下生产，有所革新，结果使他的工人现在可以生产 2 000 蒲式耳。这多出的 500蒲式耳就是他的贡献。

这个定义似乎带来了希望，但同时也出现了一个难题。这个定义将不适于证明资本家的收入是正当的，因为他在年终时将获得多于 500 蒲式耳玉米即多于他的贡献的收入。除非在进行革新前他将所有的 1 500 蒲式耳全部付给了他的工人（在这种情况下他就不是个资本家了），他将收到 500 蒲式耳加上他通常得到的那部分利润。

也许我们可以通过考虑一个新加入的资本家来避免这个难题。当我们观察一个典型的资本家时，发现他的一部分收入来自于他对生产工具的所有权。但是这个发现也许是误导性的。似乎仅凭所有权而获得的那部分收入也许实际上是对以前活动的回报。为了考察这一案例，让我们修改一下我们的模型。假定土地是丰裕的而且是免费的，一个人单独进行工作，他每年可以生产 150蒲式耳玉米。假设此时出现了一个企业家，他吃得很少，想得很多，他积累了 1 500 蒲式耳玉米，并提出了一个新创意：一种新型耕种方式的革新观念。他利用他的"资本"，雇用了 10 个工人，每个工人的工资定为 150 蒲式耳，将他们集中在一起进行工作，先犁地，然后充分利用土地。假定结果是收获了 2 000 蒲式耳。当然我们可以将这 500 蒲式耳说成是资本家的贡献。总之，如果没有他的话，工人们只能生产出 1 500 蒲式耳。

这种关于"贡献"的概念看上去既不模糊而且在道德意义上也很直率。资本家的贡献被很好地加以定义并与一种特定的生产活动即革新联系起来。[29]但是如果我们继续将我们的模式运用于第二年，又出现了新的复杂问题。刚刚描述过的过程现在可以重复自己，但有一个重要的区别：对于 2 000 蒲式耳的收成，不需要出现任何新的革新。对犁地和重新组织生产格局的规划现在已经存在了。假定工人们第二年像前一年一样工作，先犁地，再用它们进行种植，就得到了另一个 2 000 蒲式耳的收成。我们现在要问，是谁贡献了这2 000 蒲式耳？在一种意义上，资本家贡献了 500 蒲式耳，因为从最初的起点开始衡量，这个增加是 500 蒲式耳，而且是源于他的创新。在另外一个意义上，他没有贡献任何东西，因为我们把起点定为前一年，因此不存在任何增长，从而也就没有资本家的任何贡献。资本家今年没有引入任何新技术。当我们把它定义为可以归因于他的企业管理活动引起的产出增加时，我们指的是哪种意义上的资本家贡献呢？

当然不会是第二种意义上的，因为它依赖于一个完全人为确定的时间段。

衡量前一年的增长在玉米案例中是很自然的，它有年度生产周期，但是在钢铁或面包生产案例中，它似乎就没有这么自然了。我们也可以定为两年或10年、6个月或6周。那里不再有"自然的"时间间隔，除非这个贡献不再是资本家的贡献而变成了他的工人的贡献。[30]

因此我们不能确定一个时间限。但这意味着我们有了一个贡献概念，它使其中某些贡献必须是永久性的，而另一些贡献则仅仅是短期性的。资本家和他的劳动者们在第一年都付出了脑力和体力，各方都做出了一种"贡献"。然而，根据我们选择的定义，资本家的贡献能继续进入下一年，再下一年。如果他再革新一次，按贡献标准他将以他的新革新又带来了一个产出增量，但是他最初的贡献却并不终止。与此相反，劳动者的贡献却随着劳动的终止而终止。劳动者在每一年都必须更新贡献。

读者们也许对论证所采取的方法感到无所适从。我的模型是对资本主义现实的一个极度简单化的概括；没有竞争，没有风险，没有技术淘汰。我们真的需要一个"永久贡献"的概念来辩护资本主义吗？我们的简单化还没有把我们带入歧途吗？

我们可以通过从一个不同的角度——可以说是从反面入手观察这个问题，我们能找出解决这些问题的方法。要想根据贡献的标准来辩护资本主义，首先人们需要有一个关于"贡献"的定义，然后，阐明它的道德意义，最后还要论证资本主义事实上是依据这个定义来分配报酬的。我们已经将"贡献"定义为在一段时间内产生的增长，那么，运用一个简单化的模型，即我们已经揭示的"永久贡献"，一个相当令人困扰的概念。让我们撇开我们的简单模型稍加思考，考虑一下当代资本主义现实。要想搞清我们是否需要这个"永久贡献"概念，我们必须问一问在资本主义制度下，是否真的存在"永久报酬"？

当然存在。在所有的资本主义社会里，都有一些机构负责给个人发放与他们的现期活动无关的报酬。一笔货币积累，尽管是过去所得，当个人认为合适时，它也许会被用来投资。个人也许将它投入储蓄账户，或者是购买政府债券或公司债券。如果他这样做了，只要不关闭账户，不卖出债券，或机构不破产（即不确定），他就可以获得利息。如果他转为购买股票，他可以获得年度分红，当然也是不确定的。这样的收入完全脱离了最初的、原始积累可以溯源的革新（如果曾经有过的话）。的确，从逻辑必然性讲，报酬不是永恒的。我们生活在一个不确定的世界上，在这里，企业可能会失败，银行也会破产，尽管正如我们所知，目前存款通常是由纳税人给保险的。但问题是这种报酬无论在法律上还是在实践中都与投资者方面的任何生产活动的持续性绩效无关。正如约翰·肯尼思·加尔布雷思（John Kenneth Galbraith）所观察到的：

> 没有任何封建特权比得上不费吹灰之力得来的报酬，如祖父购买并送给了后代的 1 000 股通用汽车或通用电器的股票。这个远见的受益人除了决定不做任何事情，包括决定不卖出股票外，没有通过任何体力或智力的付出，就变得富有了，而且保持富有。[31]

我认为必须明确的是，我们的模型并非与现实无关。资本主义的确为某些人永久性地提供报酬。这样，如果用贡献标准进行辩护的话，人们就必须为"某些贡献确实是永恒的"论点进行辩护。

也许可以这样做。某些创新，即使当它们已经被取而代之，却仍然作为新技术的基础发挥作用。爱因斯坦不是站在牛顿的肩膀上吗？当然给永久性的贡献以永久性的报酬在道德上是没有理由反对的。

或许不，但这种论辩思路将不会判定资本主义是对的。要想知道为什么，让我们回到企业家和他的耕作革新。究竟什么是将之定为有资格作为他的永久性的"贡献"的实质呢？

他可能雇了一个工程师为他设计犁耙，一个管理咨询顾问为他重新组织企业。在资本主义社会，这些人通常是被雇用的。但不会说制造犁耙的思想是他的，因为这个思想本身可能产生于他的研究与发展。各种思想及其实施通常来自于这些地方。一种永久性的报酬可以产生于一种思想，但它不需要回归它的发明者。

人们忍不住要说，资本家供给货币，他提供资本。这当然是他作为资本家的与众不同的贡献。但是让我们回到在新古典主义论辩中遇到的问题。我们的结论是相同的：提供资本不是生产活动。在静态社会里不是，到了一个能动的社会里，也不是生产活动。

让我们对这一点多想一下，它对理解我们的世界如此重要，就因为从文化上讲，它是违反我们的直觉的。我们听到了一片反对声。资本对于增长不是很重要吗？提供资本不是一种最有用的生产努力吗？所有的国家，尤其是欠发达国家，尽可能地努力争取得到资本吗？他们不是为了吸引它而提供了投资鼓励和税收优惠吗？这类政策并非不合理，不是吗？

事实上他们也许是。这些问题正是一些（通常是激进的）发展经济学家争论的焦点，他们指出这些战略导致了令人不愉快的结果。[32]在此，我们不打算加入"欠发达国家的发展问题"论争，因为那会使我们离题太远，但我们的确需要小心地看待"提供资本"这个概念。有关它的分析对于我们一直关心的道德问题就像对发展战略问题一样重要。

问题的核心是资本本身的概念。什么是"资本"？马克思说它是一种社会关系，但是当代经济学家中几乎没有人这么想。对大多数人来说，资本是两样东西之一，或者更确切地说，眼下两样东西都包括了：实物（设备和材料）和用于投资的货币。[33]现在不能否认资本作为现存的物质生产工具，对于生产过程是必需的。如果没有生产工具，什么也生产不出来。但是"提供"这种资本——一种现存的具体物品——不过就是"允许它被使用"，是前面分析过的非生产性活动。

作为投资资金的资本却似乎是另一种东西。投资资金产生了经济增长，不是吗？那不是经济学的基本原理吗？让我们思考一下。想象有一个人，兜里揣满现金，急于投资。他如何得到的这笔钱，不关我们的事。我们想了解他对钱的使用安排将如何增加生产。要生产出东西来，就必须使设备、原材料和劳动者结合在一起。令我们的投资者把他的钱借给一个购买这些必需品的企业家。劳动者被安排使用机器来加工原材料，产品很快就生产出来。事情就这么简单。

但是要注意，这个案例还有一个授权问题。工人、原材料和机器已经存在，若不是因为产权问题，工人们就可以自己开始生产（也许是在他们的企业家朋友的鼓励下）。他们不能使用机器和原材料，因为这些东西是别人的财产。要使用它们，就必须得到许可，企业家通过借用资本获得这一许可。

即使眼下还没有机器又算得了什么呢？假设我们的企业家用他借来的资本去订购，那不就有了一台机器吗？是的，但是他或者工人们可能已经订购了那台机器但并没有借钱。无论是哪种情况，人都可以生产出他们想得到的机器。他们会这样做吗？有了借来的钱，企业家可以为机器预付款或当时货款两清。但是如果机械师用企业家预付给他的工资购买食品，那么这食品就已存在了。这样的话，比如说，农夫可以为食品预付款。而且农夫想买的东西已存在，他们就可以被预付款。农夫、机械师和工人们（包括管理人员）对于生产和增长都是必需的——但提供"资本"的人却不是。[34]

两种观点并存有时比只有一种好。让我们从另一个角度来看一下这个问题。假定，不依赖我们那位兜里揣满现金的朋友，而只需政府开动印钞机生产同样数量的纸币并送给企业家。完全一样的产量也会生产出来。但我们会想把印刷货币称作是一种生产活动吗？那当然是误导，或许是非常危险地诱使政府官员相信越来越长时间地开动印钞机将会奇迹般地创造财富。同样危险的是——至少对于消除对道德问题的考虑——把提供资本（当由个人来提供时）说成是一种生产活动。

为了支持我们有关寻求政府帮助的观点，没有什么比引用凯恩斯的话更好的了：

说资本在其生命期内获得了一笔超过它的最初成本的收益，比说它是生产性的更可取。说明一笔资产为什么在它的使用期内提供了一个使其总价值大于它的最初供应价格而产生收益前景的唯一理由就是：因为它是稀缺的……如果资本变得不那么稀缺，这个超额收益将会递减，而不是因为它变得不那么有生产性了——至少在实际意义上不是这样。

因此，我同意前古典主义的理论，即任何东西都是由劳动创造的，并由过去称之为手艺现如今称之为技术的东西和自然资源起了辅助作用……根据存在于资产中的过去劳动的成果，还可以依它们的稀缺和丰裕程度确定一个价格。将劳动，当然包括企业家和他的助手的个人服务，看做是一种单独的生产要素，一种在给定技术、自然资源、资本设备和有效需求条件下的生产要素更可取。[35]

让我们再明确一下前面的论点。我并不认为政府应该控制投资，更不认为政府应印发货币为投资提供资金。我没有对备选结构的相关效率和革新性提出任何要求。这些问题都是很关键的问题，但它们属于对资本主义和社会主义进行的比较分析的范围。与效率、革新甚至是风险有关的问题都与我们目前的研究核心无关，我们的研究核心是：是否可以根据个人应该按他们对社会的生产贡献比例获得报酬这一原则来为资本主义辩护。这样的辩护就要求我们确认完全由资本家进行的一种生产性活动带来了报酬（就像我们已经看到的），而且还是永久性报酬。我们一直都不能做到这点。革新活动似乎是一个最好的选择，但是这个"企业家的"定义也没能将分析维持下去。一个资本家唯一与众不同的活动就是提供资本，而且我们再一次看到那根本不是生产活动。

第一部分讨论的新古典理论的"贡献"定义因道德内容欠缺而失效；这

一部分的企业家定义纠正了这个问题，却无助于为资本主义进行辩护，因为企业家阶级不如资本家阶级涵盖的范围广。两者包括的范围曾经大致相同，但是现在却不一样了。在资本主义制度架构下，任何东西都不能使他们免于分离。的确，正如熊彼特观察到的，资本家—企业家发挥作用的重要性随着资本主义的发展而下降。他的话虽然是约半个世纪前说的，但仍具有（另类）真理的警示作用：

> 满怀信心、超越常规地行事和克服对于变革的阻力要求具有聪明品质，而这种品质只在一少部分人身上存在，而且这种品质就决定了企业家的类型以及企业家的职能。
>
> 这种社会职能已经丧失了其重要性并且在未来以更快的速度丧失，即使是企业家作为主要推动者的经济过程本身并不走向衰落。一方面，是因为与过去相比，做一些超出熟悉的常规以外的事情更容易得多——革新本身正在蜕变为常规。技术进步越来越变成了受过训练的专家们的工作，他们生产出他们所要的东西并使得技术进步以可预见的方式发挥作用……
>
> 另一方面，在已经习惯于改变——最好的例子是新的顾客和新的产品的不断涌现——和将改变看做是理所当然而不是去抵制它的环境下，个性和意志力变得不那么重要了。只要资本主义制度存在，来自于因生产过程革新而受到威胁的利益集团的抵制就不可能消失……但是另外的每一种抵制——特别是消费者和生产者因为它是一种新产品而对其产生的抵制——几乎已经不见了。[36]

第三节　作为时间偏好的利息

在试图借用"贡献"来为资本主义辩护时，根本问题是识别由所有资本家而且是仅由资本家所从事的一种活动或一系列活动的问题，这些活动可以被称为（保留这个词的道德内涵）"贡献"。有些资本家从事革新、重组生产和管理活动，这是事实，但很多资本家不做这些也是事实。这个事实，如果不指它的道德含义方面，倒是得到大多数经济学家承认了的。例如，它在利息和利润之间的标准区别上反映出来。利息是对资本的回报，是对一种生产性资产的所有权报酬。利润是在支付了工资、租金和利息之后留给资本家的一种剩余。这是对他承担风险和革新业绩的报酬。萨缪尔森对此问题的处理可以作为这种差别的见证：

> 市场利率是每年都必须为一笔安全的货币贷款支付的收益百分比，它必须产生于任何安全的债券或其他有价证券，并且它必须取决于竞争性市场任何资本资产的价值（如机器、旅馆建筑、专利权），这个市场没有风险或者所有的风险因素已经通过支付特别的保险金而得以避免。[37]

对人们来说，试图判断资本主义优劣（非比较性地）的根本问题正是这类问题：利息，在受益人方面既不要求承担风险又不要求有企业管理活动的回报。根本问题不是利润，正如许多左派人物迅速作出的结论，真正的问题在于利息。

让我们彻底搞清这一问题。如果我把 100 美元存入银行，为什么我应该拿回 110 美元呢？我的存款是经过联邦保险的，因此我不承担任何风险。只要我愿意，我可以随时取回存款，所以我也没有什么不方便。我一点也没有考虑我的存款做何使用，因此我几乎不能说是做过某种社会有用的企业家式的判断。如果不进行诡辩或不留下坏的信誉，我怎能说明我从事了一种生产性活动呢？通常的意见（如果不被流行的意识形态扭曲的话）似乎是有利于相反的结论——银行为我服务，为我的多余财富提供了一个安全、方便的储藏室。我应该付给银行利息而不是银行付我利息。[38]

坦率地讲，我认为常识性的问题是不容否认的。然而，当常识与占上风的意识形态冲突时，有一部分经济学家和政治哲学家被常识问题难住了。学者们说，事情不可能如此简单。应该有可能调制出一种得出更好味道的结论的理论。

欧根·波姆-巴威克（Eugen Bohm-Bawerk）边际主义就是这样一种理论。正如我们所看到的，它失败了。求助于企业家活动概念的企图亦如此。第三个例子是"时间偏好"理论，这个理论涉及澳大利亚新古典学家特别是欧根·波姆-巴威克。

欧根·波姆-巴威克似乎同意到目前为止我们已经做出的结论。关于利息收入，他写道：

独立产生，与资本家的任何个人行为无关。即使在创造利息时他没动一个手指头，利息还是归他……利息保持运动不息，即使没有耗费资本——从中产生利息的资本；因此，对利息的不间断性，也就没有任何限制的必要。如果人们可以运用这种表达方式于世俗事物，它可以是永恒的生命。[39]

如果利息"独立产生，与资本家的任何个人行为无关"，那么一种求助于"贡献"说的辩护方法确实就遇到了困难，但不是每个人都就此作罢。最近，由哲学家 N·司各特·阿诺德（N. Scott Arnold）以时间偏好理论为基础，为利息进行了辩护。[40] 阿诺德提出了两点与众不同的看法来支持利息的合法性。[41]

第一点：涉及利息支付的交易与其他交易形式并无不同。因而，"只有当人们把所有交易形式都当做是剥削性的，那么利息也一定是剥削性的"[42]。

我们注意到，这种用别的交易方式来证明货币贷放的方法与亚里士多德的观点大相径庭。亚里士多德在这个问题上非常坦率："获得财富的最可恨的方式而且是最伪善的方式就是高利贷，它使得一笔收入得自于货币本身而不是天然物品。因为货币是被人们安排用于交易的工具，而不是用于增加利息。"[43] 对亚里士多德来说，高利贷的"非天然性"在于这样一个事实：货币贷放不像其他的交易，它涉及的是同质性货币的交易。这也正是时间偏好理论发生争议的一个概念。阿诺德说："根本问题是：货币现在和货币未来是不同的商品。"[44]

很难不给人留下这种印象，即现在发生的是一种文字狡辩游戏。我今天穿的这件外套是我下周将要穿的同一件外套。只要它没有改变和损坏，它就不会仅仅因时间指针不同而成为不同的外套。但是我们必须小心。因为货币的"使用价值"是它的购买力，人们也许为它辩护说，时间指针对于货币是非常重要的，而对于其他商品是不重要的。总而言之，通货膨胀影响货币的使用价值，而不影响我的外套的使用价值。

这种辩护没有抓住实质，因为我正在抨击的和时间偏好理论希望为之辩护的是实际利息，而不是名义利息——前者被定义为名义（经验）利率减去通货膨胀率。时间偏好理论企图对不发生通货膨胀时的利息加以说明并为之辩护。

如果将"货币现在"称作是不同于"货币未来"的一种商品存在文字狡

辩的意味，那它绝对是有害的，因为它的人为的结果就是把货币贷放当做一项通常交易项目，从而支持这种说法：当一个人用他的苹果来交换你的橘子的时候就像他正在做一件与以归还他 110 美元为条件借给你 100 美元一样的事情（从道德角度看）。

但是这些例子的可比性足以用来得出这个结论吗？常识告诉我们不能。两者存在着明显的差异。在第一个例子中，涉及两种商品；在第二个例子中，只有一种（而且是一种准商品）。在第一个例子中，双方都有某件东西；在第二个例子中，他有，但你没有。在第一个例子中，双方处于相互平等状态；在第二个例子中，不平等在相互关系中占统治地位：他现在拥有的东西比你多，他以后拿回的东西将比他现在给你的更多。[45]

时间偏好理论建立在这些观察的基础上。时间偏好理论家认定，在商品交易和货币借贷之间存在差别，但是两种交易的基本性质是一样的。不管在哪种交易中，交易双方都具有不同的、互补的偏好。交易的实质就是这些互补性的需求得到了自愿的相互满足。互补性需求在一般交易中的作用是显而易见的。我更想得到你的橘子而不是我的苹果；你更想要我的苹果而不是你的橘子。互补性偏好在货币借贷中的作用却看得不是那么清楚。这就是理论要解释的地方。时间偏好理论家提供了以下说明：

人们对于消费有不同的时间偏好。有些人选择现在消费而不是以后。他们具有"高的时间偏好"。有些人更倾向于推迟消费。他们具有"低的时间偏好"。大多数人属于前一类。用阿诺德的话说，就是"人们一般都宁可选择目前的商品而不是（相比较而言）未来商品"[46]。对于多数人来讲，这种偏好是如此强烈以至于如果他们能够现在消费更多的话，他们就愿意未来消费更少些。然而，对于另一些人，如果他们未来能够消费更多的话，他们愿意推迟现在的消费。人类行为方面的事实说明，只要不特意禁止，利息就会出现，从而满足每个人都感到满意的偏好。它还进一步说明，如果利息被禁止，结果将不会是帕累托最优，因为有些人喜欢现在消费更多，即使这意味着未来消费更少，而且还有一些人，如果他们可以得到适当的回报，他们就愿意推迟消费。所有相关各方的满意只会被法令所阻止。[47]

这种说明在一定程度上似乎有理，特别是我们将交易描绘成发生在比较相等的对象之间（的确故事性语言使我们倾向于这样做）。如果你和我有着大致相同的收入，并且大把地花挣来的钱，那么对我来说，给你 500 美元（你现在就可以买到一台新的音响系统）而换得从现在起一年后还我 550 美元，似乎没什么不妥。把这种情况说成是我宁可现在少消费而换得未来多消费，你宁可现在多消费而换得未来少消费，似乎是有道理的。

然而，需要注意，如果我们把各方描绘成更像亚里士多德描绘的那样——也就是说有一位穷困潦倒的艺术家和一位富有的商人时，说明是如何进一步展开的。这位穷人不在现在多消费/以后少消费和现在少消费/以后多消费之间选择。如果现在没有任何消费，那也不存在"以后"。选择是在现在消费和现在挨饿之间进行，如何处理"以后"这个问题将留待以后去处理（很可能通过更多的借钱或奴隶般的工作）。

对商人来说，他可能依时间偏好曲线（就像在现在多消费/以后少消费和现在少消费/以后多消费之间）来决定他的选择。然而他更有可能在把多余的储蓄放在床垫底下，钱的数量将保持不变与将其贷放出去让其增值两者之间进行选择。他的偏好不是以后多消费胜过现在多消费，而是现在消费是一定的，而以后则或者消费 x 美元或者消费（$x+n$）美元。可以认为，对亚里士多德来说，很可能是，例证的例子对时间偏好的描述彻底失败了，即使是在解说层面上，也可以说没有证实任何东西。它既解释不了艺术家的动机，也解释不了商人的动机，也不能证明高利贷的做法是正当的。[48]

人们也许反对说，利用一个案例给时间偏好学派增加压力是不公正的，那个案例也许曾经是作为一个例证的，但现在却不再是了。对于这种反对，有个有效性的问题，尽管我忍不住指出这些理论家们自己倾向于为他们的理论做出全面的说明。[49]仍需承认，即使是一个好的理论，在涉及一些具体案例，特别是与时代不合的案例时，也会有问题的。

但是，使我们在此必须停住的原因是，这个理论也在对资本家的利息：将资金提供给企业家这一重要的验证案例中败下阵来。根据时间偏好理论，交易各方有相反的偏好，贷方具有较低的时间偏好（即以后消费的安排），借方具有较高的时间偏好（即现在消费的安排）。但这位企业家根本没有这种消费倾向。他不是借钱去消费，而是去购买设备和雇佣劳动。他也必须推迟消费。无论是企业家还是资本家，都得等相当长时间以后，直到（和除非）投资赢利之后，才能消费。这位企业家借钱以便将来会有所获而不是一无所有。时间偏好根本不能解释他的行为。正如琼·罗宾逊（Joan Robinson）的观察：

目前的购买力之所以有价值，部分是因为在资本家的游戏规则下，它允许它的所有者……去雇佣劳动和组织生产，从而产生一个收益超过成本的盈余……不管做什么，这都与有关人士的主观的未来折扣率无关。[50]

时间偏好对资本家行为的解释并不比对企业家行为的解释更为必要。如果马克思和韦伯是正确的,例子中的资本家的动机结构就是积累,而不是消费。赚钱成为它本身的目的。资本家以资本家的身份现在进行投资,不是为了以后有更多的钱进行消费,而是为了以后有更多的钱进行投资。正如马克思所讲"积累,积累。那就是摩西和先知"[51]。

就像在艺术家和商人的例子中,我们发现时间偏好理论对有关当事人的行为并没有深刻见解。作为对资本家的利息的一个解释,让它的辩护结论一边去吧——它失败了。或者说,至少它的辩护结论之一失败了。我们一直在评议的这种主张是一种"只有人们将所有形式的交易看做是剥削性的,利息才肯定是剥削性的"的主张。这种认为货币贷放与商品交易在道德方面没有什么区别,是亚里士多德最强烈反对的学说之一。我坚持认为真理在他这边。在亚里士多德出现的时候,常常是这样。[52]

还有第二种与时间偏好有关的观点,它已经不局限于声称货币贷放仅仅是与别的交易一样的一种交易形式。如果我们仔细地观察它,可以发现,它与交易的"自愿"性质无关,因此也与偏好无关。然而,它与时间有很大关系。

它明确地看待以资本家身份出现的资本家,呼吁遵守本章前两部分诉诸的原则,即贡献标准。依我看,以资本家身份出现的资本家没有做任何贡献,因为,他不必劳动,不必管理,不必革新,但是,时间偏好理论家反对。根据阿诺德的观点,"以资本家身份出现的资本家为生产做出了根本贡献。(他是)时间的提供者"[53]。

我们应该花点时间搞清楚这些话的意思。"以资本家身份出现的资本家(是一个)时间提供者。"这可信吗?或者说这是〔用边沁(Bentham)的话说〕"无稽之谈"?毕竟,时间不像煤、石油、苹果或者橘子,是人提供出来的东西。人们可能会说一个工人"提供时间",尽管这句话明显带有隐喻性,但可以换一种说法是,工人提供他的劳动——或者更直接地说,工人工作,如果他仅仅是"提供他的时间",那么他就不会长时间工作。通过断言资本家提供时间,时间偏好理论能够说明什么呢?

这种理论家再次有一种理论即一个故事要讲给大家听。古典故事是关于(便宜的)葡萄汁变成了(贵的)葡萄酒。[54]新版故事这样推论:生产要花费时间。更有效的生产过程通常要求引入资本品,生产过程要花费的时间本来可以投入消费品的即刻生产。因为正是资本家,不去进行他有权进行的消费,而是提供货币,有了这些货币,新的资本品才能生产出来,他也许就被看做是那种商品(如果没有这种商品,生产就不能增长)的提供者:时间本身。

无稽之谈?我承认,我仍然这样想。让我们认真想一想可以推断出什么结论：这个在一段时间内放弃消费的资本家，正在贡献出时间，这段时间使得增加生产成为可能。为了避免被语言形式所误导，让我们想一想当一位资本家"推迟消费"时实际上发生了什么事。看一个简单的模型说明。

考虑一个由两个部门组成的稳态经济社会，一个是生产玉米的消费品部门，一个是生产犁耙和耕种机的资本品部门。让我们假定这些工具每年都需要更换。假设这个社会的劳动力包括 100 个工人并全部由一个资本家来雇用；10 个工人生产犁耙和耕种机，90 个工人使用前一年制造的这些工具来耕种玉米。让我们假定，平均收获量是 1 000 蒲式耳，每个工人得到 9 蒲式耳，留给资本家 100 蒲式耳的利润。

假定我们例子中的资本家选择推迟消费，从而生产可以增加。他的目标怎样才能完成呢？可以通过使生产过程更加"资本密集"（奥地利学派所说的更"紧凑"）。这意味着生产更多的资本品（即更多地生产犁耙和耕种机）。这样，我们的资本家可以用原本归他消费的一部分去诱导一部分工人从耕种玉米转移到生产农具。假定他这样做的话，会使资本品部门的劳动力增加一倍，达到 20 人，从而将消费品部门的劳动力减少到 80 人。

什么事情会发生呢？在他做出决定的这一生产期里，将会有更少的玉米生产，比如说 900 蒲式耳，因为农业部门的劳动力将会下降，而更多的犁耙和耕种机尚未生产出来并运用。然而当它们生产出来并投入使用后，玉米生产将会增加，比如说增加到1 100蒲式耳。将出现一种向更高生产力的过渡。通过暂时的 900 蒲式耳低产水平，玉米生产将从 1 000 蒲式耳增加到 1 100 蒲式耳。

我们的第二个时间偏好故事似乎已经讲完。我们的资本家，因为推迟消费，已经使得生产更加紧凑，时间更密集，最终结果是生产力得到了提高。但是，请注意，在这个故事中，没有任何可以有理由称为"提供时间"的东西。使生产过程变得资本更密集的必要的东西是重新配置劳动力。在这个例子中，是通过资本家提供一个即时物质引诱来实现的。但这种重新配置也可以通过别的方式实现。一个政府当局可以指定更多的工人进入资本品生产部门。工人们可能通过民主方式决定转移。资本家本人也可以以工人们被解雇的痛苦为代价，而不是提供引诱要求他们转移。在所有这些可能的情况下，生产都会变得资本更密集（即时间更密集）。无论是第一个例子还是这些例子，并没有一个能够证明最初的当事人提供了时间。

回忆一下那个促生了这个模型的主张，即资本家由于在一段时间内放弃消费，从而提供了时间，使得生产力增加成为可能。我们现在可以看明白实际上在发生什么事情了。我们最初的常识性反应是对的：资本家不是那个神秘的隐喻性实体"时间"的提供者。他不提供任何东西。他正在做的事情就是使用一部分他有权进行消费的社会剩余，来影响劳动力的重新配置。正是这种劳动力的重新配置——而不是更多的"时间"投入——最终增加了生产。

在我们的模型中，在"推迟消费"（即储蓄）和生产力提高之间的联系是直接的、透明的。现实中，他们却是模糊不清和非常间接的——更难以确定地把握。例如，当我将我的 100 美元存入银行时，我授权银行将它们贷放出去。考虑它的三种可能性。如果它没有被贷出去。那么总需求下降，经济增长减缓。这就是说生产减少，同时不能保证它再次增加。如果贷款业务员做成了一笔消费贷款，在这种情况下，对资本形成没有直接影响。这笔贷款的积极社会效应抵消了由于我决定储蓄而对总需求造成的负面影响。生产不见得下降，但也不见得增加。只有在第三种情况下，当贷款给某一行业的企业家时，资本密集程度得以提高，这笔贷款给予企业家安排工人就业的权力。一般讲，如果，而且只有当企业家行使这一权力的净影响是使劳动从社会的消费品部门（或者从失业队伍中）转移到生产品部门时，新的资本形成才会发生。如果企业家使用这笔贷款建立新的工厂或者购买新的设备时，新的资本形成才会发生。如果他只是收购一个现有的企业，资本形成也不会发生。

由于新资本的形成与我的储蓄关系非常模糊，以至于我不会因我的推迟消费的决定而给生产提供任何实在的东西。我并没有从事任何生产性活动。我没有做"生产性贡献"[55]。我们对第二个时间偏好理论进行了简短的讨论。

一个最后的反论有助于引起注意："当我决定存钱时，你授予我做某件事情的权力。我把我的资金支配权转让给另外某个人。我选择了一家银行，或一个债券发行商，或一位金融顾问。但这与最终使社会受益的考虑和判断从而给我一笔回报是无关的吗？"

首先，只要有联邦保险，无风险选择就是可行的，为了获得有保证的收益而唯一需要做的信息方面的事情就是找一家上过保险的机构（或几家机构，只要机构的盈余超过任何一家机构的最低保险限额）。快速浏览一下黄页就可以办成这事。这一行动可能产生与社会受益程度有很大差异的结果——然而这些结果不会冲击人们的回报——这已经被已有的储蓄—贷款崩溃所证实。

此外，如果这种有目的的行为是辩护某个人的利息回报（通过贡献标准），人们就一定能够坚持认为，回报与人们的动机是相对应的。也就是说，它肯定是这种情况：一个用 500 美元进行投资的人一般会认为比一个只用 100 美元进行投资的人获得更长时间的、或更密集的、或更快速的回报（有 500 万美元的人一定是 5 万倍的更长时间、更密集、更快速）。我相信没有人认为一项经验调查能够验证这种比例。

在结束讨论之前，让我做出一项澄清。人们有可能认为我主张新的资本品生产根本不需要牺牲可能的消费。那不是我的主张。常常是这样一种情况，资本品的增加要求某些社会成员在一定时期内消费的数量少于他们有能力达到的消费量，如果对社会的劳动力和其他资源配置不变的话。工人们必须从消费品部门转移到资本品部门。这与某些成员比他们被授予的消费量更少地进行消费的说法是不同的。时间偏好论因为将这两种不同意义的推迟消费合二为一，而让人得到似乎合理的初步印象。当把这些意义区分开以后，很明显，以资本家身份出现的资本家就像他没有提供边际产品或没有提供管理技术一样，也没有对提供时间做出任何贡献。贡献辩护说又一次失败了。

第四节　作为等待回报的利息

我们一直找不出一种建立在贡献标准基础上的可行的为资本家分配进行辩护的学说。有一种道德原则似乎境遇要好一些。

如果利息这个主要障碍，不能被一种学说证明是一种生产性的贡献，那这一学说还会有什么别的要证明呢？阿尔弗雷德·马歇尔，这位极有影响的英国前凯恩斯主义者提出了一种与众不同的新古典主义答案：利息是对等待的回报。[56]像克拉克一样，马歇尔与马克思主义的批判相对立。

这种说法是不对的：一家工厂纺织纱线，在扣除了机器的磨损价值之后，就是工人劳动的产品。它应该是工人们的劳动与雇主和各级经理们的工作以及所使用的资本的作用共同的产品；资本本身是劳动和等待的产品。如果我们承认它只是劳动的产品，而不是劳动和等待的共同产品，那么无疑我们只能屈服于一个无情的逻辑，承认根本没有理由证明利息，即等待的报酬的合理性；因为结论早就隐含在设定前提里面了……

换句话来表述同一件事，如果的确是，推迟自己的满足会引起推迟方的一种损失，就像劳动方做出的额外努力工作，并且如果这种推迟的确能使人们使用一种生产方法，这种方法虽然首期投入成本高，但总的享受程度会由此而提高，就像是由劳动增加而引起的那样，那么，就不可能是商品的价值仅仅取决于花费在它上面的劳动量。建立这一前提的任何企图必然是暗地里假设由资本提供的服务是一种"免费商品"，对它的放弃不需要做出牺牲，因此，不必以利息作为这一延续过程的报酬。[57]

我们迅即发现，马歇尔以真正的新古典主义风格，将生产要素与它们的所有者合在一起。这在最后一句话中非常明显。马歇尔倾向于否定的命题很明显是对的——资本提供的服务是一种不需要做出牺牲就能提供的免费商品，因而不需要以利息作为这一延续过程的报酬。一块农田在生长玉米时不需要做出牺牲；一辆纺车也不因将棉花纺成线而要求报偿。它们的所有者是另一回事。

那么这些所有者呢？马歇尔将一种新的要素引入了新古典故事中去。他的依据不是生产性贡献，而是牺牲。一种不同的道德标准被启用。牺牲论对于资本主义的批评者来说，总是显得有些可笑（矿产所有者真的比矿工牺牲得多吗？通用汽车的股东比通用汽车的员工牺牲得多吗？）马歇尔本人没有意识到这种反对，因而他强调"一般的"限定条件。[58]但正如我们将要看到的，这种限定条件并不能挽救实际上不可能成功的辩护。然而，牺牲论值得进行分析，因为一些存在于背后的不太明显的误解常常在道德主张本身被否定以后依然存在。

任何证明资本家的贡献与牺牲标准相一致的实证说明必须包括三个步骤：第一，具体确定经济当事人牺牲的性质；第二，确定对那种牺牲的数量衡量的一致标准；第三，提供实证说明资本主义（一般的）依照如此这般被确定和衡量的牺牲进行分配。（一个完善的理论还要求证明标准本身的合理性，并且证明所定义的牺牲适用于这个标准，但是，这些步骤与我们无关。这个理论还没走那么远就失败了。）

第一步似乎相当简单，至少对工人们来说是这样。所有人都牺牲了他们的闲暇，很多人还得承受精神和体力方面的不舒适。对资本家来说，马歇尔给出的答案是，他们的等待，即他们推迟了从消费中获得的满足。当一个人必须在现在消费和推迟消费之间进行选择时，他通常会发现推迟满足是很痛苦的，未来同等数量的消费不能完全补偿这种痛苦。注意这种说法和时间偏好论之间的区别，后者没有涉及痛苦。

第二步是关于衡量标准。如何衡量一个人因推迟消费而感受的痛苦？一个显而易见的答案是，至少对一个受过新古典主义理论熏陶过的人是这样：按照可以用来说服一个人做出这种牺牲的一个货币数量，就像衡量一个人因工作带来的不舒适是根据为了让他工作而必须付给他的货币额一样。

我们有理由认为资本主义将严格地按那个数量来补偿一个人吗？为了得到肯定的回答，马歇尔提出了新古典主义的范畴用以说明利息率。他认为，这些利率是由货币市场决定的，企业家可以在货币市场与那些想要存钱的家庭建立联系以便寻找资本。当市场处于均衡状态时，利息率水平就是储蓄与企业家期望借款的数量正好相等时产生的那一点。比如说，如果市场处于6％的均衡点，这表明存款人发现6％的额外金额足以补偿他们所受的痛苦，与此同时，企业家也愿意付出那么多，因为企业家们预期使用他们借来的钱能够提高生产力，在支付利息之后，还能有足够的剩余补偿他们自己承担的风险和提供的管理技术。这就是痛苦和酬劳之间的数量关系。

常识告诉我们，这里还是有些问题。分析暴露了一些困难问题。即使我们假定新古典的利息形成说具有普遍的有效性，它也并不能表明资本主义按照牺牲程度给予报偿。事实上，严格地说，新古典学派表明它做不到，因为6％的利息不是普通存款人（或"一般意义"上的存款人）所要求的一个存款引诱；它是最勉强的存款人，即处于边缘的存款人所要求的。正是这个要求的报偿率被用来从最后的几个居民中吸引最后的一点美元，使得总储蓄等于总投资。除非发生这样的情况，即如果没有6％的报偿，就不会有人储蓄（这几乎不是一个似是而非的，也不是一个与新古典的敏感性一致的假定），有的人在4％利率时就会存钱，尽管可能更低，如2％等。根据新古典学说，这些人对他们推迟满足的痛苦的估价低于6％的水平，这些人会从市场获得超额补偿。确实，对有些人来说这很方便，有大量社会机构，它们会为使用别人积累的钱而支付报酬。达到某一点之后，个人的消费也许是困难的，其他可选择的安排可能是昂贵的（储藏设施、保安以及诸如此类）。在这样的情况下，"放弃消费"的痛苦也许是负的，人们将不是为消费而付出。人们的"痛苦"将会变成乐趣。现在，很清楚，一种给乐趣付报偿的制度——或者是报偿普遍超过了存款人的痛苦——按牺牲标准来判定，它就是不公正的。[59]

还有一种更直截了当批评马歇尔理论的观点，就是否认他的理论可以应用于现实。马歇尔包含"一般性"用语的分析看上去似乎正确，原因在于假定典型的储蓄单位是一个小型或中型收入水平的家庭。对于这样的一个家庭来说，"等待"似乎完全有理由是一个可与工人的不舒适相对比的痛苦。但是，在当代资本主义社会中，这样的家庭不是储蓄的重要来源；利息支付的大头并不流向他们。正如西蒙·库兹涅茨注意到的，"只有较高收入阶层进行储蓄；在10％最高收入家庭水平以下的各阶层的总储蓄非常接近于零"[60]。

但是，如果主要储户不是中低收入家庭，而是富有家庭，那么，拿推迟消费的牺牲与劳动的牺牲相比较的表面上的合理性也消失了。马克思指出了这个明显的问题："因此，资本通过不断积累增加得越多，价值增殖额就越大，增殖额被分成消费基金和积累基金。资本家由此可以生活得更好，而且同时做出更多的'放弃'。"[61]

马歇尔的分析，作为一种建立在牺牲标准基础上的理论，存在明显的谬误。这一点我们已经看到了。但是马歇尔的分析中的一些因素仍值得我们进一步关注。对马歇尔来说，"等待"是对消费满足的推迟，它可以提高生产力。他的基本结论是：资本是劳动和这种等待的成果。果真是这样吗？这种等待与人们在资本主义制度下将钱放到银行里或者买债券或股票而进行的"储蓄"是一致的吗？生产要求这样的储蓄吗？政治哲学家们常常认为这些新古典假设是理所当然的。例如，诺齐克重复这种典型的话语："全部产品是通过使用因别人储蓄而产生的生产工具，由人们组织生产或者创造生产新产品的工具或生产产品的新方法，被个人劳动生产出来的。"[62]

事实是前面所有的问题都应该得到否定式答案：资本不是等待的产品；等待与资本家的储蓄不同；等待和储蓄都不是生产所必要的。诺齐克错误地认为存款人使生产工具得以产生。

的确，在马歇尔的思想中有经济真理，但是他表达真理的形式是不准确、不适当的。在某种意义上，"等待"是资本增加的条件，尽管它不是资本本身的条件。通过简略地回顾一下前一部分的玉米—犁耙模型，我们可以发现并且理解前述问题的答案。

我们假定的100个工人为资本家雇用，10个工人生产犁耙和耕种机，90个工人耕种玉米。如果资本品部门的工人生产的工具正好替代磨损的部分，消费品部门工人生产的玉米正好足以养活所有人，这个社会能够不确定地持续下去。在这样一个社会里，生产工具被不变地生产出来（作为替代），然而却没有像马歇尔的"等待"那样的东西：一次"推迟（那）让人们得以使用首次成本高但却由此提高了总的福利程度的生产方式"。在这里，资本品不是等待的产物。[63]

当然，如果这个社会希望增加资本品的存量，它可能不得不推迟某些消费满足。我们假定人和资源已经得到充分利用，那么，正如我们在前面注意到的那样，资本品的增加要求部分劳动力从消费品部门转移到资本品部门。[64]这种转移会使"总福利"在以后的时间里增加，因为资本品的产出增加，为消费品部门生产创造了条件，从而提高了生产力；但与此同时，实际消费水平却从技术上可以达到的水平下降了。回忆我们的模型：经历一年时间的900蒲式耳年产量低谷，玉米生产从1 000蒲式耳增加到1 100蒲式耳。社会必须等待，但它的等待将以支付一笔社会股息为代价。这是马歇尔理论的合理内核。

非常重要的、也是令人惊异的是注意到无论如何等待都与通常意义上的"储蓄"无关——把总产出的一部分搁置起来以便满足未来不测之需。从本质上说，所有社会（和很多个人）都是在这种意义上进行储蓄的。维持粮食储备；把听装西红柿存在地下室。这种储蓄可以看做是"推迟的消费"，但完全不同于马歇尔的"等待"。这种储蓄与产生新的生产工具没有任何关系。或者不如说它有负面影响：劳动力必须生产的应急储备越多，它能生产的生产工具和目前消费用的产品就越少。

当然，现在有些社会出现了一种不同的储蓄：不是实物被存起来，而是货币（实物的象征）被存起来，货币不再藏在床垫下，而是放进银行，在那里"生息"。当诺齐克把储蓄写成是"使生产工具得以产生"时，心里想的就是这种储蓄。

用一个词代表两种不同的行为是不妥当的。把持有存款这种普遍的行为与制度规定的行为混为一谈可以造成严重的误解。首先，它只是说明，储蓄行为是一种普遍的、创造财富的、生产性的活动。但它不是。正如上文指出的，资本家做出的不消费决定对于玉米生产的增加来说既不是必要条件也不是充分条件。回忆一下，即使没有资本家有消费权的玉米的诱导，工人们也可能转向犁耙的生产。

这种混淆还意味着，当资本家决定推迟消费时，他本人消费减少，从而他本人就有权利为他的等待得到报偿。从我们的模型中也可以看得出来其前提条件是错误的。在第一期，资本家用他获得的 100 蒲式耳中的一部分去诱导一些工人从玉米生产转向农具生产。这样，他不把他的所得全部消费掉。结果，玉米产量在第二期下降，降至 900 蒲式耳。由于产品的一部分还得归资本家，所以，工人们的消费，即过去的 9 蒲式耳/人，肯定会下降（在现实世界中，交易是通过货币进行的），这一下降还受到价格上升和暂时达成交易的消费品供应的影响。这样，我们发现尽管资本家和工人们都放弃了消费，但是仍存在两点不同：首先，是资本家而不是他的工人主动选择减少消费；其次，是资本家而不是他的工人有权为他的等待获得报偿。

为了对资本主义公平起见，我们应该将这个说法继续讲下去。由于产量已经确定，工人们在第二期肯定会消费得更少。在第三期和以后各期，产量上升到初始水平之上。尽管情况是，从法律上讲，资本家有权拥有产品增量的全部，但是，其中一部分可以施予出去。而且事实上（在这里，历史记录是很清楚的）大多数（尽管不是全部）工人的确分享到了生产力提高带来的收益。因此，无论资本家还是工人都从他们的"推迟"中获得报偿。然而，差别依然存在：（1）资本家选择"等待"。与此同时，工人的消费下降因这样的选择而伴生。（2）资本家在法律上有权得到他们等待的全部报偿，与此同时，工人们必须得到收益上的次第受惠。

似乎很清楚了，如果我们避免使用一些新古典理论喜欢使用的用语，就可以避免很多混乱。那些习惯用语往往暗示储蓄行为（在资本主义社会）是一种生产性行为。它更适当地被看做是一种复杂决策程序的一个要素。当个人（在资本主义社会）把他的钱存起来而不是花掉它，他的推迟"行为"减少了对消费品的总需求。为市场达成成交合同发出了信号（以产品卖不出去的形式）。他"投票"赞成减少生产。如果这笔钱放在银行里（或者可以进行投资），而且有投资者借到了它，然后又花掉了它，那么一个反向信号就出现了。因为投资者的支出很可能至少部分用来购买资本品，两种信号的净影响就是使得工人们从社会的消费品部门转移到资本品部门。这样，一个社会的"等待"决定就做出了。

还有各种可能的复杂情况可以出现在我们正在谈论的话题中，但是，我们在此不去深究它们。[65]要指出的重要问题是，允许由私人货币储蓄来建立投资基金的这种制度安排被看做是决定生产结构的社会系统的一个部分，而不是社会的生产系统的一部分。储蓄行为并不比购买一件商品更具有生产性。买一股克莱斯勒公司的股票不比投票赞同建立一条新高速公路更具有生产性。所有这些行为都会影响未来的生产，但是它们与生产本身仍有天壤之别。[66]

在资本主义制度下由"储蓄"定义所涵盖的制度安排只不过是达成有关推迟社会消费和重新配置工人的决定的多种安排的一种。工人流动可以由政治当局行政命令来实现；可以通过经济刺激手段来实现；他们可以民主地决定从社会的一个部门转向另一个部门。投资基金可以由私人储蓄形成，由税收形成，也可以由货币印刷来形成。这些（或别的）方法中，究竟哪一种更受青睐是我们在后面将要详细考虑的。而对功利主义和自由主义的思考是必须展开的。但是，在这一类分析中，我们必须保持清醒的头脑，社会"等待"和私人储蓄是完全不同的概念，又非常复杂地相互关联着。总之，我们必须防止对这样的储蓄和生产增长的因果关系做出简单的假定。

第五节　作为风险回报的利润

如果"贡献"和"牺牲"都不能作为资本家收入的正当理由，那么，风险呢？一般认为，风险或许是所有理由中最普遍认可的。资本家把他的钱拿去冒险，他当然应该得到奖励。

这个论据有缺陷，却也并非没有一点合理的内容。如果一项风险对社会有利，那么对经受该风险的人给予奖励就是无可非议的。实际上问题并不那么简单。

我们注意到风险辩护论对于我所说的资本主义的真正问题，即无风险利息显得苍白无力。对此我们暂且不论。我们假设资本主义是彻底的自由竞争，缺少所有的无风险选择。在这种情况下，如果银行或公司失败，你就失去你的财产。没有任何政府安排的优先股。

我们观察的第一件事是我们不能像对贡献和牺牲原则那样将风险原则作为判定资本主义合理的正当理由。即便是暂时的，我们也不能认为资本主义会按风险给予相应酬报。对于劳动，有人可能会提出这样的主张，即如果其他条件一样，风险越大、危险越大的工作回报就越高。但是对资本来说，不存在这个问题。我们不能说风险更大的投资收益更高。我们只能说，对于风险更大的投资，如果成功了，投资家的投资有望获得更高的收入。如果不成功——风险越大，他们不成功的可能性就越大——投资将一无所获。因而，说资本家拿钱冒风险就该得到投资的收益是错误的。如果这种风险能导致荣誉，一个失败的投资者就有理由诉苦，很显然他不会这样做。和危险职业中的工人不一样，一个破产的投资者绝对不会说："我经历了风险，我应该得到回报。"

我们不能用分析贡献或牺牲的方式分析风险。我们不可能先找到一种定量分析风险的办法，再分析资本主义是否得到了相应的回报。一种更恰当的规范标准似乎是"纯程序正义"，这是一个从"公平游戏"的概念里推论出来的概念。这个原则包含在纯程序辩护中，即如果一个人按规则行事，而这些规则是公平的，那么回报多少都是无关紧要的。[67]

接受资本主义的纯程序辩护论就是把资本家投资看做是一场游戏。接下来的问题就是，这些规则公平吗？我们马上就会产生一种异议：并不是所有的人都能参与游戏。只有那些有钱投资的人才能参与游戏，这是游戏规则之一。

有人会辩驳，任何人都不会被依法排除在游戏之外。没有任何法律限制某一个特定阶级的投资机会。但是有两点必须牢记：首先，显而易见的是：不管法律怎么规定，大多数人没有任何可自由支配的、用于投资的基金（萨缪尔森观察到，关于"人民的资本主义"，"一般的估计，2.25亿美国人中只有2500万人持有可观的股票"）。[68]

第二个观点就不太明显了。我们想象一下这个最简单的游戏：你和我做一个公平的掷币游戏，我们每一轮赌1美元。当硬币是正面时我得到你的钱，反面时你得到我的钱。我们俩在每一轮掷币中具有同样的输赢概率，从这种意义上讲，这个游戏是公平的。但是，我们结合初始状况用一段时间观察这个游戏，就会感到事情的复杂。我拿20美元来玩这个游戏，而你用10美元，你失败的可能性要比我多两倍。如果你输出了局，另一个人拿10美元继续和我玩这个游戏，他出局的可能性是我的三倍（因为我的初始赌注已经加上了你输掉的钱）。假设我的赌注是无限的，你的是有限的，游戏永不停止，即使整个过程是"公平"的，我也不会输，你也不可能赢。

所以，尽管大投资者有能力承担更多的损失，但他遭受损失的可能性却比小投资者小。而且，富有使得一个人可以获得信息、专家咨询、分散投资的机会，这些都是小投资者所不具备的。综合考虑这些因素，我们认为损失规模和损失概率之间的平衡倾向于富人。

由于资本家投资游戏规则不仅排斥许多潜在的参与者而且对那些实际的参与者具有偏向于富人的歧视性倾向，所以我们有充分的理由对所谓干净的资本主义的"公平"问题提出质疑。对此当然有不同意见。小投资者没有理由抱怨，因为他可以自由地选择是否加入这场游戏。他不是被迫的。他可以花掉自己的钱，也可以把钱放到鞋盒子里。除非有人可以找出一个非常强硬的理由，使政府禁止成年投资者用他们的钱去冒险，人们没有理由质疑资本家规则。

这种反对意见乍看上去是很有力的。小投资者（其实大部分来自于上层中产阶级）几乎很难得到宽松的仲裁。有事实为证：资本家投资游戏是一个正和游戏。小投资者与大投资者相比处于劣势，但是他仍然可以赚钱。（股票市场既不是魔毯旅行，也不是诈骗）禁止小投资者参加游戏，不但阻止了他们追求自己的理想，而且也阻止了他们追求自己的合理利益。

让我们仔细思考一下上述游戏理论问题。如果一个游戏的全部期望所得按几率计算是正数，这个游戏就是正和。[69]简单地说，一个正和游戏是那种赢钱比输钱多的游戏。如果一个游戏是零和（例如输赢相抵），那么一个人被排除在外是没有损失的，因为该游戏的期望获得值是零。一个人参与游戏并不比退出游戏好多少。如果这个游戏是负和的，例如，任何赌博游戏，除了组织者能够得到一部分收入之外，人们的期望获得值是负数（这类游戏纯粹靠机会）。如果一个人参与这种游戏的唯一原因就是赢钱，那么他最好是做一个旁观者。

我说过资本家投资是一种正和游戏。所以，那些被排除在游戏之外的人是要遭受损失的。我们已经提出，许多人确实是被排除在外的。他们缺乏参与游戏的资源。如果资本家投资是一个零和游戏，这些人就不会抱怨。如果投资游戏是负和（比如国家奖券），这些人会庆幸自己被排除在外。但是资本家投资游戏不是零和游戏，也不是负和游戏，而是正和游戏。

果真如此吗？有一个例子常常被用来说明净收益是零的问题。一位最著名的研究收益风险理论的经济学家弗兰克·奈特（Frank Knight），他勇敢地说不会大于零，并且很可能是负值。他提出，人们喜欢冒险，愿意为这种冒险付费。[70] 奈特的观点对于净收益来说也许是对的，但这仅仅是因为他将"收益"这个词只在严格的、技术的意义上使用。和萨缪尔森一样，他把收益与"资本的生产性服务的收益"相区别（例如区别于"利息"）。[71] 奈特将商人们所说的"收益"分解成两部分，一部分是利息成分（他认为这一部分是由资本本身产生的），另一部分是剩余的（纯）收益，后者可能是正的，也可能是负的，他把这一部分归之为风险。

这个理论上的区分在特定的情况下是很重要的（像我们已经看到的那样），但不是在这里。资本家投资游戏不仅支付"纯"收益，而且支付利息和股息，这些加起来肯定是正的。[72] 如果奈特的经验猜想是对的，股票、债券和其他不保险的投资的总回报率就会比现行的利率低，当然这和我们讨论的问题不相关。问题在于，那些参与投资游戏的人通常都在游戏中获益，因为他们在玩一个净收益（利息、股息，纯收益）是正数的游戏。

分析反对我的关于资本家游戏对小投资者不公平的观点，会导致一个深刻的批判。小投资者确实与大投资者相比处于劣势，但是所有的参加游戏者都可能从那些被排除在外者的损失中获益。有人提到，在当今博彩（lotto）资本主义时代有两个游戏：一个是（不公平的）给富人和上层中产阶级（金融市场）的正和游戏，一个是（公平的）对其他人（国家奖券）的负和游戏。

细心的读者很可能会产生疑问。投资游戏怎么可能成为正和游戏呢？认为投资人从没有参与投资的人的损失中获益的理由是什么？

这是一些重要的问题，回答这些问题将使我们走近资本主义的核心。让我用另一个问题从另一个侧面解释一下。资本投资游戏的要点是什么？也就是说，股票市场、债券市场、储蓄银行以及其他一些机构允许他们用富余的钱去冒险以增值的目的是什么？对社会来说主要问题是什么？（参与正和游戏的个别动机没什么神秘的。）

显然，问题是不能给予冒险本身酬报。人们经历过无数次的没有酬报的冒险，包括成功的时候。我每次穿过谢里登（Sheridan）公路时，都经历一次风险。每一次不系安全带的时候，我就经历一次风险。这里既没有机构因我成功地脱险而负责给我金钱酬报，我们也不能想象会有这样的建议。只有那些成功的实施并对社会有益的风险才是需要给予奖励的。

投资游戏的要点就是鼓励两种非常特定的对社会有益的行为。最基本的目标是培育实业性活动：那些由天才开发的新产品和创造的新生产技术等活动。为了实现一个新想法，企业家需要其他人的劳动。别人过去的劳动（以设备和原材料形式表现出来）必须与现在人们的劳动相结合，以便企业家的设想得到实现。说到底，企业家需要的就是一种驾驭其他人劳动的权威。一个人怎样才能获得这种权威呢？在资本主义社会，花钱就能买到这种权威。企业家从哪里得到这些钱呢？在资本主义社会，一部分来自他自己的存款，但大部分来自那些有钱出借的个人。这样我们得出资本投资游戏的第二个目标：鼓励那些有钱出借的人准备随时把钱交给那些能更好地利用这些钱的人。

让我们思考一下这个基本目标，我们注意到一些非常显著的事情。如果对实业家（实际上实施生产活动的人）和投资者（提供资金者）做一下功能性区别的话，我们认为实业家（或者说作为实业家）是不担风险的。抛开那些他自己投入的钱不说，严格地讲，这些钱和他作为一个企业家的角色没有多大关系。我们发现企业家不会失去什么。因为，如果这个项目失败，他的支持者失去他们的资金，他雇用的工人们会失去工作，社会就会失去本来可以雇用其他人的物质和智力资源。而企业家本人，除了他的声誉之外，他一点都不比开始的时候差。[73] 所以如果这个项目成功，他得到的（纯）利润即扣除工资、物质消耗、利息和股息之后的剩余根本不是对风险的酬报，而是对他的生产活动的酬报。应该得到风险酬报的是投资者而不是企业家。

现在我们来了解一下投资游戏是怎样成为正和的，为什么他们的全部所得（或大部分）来自没有参与游戏者的损失。马克思为我们提供了基本观点。人类消费的商品和服务即"使用价值"，是人类将那些天然物质加工成能够满足人类最终需要的产品。使用价值是劳动和自然的产品。[74] 使用价值是由那些包括实业家在内的从事物质生产活动的人们创造的。[75] 回顾我们在本章前几部分得出的基本结论可以看到：提供资本不是生产性活动。把钱存入银行、购买股票、投资于金融市场基金——这些活动构成了资本投资游戏的核心，使人们有资格分享社会已经生产出的使用价值，但是这些人对使用价值的生产没有做出任何直接的和物质上的贡献。

正和投资游戏是怎样实现的呢？一个人从无到有只因为另一些人从有到无。作为对那些拿钱在银行账户、股票权益、房地产基金、冒险资本及其他冒险的人的酬报，投资收入的存在只是因为那些创造社会商品和服务的人得到的比他们实际贡献的少。如果资本分配确实做到按劳分配（我们经常看到这种主张），那么资本家们将得不到任何东西。

让我清楚地阐明哪些是我的主张。我试图解释资本投资游戏（全部的和通常是部分的）是怎么可能成为正和游戏的。多数年头，股票市场赚钱比输钱多。这怎么可能呢？我认为这是可能的，因为那些从事生产活动的人实际得到的比他们应该得到的少，这是主导生产分配的法则。风险酬报就来自这种差异。

我（还）没有断言用这种形式给冒险以酬报是错误的。企业家从事一种非常重要的生产性活动。在资本主义社会，一个企业家必须获得基金才能实现他的想法。这些基金来自于投资者。但是企业家的赌博把风险转给了投资者。因为他可以损失，所以他必须诱使冒险。记住，这是资本主义投资游戏的第二个作用。我已经说过，游戏的这一部分是不公平的。这种正和游戏是由于许多人被排除在游戏之外，这是一个青睐有钱人甚于那些没钱人的游戏。（进而可以辩论）除非投资游戏的第二个目标实现了，那个鼓励实业性活动的基本目标仍然将受到阻挠。这个游戏可能不公平，但是它服务于社会性的有用功能。把所有的事情考虑之后，这个游戏就清楚了。

也就是说，除非有可选择的、更好的机制来为企业家提供权威。这种选择存在吗？我怀疑在资本主义初期存在这种更好的机制。以资本主义发展早期的一个世纪的政治和技术架构为条件，不可能存在一种更有效的机制，只是鼓励实业家的天才，而不允许个人"提供资本"给那些承诺给予冒险回报的人们。但是现在仍是这样吗？

我们不需要在这里继续调查，因为我们已经转到比较性分析方面。很显然，只有那种可能成功的资本收益风险辩护是一种比较辩护理论。如果资本投资游戏是清晰公平的，那么一种非比较辩护可能会起作用，但是事与愿违。因为游戏已经走样了，我们不能从其内部和它本身评价之，而是要与那些实现同样目的的制度安排相比较。这种安排确实存在。我们将很快转向比较评价。

第六节　"资本主义因其公正而成为公正的"

1974 年，由哈佛哲学家罗伯特·诺齐克领导的以捍卫资本主义为目的的复兴保守主义的先锋冲破地平线出现了。诺齐克的理论是一种非比较性辩护理论，声称展示某种形式的资本主义——与后来盛行的自由主义思想非常不同的——符合正义的正确概念。[76]

在前面几部分中，我维护这样一些观点即资本主义不能借助于对奉献、牺牲和风险的道德标准来证明它是公正的。诺齐克同意这个观点，但是他的理由与我不同。他说，那是一些模式原则，自由主义推翻了所有的模式。"模式原则"就是一个需要根据一个或一些自然状况的变化而变化分配方法的原则，例如奉献、牺牲、劳动或需求。其中没有这样一种模式是可接受的，因为没有一个"不通过持续参与人类生活而能持续地实现"[77]。对功利主义和罗尔斯主义分配原则也提出了同样的责问。[78]

在诺齐克看来，评价社会经济体系的恰当理论是他的正义权利理论。它的基石是一种类似于得到风险辩护论使用过的程序性原则。对于诺齐克，任何通过公正步骤产生的公正情形的结果都是公正的。因此，如果原始所有是公正所得，并且随之发生的转移是公正的，不论这个分配结果怎样，它都是公正的。这不需要与奉献、牺牲、风险、最大多数人的最大幸福，或者其他任何事情相联系。

什么叫作公正的转移或公正的原始所有呢？对于诺齐克，公正的转移就是任何一种自愿的交换；公正的原始所得是得到一种没有其他人要求的东西，这符合"洛克主义条款"，即实际上没有使其他人的境况因不再能够获得那种特定的财产而恶化。[79]

这种关于正义的理论似乎根本不符合现代资本主义的现实。在美国，土著人近乎灭绝，成百万计的黑人奴隶被带上锁链从他们的祖国偷运到这里。在英国，圈地运动践踏农民的长期利益，迫使大量的农民失去土地。整个世界，西方殖民者横行。关于正义的理论很难辩驳马克思主义的控诉。

> 在美洲发现金银，在土著人的矿井进行的种族灭绝、奴役和埋葬，对东印度群岛的统治和屠杀，把非洲变成商业性猎取黑人的养殖场，这些都标志着资本主义生产时代的玫瑰色黎明的到来。[80]

诺齐克并不是没有意识到这个困难。他用一个修正原则补充了他的程序原则和公正获取的两个原则（转移和原始所得）。当然，他承认他知道"没有彻底地或理论上成熟地处理这些事务的方法"[81]。基本概念是简单的：如果发生了不公正，那么转移是可行的，为的是将现行的分配带到不公正没有发生时的那种状态。很难说，现在社会由于这种修正会发生怎样的变化，但是诺齐克坚信，"作为对我们的罪恶的惩罚的社会主义可能走得太远了"[82]。

诺齐克把目标对准社会主义和自由主义。不是所有形式的资本主义是正义的——只有一种小的自由资本主义。除非给予修正，没有财富再分配是公正的。税收是偷窃行为，除非是为了补偿由小政府给予的保护性服务或补偿过去的不公正。不必惊奇，诺齐克的无政府主义、国家和乌托邦招致了一场严重的攻击。在我看来，其中的许多批评是准确而有力的。[83]不过，我们不应该轻易地放弃权利理论。

鉴于它的核心理论远远脱离现实，它的（还不太完善的）修正原则于事无补，因此勾销权利理论是很容易的。我们要这样做的话，简直是太容易了。诺齐克只有一点需要说明。我的观点是资本主义是不公正的。不仅仅指美国的资本主义或英国的资本主义，而是所有的资本主义。诺齐克对我的理论的挑战是："如果对于财富的剧烈修正果然发生在我们社会怎么办？暂且不论再分配的实践中存在的实际问题，可以提出一个理论观点。如果财产被修正而且该制度在继续，那么这样的资本主义还是不公正的吗？若如此，你的反对意见就不是针对这种资本主义，而是针对一种特殊形式的资本主义，你的根本观点就不成立了。"

为了回应诺齐克，我们不能认为这个世界已经做出了修正。我们最好回到故事的开头，即诺齐克的"自然状态"，来看一下公正的资本主义是否出现和怎样出现的。其实，我们并不关心一个公正的资本主义是不是的确会出现，我们只想看一下，能否产生这样一个资本主义。

如前所述，我们所说的"资本主义"是指商品生产社会的资本主义，在这里大部分人参与生产的方式就是向那些占有这些劳动的人出卖他们的劳动力。如果资本主义可以由权利理论来修正，就要说明怎样在不侵犯任何人的权利的情况下实现修正。这正是经常受到马克思嘲笑的经典故事：

> 很久以前，世界上有两种人。一种人是勤奋的、聪明的，而且非常节俭；另一种人是懒惰的流氓、挥霍无度，甚至放纵地生活……这样下面的事情发生了，前一种人积蓄了财富，后一种人除了他们的皮肤再也没有任何东西可出卖了。由于这种原罪，大多数贫穷的人，虽然有他们的劳动力，从那时起到现在除了他们自己已无可出卖。那些少数有钱人，尽管他们早已不用工作，但他们的财富仍在不断地增长。[84]

诺齐克的脑海里或许有这样的景象。他攻击马克思主义者所说的工人被迫与资本家打交道，咬文嚼字地质问："生产方式是从哪里来的？是谁最早放弃当前的消费以得到或生产他们？现在又是谁放弃消费来支付工资和实际价格？谁的实业活动仍在全面运转？"[85]对马克思来讲，这是"乏味的幼稚，每天对我们说教的就是保护财产"[86]。这确实是一种关于资本主义实际发展的一面之词。但是，正如所指出的那样，诺齐克不必追寻资本主义的实际根源，而只需探寻资本主义的可能根源。

不可否认，资本主义社会产生于这样一个经典的神话具有逻辑上的可能性。重要的是，我们要说明的这种说法和资本原始积累的残酷事实具有多种表现形式。例如，有另一种完全不同于诺齐克那样乐观的情况，却和他的公正原则非常相称。诺齐克主张一种不受管制的自由市场经济制度。在这一制度下，一个精明的企业家很可能会增加生产。事实如此。谁受益？当然是企业家，还有消费者。但消费者不是他们的竞争对手，否则，他们可能会气得撞墙。

观察的结果是显而易见的，其重要性却往往被忽视。这种通过自由市场改变运作的生产力的影响是巨大而深远的。当英国的纺织品向印度倾销时，成百万计的当地纺织者在挨饿。当农业现代化把大量的小农场主和农民赶出了土地，美国和西欧社会的社会结构也发生了破裂和转型。这里没有强迫（或者说根本用不着）。放任的和私有制的自由市场经济，是一只看不见的手——人们可以非常有效地从个体获取他们的劳动并强迫他们寻找雇主。这里没有强迫，没有欺骗，没有违背自由主义原则。这里没有"不公正"。

我没有说市场机制是完全有害的。实际上我将证明在井然有序的社会主义社会里它将扮演一个很重要的角色。利用市场机制具有重大的好处。但是利用市场机制同时还具有明显的坏处，特别是当市场机制伴随着私有财产和工资劳动时。任何关于资本主义—社会主义辩论的严肃讨论必须面对这些情况。一个放任的资本主义市场，像前面的例子展现的那样，导致大量的社会混乱且产生巨大的痛苦和苦难。情形或许是这样，即这一制度的优势足以抵消这种痛苦的风险和痛苦的现实，但它自身很难证明这一点。

严格地说如果权利理论是有效的，这个问题就不必争论。资本主义的优点也能够详尽阐述。诺齐克试图借助于"类似的偏爱私有财产的社会观"来支持他的观点：即使所有的"原始"财产被侵犯，有关原始所得的洛克主义条款也没有受到资本主义的侵害。[87]我们可以讨论资本主义的优点而不是缺点。好一个聪明的理论！不用考虑缺点，因为当我们走近它，就会发现资本主义一系列制度的合法性——私有财产、市场、工资劳动——完全是假设的。更准确地说，如果一个人接受下列观点：（1）诺齐克的程序原则即经过公正的步骤在公正的条件产生的任何结果都是公正的；（2）他的原则关系到自愿转移的公正性；（3）财产原始所有的合法性，那么这个人肯定承认资本主义的合法性，不管它的缺点是什么或有多严重。

资本主义基本制度构筑了一种理论：如果一个个体能够合法地说明对地球上的自然资源和对他的劳动成果的所有权（正如诺齐克的理论假定），那么生产方式的私人财产所有权就是合法的。如果个人想转移财产就可以转移，不会发生任何强制（像诺齐克的理论假定的），那么自由市场就是合法的。并且因为所谓"自愿转移"可能包含一个人自己的劳动力（诺齐克的理论所假定的），工资劳动也是合法的。从诺齐克的假定里就可以立即推论出资本主义基本制度的合法性。不容许有任何异议。

当然，如果这些假定能够证明或具有坚实的基础，人们必须接受他们的推论。但是实际情况怎样？如果这个原则即对自然资源的私人占有和生产方式（不管有没有洛克主义条款）在道德上具有合法性。不管是美国的土著居民还是主要的社会主义传统（这是观点迥异的两类）都找不到这种自我证明。如果所有的自愿转移都是公正的，那么怎样理解这个"自愿"。

> Z有两个选择，工作（为一个资本的所有者）或者挨饿，所有其他人的选择和行动都不会增加Z的选择机会……Z是自愿选择去工作的吗？……如果从A到Y其他每个人都是在他们的权利范围内自愿行动，那么Z的选择也是自愿的。[88]

可以认为，如果"自愿"需求没有比或者为资本家工作或者挨饿更广的选择，那么自愿转移原则就是成问题的。[89]这样为权利理论提供了基础的程序原则本身也有问题。很难证明人们应该接受由一系列表面上无害的决定而导致的一种社会灾难性后果。

我对诺齐克的批评是：权利理论的确能够调整资本主义，随之产生了资本主义的基本制度的公正性问题。市场机制作为自愿交换的范例推定私有财产是公正的，工资劳动也是没有问题的，这样自由竞争资本主义的自由主义和社会主义的传统实践的根本问题——放任的自由市场的破坏性社会后果——就被简单地排除在讨论之外。在诺齐克看来，不论有什么样的社会后果，资本主义都是公正的，因为……对了，它是公正的。

[注释]

[1] 参见赫什曼（Hirschman, 1997）对此辩论所做的详细记录。

[2] 我的意思并不是说新古典经济学事实上优于马克思主义经济学。我只是承认劳动价值论的标准批评不及更为复杂的理论学说（施韦卡特，1988，1989）。我还信服，无论有没有劳动价值论，马克思的分析对理解世界的运作方式都比新古典理论更为有用。本书

有很多观点取自于马克思，尽管它们不一定是用马克思的术语来表达的。

[3] 路德维希·冯·米塞斯（Ludwig von Mises）是最著名的代表人物。第三章将更多地谈到这一点。

[4] 参见罗宾斯（Robbins, 1932）关于这一立场的著名声明。这种分离发展到19世纪末，以帕累托（Pareto）的观点告一段落，即边际主义分析不要求"效用是最重要的"假定成立。到1947年，当保罗·萨缪尔森（Paul Samuelson）出版了他的古典《经济分析基础》时，这一分离就完成了："今天，区分以经济学家的身份进行的纯粹的经济分析（一个经济学家的）和他以居民身份提出的主张、批判及建议之间的不同，已经是惯常的做法。实际上，如果说到底，这种多少有点神经质的规则变得难以坚持并且导致了相当乏味的在文字上兜圈子。但是从根本上说，罗宾斯无疑是正确的。怀有希望的思考对好的分析和表述是一种决定性的因素，道德结论不能由与推断或论证科学命题同样的方法来决定"。（萨缪尔森，1965，p. 219）

[5] 哈耶克（Hayek, 1944）。

[6] 福山（Fukuyama, 1992）。

[7] 海伯纳（Heilbroner, 1989, p. 98）。

[8] 琼·罗宾逊（Joan Robinson）喜欢称当代理论为"新新古典主义"，或者更直率地称"大杂烩凯恩斯主义"。见琼·罗宾逊（1976, p. 5）。

[9] 在这些流派中，有很多，特别是那些不太激进的，联合组成了反对力量"后凯恩斯主义"阵营，第二章和第六章将更全面讨论这一问题。若想了解后凯恩斯主义对新古典理论所做的逻辑复杂的批判，可参阅赫奇逊（Hodgson, 1998）。

[10] 罗尔斯（1971）；诺齐克（1974）。应该提及罗尔斯那篇有重要影响的论文，其基本意图就是清楚地阐释一种公正理论，而不是为资本主义进行辩护。但是作为理论的一种应用，它的确给出了一个"公正资本主义"的模式，我们将在第六章进行研究。

[11] 在此，我使用的是马克思的"私有财产"概念，它将私有财产（工厂、农场、生产设备）与个人财产（目的是为最终消费而不是为了赚钱）区分开来。

[12] 克拉克（1956, pp. 4 - 5）。

[13] 哈耶克（1960, p. 94）再次强调这一点。

[14] 诺齐克（1974, p. 158）。

[15] 雷斯彻（Rescher, 1966, p. 78）这一标准还被称为"生产力"、"社会贡献"、"生产贡献"或简称"贡献"。

[16] 弗里德曼（1962, p. 161）。这是一个基本原则。当代新古典分配理论进行了补充，这些补充与我们在此讨论的问题无关。

[17] 为了简单起见，我们在进行分析时，用两变量函数代替更传统的三变量函数（土地、劳动和资本）。我们将忽略围绕新古典理论把资本作为一种等同于土地和劳动的生产要素而起的"剑桥论争"，而认为资本与劳动是一致的。剑桥学派（英格兰）对新古典理论的批评独立于此处给定的观点。若想了解"剑桥论争"的缜密的哲学论争全貌，请参阅 Hausman（1981, pp. 65 - 847）。

[18] $P_x(x,y)$ 和 $P_y(x,y)$ 都是按标准数学程序从函数 $P(x,y)$ 中推导出来的 x 和 y 的函数。

[19] 只要 $P(x,y)$ 是平滑的和同质的一阶函数就足够了。第一个条件要求投入要素的平缓变动引致产出的平缓变动。同质性条件用数学术语表示就是对于一切 $a,P(ax,ay)=aP(x,y)$，变成经济条件，就是所有的生产要素增加 $a\%$，总产出也增加 $a\%$。

[20] 从根本上说，这个论题就是：工资至少将和最后一个劳动者的边际产品一样高，因为如果工资更低的话，别的地主都会诱引低工资工人离开原来的地主；工资也不会比那一点高，因为那将使得付给最后一个工人的工资高于他的产出。

[21] 克拉克（1956. p. 7）。

[22] 同上，p. 4。

[23] 这个面积在例子中并不正好相等。只有当投入量大得足以使生产函数可以用一个平滑的曲线图表示时，欧拉定理才适用。

[24] 那将是 $P(n, 5)$，n 在这里是地主的数量。$P(n, 5)$ 与 $5P_y(10, 5)$ 没有任何关系。

[25] 这并不完全是克拉克所认为的那样。在克拉克看来，这种管理意味着具有企业家即从资本家那里借钱来雇用工人的人的特性。但是，由于这种活动总是与资本主义联系在一起，我会再次说明"管理劳动与资本"以便减少对于它作为一种普遍的财富创造活动的疑问。

[26] 借用一下 G. A. 科恩（G. A. Cohen）的模式，人们可以说"如果而且只有当一种生产活动被需要是源于它的生产的物质性而非它的社会形式时，这种活动才算是生产性的（具有使用价值的）"（科恩，1983，p. 320）。参看科恩（1978，ch. Ⅳ）对这个定义所赖以存在的物质/社会差异所做的辩护。

[27] 约翰逊（1973，p. 37）。

[28] 熊彼特（1962，p. 83）。熊彼特并没有提出我们将要考察的道德论题。就像他的很多同事一样，他为了"科学"而避开了道德理念。要想了解熊彼特学派为资本主义进行的道德辩护，可参看基兹内（Kirzner，1989）。基兹内承认他的总的立场与米塞斯和哈耶克而不是熊彼特更接近，但这种差异与本文这部分的观点无关。先不管胜负，基兹内的与众不同的"发现者—保持者的道德观"没有谈到我将用熊彼特学派的辩护提出的困难。

[29] 并没有发生什么引起技术发明的特别革新。任何能够引起产出增加的创造性的智力活动都能符合基兹内称作"发现"（discovery）的定义。

[30] 革新者的寿命问题似乎令人感兴趣，特别是对于那些支持没收充公性遗产继承税的人来说，但那不能算是对的。我们不能根据革新者的寿命来确定一个革新者的贡献数量。一个人贡献多少取决于他做了多少事，而非取决于他活了多久。假使爱迪生在他实际活了84年之后，在一种老态龙钟的状态下再多活10年，那他的贡献也不会更大。

[31] 加尔布雷思（1967，p. 394）。

[32] 查看例如艾闵（1976），尤其是第四章。如果想了解简单明了一些的、影响较大的传统观点，参见罗斯托（1960）。

[33] 琼·罗宾逊曾不厌其烦论证资本的这两个方面在新古典理论框架内被无望地否认而且在逻辑上是不可调和的。具体内容，参见罗宾逊（1970）。我认为她是对的，但是此刻，我们对那个关于新古典等式的可行性的问题不感兴趣。

[34] 我们并不是在谈动力和刺激力问题。如何最有效地动员人们以社会所希望的方式相互合作是比较分析理论的事情，下文将会谈到。在这儿，我只不过是强调物质生产并不一定需要有一个其功能是"提供资本"的阶级存在。

[35] 凯恩斯（1936，pp. 213－214）。注意，凯恩斯的提法比我更严厉。他甚至不想把资本称为生产性的，而我却只是不把提供资本称为生产性的。他可能是对的。从将资本作为生产性的到将提供资本作为生产性的的确是一个非常光滑的斜坡。

[36] 熊彼特（1962，p. 83）在引用这段话时，不是指企业家精神不再重要，而是正如熊彼特指出的那样，这种精神已经变得越来越具有集体性。正如我们将要看到的，它可以完全从资本主义分离出去。

[37] 萨缪尔森（1980，p. 560）。

[38] 为了避免有些人认为利息收入的数量太小，不值得关心，在此提供一些值得注意的数字：1987年美国个人收入中来自利息收入的部分超过5 000亿美元，比当年的公司税后利润总额高3倍，比租金净收入高20倍（总统经济报告，1988，p. 273）。

[39] 波姆－巴威克（1959，Vol. 1，p. 1），该版三卷本分别于1884年、1889年和1909年出版。

[40] 参见阿诺德。需要更简短的辩护说，参见阿诺德（1990，pp. 101－108）应该注意，波姆－巴威克并不认为这一理论是合乎规范的辩护。而像熊彼特，他认为经济学是没有价值的"科学"。

[41] 这两点与丹尼尔·豪斯曼确立的奥地利学派的两个基本定律是一致的：一些人宁愿目前进行消费而不愿未来消费；另一些人将目前的服务、土地和劳动储蓄起来，按递减的比率增加他们的生产力（丹尼尔·豪斯曼，1981，p. 55）。

[42] 阿诺德（1985，p. 96）。

[43] 亚里士多德（《政治家》篇1258 b 2～5）。阿奎那斯比他也温和不了多少："利用贷出的钱款获得报酬是不合法的，这种报酬被认为是高利贷；正像一个人应该归还以不正当手段获得的其他物品一样，他也应该归还以高利贷方式获得的金钱。"（Summa Theologica，Question 78）

[44] 阿诺德（1985，p. 96）。

[45] 我指的是控制交易的第一印象的相互关系。很明显，如果这种交易是在更大的范围进行，这种观点就不见得正确。

[46] 阿诺德（1985，p. 95）。至于为什么会这样，阿诺德提出"由于人不是长生不老的，时间既是有价值的也是稀缺性的"。也就是说，大多数人更喜欢现在购买，以后支付，因为以后他们也许就死了。英国经济学家罗伊·哈罗德比阿诺德更大方。哈罗德把"纯粹的时间偏好"看做是"由于感情原因而对贪婪和征服的一种客气的表达"——转引自森（1984，p. 117）。

[47] 帕累托最优的概念将在第三章详细考察。

[48] 有差异的风险在此可能是说明因素或辩护因素，因为 x 美元放在床垫下面很可能比贷放出去更安全，但这与宁可现在消费而不留待以后消费是一件完全不同的事（奉献问题将在下文中进行讨论）。

[49] 阿诺德（1985，p. 96）将这一理论看做是能够说明消费贷款、企业贷款、固定资本估价以及"所有形式的资本形成，甚至是在无货币的经济社会"。

[50] 罗宾逊（1966，p. 395）原著中的重点。

[51] 马克思（1967，p. 595）。这种行为，按马克思的说法，并不是无理性的，因为有更多的钱用于以后投资也绝不会阻止更多的消费。

[52] 不用说，我并不否认货币贷放和商品交易有某些共性。特别是，两者都是自愿的交易。但是如果时间偏好理论仅仅是一种对利息支付是自愿的这种说法的详细表述，那么，它绝不可能解决那个伦理问题。因为，除了这位最诚实的自由主义的鼓吹者，没有任何人认为所有的自愿交易都是公正的。取而代之的是，它恰恰封闭了需要被澄清的问题，即利息的具体性质（对自由主义的真诚鼓吹者的批评，将在后面有关诺齐克的部分中给出）。

[53] 阿诺德（1985，p. 99）。

[54] 参见豪斯曼（Hausman，1981，pp. 40 - 44）。

[55] 注意，我将兴趣集中在无论贷款业务员如何处理我的钱，生产力最终是否会得到提高上，这对我们中间有存款能力的人来说是一个好安排，对有能力大笔存款的人是一个更令人惊喜的安排。

[56] 这种答案与刚才讨论过的时间偏好理论具有明显的类似之处，但在划分标准水平方面有重大区别。时间偏好论依赖于贷款人的贡献；马歇尔，如我们将要看到的，求助于别的东西。

[57] 马歇尔（1948，p. 587）。

[58] 马歇尔（1948，p. 233）。

[59] 一种类似的理论表明，工人们也被支付了超额工资，因为工人们的工资水平是用来说服那些对放弃闲暇而工作的最犹豫的工人出来工作而决定的。我谨慎地反对这个结论：因为每个人实际得到的多于他应该得到的，资本主义就是所有可能的社会制度中最好的一种。读者可以在这个并非不寻常的新古典推理中寻找并发现漏洞。

[60] 库兹涅茨（1965，p. 263）。当然，这个结论是指净储蓄，即一个家庭的总储蓄与债务之差。

[61] 马克思（1967，p. 667）。

[62] 诺齐克（1974，p. 152）。

[63] 人们可能反驳说，在最初阶段，等待对于启动生产过程、生产出初始的犁耙和耕种机是必需的。这也许是真的——初始工具也许要求推迟消费满足——但它们早已被替代了。年复一年，现在生产出来的这些工具，不再要求这样的推迟。

[64] 注意，当资本和等待两者之间有任何相关关系时，充分利用假设是必要的。如

果失业人口被安排使用闲置的资源，制造生产的物质工具，那么即使没有推迟消费，社会的资本存量也会增加。正如海曼·明斯基（1986，p.61）写道，自理查德·凯恩和梅纳德·凯恩斯以来的所有经济学家都清楚，如果存在失业，那么更多的投资就不仅与更多的消费一致，而且会带来更多的消费。

[65] 有一种情况在上文中曾提出过。如果储蓄行为不由投资行为抵消，那么，远不能产生出生产工具来的个人行为就有相反的影响。有一个众所周知的（凯恩斯主义的）故事：储蓄减少了总需求；这种减少从而又迫使工人们失去工作和使工厂闲置。它是一种令人感到好奇的体制，它不是一种对反社会行为给予报偿的体制吗？

[66] 这里暗示着有另一种反对借助于贡献标准来证明利息（从而资本主义）是合理的观点。很清楚，对于一个人投票行为的酬报是他的投票——个人施加影响。同样，购买一件商品的酬报是那件商品。依次类推，对储蓄的酬报不应该是利息，而应该是他的储蓄——在以后某一天进行消费的能力。

[67] 参见罗尔斯（1971，p.86）："当存在一个正确的或公平的程序，并且它的结果同样的正确或公平时，纯程序性正义得到了；不管它是什么，它所提供的这个程序被妥当地遵循着。"

[68] 萨缪尔森（1980，p.66）。

[69] 游戏参与者的"期望所得"由下式求出：把每一种可能的结果乘以这个结果发生的概率，然后将这些乘积相加即得。例如，如果硬币是正面，我得到2美元，反面时我失去1美元，我在每一轮掷币中的希望所得会是 $2 \times 0.5 - 1 \times 0.5 = 0.5$。如果将所有的参与者的期望所得相加得到正数，那么这个游戏就是正和的。

[70] 奈特（1921，p.368）。我必须说明，奈特喜欢将他的理论称为"不确定理论"而不是"风险理论"，因为他将这两个概念作了区别。对奈特来讲，"风险"是可以计算的（例如，通过保险统计师），而"不确定性"是不可能计算的。因为这一区别不涉及我的论据，我在使用这两个概念时都用"风险"。

[71] 科尼福特（1921，p.18）。

[72] 或许投资收入的最好代替物是在国民账户中呈现的"财产收入"。这个数据通常是国民生产总值（GNP）的1/4。它永远不是负数。参见萨缪尔森（1980，p.502）。

[73] 我并不认为失败导致的心理痛苦是没有关系的。但使用严格的金融术语说，它并不比以前更差。

[74] "那么，我们认为，劳动不是物质财富的唯一源泉，也不是创造使用价值的唯一源泉。就像威廉·配第指出的，劳动是它的父亲，土地是它的母亲。"（马克思，1967，p.43）与经常所宣称相反的，马克思没有忽视财富生产的自然的作用。

[75] 使用价值并不限定于物质性事物。人们（大部分是妇女）为照顾孩子和老人而作了大量的工作，这也是在从事生产活动，诗人（我要争论）、牧师、表演者也一样——任何人，消耗了精神或物质能量，满足了人类的好的或服务的需求，就是从事了生产活动。（关于生产性劳动与再生产性或非生产性劳动相比较的问题可能和有些问题有关，但是对我们讨论的问题关系不大。）

［76］诺齐克辩称说社会主义不是公正的，但这是一个与我们现在关心的问题相分离的事情。他的反社会主义观点将在后面章节中讨论。

［77］诺齐克（1974，p. 165）。

［78］功利主义原则要求为最大多数人提供最大的幸福。罗尔斯的正义观将在第六章里讨论。

［79］诺齐克（1974，pp. 151，178ff）。

［80］马克思（1967，p. 751）。

［81］诺齐克（1974，p. 152）。

［82］同上，p. 231。

［83］早期的两个自由主义批判，参见纳格尔（Nagel，1975）和斯堪洛（Scanlon，1976）。要看极左的观点，参见赖安（Ryan，1977）和科恩（1977）。更多的关于诺齐克的批判和一些维护观点可在保罗（Paul，1981）那里找到。

［84］马克思（1967，p. 713）。

［85］诺齐克（1974，p. 254）。注意新古典主义是怎样塑造诺齐克的思想的。

［86］马克思（1967，p. 713）。

［87］诺齐克（1974，p. 177）的观点是这样的：因为资本主义导致生产活动的增加，一个人可以为别人比他过去为自己工作时做更多的工作；因此，他没有在物质状态上更坏，因为所有的"原始财产"已经占有了。

［88］诺齐克（1974，pp. 262 - 263）。

［89］诺齐克的例子可以更进一步延伸。A 到 Y 在其权利范围内自愿行动的结果，可能就是没有人会雇用 Z。Z 会自愿选择挨饿吗？似乎是不但必须同意这个断言而且维持那种非志愿性，可避免的饥饿并不导致一个社会不公正，或者要求非志愿性事业是可能的——并不是以公正的理论家值得羡慕的"选择"。

第二章
比较项

我们已经处理了意在为资本主义辩护的几个主要的非比较性论争。资本主义既不能通过求助于"贡献"概念来辩护，因为提供资本或时间并不是一件生产性活动。资本主义也不能靠诉诸"奉献"概念来捍卫，因为许多获利的人并不奉献。同样，资本主义也不能归依于"风险"概念，因为资本主义的投资游戏是不守规则的。有一种辩护确实（直接地）从诺齐克的资格理论而来，但是这种伦理性理论如此大量地以未经证明的假定作为论据，因此，从它而来的结论缺乏说服力。

这些非比较性论证偏离了正道，但是那种论证的游戏远未结束。我们在此所考虑到的论证都为它们所拥有的那个过于局限的伦理性地基所困。把案例立于某种特殊的伦理价值之上的每一个论证都能通过表明资本主义不遵循那条价值或该价值本身对所论及的问题不适合、不充分而被驳倒。在第一章我采用的就是这种策略，但是这种策略也过于简单。我们能想象到那个不耐烦的克拉克会反对说："分配同边际贡献相龃龉会导致低效率。"或一个熊彼特式的人物会宣称："没有资本主义的动力，就不会有生机勃勃的企业家阶级的发展。"或者马歇尔会说："没有利息，不充足的存款就会投向投资领域。"或者奈特会说："没有利润，就不会有理想的社会性风险行为。"或者诺齐克会说："放弃资本主义，我们就会失去自由。"

其实，这些反对意见不可能在第一章的伦理框架内提出，因为它们与下述论点无关，即在 J 是某项独特的价值（贡献、奉献、风险或自由）时，资本主义满足了这项伦理标准 J。每一个反对意见都要诉求一个允许利弊权衡和替代性体制结构比较的伦理理论，它们是比较性断言。于是，它们构成了资本主义最强有力的辩护。概而言之，就不同经济体制的优劣而言，资本主义生成了好胜于坏的最理想的平衡效果。也就是说，在所有可比性体制中，资本主义最有可能产生这种效果。

上述论断是极为可怕的，因为它们既难以确立和确信，也难以反驳。要从意在证明资本主义生成了所有可能世界中的最好的世界这一独特论证中找出漏洞来并不困难，但是要证明论断本身是错误的却是另一码事了。要证明论断的错误，光是确认出资本主义的某些独特的弱点还不够（尽管是必要的），必须表明你自身的价值取向，即让人明白你以为的"好"的、"坏"的是什么。更为要紧的是，你得提供资本主义的一个具体的替代物，它不为资本主义所具有的弱点、乃至更为严重的东西所困。后一个步骤关键而又艰难。

这是一个许多其他资本主义批评者所不愿走的步骤。马克思本人则一方面极尽努力地避免乌托邦式的玄思冥想，同时又确信一个胜利的劳动阶级将会建立一整套替代资本主义制度的适当体系。他这种含蓄的做法曾经是合适的，但现在就不再适当了。

有重要的理由说明我们必须面对替代物的问题。首先，太多的社会主义实验在 20 世纪被证明是失败的，有些甚至被证明是可怕的。没有一个取消了生产资料的私人占有制的国家保留或建构起了自由、开放的选举制度，也没有一个这样的国家保留或建构了像在许多西方资本主义国家所见到那种广泛的公民自由，这是一个严肃的事实。这必有需要考虑的历史因素。资本主义民主不同于中学里公民教材所描绘的那样好，这的确也是真的。尽管如此，总的说来，历史上的这种证明了的记录只会使真诚考察它的人踌躇不前。人们再也不会相信：消除私有财产就自动地宣告一个公正社会的来临。

还有需要讨论替代物的第二个重要的理由。现在我们比通过论辩反对"乌托邦社会主义"[1] 时的马克思或恩格斯懂得的要多了。20 世纪见证了史无前例的社会实验运动：自由市场资本主义、法西斯主义、福利国家资本主义、中央计划的社会主义、市场社会主义、计划性的资本主义、集体农庄、工人互助体等。诸如此类的实验也经历了从未有过的分析。现在，我们看得更清楚了，什么体制有效，什么体制无用；我们也更能够理解为什么这些计划成功了，而另一些失败了。当然，我们也还有很多东西不知道，但是我们毕竟比一个世纪前被允诺的更有信心发言了。保持沉默在现在看来更像是对未来实行关闭，对难题进行躲避。

提出替代物的第三个理由是：这些替代物是必要的——甚至于我要说，它们太急需了。资本主义可能宣称已经成功地进入了"第一世界"，但很少有人会去为我们这个星球上被称为"第三世界"的那部分人（他们却占人类的大多数）伸张权利。当然，共产主义的"第二世界"和前共产主义国家正处于一个大变动状态，经济重组到处都在进行当中。因为明白了不能再要自己曾经所拥有的东西，这些国家中的一些人想要一种改革过了的社会主义，而更多的人正把希望寄托于某种形态的资本主义上。无论何种情况，重大的体制变动得定夺下来，既而实施起来。但是，这选择的范围有多大？这些特殊的改革所可能引发的后果又是什么？我认为，在充满生机和活力的民主社会主义的某种令人信服的模式缺席的条件下，这些问题是不会被充分阐明的。[2]

在转向社会主义之前，我们得更近距离看看资本主义。我们已经把资本主义定义为自由市场经济，在其中，生产资料绝大多数归私人所有，人口的大多数是雇佣劳动者。就把资本主义社会从非资本主义社会区分出来而言，这一定义足够了，但它并未抓住资本主义支持者所捍卫的"完美典型"。我们必须对这个"典型"有进一步的了解。许多（或许是大多数）资本主义支持者不满意于"实际存在的资本主义"——这当然指美国，在其中显现的诸多信号和潮流如此不祥。因而，许多（也许是大多数）都愿意改革。为避免程序上的不公平（对资本主义）——即把理想世界中的社会主义拿来同现实世界中的资本主义相比较，我们论及的必须是资本主义的（理想）图景，即不是实然建构的资本主义，而是依合适性应然建构的资本主义。

事实上，我们必须考虑多种图景，它们对资本主义的倡导者来说，绝不是异口同声的。我们当然不可能考虑到图景所有可能的变形，但是我们能够通过考察几种关键而鲜明的模式而公平对待资本主义的辩护者。大多数资本主义支持者自认为是保守的或者自由的。某种理想化的资本主义图景从属于保守主义的阵营，也许或多或少内在地与自由主义理想相通。当然更可能与之相左，更准确地说，更可能与诸多自由主义理想相左，因为现代自由主义正被资本主义的两种相互冲突的概念化形态所借用，每一种形态都以一个独特的模式为圭臬。

在勾勒上述诸多差异之前，首先让我来澄清几个术语。"保守的"和"自由的"这两个术语都是有疑义的，"自由主义"尤为模糊，这个术语有时用来指那种强调自由和自由放任政策（而这两者又是当代保守主义的两大关键要素）的学术和政治传统，有时它也用来指与当代这种保守主义正相反的非社会主义的福利倾向性传统，而在其他场合，它被用来指这两种传统的共同特征。[3]

"保守的"也是模糊的。这个术语意指对变异的抵制，然而许多保守的理论家已经倡导变化，有时还是激进的变化（如里根的"革新"）。正因此，许多此类的理论家（过去比现在更多）已经有保留地自称为"保守的"了。这一情形尤其体现在美国民主党当权的那段漫长的时期，从富兰克林·罗斯福延续到林登·约翰逊，其间，"保守的"意味着某个人相当远离主流。在那时，"保守的"理论家经常宣称他们合法的称号被他们的反对者篡夺了，他们辩护说是他们，而不是其反对者，才是洛克、亚当·斯密、托克维尔以及过去时代里的其他伟大的"自由主义者"的真正继承人。[4] 在民主党的那些光辉岁月里，此类理论家宁愿用"古典自由主义的"这一标签而不愿用"保守的"。今天，"保守的"再次成为可敬的称号，此术语不再那么引起争议了，于是我们就可以拿"保守主义的"与"古典自由主义的"互用了。[5] 我们将称这一传统的非社会主义的反对者为"现代自由主义者"。

当代保守主义（古典自由主义）确实是亚当·斯密的继承人。他们基本上致力于建立一种从政府干预下摆脱出来了的尽可能自由的资本主义经济，它尽可能地向亚当·斯密的自由放任理想靠拢。保守主义者倾向于成为政府福利计划、劳工联盟和凯恩斯赤字开支的批评者。当代资本主义的基本问题被认为归根于政府对经济的过度调控。罗纳德·里根曾经爱说的一句话就是："政府不是问题的解决（者），政府本身是个问题。"保守主义者坚持认为：如果政府的作用被削减，自由市场必然会给所有的人带来自由和繁荣。

保守主义阵营里的经济学家都执著地献身于新古典主义范型。其中的两个人，弗里德里希·哈耶克和米尔顿·弗里德曼都是诺贝尔奖得主。后者是"20 世纪 60 年代中期至 80 年代中期最最有影响力的经济学家"[6]。这两个人都将是我们一再关注的对象。[7]

在与保守主义传统相联系的当代哲学家当中，罗伯特·诺齐克最为有名。他的著作中所强调的价值都是古典自由主义的，即对自由与个人主义的强烈关怀、对平等的疑虑、对政府控制的反感，而不管这种平等和政府控制是否民主。诺齐克的主要著作一开篇就例示了古典自由主义的理念："个人拥有权利，总有任何个人或团体都不能侵犯的个人权利。这些权利如此强大和深远，以至于它们提出了国家和政府官员可以做什么（如果有什么可做的话）的问题。"[8]

现代自由主义持与古典自由主义相反的立场，但是如果我们想公正地对待经济理念的问题，就还得进一步对之加以细分。在现代自由主义当中，谈及新古典主义经济学的成就，看法迥异。新古典主义毫无保留地接受了古典自由主义的遗产。现代自由主义者中也有众多的人这样做，但更多的是接受那种体现某种凯恩斯主义遗迹的新古典主义经济学。由罗斯福-约翰逊模式的老式自由主义者所构成的这一分支，我们称之为"凯恩斯自由主义"。激烈批判新古典主义经济学的那一相对立的分支，我们称之为"后凯恩斯自由主义"。在后凯恩斯主义中，又可以区分出两个种类，即早期后凯恩斯主义和最近的"新自由主义"变种，后者是我们要着力关注的形式。[9]

自大萧条以来到 20 世纪 70 年代早期，古典自由主义让位于凯恩斯自由主义。20世纪60年代，凯恩斯自由主义处于经济学学术的巅峰。当然，保守主义思想孤立地持续下来（最显著的是芝加哥大学），个别左翼异端分子时不时发表自己的见解，毕竟"新经济"心安理得地统治着一切。无疑，这段时间是凯恩斯自由主义的黄金时段。但是在20世纪70年代，凯恩斯自由主义政策陷入了困境，来自左与右两方面的抗议爆发了。后来，凯恩斯自由主义仍然是一种强大的知识界传统，只是其自信心已经理所当然地动摇了。

如同古典自由主义，凯恩斯自由主义，虽然一直更自由地处置附加值问题，但仍坚持新古典主义分析的主要信条和技巧。他们支持自由市场经济，只是在其中政府要在缓解由自由放任所带来的剧烈效果方面发挥积极作用。历史地看，凯恩斯主义者们主要关注的是失业（凯恩斯的主要著作《就业、利息和货币通论》就发表于1936年，当时正处于大萧条的深渊），他们也支持劳工联盟、政府调控机制与公共福利计划。总的看来，凯恩斯自由主义者支持一系列被古典自由主义者所诅咒的措施。想想凯恩斯自由主义者、诺贝尔经济学奖得主保罗·萨缪尔森向弗里德曼提出的问题：

人们今天能一本正经地反对社会保障、反对救灾、农场立法、纯食品和药物调控、医生和司机的执照与资格制度，反对外来援助，反对公共事业和证券交易委员会监理、反对邮政垄断、最低限度工资、工作计划、价格和工资控制、非周期财政和货币政策、自我保障标准、义务性免费学校教育、海洛因销售限禁、对流动员工更严格的联邦和州住房标准、对放高利贷者最高利率封顶、租借规则一致性法令、政府计划吗？良善之士会反对教皇保罗六世把中央经济计划指令为发展的要害这一行为吗？[10]

如果从经济学家那里回过头来看看哲学家，我们会发现凯恩斯主义与后凯恩斯主义之间是很难作出区分的。大多数在社会和政治哲学领域进行研究的哲学家是现代自由主义者，他们反对古典自由主义，不赞同自由放任观念，他们对古典自由主义自由的绝对优先性，或者更准确地说，对古典自由主义概念持批评态度。[11]现代自由主义者尊重自由，但是也给予平等重要地位。与古典自由主义者形成鲜明对比的是，他们视许多意在影响财富彻底再分配的政府措施为合法。然而，不同于社会主义者，他们不相信彻底改造资本主义基本制度的必要性。

当代哲学家约翰·罗尔斯，是一位鲜明的凯恩斯自由主义者。和其他大多数哲学家不同，他时不时涉险进入经济学领域。他这么做时，他的分析倚重于新古典主义范型。在本书中，我们将在后面对他给予特别的关注，因为他的"公平资本主义"模式也许可视为凯恩斯自由主义理念的代表性范例。

后凯恩斯主义是对凯恩斯主义—新古典主义理论综合的一种回应。后凯恩斯主义者们同情凯恩斯著作中的许多内容，但是不很赞同他的提示，即一旦政府采取行动确保完全就业，新古典主义理论就会重获其生机。[12]后凯恩斯主义，在 20 世纪 70 年代中期以自我觉悟的运动出现，后来分化出两大各有特色的形式，人们称为早期形态与晚期形态。[13]

在早期形态中，后凯恩斯主义赋予了大公司突出的作用。早期后凯恩斯主义者论证道：大公司，连同有组织的劳动和大政府，使得现代资本主义的现实如此迥异于新古典主义"完全竞争"的寓言，因此，新古典主义范畴变得毫无用处，甚至比无用还要糟糕。这些范畴对清晰理解当代经济和社会难题是相当不利的。早期后凯恩斯主义最有名的代表是约翰·肯尼思·加尔布雷思，他是美国经济学会前主席、约翰·肯尼迪时代驻印度的大使、一位富于创新的思想家，他的经济学论著一直很畅销。[14]

在 20 世纪 80 年代，早期后凯恩斯自由主义变异成"新的自由主义"。变异发生后，虽然后凯恩斯主义的新古典主义经济学的态度——确信新古典主义范畴阻碍而不是强化了对世界的理解——继续坚持了下来[15]，但是关注的焦点发生了剧烈的转移，即从国内领域转向国际领域，从专注大公司不再由市场所约束到专注这些公司正在市场中被击垮。在 20 世纪 80 年代，人们突然意识到：日本（与西欧、韩国及中国台湾）的商品正蜂拥入美国，美国的就业移向海外，我们正遭受非工业化，而新古典主义"处方"——它被里根政权所大声宣扬、并时不时被它追随——对扭转这种趋势无能为力了。新自由主义坚持，为激活我们的经济，建构世界级的经济体系，我们必须拥有新观点与新政策。[16]

第二种形态的后凯恩斯主义中，贯彻最彻底、表达最充分而最具想象力的理论家之一是莱斯特·瑟罗（Lester Thurow），他是麻省理工学院的经济学家、民主党总统候选人（最近是保罗·索甘斯）的经济顾问、麻省理工学院斯隆管理学院院长。由瑟罗所明确提出的新的自由主义理念将在第六章加以考察。

现代自由主义，无论是"标准的"还是"新的"形态，将分别以罗尔斯与瑟罗为代表，都在后面详加分析。但著作的主要部分将涉及一种社会主义形态,我称之为"经济民主"以同古典自由主义的自由放任观念进行比较。自由放任是资本主义最纯粹的形式,它最鲜明地表现着资本主义的基础性结构,其他观念形态通过对之作出反应而从中产生出来。因此,只有理解了它(包括它的结构、动力、优势和弱点)才能充分理解资本主义的其他形态,或者,出于同样理由,才能充分理解"经济民主"的某些特征。我们会在以后返回到资本主义的可供选择性概念,但它是我们现在就必须加以考察的基本形态。

第一节　资本主义:自由放任

除了少数几个自由至上的无政府主义者外,没有一个古典自由主义理论家主张彻底的自由放任。所有的人都承认政府必须参与特定的经济活动,从界定财产权、实施合同到抑制垄断权力。然而,自由放任紧贴着古典自由主义的中心位置。无论它的倡导者在其他次要问题上多么互持异议,但是他们在以下这一基本点上结成了同盟,即:如有可能,则让经济尽可能自行其是。

但是,一种经济如何可能自行其是呢?假若没有某个中央权力或固定传统的导向,数百万的个体如何可能生产、分配和消费数万亿的产品?对此,在两个世纪前,亚当·斯密就系统阐明了一种答案:

> 作为个体,自然地,会尽其所能利用其资本支持国内工业。在他这么做时,也引导了工业向其产品最大价值方向发展。在此,每一个体必然地通过劳动为社会总收入提供尽可能多的一份。通常,实际上,他既未有意要增进公共利益,也不知道他对此做了多大的增进……他专注于自己的所得,在这种情形下,正如在其他许多情形下,他是被一只看不见的手所指引去达成一个并不属于自身用意的目的……通过他自身利益追逐的过程,他通常比真的有意为之(社会利益)更有效地促进了社会利益。[17]

这个相当明显的过程的基本要素到今天众所周知了。个体的贪欲被竞争所抑制。那只"看不见的手"通过强有力的法则——供求关系——来导向一切。如果社会所需求的靴子量多于供给量,而需求的平底凉鞋量少于供给量,那么靴子生产者就可提价,而凉鞋生产者则得降价。由于靴子生产现在更有利可图,劳力和资源就从凉鞋生产转向靴子生产。于是靴子供应增加,凉鞋供应减少——这一切都是依据社会的需求，而不存在中央指令。

这个简单的供需模式具有压倒一切的重要性，因为在一个理想的自由放任经济里，它不仅支配靴子和凉鞋的流向，而且左右着其他大批量的经济现象：所有消费产品和服务、资本动产、土地利用、劳动力市场、储蓄与投资、股票市场、外币利率、国际贸易，还有更多更多。鉴于其重要性，适当地，我们要发问：它如何运作得如此良好？一种基于自利的竞争性追逐的经济有何长短？它促进或阻滞了什么价值？

古典自由主义和放任主义政策与自由一直有着长期的关联。古典自由主义作为同贵族特权、君主无限权势、所有形式的政府专制（包括直到19世纪的"多数人暴政"）相对立的哲学在17、18世纪上升到显著位置。在古典自由主义看来，政府就其本性而言，是强制性的，而强制性与自由相左。因为"管理最少的政府是最好的政府"，随之而来的是，一个不靠政府干预来组织其经济活动的社会是最为理想的。

自由放任政策被宣称为还具有其他长处。它不仅促进自由，还导致商品和服务的有效产出。亚当·斯密已经为这一论点奠定了基础，但是新古典主义者已经对之加以了大量的修饰。他们已经谨慎地定义了效率概念，详述了先决条件，证实了原则定理。

在此，值得简略地考察一下其中的一个基本结果。随着在新古典主义戏剧中的角色粉墨登场，他们之间存在的相互作用的方式进入了镜头的焦点位置。自利和竞争仍旧是基本要素，只是，我们将会看到的，它们得到了更为精深的阐发。

在自由放任的新古典主义形态中，消费者是王。消费者通过在市场上购买某种商品和服务来表达他们的喜好，这使得经济处于运行状态之中。在这个理想化了的世界，消费者是王，而总经理是企业家。消费者表达他们的欲求，而企业家赶紧满足他们。面对一系列商品，消费者通过选择性购买来把他们的欲求具体化。这些表达出来了的需求同有效性供给之间的互动决定着价格。

现在，企业家作出回应。那些最可获利的商品更大量地生产出来，而那些较少获利的商品被削减。为了生产，企业家必须使用生产要素（如土地、劳动力和资本），并尽可能有效地组织它们（如果他想成功的话）。

在自由放任政策下的个体不仅仅是消费者，他们同时扮演两个角色。他们也是所有者，即生产要素的所有者。于是，企业家为了生产就得付给土地所有者租金，付给资本所有者利息，付给劳动力所有者工资，而所有这些费用都是由无处不在的供求法则来决定。这些所有者所获得的货币现在可能用于消费商品，或者其中的一部分可能存起来。这些储蓄存款可能借给企业家，其利率再一次由供求来决定，只是这一次交易是在货币市场上进行的。

现在，演员（行为参与者）开始了另一轮表演。商品已生产出来了，个体也已具备了用以表达他们偏爱的资金，新储备的资本也准备好了。过程可能还要继续——独自地、自动地、无须政府的干预。

我已经描绘了自由放任看来是如何运作的，但还没显明其功效。在此，分析严肃认真地展开了。必备的第一件事是对效率的准确理解。经济学家曾经从功利主义的最佳状态的角度——最大多数人的最大幸福——去思考。但那种理解在很久以前就被视为不科学而否弃了。最终选定的则是帕累托最佳状态。一种状态，当且仅当它的每一个可供选择的状态在使得一些人境况更好时会使另外的人境况更糟，在这种条件下，它是帕累托最佳。也就是说，没有可能发生如下的变化，即它不会使人比过去更坏，只会使人比过去更好。比方说，用一把锋利的刀切一块蛋糕，无论各片多么不均等，只要是这块完整的蛋糕被消费了，产生的就是帕累托最佳分配；而用棒球球拍猛击开蛋糕，则产生不了帕累托最佳。

以这种效率概念来武装，新古典主义理论家现在就能够继续推进他的法则。但是首先得还有一些前提条件，因为自由放任并不总是有效率的。最重要的假定是有关垄断的。必须没有垄断，竞争必须是"完美（完全）的"。这就意味着在决定买卖的价格层面上，个体或个体集合体是不可能算计到结果的。每个人都是开价者，但又没有一个绝对的定价者，无论公司还是劳工联盟都不是。没有人能靠撤回供给来抬价，也没有人能靠拒绝购买来压价。

尽管暂时还不需要关注，但一些附加的假定也需要（它们会在后面论及）。现在我们想做的是理解其基本后果，即福利经济学的首要而基本的原理：当所有市场都处于均衡状态时，一种完全竞争的自由放任经济是处于帕累托最佳状态。也就是说，不可能有一种更确然满意的产出能从既定的投入中生发出来。不使其他人更不幸福，就不可能让这个人更幸福。就本质而言，在一种能做到不压缩其他领域的同时能让某一领域的生产或消费扩张的体制里，不存在自身负担的无效率。

如果体制包含有一个垄断者，则这个结论就不能成立。人们可能会认为：一个垄断性的体制也能是帕累托最佳（因为使一个垄断性的体制变成竞争性的当然使垄断者不幸福）。但事情并非如此，因为如果垄断者在完全竞争的条件下如其所愿地生产那么多的产品，那么会创造足够多的剩余使得他像以前那样富足；甚至有些人状况变得更佳。这不是说：如果他真的生产了那么多，他事实上就会更富足。完全不是这个意思。他的节制并非是愚蠢的。① 成为一个垄断者是有回报的。情况不会是帕累托最佳，是因为如果他以一个完全竞争者的角色去行动，如果某些再分配受到了影响，那么其他人的状况变得更好了，而用不着使他的状况变坏了。

我们甚至可以谈得更多一点。还有福利经济学的第二条基本定理（这条定理对我们的研究目标不那么重要，但就其自身而言，也是有趣的）。在适当的假定下，它展示出：每一种帕累托最佳的利益分配都是某种资产原初分配的竞争性均衡。那就是说：如果如前所讨论的体制是靠现有资源的某种不同的原初分配开始的，那么它就有可能到达一个完全竞争性的均衡状态，在其中，每个人——包括前垄断者——都会获得同以前一样多的收益，有些人比以前会更多。

有一个例子也许能挑明这些结论。假定各 5 个单位的资源分别原初调配给 A 与 B，那么在完全竞争的条件下，就可产生一种作为结果的分配：各 10 个单位分别给予 A 与 B。如果 A 作为一个垄断者而行事，他可能为自己谋得 12 个单位的利益，而 B 的收益可能降为 6 个单位。这第二种状态就不是帕累托最佳，因为，在其中的第一种情形下，两个单位可能会从 B 再分配给了 A，使 A 像他在第二种情形下一样幸福；而使 B 在第一种情形下会比在第二种情形下更幸福。或者，依据福利经济学的第二条基本原理，某些其他的原初分配（也许给 A 6 个单位，而给 B 4 个单位）会产生出一种完全竞争性平衡态，它给 A 12 个单位收益，而给 B 8 个单位收益。A 的垄断行为事实上不仅偷盗了 B 的蛋糕份额中的一片，而且把蛋糕的一部分搅成了毫无用处的碎屑。

一种处于平衡态下的完全竞争的自由放任经济将是帕累托最佳的，这样的一个结论不是无关紧要的结果，其证据也决非显而易见。[18] 然而，此一结论的重要性在于它成为了一个引发争论的话题，它的一些要素我们将在后面考察。暂且，我们满足于理解了这个断言及其所揭示的制度的基本结构。

至此，我们已经提出了支持自由放任政策的两个基本主张。自由放任据说是最合乎自由的制度，它也被说成是一种效率最佳的制度。第三个主张也经常提出来，自由放任政策被说成是赋予人的主动性、积极性最多空间，因而最能促进最佳增长的。[19] 巨大回报的诱惑刺激着有才能的个人冒风险（这对开拓性发明创造又是如此必要），竞争的无情压力鞭策人们不再满足现状。

曾经很少有思想家否认资本主义的原动力。甚至马克思也从未怀疑过这一方面。实际上，摘自《共产党宣言》中一段话读起来像是一首赞歌：

---

① 他不会真的去生产那么多的。——译者注

> 资产阶级争得自己的阶级统治地位还不到一百年，它所造成的生产力却比过去世世代代总共造成的生产力还要大，还要多。自然力的征服，机器的采用，化学在工农业中的应用，轮船的行驶，铁路的通行，电报的往返，大陆一洲一洲的垦殖，河川的通航，仿佛用法术从地底下呼唤出来的大量人口，——试问在过去哪一个世纪能够料想到竟有这样大的生产力潜伏在社会劳动里面呢?[20]

现在，对资本主义总体比较性争论的轮廓就呈现在眼前了。此种争论包括意在确立三大主张的亚争论：（1）资本主义比社会主义更能同自由相容；（2）资本主义比社会主义在配置现存资源上更有效率；（3）资本主义比社会主义更有积极性和活力。

这里每一项主张都具有根本的重要性，每一项都必须详加分析。但在做这些之前，我们所需要的比较性选择项是社会主义的一种模式，而把资本主义的基本理念搁置一旁。[21]

第二节　社会主义：“经济民主”

这里将要详加讨论、并在接下来的章节里要为之辩护的模式并非完全出自政治或经济理论，它也不是某个特殊国家或地区程式化的经济体制。该模式是理论与实践的结合，一种“辩证的结合”（我愿意这么认为）。更准确说来，我所要称之为“经济民主”的东西是这样一种模式，它的形式是由就替代性经济组织而展开的理论探讨所形成。此种探讨在过去 20 年来，围绕工场组织模式上的经验证据，第二次世界大战后众多大规模试验的历史记录不断激增。在这些试验里，有消极的教训供吸取，尤其是从苏联和东欧中央计划的失败中。但是，也有积极的经验，尤其是源自三个重要的例子。

让我们从一个社会主义失败的例子开始讨论。在 20 世纪 50 年代，东欧一个拥有“两套字母、三大宗教、四种语言、五个民族、六个被称为共和国的联邦政府、七个邻国和八个国家银行”的小国走上了一条与众不同的道路。1948 年，斯大林谴责南斯拉夫的反苏联行径。到 1949 年，南斯拉夫同其他所有的共产主义国家的一切贸易往来都中断了，并被施加了经济制裁。在诸多压力下，南斯拉夫开始了一种高度原创性的建设：一种以工厂里的工人自我管理为特征的非中央集权式的社会主义经济。[22]米洛娃·吉拉斯（Milovan Djilas）描述了这一决策：

> 与斯大林的争执爆发后不久，也就是在1949年，依我所能记起的，我开始重读马克思的《资本论》。这一次，我读得细心得多，就是想看看我是否能够找到那个难解之谜的答案，用最简便的话来说，为何斯大林主义就是坏的，而南斯拉夫就是好的。我发现了许多新的观念，其中最有趣的是，关于未来社会的观点。在这个社会里，直接的生产者通过自由联合会就生产和分配自身作出决策，而且实际上，会经营好自己的生活和未来……我猛地意识到：我们的南斯拉夫共产主义者现在就处在了开始创立马克思关于生产者的自由联合的状态。工厂应该留守在他们自己的手中，而唯一的规定是：他们得为军事和其他国家的需要而纳税。[23]

卡德利与吉拉斯效仿过铁托，他是最早对斯大林主义持怀疑态度的：

> 我们所探讨的对象的最重要部分在于这将是民主的开端，这是社会主义至今也尚未实现的东西。而且，这是能够显明地通过全世界和作为对斯大林主义的极端反叛的国际工人运动所看出的。铁托焦灼地踱来踱去，似乎完全被他的思绪所缠绕。蓦然，他停下来，宣布："工厂属于工人——这是还未实现的东西！"[24]

由此诞生的制度（应该注意，它彻头彻尾是压迫所致，不受惠于任何经济理论）在后继的几十年里经历了许多修正，但工人自我管理的基本结构延续下来了，正同对市场的更大依赖相结合。很长时间以来，效果都是显著的。在1952年与1960年间，南斯拉夫的经济创立起了比世界上任何国家都要高的增长率纪录。从1960年到1980年，在所有低、中等收入的国家中，南斯拉夫的人均增长名列第三位。[25]

这些统计数据反映了数百万人生活质量的一种真实转型。1950年，南斯拉夫是一个贫穷、落后的国家——自1918年创立以来就是如此，拥有占人口

3/4 的乡间农民。到 1975 年，农村人口只占总数的 30％，由此，南斯拉夫达到了几乎是意大利 2/3 的生活水准。即使是哈罗德·利达尔这样一个南斯拉夫实验的主要批判者也不得不承认："南斯拉夫在它'社会主义自我管理'的体制下，已经取得了产出与消费上的高经济增长率。平均生活水平在过去 35 年间已变得超出人的认同范围了。"[26] 而且，尽管像钟摆一样在开明与压制之间来回摆动，毫无疑问，南斯拉夫是最自由的共产主义国家，也比低中等收入的非共产主义国家要自由。仅举一项统计指标：1967 年以后，南斯拉夫人完全享有到边境外旅游的自由，此种自由被广泛地享用。

但在 20 世纪 80 年代，南斯拉夫的经济崩溃了。

> 实际的社会产品从 1979 年到 1985 年间下降了 6％，自那以后，还在继续下降……社会性部门内的劳工生产在同期下降了大约 20％，社会性部门工人的实际个人收入下降了大约 25％。教育、保健和住房服务的标准也下降了……尽管存在着大规模的人员配备过多的现象，但无论在工业企业还是在政府机关……有 100 多万人注册寻找工作，其中 4/5 是年轻人。[27]

除此以外，暂时处于缓和状态的种族仇视，又以新的更为激烈的形式复燃了。在 20 世纪 90 年代早期，国家分裂成相互争斗的几大政治派别和彼此敌视的众多小国。

到底发生什么了？为何南斯拉夫的经济会崩溃呢？从中有哪些可吸取的教训呢？同牛津大学的利达尔一样，我们是否可以总结出：南斯拉夫的实验的致命缺陷自始潜伏下来了，或者我们是否可以赞同康奈尔大学的雅罗斯拉夫·瓦内克的观点，认为任何尝试南斯拉夫道路的国家，可以在避免现在看来所存在的规划上的缺陷的同时，有最佳的机会步出 20 世纪后期的普遍性危机呢？[28] 让我们先把这些问题搁置一边，把话题从社会主义的"失败"转向资本主义的"成功"。

1945 年，道格拉斯·麦克阿瑟将军从灾难中的日本中看出了问题，为它制定出五点基本的改革计划：妇女选举投票、劳工结社的权利、开放教育、废除专制政府和经济民主化。其中最后一点包括瓦解财阀（巨型资本主义的联合大企业）、严格征收财产税和主要的土地改革，其目的在于创造一个竞争的资本主义国家。即使这个国家或许相对贫困，但它必须是民主的、公平的。

但因为 1949 年中国共产党的胜利和 1950 年朝鲜战争的爆发，上述目标发生了重大变更。在米契奥·默利什马（Michio Morishima）指出：

> 原定要在自由企业制度基础之上建立一个民主的国家，其行为会是规范的、平和的，但这项原初的政策被取消了。于是，出现了一个转移，诸如把日本重建为一个配备有同"自由"（反共的）营垒的前进基地称号相称的军事、经济实力的强国等措施突出出来。这次转移的结果是，日本资本主义像只涅槃再生的凤凰，以几乎同战前期间同样的方式东山再起了。[29]

今天，很容易被人遗忘的是，日本经济的"奇迹"不只在第二次世界大战后才出现。继明治天皇改革（1868 年）以来，日本就处心积虑地开始建设一种现代化的工业经济。1905 年，日本在日俄战争中获胜，这震动了整个西方社会：自西方帝国主义进攻以来第一次，非白人战胜白人。日本经济突飞猛进。到第一次世界大战结束，日本已成为世界五大列强之一。后来，尽管遭受了"大萧条"的沉重打击，但日本经济在军火开支的鼓胀下，比其他任何的西方经济恢复得都要快。[30]按默利什马的说法，就是这种经济在 1950 年"像凤凰一般再次崭露头角"。

日本经济的体制的特征同西方资本主义的体制特征形成了鲜明的对照，同自由放任的理念更是迥然有别。其主要的特征包括如下：

> 1. 大规模的国家干预，尤其在投资决策上。[31]
> 2. 双重经济，一半由一帮竞争性的企业大集团（战前财阀的后继者）操纵；另一半则由成千上万的小公司组成，它们通常是通过转包合同的方式分等级地相互联系或同大集团联系起来。[32]
> 3. 以终身就业保障为特点的工厂员工关系（在大集团部门），同资历紧密挂钩的薪水，同公司收入相关联的充足分红、股份，以及颇具规模的工人决策参与行为。[33]

毋庸赘言，从物质的角度讲，日本的经济一直是惊人地成功的。在 1946

年与 1976 年间，日本的经济增长了 55 倍。作为只有加利福尼亚那般大、也缺乏自然资源的一个国家，日本现在占世界经济总量的 10%[34]，美国占世界经济总量的 20%。但是，为了这些成就，日本也付出了代价：缺乏等级或财产占有上的机动灵活性，一种给毕业后的年轻人只提供一次与某个好公司签约的机会，一种强迫日本小青年每天学习 13 个小时至 15 个小时的教育体制。所有这些造就了一支生产能力强、纪律严明的劳动力队伍。但是，默利什马说，"千万不要忘记，这也导致了他们自身的灭绝"[35]。这里似乎有教训可以吸收。这些教训是什么呢？

让我们来考察第三个对象。依我个人的判断，这是一个确定无疑的成功例子（也不缺乏所要求的引证）。大约与南斯拉夫开始实行锐意的改革，日本经济在朝鲜战争战果的刺激下加速发展的同时，另一个实验以小得多的规模在启动，它发生在西班牙巴斯克地区一个萧条的小镇。1943 年，在当地一个叫阿里茨门蒂（Arizmendi，实为 Arizmendiarrieta）[36]的神甫（他死里逃生，躲过了内战期间佛朗哥的审判）的鼓动下，一个为工人阶级的男孩所建的学校在"猛龙"集团（Modragon）开办了。这个被保守分子称为"红色神甫"的人很有远见。[37]他相信上帝会给几乎所有的人相等的理性潜力，但不平等的权利关系阻碍了大多数人的潜力的实现；同时，他深为没有一个摩达拉根的年轻工人上过大学的事实所忧虑，于是，他组建了学校来发展技术教育、"社会和精神"教育。他第一个班的 20 个学生中的 11 人后来成为专业工程师。1956 年，在神甫的极力主张下，5 个学生同 18 个工人组建了一个合作社性质的工厂来生产炊具和火炉。1958 年，第二个类似的工厂组成，用于生产机器设备。1959 年，又是在他的鼓动下，一个合作社银行成立了。

运动启动了。在 20 世纪 60 年代，有 34 个工业合作社补充进去。在 70 年代扩张的速度还在加快。到 80 年代，"猛龙"集团拥有 180 多个合作社和将近 20 000 名工人。除了制造生活日用品、农机、机器设备、摩托车、电器设备、锅炉、发动机、众多控制系统、热塑性塑料、药品器材、家居或办公家具等的工业合作社，还有农业合作社、建筑合作社、教育合作社以及一个消费者合作社、一个妇女合作社、一个社会保障合作社和一个研究开发合作社。合作社银行扩展成分布到整个巴斯克地区的近 100 个分支机构，现在它成了西班牙的第 14 大银行。[38]

通过上述描述，可以看出，实验异乎寻常地成功了。已经发现，"猛龙"公司的产量超过了可与比较的资本主义公司。[39]新"猛龙"合作社的失败率几乎为零。集团战胜经济困难时期的成功也是令人惊喜的。巴斯克地区遭受了 20 世纪 70 年代末 80 年代初衰退的沉重打击；在 1975 年与 1983 年间，巴斯克的经济丧失了 20％ 的工作量。但与此同时，"猛龙"集团——尽管经受了某些痛苦的调整——实际上没有过失业的损失。[40]

"猛龙"公司突出的体制性特征是它的民主性。工人们一年起码有一次在"总议会"上相聚。他们一人一票选举出一个"管理委员会"负责公司的管理。他们还选举出一个"社会事务委员会"，它拥有对直接影响工人福利的事务上的一切权限。还有一个"监督委员会"负责为"总议会"监控、收集和确证情报。

"猛龙"集团突出的体制上的创新是创造了一张维护体制的网络——首先是"卡亚劳动大众"（Caja Laboral Popular），即"劳动人民银行"，它以各种各样的方式同生产性企业打交道：提供扩张的资金、提供技术和金融上的咨询、支持工人从一个企业换岗到另一个企业、支持新公司的创立。"卡亚"还着眼于地区的长远利益，制定新的发展计划，协调冲突着的利益。它的自我形象完全不同于普通银行的形象，这一点可以从它最近的一个文献里看出。它声明："卡亚劳动大众"——

坚定不移地尊重人的自由，为此目的，它将奉献出它所有的经济上的、人力上的资源……

将促进表达和言论自由、保障民主自由的成就、捍卫收入公平分配……

将全身心地献身于它所服务的经济的增强，通过技术完善、平衡部门布局的方式坚持不懈地改进公民的生活质量……这将矫正经济上高度集中的不平衡状态。[41]

还有一种支持性的制度值得加以特别论及，"猛龙"集团已建立了一个教育合作社的网络。在其中，有一个西班牙最有声望的技术学院，连同商业学校和学生经营的企业，它们既提供工艺技术课程，也提供合作社工作实践的机会（收费的）。教育体制里的这种投资倚重的是技艺和商业能力，同时也重视民主、合作的价值观，显然它一直是集团得以成功的一大重要因素。[42]

本部著作所要辩护的"经济民主"的社会主义模式同南斯拉夫社会主义、日本资本主义和"猛龙"合作社主义享有共同的特征，但它不是这三者中任何一种的模仿模式。我们的模式在众多关键的方面不同于这些实验中的任何一种，这一点将随论述的进展而逐渐变得明朗，但这些实验，无论其成功还是失败，构成了同我们的分析高度关联的经验证据。

在勾勒这个模式前，让我来作出某些术语上的厘定，因为我将要采用的术语可能会出现各种不同的理解。我将称"社会主义"为不以生产资料私人所有为特征（广义上的）的任何一种经济制度。这种使用并非那么彻底严谨，因为原始的狩猎—采集社会实际上并不是"社会主义"，它也不是不可争议的。有些人把那些体现了某些理想的社会也保留为"社会主义"。然而，就我们的目标而言，如此的一种使用足够了。

我将要加以辩护的那种社会主义模式被确定为"经济民主"。[43]"经济民主"，正如我在此所使用的（资本化，以求表明一种特殊的模式），意味着某种超出市民对经济总体管理之上的事物。它同时意味着某种不同于南斯拉夫体制和"猛龙"体制共享特征的东西，以此为手段，工人在某个公司里民主地管理公司事务。这后者的特征将成为"经济民主"的一个要素，我把它确定为"工人的自我管理"。于是，"经济民主"是以工人自我管理为特征的一种社会主义形式。

像南斯拉夫社会主义一样（如果说在实践上不如，在理论上则如此），"经济民主"是一种工人管理的市场社会主义。[44]不像1989年以前的南斯拉夫，"经济民主"是以政治民主为先决条件的。我把政治上的细节留待以后论述，但我设定了一个体制性的政府作为所有人的市民自由的保障；我还设定了一个代表性的政府，在社区、地区和国家三个层次上拥有民主选举出的实体。[45]当然，一直在断言的是，如此的一种体制与社会主义不相容。这个论断不能被忽视，但现在我要假定的是，政治民主并不与我所提出的经济制度相矛盾。[46]如果这个假设是正确的（我会在后面证明这一点），那么我们的模式会比南斯拉夫和西方资本主义更具民主性。在其古典形态，南斯拉夫社会主义在工场里是民主的（从理论上讲），但它毕竟只有一个政党，是个专制的国家。当代西方资本主义政治上是民主的（从理论上讲），但在工场里是专制的。而我们的模式在这两个领域都是民主的。[47]

我所提出的模式的这种体制有三大基本特征：

1. 每一个生产性企业是由其工人民主管理的。

2. 日常经济是一种市场经济：原材料和消费品是以由供求力量所决定的价格进行买卖的。

3. 新的投资是由社会所调控：投资基金由税收生成，依照民主的、合乎市场的计划进行分配。

下面，让我就这三大基本特征，逐一加以阐述[48]：

1. 每一个生产性的企业由在那里工作的人管理。工人对围绕设备操作的一切活动负责：工场的组织、工场的纪律、生产工艺、生产什么和生产多少、净收益如何分配等。[49] 有关这些事务的决策是民主地作出的：一人一票。当然，在规模大的公司，权力的授权无疑也是必需的。一个工人委员会或总经理（或者双方）可能被授权作出某些决策。[50] 但这些公务员是由工人选举产生。他们不是由国家任命，也不由社区选举。

尽管是由工人管理工场，他们并不拥有生产资料。这些资料是社会的集体财产。社会所有制表明，公司的资产库存的价值必须保值。贬值的资产也必须为此目的而保留着。从此种资产中来的钱可能花在公司认为是合适的资本置换或改良上，但它不可能用于工人收入的补偿。如果一个企业发现自身处于经济困境中，工人可以自由地进行重组，或者离开此公司，到别处找工作。然而，在没有等价股份替换的前提下，他们不能自由地廉价出售他们的资本股份，没有从社区权力而来的权威性，他们也不能这么做。倘若一家公司宣布破产，流动资产可以贱卖掉，以偿还债权人。偿还后的余额必须返回作投资基金，固定资产则返回给社区，这两个过程都由所附属的银行实行干预。工人必须到他处找工作了。[51]

2. 工人自我管理是我们这个模式的最基本特征，而市场是其第二位的特征。我们的社会主义经济是一种市场经济，起码就现存消费品和资本的配置而言是这样的。与市场配置相对立的是中央计划，中央计划（如同理论预测和历史记录所证实的）有助于权力的高度集中，也助长了无效率现象。

十年前，认为中央计划从根本上说是一种弊端的断言遭到了许多社会主义者的激烈反对。到今天，事情就远非如此了。围绕中央计划的争论在下一章还要更加详细地加以讨论，但现在大多数社会主义者都意识到了：要是没有对供求关系敏感的价格机制起作用，一个生产者或计划者就很难知晓生产什么、生产多少以及生产何种产品，尤其困难的是不知道什么样的生产资料和工具是最有效的。同样广为大家明确的是，要是没有市场，就很难把个人的和社会的利益充分结合起来，以免对非自利取向的动机过分征税。正如我们所看到的，市场以非专制的、非官僚的方式解决了这些问题（在很大程度上，即便不是全部的）。这可不是一个小小的成就。

我们的社会主义经济是一种市场经济。公司从其他公司购买原材料和机器设备，又把它们的产品卖给其他企业或消费者。价格大致说来是不实行调控的，一切通过供求关系裁决。尽管，在某些场合，价格控制或价格支持可能是适宜的，前者在工业上展现了垄断集中的一面；后者在农业上则是为了抑制出于气候多变性而导致的不确定因素，或者为了保留一种生活方式免遭绝迹。我们的社会主义社会没有赶超自由放任的使命，就像现代自由主义，它也愿意在市场失灵时允许政府干预。不像诺齐克所说的，我们的社会主义社会不把市场视为绝对的"善"、自由的人际交往的范型。就像我们将看到的，市场可能被当做体现某种独特的自由概念的民主形式，但是，它只是体现一种自由概念的民主形式，还有必须给予相应关注的其他形式和其他概念。把市场考虑为一种实现某些特定社会目标的有用的工具，这更可取。市场有它独特的优势（我们已经看到了），但也有它的缺陷（后面要展开讨论），诀窍在于恰当地使用这个工具。

由于在我们的经济里的企业是在市场上进行买卖的，所以它们千方百计要赢利。然而，这里的"利润"同资本主义的利润不是一回事。公司竭尽全力使总销售同总的"非劳动"成本之间的差额最大化。在"经济民主"里，从专业角度看，劳动不是同土地和资本处于同等位置的另一个"生产要素"。劳动对工人来说，根本就不是一种商品。工人加入到一个公司，就成为其中有选举权的一员，有权享有净收益中特定的一份。

这些分享对所有成员来说，并不必是平等的。工人们在自身内部就必须决定如何分配收益。他们也许选择平均，或者他们可能决定给予更困难的任务更高的酬劳。他们还可能发现，给予稀缺的技能特殊的奖赏是符合他们的利益的，以此来吸引和稳定他们所需的人才。如此的决策都是民主地作出的。[52]

3. "经济民主"的第三个基本特征有点悖谬，它在资本主义的日本和合作社制的"猛龙"里比在社会主义的南斯拉夫表现得还要明显。这个特征就是：对投资的社会调控。[53]这是一个关键的特征。工人自我管理的目的在于打破劳动力的商品特性及其伴随而来的"异化"（attendant alienation）。市场是对过度集中和官僚化的一种遏止。对新投资的社会调控无疑是对市场作用的一种反作用，它意在缓解资本主义生产的无政府状态。

在资本主义条件下，市场服务于两种相互区别的职能，它配置现存的商品和资源，决定未来发展的道路和进程。而在我们的模式里，这两种职能却是完全分离的，因为在其中，没有"货币市场"来把私人储蓄者和私人投资者沟通到一起（他们之间的互动决定了利息率），发展不是私人决策的非计划性产物。

在我们的模式里，投资基金是通过民主协商的程序产生和分配的。它们的产生不是通过向储蓄者提供利息的诱惑，而是通过征收财产（资本资产）税。这种税服务于两个重要的目标：其一，鼓励资本商品的有效利用[54]；其二，构成新投资的基金。这种"资本税"是资本主义经济里利息的代用物（利息服务于同样的双重职能）。事实上，由于征税（而不是储蓄存款）是投资基金的来源，所以就根本没有理由因个人的储蓄而向个人支付利息。正因此，也没有必要因个人借贷而向个人索取利息。在"经济民主"下，古代对高利贷的禁止又重现了。[55]

投资基金是由税收产生的，它们又是如何分配的呢？尽管社会是民主的，要就每一个投资项目进行公民投票也不可行。单单项目的（庞大的）数量就使得如此的投票动议变得难以运转。而且，这样一个程序无疑取消了社会化投资的一大主要好处：对一种合理配合、协调一致的投资计划的自觉采用。

但是，准确说来，一项投资计划该如何形成和实施呢？在此，应该强调的是，有一个供选择的范围，但其中没有一项选择对所有国家、在所有时候都可能是最佳的。在一个极端上会是以日本为范型的一整套体制：由一个精英官僚集团制订一个计划，达成共识，由国家立法机关通过，然后严格贯彻实施——不是强制的，而是运用它立于投资渠道之上的广泛无边的权力，以便削减某些公司、诱导其他公司朝理想合意的方向发展。[56]在另一个极端上是模拟自由市场产物、同时又避免资本主义中间人的"计划"，这是一种"社会主义的自由放任"。在这种情形下，投资基金被调拨到国家的、地区的和当地的银行网络内，这使得它们的资金运用了同资本主义银行完全同一的标准。国家立法机构设定使用税（利息税），每年一次地对税率进行调整，以便使投资基金的供给同需求一致起来。银行自身也收费，它们被允许向它们自己筹集到的基金收取更高的费用。由此，它们为了最大化自身的利润，就权衡风险和预期赢利，其方式同资本主义的银行恰好一样。在此种社会主义的自由放任下，没有投资质的构成上的计划，也不求鼓励或抑制任何特殊的生产线，甚至没有对投资量进行任何自觉控制。

在建构某种特殊的社会主义模式而反对众多资本主义模式的过程中，我们需要作出选择。让我们挑选一种投资机制，它刚好大致处于刚才所述的两个极端之间的半路上。它会比日本的模式更民主、更非集中化，又比社会主义的自由放任让社会更具有投资上的积极调控力。为了阐明这种机制实际上在许多方面比资本主义的机制优越，而又不具有任何致命的、抵消性缺陷，有必要对它进行详细一点的分析。

应该注意：我所提议的计划不是针对整个经济的，它只限于所从事的新投资，也就是说，投资不是源于折旧的储备物品所提供的经费。尽管主干的钱包括在内，但它构成的只是国家总体经济活动的一小部分。美国经济上的某些数据可能有助于揭示出这一点。在1970—1984年间，美国总资本构成平均占到国民生产总值（GNP）的26.2%。总资本构成包括商业公司、政府和家族所组建的非军事结构里的销售或投资，还包括工商和政府所支配的非军事耐用品，包括所有用于教育和研究开发（R&D）上的开支。[57]由于在"经济民主"下，由投资基金所支持的新投资只用于商业和政府的资本开支，人们就从这个数字中减去用于住宅的花费、教育和R&D上的开支中的非资本部分和由折旧的储备物品提供经费的所有投资。因此，可以合乎情理地认为，投资基金构成了GNP的10%～15%。[58]

同样应该指出的是，已经经营的个体公司不会被这种计划所影响，除非它们想要对不能由它们的折旧资金提供经费的经营作出更改。[59]

在经济生活中每一个企业的资本资产之上所征收的单一的税，会创造出投资基金的供给。对这些基金的社会调控（适宜于民主化和非集权化），将通过相互关联的计划和银行所实现。让我们从计划开始谈起。

我们应该在社会可能作出的三种类型的投资之间进行区分：（1）那些企业自发地从事的投资，因为这种投资有利可图；（2）那些本意在于赚钱，但因其积极的消费或生产的外在性，因而比它们的收益性所指示的更有益于社会的投资[60]；（3）那些同免费提供的诸如基础建设，可能是学校、医院、市区大众交通、基本研究设施等相关的资本投资。第（2）和（3）类构成了那些计划所必须尽力推进的事业。[61]

就这后两项投资事业而言，两个问题提出来了：决定什么样的项目要推行；对这些被选项目分配资金。这些决策自身就应该是由被选举的立法机关在适当的层次上民主地作出的，应该举行投资听证会（就像当今所举行的预算听证会），应该广泛搜罗专家和群众的陈述。然后，立法机关才决定在公共产品上资本开支的数量和性质，包括决定希望鼓励何种领域内的合作社部门。

投资基金的分配将按如下步骤进行：首先，按照前面所描述的民主程序，国家立法机关决定国家范围内的项目（例如，对铁路交通的升级）的公共资本支出。这些项目的基金被分配给恰当的政府机构（如交通部）。这些基金专用于资本开支，不充当运营费用。所有政府机构的运作花销应该分开提供经费，例如从收入税或消费税中来。[62]国家立法机关可能还要决定，某些特殊的项目应该获得鼓励，由此来界定清楚所要提供的资金的数额和对此类项目的税率。[63]剩余的投资基金按人口比重分配到地区（如州、省），也就是说，如果地区A拥有全国人口的$x\%$，那么它就获得投资基金的$x\%$。[64]

现在，地区的立法机关在公共资本的地方开支上和在鼓励性项目上作出类似的决策。这些基金转移到必要的地区当局，剩余的基金人均分配到社区。然后，社区分别就当地的公共投资和它们的鼓励性资助作出决策。

民主决策一直是在国家、地区和当地（社区）三级层次上作出，而现在，社区也分配它们的基金到自己的银行。我提出，这些银行应该按"猛龙"的

"卡亚劳动大众"（一种专为政府雇员及工人设立的保险福利机构，兼营放贷、出售廉价商品业务）的方式建构起来。在该地的每一个企业都隶属于它所选择的银行，这个银行保持着折旧储备和销售收入，向它提供工作资金，或许还提供其他技术上的、财政上的服务。这个银行正是企业寻求新投资资金所求助的对象，尽管它不仅仅面向企业。每一个银行都是作为"二级合作社"（"猛龙"的术语，指这样的合作社，它的管理委员会包括了来自非合作社性质的其他部门的工人代表）进行运营的。一个社区银行的管理委员会应该接纳社区计划机构的代表、合作社劳动力代表和与银行有业务关系的公司代表。[65]每一个银行从社区接受上面分配给社区的那份投资基金，份额取决于与银行相隶属的公司的规模大小、银行在提供赢利性资助（包括低税率的鼓励性资助）上成功的先例，还取决于在创造新就业上的成功。[66]银行的收入（在工人中间分配）来自税收，而且把收入同银行上述成功的业绩挂钩。

如果一个社区不能找到足够有生命力的投资机会，去吸纳分配给它的基金，剩余部分必须返还给中央，重新调配到那些投资基金需求旺盛的地方。[67]因此，社区有动力去发现新投资机会，以便把受配基金保留在社区内。银行也有同样的驱动力，因而有理由预期社区和它们的银行会设立企业性分支机构，目的在于监控新的商业机会，向现存的那些寻找机遇的公司、有意创办新的合作社的个体提供技术、资金服务，帮助其进行市场调查、资助申请和其他事宜。这些机构也许更进一步，还替新企业招募理想的管理者和工人（"猛龙"的"卡亚劳动大众"就有这样的分支机构和业务——它的又一个成功的创意所在）。[68]

至此，投资的社会调控的基本框架就完全呈现出来了。再简要地回顾一下：我们有从资本资产中来的税收，由中央政府征收，由当地的银行网络发散到全社会；银行把这些资金配置给隶属它们的公司和新创办的企业；银行依可赢利性和创造就业机会为标准而运作。于是，我们有了一个"猛龙"（如果你愿意的话，也可称为微型日本式集团公司）的网络，它从公共投资基金接受用于新投资的资金。各大中心的银行可以提供资助（只要合适），向这些资助对象收取标准的利用税，同时对鼓励性项目给予减免的税率。这些资助，一旦接受了，就不用返还，而是增添到公司的资本资产中去了，因而，也就夯实了它的税基。[69]那些与大多数银行相关联的企业性分支机构，尽力推进现存公司的扩展和创办新的公司。[70]

现在，已经有一幅"经济民主"的基本图画摆到我们面前了。我们处在了比较的位置上，我们要考虑该制度的动力机制，拿它同一种不同的也是简化了的模式——竞争性的自由放任政策相比较。这种制度建立在工人自我管理、有点限制性的市场、社会化的投资基础之上，它将同一种以生产资料私人占有、完全自由的市场和工资劳动为特征的制度作比较。下面，严肃认真的论辩就要展开了。

［注释］

[1] 见恩格斯（1935）。若要公平对待马克思和恩格斯，就得指出：他们还是经常性地感念他们所标示的"乌托邦主义者"（如欧文、傅立叶、圣西门）。他们对乌托邦主义者的反对主要不在于那种最终图景，而在于那种确信其最终图景会通过远离具体的政治斗争的伦理论证和共同体实验而达到的信念。相关的问题，请见第七章和第八章。

[2] 现在，在许多东欧国家的圈子里，基于人们厌倦了各项实验，放弃对社会主义（无论多大改良了的）的一切考虑已经司空见惯了，似乎唯有现存体制的迅速解体而被私有化产权和不规范的市场所替代才不是头等的高风险实验。

[3] 为调和这些模糊性，近年来（起码在美国）不同类型的政治学家普遍地疏离"自由的"这个术语，因为它已几乎被扭曲成祸星了。但是无论谈起它时有多少困难，"自由主义"仍然是西方政治传统的试金石。

[4] 例如，哈耶克（1960），"后记"；或者弗里德曼（1962），"导言"。

[5] 在这么做时，我是用"保守的"来指称当代经济保守主义，它不同于社会保守主义。经历过去 15 年，伴随着社会保守主义，它已经形成为一个有时有点牵强附会的政治同盟。而后者（社会保守主义），最明显地由右翼宗教原教旨主义所代表，它可以毫无顾忌和愧疚地行使国家权力把自己的道德观强加于异己人士；而前者（经济保守主义）对国家对个人自由的所有限制深表疑虑。因为社会保守主义缺乏对激励经济保守主义者的那种独特的经济观的理念关切，也因为我们在此所集中关注的是经济上的替换物，所以本书中将多次讨论经济保守主义。

[6] 这个评价来自罗伯特·海伯纳这位并未怀有同情感的评论家（见海伯纳，1990，p. 1106）。

[7] 他们每个人分别代表与古典自由主义相关的一个经济学学派。哈耶克出身于奥地利学派，该学派可回溯到 19 世纪的边际主义者。弗里德曼代表芝加哥学派，这是一个以芝加哥大学为中心的经济学家群体，其基本特征在两次大战期间由亨利·西蒙斯、尤其是弗兰克·奈特所奠定。事实上，哈耶克与这两大学派都相关，他在第二次世界大战爆发前夕就离开了母土奥地利，在 1950 年成为芝加哥大学教员，在那里度过了 12 年。弗里德曼，尽管直到 1982 年仍保留着芝加哥大学的教职，但是在 1977 年就转入了斯坦福大学战争、革命与和胡佛研究所。

[8] 诺齐克（1974，p. ix）。近年来，诺齐克已经与早年极端的观点拉开了距离（诺齐克，1989，pp. 286 - 287）。

[9] 在此，我用术语"新自由主义"（new liberal），而没有使用"'新'自由主义"（neo-liberal），尽管后者有时也用来指称这层意思。但在世界经济学领域，尤其在指涉第

三世界时，"'新'自由主义"往往用来描述由里根与撒切尔政府、国际货币基金组织所推行的政策。这些政策指示私有化、削减社会服务及经济向自由贸易开放。在这种意义上的"'新'自由主义"完全不同于（实际上，相反）将成为我们关注焦点的后凯恩斯"新自由主义"（在这种意义上的"'新'自由主义"确实很难同我们称之为"古典自由主义"的东西区分开，因而无任何"新"意可言）。

[10] 萨缪尔森（1980，p. 791）。尽管许多保守主义者会有所犹疑地把他们的原理推得像弗里德曼那么远（弗里德曼确实著文反对上述这一切），他们所反对的确实也会比萨缪尔森或其他（凯恩斯）自由主义者所反对的要多得多。

[11] 见德沃金（1978，pp. 113 - 143）。

[12] 见凯恩斯（1936，p. 378）。

[13] 新运动的第一大宣言由克莱格尔和艾齐纳提出（1975）。由保罗·戴维森和西德尼·怀特布主编的《后凯恩斯主义经济学杂志》在 1978 年面世。后凯恩斯主义通常追根溯源到琼·罗宾逊和她在剑桥的同事（因为他们毫不留情地攻击新古典主义经济学的基础）凯莱齐、斯拉发与凯恩斯本人。

[14] 若考察加尔布雷思对那种可供选择的（晚期）形态的分析，请见施韦卡特（1980，pp. 192 - 205）。我省去了出自我那本书里关于加尔布雷思的一个讨论。尽管他把可观的洞察力投注到现代美国资本主义的功用上，但是他整个的评价在今天看来过于乐观了，正如自身所显示的，这忽视了国际竞争对我们曾经赞美过的经济的影响。新自由主义仍然保留了加尔布雷思那些已经被证明为有成效的分析，另一方面也重铸了他的观念，以适应业已察觉到的紧迫性，得以设法应付国际领域里美国经济衰落的现实。

[15] 见瑟罗（1983）。

[16] 应该指出：在此，我所用的术语还不那么标准。我所称之为"后凯恩斯主义者"或"新自由主义者"的人并不总是如此自我认同。

[17] 史密斯［1976，p. 456（Ⅳ. ii9）］。

[18] 标准的新古典主义论争的一个熟悉的看法能够在莱讷的著作中找到（1944，ch. 2，5，and 6）。一种要老练得多的数学处理——它证明了而不是假定了平衡态价格的存在——由德布雷给出。对德布雷方法的一种富有哲理的尖锐评价——它现在被称为"总体平衡理论"、有时也宣称为 20 世纪的一大知识胜利，见豪斯曼（1981，ch. 5 - 7）。

[19] 在其发端，当新古典主义理论对劳动价值理论提出质疑时，有关增长的争论退却了，而使效率争论成为学术关注的焦点。直到第二次世界大战后，主流理论才真正回到增长问题上来［哈罗德（1939）为此提供初始的刺激，尽管增长理论直到战后才复兴起来］。历史性的因素无疑起了作用。资本主义深陷大萧条中，而苏联生产力在两次大战期间汹涌澎湃。然而，随着战后的繁荣，有关增长的争论在学术界和大众意识中又突出出来了。与苏俄人的竞赛在继续，西方最终赢了。在 20 世纪 70 年代，对增长的普遍迷恋一定程度上被环境的关注所削弱，但增长在资本主义的防御系统中仍然占据重要位置（如果说还更热望的话）。

[20] 马克思和恩格斯（1848，pp. 13 - 14）。［参见《马克思恩格斯全集》，中文 1 版，

第 4 卷，471 页，北京，人民出版社，1958。——译者注] 马克思和恩格斯批判资本主义社会，不在于它缺乏生产力，而在于它那种"太狭隘以至于无法容纳所创造的财富"的结构中的基础（Ibid., p. 34）。

[21] 正如我们将会看到的，有必要使"完全竞争"的自由放任模式变得更为现实，为的是使比较进行得公正。这些做法将在第三章进行。

[22] 霍瓦特（1976, p. 3）。

[23] 吉拉斯（1969, pp. 220 - 221）。

[24] 吉拉斯，（1969, pp. 222 - 223）。

[25] 见霍瓦特（1976, p. 12）与森（1984, p. 490）。有大量关于南斯拉夫这方面的文献。同我们的意图相关的一个简短的讨论，请见诺威（1983, pp. 133 - 141）。更详尽的讨论，除了霍瓦特（1976）外，还请见科米瑟（1979）、泰森（1980）、艾斯特林（1983）和利达尔（1984）。从最近诸多困难出发，对南斯拉夫实验所作的一个高度批判性的却有价值的评判，请见利达尔（1989）。

[26] 利达尔（1984, p. 183）。南斯拉夫同意大利的比较源自克拉韦斯的详细分析，为利达尔所引用（p. 185）。

[27] 利达尔（1989, pp. 4 - 5）。

[28] 瓦内克（1990, p. 182）。

[29] 默利什马（1982, pp. 161 - 162）。我在这里的描述在很大程度上吸收了默利什马的说法。

[30] 约翰逊（1982, p. 6）指出：在 1937 年，所谓的"日本奇迹"被用来描述自 1931 年至 1934 年间，日本工业产出 81.5% 的增长率。

[31] 就这个方面的详细讨论，见约翰逊（1982）。

[32] 见格拉克（1989）和萨卡（1990）。

[33] 有关这个主题，有大量的文献。如，见莱本斯坦（1987, pp. 177 - 219）和哈什摩托（1990）。

[34] 约翰逊（1982, p. 6）。某些物资指标也能说明问题。在 1946 年到 1978 年间，铁和钢的产量增长了 110 倍，化工产品增长了 94 倍，机械生产增长了 164 倍。如果我们撇开从 1940 年以来战时的破坏和措施，无论是铁、钢还是化工产品，增长数字也是 15 倍，机械是 35 倍。测算的比值取自约翰逊表（1982, pp. 4 - 5）。

[35] 默利什马（1982, p. 183）。

[36] 在此，我仿效了一个通行的先例，使用了姓的简写形式。

[37] 阿里茨门蒂的眼力据说是来自天主教的社会教条（与马克思主义相反），但这种解释最近已经遭到了学者质疑。某些左翼天主教思想家对他有重大影响，但也应包括受马克思的影响。

[38] 就拿 1987 年来说，"猛龙"合作社集团包括了 94 家工业合作社、26 家农业合作社、44 家教育合作社、17 家家政合作社、7 家服务合作社和一家消费者合作社。

[39] "猛龙"合作社集团是否可与最大的 500 家公司相比、还是可与中小型工业企业

相比，两种比法其实并无多大区别；在两种比较中，"猛龙"合作社集团都是"更有生产力、更赢利"（托马斯，1982，p. 149）。

[40] 布拉德雷和格布（Bradley and Gelb, 1987）。

[41] 怀特和怀特（Whyte and Whyte, 1988, pp. 90－91）。

[42] 见米克和伍德姆斯（Meek and Woodlmrth, 1990）。

[43] 在早期的文本（施韦卡特，1980），我把一种类似的模式确定为"工人管理"（worker control）。在此，我已决定使用另一个词，部分地是出于要强调该模式的民主性质，而且也是因为这种模式同时突出了每个人所承担的三种独特角色：工人（理所当然地）、消费者和市民。

[44] 在南斯拉夫的企业里，领导是由工人委员会从选举委员会提名人选（成员的1/3代表公司、1/3代表商会、1/3代表政府和当地社区）中选举产生。

[45] 在此，我修饰了一个重要的话题。本部著作的焦点是一种充满生机、理想合意的社会主义的经济结构。但马克思无疑正确地指明了政治、教育、文化和其他社会结构不能同一个社会的经济分离开来。由此推论出：一种不同于资本主义的经济应该也有不同的政治、文化。

[46] 有关不相容的论断还会在第五章给予阐述。

[47] 许多新近的著作已经倡导了（多少是详细地）一种类似于我所阐明的经济体制。

[48] 直到相当近的时候，工人自我管理的经济理论模式才在经济文献中出现。第一个正式的模式是由沃德（1958）提出的。我对工人管理这一主题的处理不像其他经济学家那般专业化。我回避了新古典主义的范畴，而给予了一种直截了当的分析。与此同时，我所作出的简化，比证明原理所要求的要少。在没有设定——由一种理论模式所提示出的趋势在实践运用中必然是重要的——前提下，我尽力考虑到由某种专业模式所提示的各种困难。只要是在源于一种正规模式的趋势中被提出来了，它必然从具体体制、关于动机的理性设定的角度，加以评判，并判定其重要性。

[49] 对收入分配所施加某种调控的决定可能由社区、地区、甚至由国家作出。在同一个公司里最高薪水同最低薪水的雇员之间收入差距坚持不得超过一定的比例。（在"猛龙"，比例多年来一直保持在3：1之内，但最近提高到6：1，为的是防止最优秀的人才被资本主义的公司挖走。）还禁止每个人的收入下降到某种最低限度。

[50] "猛龙"集团非直接选举的体制也许适用于大多数企业——由一个被选举出的工人理事会任命管理人员。最佳的状态是维持义务和权利之间的平衡。管理者必须有足够的自主权实行有效的管理，同时，自主权又不能大到可以为牟取私利而剥削工人。

[51] 失业的问题和其他效率上的关注将在下一章讨论。

[52] 如前所述，社会希望确定一个最低收入标准，不使任何一个工人降到标准以下。它还可能配合此项标准，制定就业保障条款，规定：在拥有充足的税收足以付给最低工资时，不得无故解雇工人。这些条款可能在一定程度上干扰分配上的效率。

[53] 数年来，在南斯拉夫所试行的众多投资政策的描述，请见霍瓦特（1976，pp. 218ff）。在向完全（自由）市场经济转型的早期阶段，南斯拉夫政府确实控制了投资，

但后来在普遍反对一切形式的政府干预的大气候下，此项政策被废止了。以至于到 20 世纪 70 年代早期，人们能够说，"在许多重大的方面……南斯拉夫所具有的那种亚当·斯密所设想的自由市场经济的相似性比西欧任何其他国家还要强"（格兰尼克，1975，p. 25）。

[54] 由于企业必须为它们的资本资产支付价值税，所以它们希望最为经济地利用好资本资产。

[55] 回顾一下亚里士多德的话（先前引用过）："获取财富的最可恨、最伪善的形式是高利贷。"对此，"经济民主"可以赞同。

[56] 就这种会使经济最大化靠近日本计划的体制轮廓，请参见约翰逊（1982，pp. 315 - 319）。

[57] 里普塞和克拉韦斯（Lipsey and Kravis，1987，p. 32）。

[58] 由里普塞和克拉韦斯所计算出的 26.2% 的数据分解为"常规资本构成"（18.1）、教育（6.1）和 R&D（2.0）。

[59] 在这种模式下，折旧的储备物品由法律所规定，但是由企业所控制。

[60] 外在性问题将在第四章详细讨论。

[61] 在这里，我不会去讨论消极性措施，因为它们并不构成特别的问题域，也并不令大众感到陌生。如果国家（或地区或社区）希望禁止或抑制某些特殊产品的生产或使用，或者如果它希望制定某些标准去约束某些特定技术的使用，那么适当的法案就会由适当的立法机关提出来，为此，还会举行听证会、进行投票表决。如果立法机关对此反应不力的，还得展开公民投票。这表明，一个民主的社会主义社会应该利用现行的全套政治机制，不断地修正和补充它们，以便于使政治程序对大众投入反应更敏感。

[62] 如果所有的政府岁入都来自资本—资产税，那么此种税率会太高以至于打击新投资。而且，这样的安排会禁锢这种模式所要厘清的东西——新投资基金的流动。如果就投资的优先性所作的民主决策是前后一贯的、有效的，在此，区分是重要的。

[63] 如果政府拥有完备的知识，它就能确定恰当的税率，投资的理想数额会呼之欲出。

[64] 在此，我提议的是一种平均主义的分配方式。一种不那么平均主义的替代方式会是，把从一地区征集起来的投资基金的那部分（国家层次的扣除减少了）返还给该地区。

[65] "卡亚劳动大众"有一个 12 人组成的管理部，4 个工人代表、8 个代表与银行往来的 100 多个合作社的代表。

[66] 这并不是说，就业应该由根本就不赢利的本地投资来创造。银行也得因提供坏的资助而受罚。

[67] 确保社区顺从的一种简单驱动力机制是，向社区收取被配给的基金的使用费。

[68] 更详细的说明，参见怀特与怀特（1988，pp. 71 - 75）与莫里森（1991，pp. 111 - 134）。

[69] 从经济角度上讲，"使用税"—"利息"是一种无分别的区分；但从社会心理学角度看，两者不是一回事。

[70] "经济民主"提供（实际上也要求）"社会主义的企业家"（精神）——个体的、或集体的创业、冒风险的意愿，希望为社会提供新产品、新服务，或者以新方式提供旧产品、旧服务。至于这些企业家同他们的资本主义同行相比较的问题，要在第四章讨论。

第三章
效率问题

在某种意义上说，效率问题是任何社会的首要问题。如果一个社会不能合理有效地配置资源，它就不可能期待有多大的创新性增长。理所当然，如果人们还在挨饿，那么自由、平等和民主就只是些空洞的概念。正如布莱希特所言："先得有食物，然后才谈得上道德。"（Erst kommt das Fressen，dann kommt die Morale.）[1]

经济学家倾向于把经济效率处理成伦理上的中性概念，但它显然不是。经济效率如同自由或平等，是一种价值。诚然，从中性、工具的意义上讲，"效率"一词可以用来简明地意指"生产出某种理想的效果"，但是经济效率所意指的比这要多。在通常的用法中，经济效率的成果被视为物质商品与服务，其成效被认为是以最少的劳务和资源的投入与消耗。可见，经济效率蕴涵着好几种价值评判：物质商品确实是好的；稀缺资源不该浪费；少费力比多费力要好。但是，这里没有一项评价似乎可以视为绝对，因为并非所有的物质商品都是好的，有些劳动内在地是愉悦的，等等。这并不是说，对经济效率的追求是不合适的，但是必须牢记在心的是：如此的一种追求是对某种价值的追求，而不是纯粹的幼稚。

主流经济学家可能声言：由专业所认定的效率观念不是日常所用的观念。他们心目中的观念（正如我们所看到的）是帕累托最佳状态的观念。在这种状态下，没有一项从此而来的活动可能只会使一些人境况更好，而不会使人更坏。但是就是这种效率观念所代表的是一种主要的价值评判，即每一个体的福利都是重要的。如果人不去关注人口中的某一部分的福利的话，那么他也就对整个社会的帕累托最佳缺乏兴趣。如果使有些人变得更坏，而使值得考虑的人变得更好，这会是怎样呢？

效率的这种技术性观念，起码如它通常所用的那样，代表着第二种价值评判。当有人力图去运用帕累托原则时，出现了一个关于个体福利标准的问题。当一个个体比过去状况更佳时，由谁来决定呢？专业人士实际上以一个声音说话：是个体本人。如果不使另一个人变糟，就没有人就其偏好而言变得更好，这样一个状态就是帕累托最佳。于是，可以作出以下的判断：个体应该是他们自身福利的最终裁判者。这是一个高度重要的价值判断。作为人类中的一员，柏拉图将为以上命题所震惊。

在进一步讨论之前，我们把总体的价值和接下来的分析将要诉求的基本伦理关怀所发的议论整理一下。在本章和接下来的几章要涉及的论证是规范性论证。在资本主义和社会主义之间作出选择也就是作出一种伦理上的选择。这不是说，对实际、经济效率和诸如此类的东西的考虑是与主题不相关联的。恰恰相反，任何一种意在表明一套体制要优于另一套体制的论证，无论在多么具体或抽象的层面上，都或明或暗地要诉诸价值，其目的在于通过诉诸某种被认定为善的东西（这种东西或者是自由、平等、经济效率或别的什么东西）来说服人。于是，它自觉不自觉地把自身置于某种规范性框架里。

万幸的是，在讨论道德问题之前用不着详细阐明某种充分发展了的伦理理论。就正确的理论该是什么这一点，哲学家们远未达成共识。然而，就一种可接受的理论必须解释的基本价值而言，存在着广泛的认同。今天，就道德表达的性质、道德价值的来源和价值等级的结构等方面，哲学家们众说纷纭、莫衷一是。但是几乎没有哲学家（或普通市民）会宣称：严刑拷打、君主专制或压迫性贫困是善的。实际上，所有的人（在我们这种文化和大多数其他文化里）把一种积极的价值归于幸福、物质福利和民主。

尽管事实上许多价值相对而言是无可争辩的，但是在这样一本书中明确地罗列出其中的论证所要诉求的特定价值来是有用之举。一方面，尽管就相关的价值而言有众多的认同，但认同也不是普遍的。例如，在资本主义社会，如同我们将会看到的，平等的价值，是经常受到挑战的；而在社会主义社会，自由一直只是权宜之计。更为重要的是，我想明确一点：为"经济民主"所作的辩护不是依赖于离间于我们文化的秘而不宣的价值。我想要表明的是，任何共享一整套相对无争议的价值的人应该更愿选择社会主义的某种形态，而不是资本主义的任何形态。

还必须进一步理清一点，以把人的思想从一种可能的误解中转移开去：当我诉诸某种价值时，如物质福利，我不是在宣称它是一种绝对的善，是绝不可牺牲的。我只是说，任何推动这种价值的事情（任何社会制度）都已具初步证据支持，有资格得到我们的关注。只要这种制度与我们所认为的善的其他价值不相冲突，它就无须得到进一步辩护。而一种背离某种价值的制度确实需要论证其合理性，这种合理性辩护是就我们所遵循的其他价值而言的。例如，说物质福利是善的并不意味着政府应该保障每个人过一种舒适的生活。

事实上，如此一种政府许诺将与我们所持的其他价值——如经济效率或自由——相矛盾。维护物质福利是善的这一点就是捍卫一个温和得多的命题：如果一种社会经济体制比另一种体制提供了一个更高的人均物质生活水准，而且从其他价值的角度看，这前一种体制起码做得同后一种体制一样好，那么第一种体制要比第二种体制更可取。总之，我们的论辩所立于其上的价值承诺是"弱化的"。为使论辩气势逼人，也没有必要对论辩所诉求的任何一种价值都作一种绝对的允诺。

我们已经注意到：无论就其日常含义还是技术含义，经济效率都不是一个价值中性的概念，它预设了某些特定的价值关怀。让我们沿着这条道路再前进一小步。几乎我们所有的论辩所诉求的奠基性价值都是人类幸福。因为我们正在评判的是经济制度，所以我们所关注的人类幸福是与物质商品和服务的生产、分配及消费相关联的。

在本章中，我们把对人类幸福的关怀（它本身只是一种具有初步根据的关怀，因为人类幸福可能同其他特定的价值相冲突）分化成几个更为特定的价值关怀，它也是在刚才所描述的弱性意义上来理解的。我们将假定物质福利是一种自明的善，显而易见，还假定一个社会不应该挥霍稀缺的资源，也不应该要求人们去做无谓的劳动。我们也假定，如果通过物流从 A 转向 B 使得没有人处境变坏，而只是一些人处境变好（这一切是就人们自身的偏好而言），显而易见，这种转移必须发生。如果在某一论辩中的诸多特定的价值之间存在着冲突或紧张，我们会求助人类幸福来作出评判。

本章所要处理的基本问题是同"经济民主"相比较的自由放任资本主义的效率问题。我们已经在经济效率的日常意义（以最少的劳动和资源的消耗从事物质商品的生产）与帕累托最佳状态的更专业性的含义之间作出了区分。这两个概念并不同一，但我们用不着太为它们的这种差别担心，因为我们对手边模式的评价并不会依赖于我们用的是其中的哪一个概念。[2]

然而，有些其他种类的效率区分会证明是有用处的。在经济无效率的诸多形式中，可以划分为我们所称的配置无效率、凯恩斯无效率和 X 无效率。配置无效率是指由市场不完全所引起的总福利的缩减，市场不完全导致价格偏离于完全竞争条件下所应有的值。这种无效率对那些学过初级经济学的人是熟悉的，它基本上是由垄断和"外部性"所引发的。为了隔离凡此种种的无效率以便于研究，我们得假定：（1）经济技术是固定的（例如，没有任何形式的创新）；（2）社会在总体上存在着人员的充分就业和物质资源的完全利用；（3）每一个企业都能按照其目标愿意把其投入都转化为产出（例如，在企业内部无浪费现象发生）。凯恩斯无效率是指当人力和物质资源未充分利用时所发生的对最佳状态的偏离。X 无效率是指缺乏第三条假定而引起的无效率，即因企业的内部结构而在企业内发生的无效率。[3]在本章中，除了配置无效率和凯恩斯无效率外，我们要探讨在技术固定条件下与非最佳管理和工人劳动积极性相关的 X 无效率的诸种形式。我们将把创新和增长问题留到第四章去讲。

我们得留意一下这三种无效率形式在重要性上的相对次序。瓦内克（Vanek）把配置无效率、凯恩斯无效率、X 无效率分别比拟为"跳蚤、兔子与大象"[4]。莱本斯坦（Leibenstein）通过对经验证据的调查发现配置无效率相当少，在序列上只占国民生产总和的 0.1%，而企业内部的 X 无效率通常超过 50%。在比较中来提出一套方法问题时，他特别提到配置无效率几乎是不常见的，因为在经济领域的这一部分中高出"正常"价的价格会被其他部分中低于"正常"价的价格所抵消。[5]另外，考虑到持续不断地困扰资本主义经济的失业问题突出地严重，瓦内克的比喻看来并非选择不当。[6]

在本章中，现在我们能明确一个即将涉及的基本问题：假定技术固定、资源可知，什么样的社会更有可能为其成员生产出更多的物质福利？在何处"物质福利"是消费满足与成本——由人力和稀缺物质资源组成——的比率？我们会假定对物质福利的评价应从个体自身偏好的角度来讲，尽管在这一点上我们未给这些偏好如何准确形成和表达的问题下定论。

我们之所以把注意力严格限定在固定技术和可知资源上，为的是把效率问题同创新和增长问题区别开来。我们集中在物质满足与成本上，而把对非经济性的成本和利益的考虑放到后面。我们的阐述缺乏福利经济学里通常可找到的正规性和精确性，但就我们的目的而言，它足够明晰，能很快进入到主题上去。

第一节　自由放任的效率优势

在第二章，我们查看了完全竞争模式和与之相关的效率法则：在适当条件下，处于均衡状态的一种完全竞争的自由放任经济处于帕累托最佳状态。我们注意到这一法则并不缺乏内容，然而其重要性仍是个有争议的问题。

让我在这个问题上稍加停留。我发现效率法则在最佳情况下与资本主义—社会主义之间的争论无关。如果有任何关联的话，则会模糊对实际问题的了解。基于大多数批评者所引用的理由——为证明帕累托最佳状态所必需的假设离现实还有一段距离，它确实是与争论不相关联的。

最为基本的假设是完全竞争本身，在其中所有的人都是"开价者"，却无人是"定价者"。如同泰伯·萨托夫斯基（Tibor Scitovsky）所言明的，要设想如下一种情境是困难的：

> 在我们这种经济形态下，许多人视价格为给定于他们的，在大多数场合确实是这样的，因为价格要么是由其他方、要么是由第三人来确定的。困难在于想象一种市场双方中的每个人都认为是被给定的、由市场的非人格力量所决定的。[7]

萨托夫斯基列举了达到完全竞争所必须满足的四个条件：

（1）卖主的顾客必须能够自由地光顾，而毫不给他们自己带来任何麻烦；

（2）每一位卖主的出售量相对于市场的总成交量来说是小的；

（3）所有的买主必须是他们所买商品的鉴定专家（在此术语的最严格的意义上）；

（4）所有的买主必须了解到可替代性的出价的存在，他们都应该为回应价格上哪怕是最小的一点变化而准备光顾其他任何地方。[8]

显然，这些条件很少（如果有的话）在现实世界的市场上成立。对我的论证更为重要的是，在资本主义的任何可能的改革下，它们也不可能期许成立。这些条件只是建立了一种完全的竞争状态。就随后的效率法则而言，还得作出更多的假定：如经济必须处于均衡状态。这一假定是从资本主义最具特色的两个基本特征抽绎出来的。这两个特征是恒常的创新和周期性的波动。此种经济状态下的公司必须面对上涨的边际成本——这一假定所面临的是"处于竞争性创业中工商人士普遍所持有的信念，即他们是在减降的成本条件下经营的，也就是说，只要他们能够卖出更大量的产出，就可能降低单位成本"[9]。

上述清单还罗列了更多的条件，但我们已经列举得足够了。萨托夫斯基还写了一本叫《福利与竞争》的书，它严格限定在新古典主义的传统里，小心翼翼地详述了更多得多的条件。后凯恩斯主义的批评者都有他们自己长长的清单。[10]

我们不妨问一问：在此，为何还有争议？经济学家为何都对具有如此虚拟条件的模型感兴趣？我将断定四个因素。其一是观念上的，对资本主义支持者来说，可以确信起码有某种形式的资本主义是具有最佳效率的；另一个因素关涉到专业的纯熟，要阐明一个模型、证实关于此模型的有趣的法则，就要求机巧和数学敏锐性，有时甚至要求最高层次的分析能力；第三个因素与专业的实证主义相关，它并不在乎假定到底是什么，而只要其结论对作出正确预测有用就行[11]；第四个因素是柏拉图式的（理想性的）考虑，一种理想的标准让我们看出我们离实际操作到底有多远，为什么会如此？

只有后两个因素需要我们加以关注，但又无须太多关注。实证主义原理同我们所涉及的特定问题无关，因为完全竞争法则是不可能作出任何谬误的预测的。[12]而柏拉图式的理性是缺乏说服力的，因为人们丝毫看不出，由新古典主义团体所揭示出的对实际效率问题的洞见不如由较少严密性的手段（尽管它们因为剥去了不可否认的优雅的数学外衣而显得不那么引人注目）所获得的那么容易。我还得察看一个恰当的例子。[13]

上述评论并不暗示自由放任政策关于效率的宣称毫无根据。完全竞争法则作为证据在辩护方看来可能不是可接受的，但是，其他建立在更现实的假定之上的论证却可调动出来。这些正是我们所要考虑的。

让我们跳出我们所假定的完全竞争的理想王国，来考虑一种更可行的自由放任模型。如果说我们不可能拥有完全竞争，那让我们起码拥有一种充满生机的竞争。我们知道：种种垄断对资本主义构成了一个问题。让我们把它们搁置起来，来思考一种既免于政府干预又免于垄断的资本主义经济：众多厂商不会协同一致去定价，也不会阻止新公司进入它们的领域；工人不会被强迫加入某种联盟以作为工作的条件。政府只会最低限度地介入经济领域，政府所做的基本上是强化财产权、合同、反托拉斯（垄断）和工作权法令。这一更为现实的模式，我们此后将指认为自由放任政策（通过资本化来表明刚才所提及的就是这一独特的模式）。

就经济效率问题而言，这一体制——真正的古典自由主义理想——的高效能是什么？有三个方面看来是最为重要的，而自由放任具有：

1. 一种能决定和回应消费者偏好的有效机制；
2. 最大限度地降低物质损耗和最充分地利用适宜技术的强烈内驱力；
3. 分配和利用劳动力的有效程序。

在此，没有一项高效能是无条件的，但是它们又都重要。

自由放任政策处理消费者偏好的机制是价格机制。商品和服务被买卖。在稀缺的条件下，替代买卖的唯一方式是物质的定额配给。配给票将不得不发放（或采取其他类似的手段），它让持有者有权获取一定数量的一定物品。人们能够设想某些基本物品——几磅面包、几加仑汽油——的定额配给，但是设想在一个发达工业社会里所有的物品都实行定额配给则是令人诧异的。一个庞大的官僚体系将成为必需，将不得不应付严重的不平等问题，但最为严重的是，这些被分配的产品将没有有效的手段来估定人们真正所想要的东西。[14]设想一下，填一张调查表，在其中，你标明你下个月想要的有效消费品有哪些、要多少以及你偏好的相对力度（后一个条件是必需的，因为你不可能期待能得到你所想要的一切东西）。你想要玻璃纸带多少卷？多宽的？同真空吸尘器包的数量相比，它们又有多重要？你想要什么种类的汤？要多少罐？它们比三两个空白录像带更重要还是更不重要？当经济能生产许多种类的产品，但尚未产出每个人想要的每个东西时，当消费欲求发生波动时，那就没有一种行之有效的定价的替代物。[15]

在允许人们如其所愿地购买物品时，所要的数量和人们的相对偏好是自动呈现的。而且，生产者被提供了关于什么样的东西在一定利润下可生产出来的准确的量化信息。如果允许价格依其对市场条件的反应而自由波动，在一定利润欲求的驱动下，生产者会依照消费者偏好调整他们的生产。

替代自由市场定价的是政府定价，但是在非垄断条件下（这是一项重要的资格）此种价格控制的场合是不多见的。压低价格（有助于消费者）只会导致供给缩减，除非有补助提供给生产者，一种理想的状态只存在于反常情境下。提升价格到市场价所应有的水平之上（以抑制消费）则会减少需求，除非通过某种税收（此处又是，理想状态只存在于反常情境下），这会带来意想不到的利润，鼓励更多的生产。而且，给予政府机构立于所有（或大多数）价格之上的无限权力看来会招致权力的集中和公务员腐败，更不用说官僚主义和其他无效率现象了。

请留意：市场定价的做法不是建立在如下假定条件下的，即生产者会随需求上升而提价（他们通常是这么做的），或会随需求的降低而削价（他们经常不这么做）。这个假定，尤其是后半部分，太过于简单了。商业萎缩时，生产者经常孤注一掷，提高价格，以求靠单位商品的收益增加来弥补成交量的下降（所带来的损失）。[16]然而，提价必须慎重从事，因为更高的价格会削弱需求，而更高的利润会吸引竞争者。所以，存在着对生产者贪欲的抑制作用。而且，这是重要的一点，生产（如果不是价格的话）应该朝理想的方向发展，它随需求的上涨而上涨，随需求的下降而下降。

通过自由市场价格去调配商品所面临的主要反对意见是：人们认为显示性偏好是唯一以美元作后盾的偏好。市场也许被认为是一种民主的形式，在其中，购买者除了满足了当下的消费欲求外，也是一种投票选举行为，投所购买的产品的增产的票。但是，如果市场是一种民主的话，那么它不是"一人一票"的民主，而是"一美元一票"的民主。美元越多，选票越多。没有美元，就没有选票。

这种看法是无可辩驳的，但是作为对市场调配的对立面，它的辩护力源于如下的假定，即这些美元投票数是不公平分配的。收入分配问题是极为重要的（这将在第五章加以考察），但现在，让我们简单地来关注一下：如果收入分配是公平的，那么自由市场机制就大有值得推荐之处，其替代物（定量配给，或概而言之，集中式的定价）就不值一提了。[17]

自由放任的第二大能量在于技术和物质资源。因为公司旨在赢利，而利润是总收入和总支出之间的差值，所以公司会有强大的动力去有效利用资源和技术。无论是对个人所得的积极性吸引还是对竞争亏损的消极性惧怕，都是共存的。一个公司是承担不起物资浪费或过时技术的。

如果利润上的考虑支配不了资源利用和生产技艺，那么中央指令必须做到这一点。如果利润不是一个生产性组织的目标，那么物质产出（使用价值）必须是。[18]这里，熟悉的问题显露出来了。即使产出份额准确地反映了消费者的偏好，公司也可能缺乏充足的信息去恰当地选择技术与投入必需的资源。为生产出优良的弹簧单高跷，人们愿意采用最精良的工具，即使这些高品质的器具包含有非常有价值的劳动和物资，而这些器具有可能在其他地方能被更好地采用上。一个公司如何判定什么样的工具最合适呢？如果钢、铝、玻璃纤维都符合制作扶手的技术要求，它如何在其中作出选择呢？它又如何决定该投入多少时间和精力到精心装饰中？

由于公司既无信息又无动力去节约投入或技术，所以中央计划式的权力机构就得作出种种决策。于是，其中所关涉的数量又一次迅速失控了，要对之作出有效的调拨是不可能的。亚历克·诺夫（Alec Nove）已经注意到，在苏联，大约有5 000家工业企业，生产大约1 200万种可辨别的不同产品。[19]除非公司在质量与成本之间尽力找到恰当的妥协点（为了做到这一点，关于成本的知识和使成本最小化的动力都是必需的），否则社会的资源就不会有效率地被配置。假定在市场体制下可能存在着某种诓骗，例如，次品欺诈性包装，但物资计划又不是一种有吸引力的替代做法。

自由放任的第三大主要的能量强度在于它所要求的最大条件是劳动力的配置和利用。工人可以自由地到他们所愿意的地方找工作，自由地就他们的劳动服务所能获得的最高价格讨价还价。于是，工人有动力去发展他的有用技能，而雇主有动力去尽可能有效地使用这些技能。而且，当对某种产品的需求上升时，生产性企业就被驱使扩大生产。由于这往往要求更多的劳动力，企业着意吸引工人，于是影响着劳动力的转移，使之与消费者的偏好一致。雇主，如同雇工，也被鼓励引向其他不太合乎需要的行为，但这一点将在后面加以考察。

替代自由劳务流动的是指派性劳动，替代非调控性工资的是工资调控。这两种替代都有其缺点，过度集中是最大的弊端（尚不考虑自由等非经济因素）。计划者必须决定把多少具有某种能力的人运用到什么地方。他们还得定夺（通过有差别的工资或其他手段）什么技能该被鼓励，什么技能不该强调。伴随着集权化替代，官僚主义的无效率问题总是触目惊心：如何收集必备的信息，如何激发对社会有利的行为，如何在能力、努力和需求的矛盾要求之间调和。

我们已经讨论了自由放任在配置消费品、资源和技术与劳动力上的效率，它在其主要环节上存在着弱点，但在考察它们之前，我们需要把注意力转向我们的竞争性模式（"经济民主"），因为如果它被证明是绝望般的无效率，那么我们对它们的考察就没有必要再继续进行下去了。[20]

第二节　"经济民主"的效率有多高？

1920 年，路德维希·冯·米塞斯在一场持续了数十年的小型学术争论中公开开火，他宣称：社会主义是不可能的——没有生产资料的私人所有，就不可能有生产性商品的竞争性市场[21]；而若没有生产性商品的市场，判定它们的价值就是不可能的；没有价值，经济合理性就无从谈起。

于是，在一个其中无法追逐经济上的算计的社会主义国家，不可能有任何经济——就我们对这个术语所理解的意义——可言。就细微和次要方面而论，理性行为也有可能，但总的说来，不可能再谈及理性生产了。[22]

20 世纪 80 年代发生在苏联和东欧的经济危机也许看来是为米塞斯的绝对判语提供了证据。这些天，把欧洲共产主义的崩溃解读成社会主义失效（失败）的有力证据，这当然是一种时髦。但还是让我们稍加慎重地考虑吧。

人们早就意识到：米塞斯的论证有逻辑上的缺憾。即使没有生产性商品市场，生产性商品的货币价值仍是可以确定的。为回应米塞斯，许多经济学家指出：帕累托的门徒恩利科·保隆（Enrico Barone）早在 13 年前就已经阐明了一种"市场模拟"的社会主义在理论上的可能性。[23]

当然，保隆和其他人所谓的市场模拟的社会主义非常不同于苏联的"指令性经济"模式，这种经济模式既不允许生产性商品的自由市场，也不允许消费商品的自由市场，它甚至也不试图模拟市场行为。起码就这种模式而言，米塞斯是否已被证明是对的？

我认为：我们在此应该保持一份公正。即使是指令性经济（近来，它已经变得如此悲惨），也一直伴随着相当可观的业绩。从 1928 年到 1980 年，苏联经济以 4.4％的年增长率增长，其年产出从大约占美国 1/4 上升到占 3/4。在这一代人的历程里，中国（现在拥有 10 多亿人）成功地从目前仍被饥饿所困扰的那一长串国家名单里摆脱出来。自 1959 年发端以来，古巴社会主义也已经为其公民提供了一定的经济福利，其水平超出了福利少得可怜的拉丁美洲上层阶级。[24]至于东欧，我们可以留意德国散文诗作家汉斯·马格纳斯·厄岑伯格（Hans Magnus Enzenberger），他对最近在匈牙利的一次访问作了回顾（1985）：

> 几乎任何人也记不起，在第二次世界大战以前，在匈牙利有数百万的农业无产者生活在生计线以下，没有土地和权利。许多人移民国外谋求救济，成百上千的人沦落为乞丐……在痛苦的争斗和无尽的争辩之后，卡达尔（Kadar）政权决定性地缩短了城乡差别，使成就了大量剩余产品的农业专业化成为可能。乡村的静默掩盖了这样的事实：这里，在昏昏欲睡的篱笆后面，只有一只狗会打破午间的平静，匈牙利社会主义已经结束了悲惨和奴役，取得了最为革命性的成功。[25]

让我说明一下，确认市场模拟社会主义在理论上是可能的，指令性经济不可能没有重大的成就，这并不是要倡导其中任何一种社会主义形式。但是，有一点很重要，我们得搁置如下过于简单化的论断，即社会主义是不可能的。经济危机并没有从逻辑上解救出有缺憾的论证（米塞斯的论证），也无法抹杀历史性的成就。社会主义可行，而问题是它有多好？

作出我们的区分，也同等重要。我所倡导的是一种由工人自我管理的、非中央集权化的市场社会主义。这事物同这个世纪早期所争论的市场社会主义的理论模式大不一样，也大不同于苏联式的指令性经济。当下，摆在我们面前的模式就是"经济民主"。要声言的是，这种模式不仅是"可能的"，即经济上充满活力，而且是合乎需要的（受欢迎的）——这出于多种理由，其中包括经济上有效率。在本章，将进行辩护的论断是："经济民主"，如果实行的话，将比自由放任政策更有效率。

毫不奇怪，接下来的是：我们的模式分享有某些自由放任的效率强度。"经济民主"也是一种市场经济。就像追逐利润的资本主义对应体，一个自我管理的公司受激发去追求消费者偏好的满足，从成本节约的角度去利用原材料和技术。然而，专注的读者可能要犯愁："经济民主"下的利润同资本主义下的利润不同。在后者，劳动力是作为成本来计算的，而在前者不是这样。但这种区别，对于经济整体来说，会有某些效率后果吗？

这就是问题——最重要的是配置效率问题，近年来，大多数的理论笔墨都泼洒在这上头。[26]我倾向于赞同莱本斯坦、瓦内克和霍瓦特的观点，鉴于配置无效率与凯恩斯无效率和X无效率相比的次等重要性，这场争论多为噪音和愤怒，意义不大。[27]然而，工人自我管理的早期批评者确实指出某些重要的东西，这是一些不应该被轻率忽视的东西。有众多有力的理由（如果恰恰不是批评者已提出的理由）认为，在某些重要的情境下，一个工人管理的公司运作起来会不同于一个资本主义的公司。

让我们来考虑早期（对工人自我管理的）批评的权威说法。它们说，一个资本主义的公司竭力让其总利润最大化（利润是销售与劳动力和非劳动力成本之间的差）；与之相对的是，一个工人管理的公司则会力图使每个工人的利润最大化（这里的利润是销售与唯一的非劳动力成本之间的差）。但是，这看来是不太重要的区别却有重大的含义，因为如果我们把这些运作假设同新古典主义关于下降的边际生产的规范性假定结合起来，就可看出一个工人管理的公司对市场波动所作出的反应会像所能想象的那样反常——当需求上升时，它会削减生产，解雇员工；当需求下降时，它会雇用更多的工人来增加生产。[28]这就是极度地配置无效率。

为回应这种争辩，工人自我管理的辩护者已采取了两个步骤。一个步骤是论证：在一种完全竞争的经济里，这些反常会不稳定，因此，可能不会发生。一个面对更高需求而削减生产的公司会发现，每个工人的利润率如此之高，新公司会很快侵入到这个领域。这也就是说，长期的平衡战胜了短期的反常。[29]

另一个步骤就是诉诸经验现实和常识。例如，瓦内克作出如下的发问：

　　一个人怎能合乎情理地去预期：如果一个工作集体已经从价格上涨中实现了一个重大的收益，如收入的10%，它会为了赢得那点剩余，如1%，而肢解自己（如解雇其总成员的1/10）？实际上，这听起来好像是一本关于资本主义行为规则的书中的一段语录。[30]

　　经验证据支持了瓦内克。在时代状况良好时，无论在"猛龙"还是在南斯拉夫，都还没有出现过工人解雇合作者（同事）的倾向。即使在困难时期，解雇现象也少有。简慈·普拉斯尼卡（Janez Prasnikar）在考察了 40 家斯洛文尼亚企业后，坦然陈述："由工作共同体所经营的自我管理公司没有解雇其劳动者。""猛龙"在经济衰退期间作出了主要的努力来避免解雇工人。[31]

　　凡此种种对"反常问题"所作的回应就足够能表明：反对工人自我管理的那个最著名的论证失效了。但还有一个问题。如果我们假定（就像我们必须如此）一个工人管理的公司在需求上升时，不会解雇工人和削减生产，我们就得承认工人管理的公司没有做到每个工人利润最大化。[32]但如果它们没有使每个工人利润最大化，那它们做什么呢？在一个工人管理的公司促动生产决策的因素与促动一个资本主义的公司的因素会一样吗？抑或它们之间有重大的不同？如果是后者，其效率（和其他方面）上的效果是什么呢？

　　如果专注于经验和常识，那我们就能就驱使的动力问题给出一个满意的答案。在实践中，资本主义公司和工人集合体都把具有长期而深远意义的那些决策（首先，是有关主要投资的决策）同需求波动考虑上的决策分离开来。我们能设想，在一个工人管理的公司里，在需求上的细微变化首先遭遇的是投资上的补偿性变化，然后是工作时间上的调整——需求上升时，加班加点；需求减缩时，缩短工作时间。[33]如果上升势头不断，会雇用新工人。总之，公司是不愿拒绝顾客，不会把市场份额让给竞争者的。新工人在带来新收益的同时，也减少了其他工人所承负的人均固定成本，所以他们的"成本"对既有的工人来说，如果有的话，也极少。[34]然而，如果需求继续增长，就得对产出能力作出长远的决策。

　　由此，我们发现，从短期来看，一个工人管理的公司回应的方式与资本主义的公司有很大的相似：供给适当依需求而调整。而长期范围内事情如何进展？

　　在此，我们面临另一套反对工人自我管理的理论异议，它们所针对的不同于前面所讨论过的短期反常问题。其中的三个论证在文献中反复出现。人们论证道：工人管理的公司会投资极少，要么（1）因为其成员不能通过分散他们的业务量来保护自身充分地免受风险；要么（2）因为他们不能收获资本投资的全部收益。相反的异议有时也提出来：要是不愿雇用新成员的话，工人管理的公司投资资本相对于投资劳动力会更多。[35]让我们更深入地来分析这些主张。

　　风险问题在创新和增长方面会有更恰当的考察，所以我们将把对它的讨论推延到下一章。另一个不充分投资的论据基本上是说，工人，不像资本家，不能获取他们所有投资的全部收益，因为他们会在退休或离岗到其他地方去工作时失去所有收入权。推延消费的回报会变得少之又少，所以他们投资极少。

我得承认对这种争论有点不耐烦了，它力图从一种高度抽象和非现实的传统假定（尤其我们知道另一套高度抽象的传统假设会显示完美的效率性）出发得出一个重大的结论，即工人自我管理的内在无效率。常识告诉我们，长期投资决策——就其本性而言，充满了不确定性——不是建立在对无限的时间区域的考虑或建立在能精确计算出一个人最终收入的能力之上的。机遇是自我呈现的。资金筹措有可能提供，也可能不会提供。在我们的模式里，公司和银行都会评估风险和可能性收益，然后才去投机。在资本主义条件下，企业家和投资家评估风险和可能性收益，然后才去投机。有关有限性与无限性相对的时间区域的技术性论争并没有给我们真正的理由去得出，在这两种体制里的评估会有重大的、体系上的不同。[36]

毫不奇怪，经验事实表明不存在制度上的偏向。南斯拉夫一直是高投资的经济，如同"猛龙"。在对大约 500 个法国生产者合作社（producer cooperatives，PCs）的研究中，索尔·艾斯特林（Saul Estrin）和德雷克·琼斯（Derek Jones）把如下的报告作为他们首要的发现："法国生产者合作社的投资取决于惯常的公司投资所取决的那些同样的因素，诸如预期产品需求和现金流向。对法国生产合作社而言，为劳动者管理理论家所强调的变量并不抑制投资。"[37]

如果自我管理并不抑制投资，那么也许还会太过分地促进投资。这就是先前所论及的关于工人自我管理下投资无效率的三大论据中的第一个。这里的观点是：一个工人管理的公司，相对于劳动密集型投资，会更倾向于资本密集型投资；即使前者更具有生产能力，也是如此，因为工人管理的公司不喜欢雇用新工人。这个反对（工人自我管理）意见并非完全没有根据。所有其他的论据都适合，因为工人管理的公司就是不太倾向于扩大其劳动力。短期来看，更是如此。但就这个例子而言，所有其他的论据并不合适，因为在"经济民主"下，银行会在提供投资基金时把创造就业机会作为一项明确的标准。也就是说，寻找投资基金的公司会有一种特殊的激励去把就业扩张包含在其基金适用范围之内。由于用于新投资的基金是公共的，也由于创造就业机会是公众所关注的，看来就没有多少理由担心企业会以牺牲失业者（利益）为条件而变得过于资本密集化。[38]

还存在着最后一个论证，它反对工人自我管理所具有的配置效率，值得加以考虑。它既与短期的供需矛盾无关，也与长期的投资无效率无关。它基本的主张是，一种工人管理的经济，同一种资本主义的经济相比，不太可能平等地回报相等的技能。[39]一个创新性公司里的工人比一个不景气的公司里的工人境况要好。一个有原动力的产业里的工人会比一个稳定的或下滑的产业里的工人境况要好。这同样发生在资本主义经济中，但在资本主义条件下，还有一种重大的、起抵消作用的对抗性趋势，这一趋势在一种工人管理的经济里是不存在的。在资本主义条件下，工人为好工作而竞争。在一种真正竞争性的资本主义经济（诸如我们正加以思考的那种模式）里，一个雇主会用一个为较少待遇而工作、却有同等技能的工人去取代一个高薪水的熟练工人，于是，支付给一定技能的工资会趋于均等。与之相反，不可能期望一个自我管理的公司用会为较少工资而工作的新工人取代它自身的一些成员。

可预料的后果是：一种工人管理的经济会表现出对同工同酬的重大偏离，这后果并非毫无经验证据来证实。艾斯特林对南斯拉夫部门间和部门内部的不平等现象的分析，就发现这种偏离相当突出。[40]

在这一点上，非经济学家的读者可能会犯迷糊。这同配置无效率有何关联？同工同酬似乎会关涉公正，而与效率无关。当然，如果考虑到诸多必不可少的新古典主义假设，人们会从不平等的前提推出效率方面的结论。如果相等的技能得不到相等的报酬，价格就不会反映真实的成本（劳动就是这样一种成本），而当价格不能反映真实成本的时候，就存在配置上的无效率。例如，假定种植一个苹果同种植一个橘子要花费同样数量和质量的劳动及其他投入，但橘子园里的工人所挣的钱是苹果园里的工人的两倍。在这种情形下，当供需处于平衡态时，橘子的价格会比苹果的价格高。这种价格上的差异表明，在一定生产数量下，社会附加于橘子上的价值要比苹果多。于是，如果牺牲几个苹果来多生产几个橘子，只要这是在实际成本未增加的情况下完成的，那么在效用上就有一个全面的收益。就假设而言，这当然是事实。对每一种水果来说，劳动和其他投入的数量和质量相同。因此，这不是帕累托最佳。

在我看来，对这一论证最真诚的反思应该会使读者深信，原初的困惑并非毫无正当理由。与同工不同酬相关联的这种配置无效率是如此隐曲、不明确，趋于不存在或者出现的概率极低，以至于这里真正的问题是公正，而不是效率。[41]我认为，我们也许可以保险地说是同工不同酬的问题，恰当说来，更属于资本主义同"经济民主"之间的公平比较。这一点要推延到第五章去讨论。

概括一下我们的观点。我已经论证出自我管理的公司不会对需求上的波动作出反向的回应，也不会严重偏向于非优化的劳动密集型或资本密集型。

我已经提到过，由于一个自我管理的公司不可能用一个同样熟练而所要求少的工人去取代原来的熟练工人，在此，可能存在着一种不平等的趋势，此种趋势比在资本主义下更为突出。但是我已论证出其配置上的效应不可能太重大。

在此，很可能诱使人得出一个结论：就所有动机和目的而言，资本主义的公司与工人管理的公司会以同样的方式去回应竞争性刺激。如此的一个推断是错误的。工人管理的公司在关键的一点上同资本主义的公司不一样，就这一点有着深远的后果，那就是，与资本主义的公司相比，工人管理的公司没有相同的自我生成的扩张趋势。在某些相当正常的条件下（尤其是，在多少是稳定的规模回报和/或成本下降的条件下），工人管理的公司不像资本主义的公司那样倾向于增长；即使它们在增长，也不可能是质的飞跃。

让我来阐明这一重要的论断。考虑一个简单的例子。当单位物品的成本恒定时，资本主义的企业可以通过扩大其生产规模来增加其纯利润，这种增加对企业主来说一种必然的增长。如果一个汉堡包货摊雇用 20 人，赚到 2 万美元；另一个做类似生意的货摊也会赚到 2 万美元。因此，业主就有一种几乎是不可遏止的动力要扩大生产规模。与之相反，在工人自我管理下，成倍扩大企业规模可能导致成倍地增加纯利润，但它也可能成倍地增加工人的数量，而其中的每一个人都要分享这一利润。由 40 人所经营的两个货摊会正好只生成由 20 人所经营的一个货摊的单位工人收入。于是，第一个货摊，即使是成功的，也没有动力去经营另一个货摊或雇用更多的工人，除非规模回报的增长会使更大规模的经营更有效率。在此，我假定了不存在需求转移，假定了所有工人都平等地给付。

当使成本降低的创新引入时，企业间也会有类似的反差。资本主义的汉堡包货摊业主受到强烈的驱动——尤其在成本降低显著时——去降价、去迅速扩大规模。他希望胜出竞争对手，也许还把他们逼得破产、兼并他们或最大限度地扩大市场份额。[42]那么我们的合作制汉堡包货摊会是怎样呢？假定其成员在引入了降低成本的创新之后会满足于所获取的扩大了的利润，而没有强迫性去削价、去扩张生产——这样一番假设似乎是合理的。一个企业降价是为了销售额更大。但如果创新降低了资本的成本或减少了输入的原材料，却未节省劳动力，既然那要求工作时间更长或引进新成员，那么为何会卖得更多？如果创新是节约劳动力的，那么合作社可能想降价、卖出更多的东西，但他们也许宁愿维持价格和生产的稳定，而只是减少劳动时间。

基于所有上述的考虑，很显然，工人管理的企业同资本主义的公司相比，在扩大生产的内趋力上要弱小得多。自我管理的企业的竞争本能与其说是进攻型的，不如说是防御型的。这种公司的工人不愿失去客户，也不愿失去市场份额，但他们从扩张中所获甚少，尤其对大型的、防御型的企业来说，更是如此。

似乎，我在此恰好求助于我在早期就舍弃了的设定，即资本主义的公司最大化其总利润，而工人管理的公司最大化其工人的个体利润。事实上，这里的相似之处何其突出。但必须留意的是，这里没有求助于最大化。我想要坚持的是，我们应该现实地考虑企业的决策。在现实世界里，不管如何充满不可预测的成分，决策者们都是企图增加销售、降低成本。他们可能筹划了目标估算，但都没有声称要最大化什么。"最大化"是一个理论构想，它对证明高度简约化了的模型原理有帮助，但它不应该同实际的行为混淆起来。

我的主张是：从经济动机和条件的假定，可以推论出，在某些方面和某些重要条件下，工人管理的公司不像资本主义的公司那样倾向于扩张。为回应需求上的增加，两者都会扩张。如果存在着规模回报上的重大增长，两者也都会扩张。但是，资本主义的公司会比工人管理的公司扩张趋势要明显得多，它会在规模回报稳定和/或成本降低时被激发起扩张的冲动。资本主义的公司还会以相当大的规模趋于扩张。正如我们将看到的，这些扩张趋势上的差别会对我们的"经济民主"—资本主义比较评估有着重大的意义。然而，尽管它们同本章最后两节，即失业和销售中分别讨论的两大话题关系甚密，但它们在效率上的含义同正统的配置争论并无多大关联。

在沿着这个方向分析下去以前，先关注一下一个自始至终要牢记在心的扩张后果。由于自我管理的公司同资本主义的公司比较起来不太趋于扩张，它们往往规模较小。它们扩张是为了获取规模经济，除此以外就不可能扩张了。[43]"猛龙"（尽管不是南斯拉夫）的经历就蕴涵着这种理论上的预测。1974 年，在它最大的一家合作社（当时雇用了 3 200 名员工）内部争论过后，它作出了一项决策，把它的成员公司维持在相对小型的规模内。当各大公司纷纷做大时，它的各部门则分化成独立的实体。[44]相对小型化并没有抑制效率这个事实有助于证实那个经常被主张、尽管并非不受挑战的观点，即资本主义的公司通常发展得超过了技术效率所要求的规模。[45]就南斯拉夫而言，许多公司非常大的规模（30 000工人以上）似乎能够从政府的投资政策那里得到最好的解释。[46]

我们已经考察了主要的论证，本意是要确立劳工管理经济在配置上的无效率性，也已经发现它们是欠缺的。我们在"经济民主"和自由放任之间发现了三大倾向性的差别：同等的技能不大可能得到同等的回报、公司自身规模趋小、公司更少扩张性。但这些似乎都没有多么重大的分配上的含义。

在我们分析的这个阶段，看起来似乎是"经济民主"与自由放任可以进行效率上的比较。两者都是市场经济，由于价格机制在起作用，所以两种经济都允许消费者偏好有效地表达出来；两种经济都具有竞争性，其中的个体公司都有具体明确的驱动力去以恰当的技术、最少的资源浪费从事生产。自由放任也许在同工（技能）同酬上占有优势，但它的效率含义很少。

现在该到了从防御转向进攻的时候。如果"经济民主"在同自由放任的比较中并不具有主要的效率上的弱点，那么它会表现出任何效率上的优势吗？是否可以证明，"经济民主"会比自由放任更有效率呢？这就是我们马上所要转入的问题。

第三节　一种比较：X—效率

我所提出的经济模式把民主拓展到工厂。我已断定出：在市场环境里，一个民主经营的公司具有同资本主义公司一样的内趋力去满足顾客需求、有效地利用技术和资源。但是，有人肯定要问：一个自我管理的公司会像一个资本主义的公司一样去做吗？工人会有能力作出技术上和投资上的复杂决策吗？他们甚至有足够的能力去选举代表任命有效能的管理者吗？我无法否认这些都是合乎情理的提问，但我也忍不住要追问：在这样一个因它的民主参与而自豪的社会，这些问题竟然如此快地提出来了（就我个人的经验，它们总是如此被提出来），这是多么不可思议。我们认为，普通人都能选举市长、省长甚至总统。我还相信普通人能够挑选代表决定他们的税种、制定押送人入监狱（如果他们违法）的法律、甚至驱迫人接受死刑。我们是否真得问普通大众有能力选举他们的老板吗？[47]

但我们不得不提这个问题。在如此关键之处，修辞华丽是不能冒充论证的。毕竟，民主的资本主义社会里的工人不选举他们的老板。为何？也许工人确实不胜任此项重任，硬要这么做，只会导致经济混乱，或者即便不是混乱，起码也是效率上的急剧下降。

普通大众能胜任选举他们的老板、参与他们企业的管理吗？我们不能不问此问题。令人惊异的是，我们能够回答此问题——鉴于问题的复杂性和重要性，回答却会像人们所敢于期待的那样确凿无疑。很难设想，还会有一个比它更重要的伦理经济学问题会如此干净利落地得到解决。在社会科学领域，难能可贵的是，就它而言，所提供的经验证据是显明的。

在此，让我们稍加小心地展开论述，因为关键之处太多。现在，我们面前的基本问题是"经济民主"的效率。这个问题，就像我们已提及的，分为三部分：作为一个整体的体制所具有的配置效率和凯恩斯效率以及工人管理的公司的 X－效率。工人是否能胜任选择管理者、参与企业决策的问题关涉到的是后者——工人管理的公司的 X－效率。就我们的目标而言，没有必要隔离工人自我管理的诸多要素中诸多 X－效率上的效应：管理的民主选择、利润分享、参与机会等。我们所必须呈现的是：把这些要素综合起来看，它们不可能导致公司内部的无效率。

各种各样的理论家就工场民主的 X－效率提出了问题，指出了诸如由于管理者必得同工人分享利润，他们就不愿充分发挥自我积极性，被选举出来的管理者不愿严格要求工人和由民主决策所带来的时间和精力上的浪费等现象。[48]

虽然理论家们已经提出了这些反对意见，但经验证据又压倒一切地反驳了这些意见。确实的证据表明，工人参与管理和利润共享驱动了产量的提高，工人经营的企业通常比资本主义的企业更具生产力。

就更大规模工人参与的效率而言，有一项 1973 年卫生部、教育部和福利部的研究，它总结说："还没有这样的事例，从中我们有证据证明，增加雇员参与机会的主要努力，会导致长期的生产力的下降"[49]。九年后，在对经验研究进行汇总调查的基础上，德雷克·琼斯和詹·斯韦纳报告说："显然有足够有效、连贯一致的证据支持如下的观点，即工人参与管理会导致更高的产量。这个结论由众多的方法探讨、对各种各样的数据的运用、对全异的历史时期的比较而获得支持。"[50] 1990 年，由普林斯顿经济学家阿·布林德主编的一个研究论文集提出了更为详尽、深入的数据资料，得出了同样的结论。例如，大卫·列文和劳拉·泰森总结了大约 43 份独立的研究报告分析：

> 我们对源于经济学、产业关系、组织行为和其他社会科学的经验文献的总体评价：参与往往导致业绩的短期改良，有时导致重大的、长久的改进……几乎没有什么消极后果。[51]

他们还得出一个更深入的结论：在整合了如下的条件后，参与是最能促进生产力的。这些条件是：（1）利润分享；（2）保障长期就业；（3）相对缩小的工资差额；（4）保障工人的权益，诸如，只有出于正当理由，才可解雇员工。[52] "经济民主"下的企业会趋于满足所有上述条件的。

就完全意义的工场民主的活力而言，我们注意到"西北太平洋"公司胶合板合作社的工人自 20 世纪 40 年代就一直选举他们的管理者。在 60 年代，"猛龙"的工人也开始这么做了。我们还注意到在 1981 年，意大利大约有 2 万个生产者合作社，它们构成了其经济中最有生命力的部分。[53] 不消说，并非每一个自我管理的企业都是成功的，但我还没见过旨在证明工人选举的管理者不如资本主义的管理者有能力这样的经验性研究。大多数比较研究都提示出相反的结论。大多数研究都发现，工人管理的公司比处境相似的资本主义公司更有生产活力。例如托马斯是这样论述"猛龙"的：

合作社的生产力和收益性比资本主义公司要高。"猛龙"集团是同 500 强比较，还是同中小型企业比较，这之间的区别无关要旨。在这两种比较中，"猛龙"集团都是更具生产力、更可赢利的。[54]

或者，再来看看柏曼（Berman）对胶合板合作社的评论：

合作社的成功、资本主义非营利性工厂的生存发展的主要基础一直是优越的劳动生产力。对产值的比较性研究反复地表明：更高的单位时间的物质产量……更高质量的产品和物资利用的更经济。[55]

最近，还有威尔顿钢铁厂（Weirton Steel）——美国最大的工人所有的企业——这个例子。1982 年，在经历了平庸的一年之后，面临着更加灰暗的前景，"国家钢铁"决定把它的"威尔顿"卖给它的 7 000 名工人。这笔交易在 1984 年完成。"威尔顿"开拓出连续保持 18 个季度赢利——在当时，许多的钢铁企业都遭受严重的亏损，包括"威尔顿"的两家竞争者，它们都被迫破产了。分析家奥本海姆公司的约翰·图马佐斯（John Tumazos）说："'威尔顿'是钢铁公司里一个成功的奇迹。无论从生产还是从成本的角度看，它都要胜过其竞争者。"[56]

南斯拉夫这个消极的例子呢？南斯拉夫经济体制，也许如最亲资本主义的批判者哈罗德·利达尔所断言的那样：工人不能胜任选择管理者，是问题的症结所在。但如同我们所看到的，利达尔也承认，从 1950 年到 1979 年间的大部分时间里，南斯拉夫不仅生存下来了，而且还发展了。问题是，在 20

世纪 80 年代，事态向坏的方向转变了。他是如何解释这个急转直下的事态的呢？

> 很显然，失败的最主要原因是南斯拉夫政党和政府不愿意采用宏观调控政策——尤其是对货币供给的调控，去同旨在扩大干事业和促效率的机会和驱动力的微观经济政策相结合。所需要的是，在自由市场框架内，由真实的自我管理的企业更大程度地去享有独立决策的自由，由此，同国内货币供给的严格控制相结合。[57]

南斯拉夫的问题看来不是工场民主过度了。一份贝尔格莱德的报纸评判道（由利达尔所概括）："对当前社会危机的最有说服力的解释是，工人自我管理的权利收缩了。"[58]

倘若有人考虑这件事，毫不奇怪，工人管理的企业就应该不存在 X 无效率。由于工人的收入同企业的财务健康状况直接挂钩，所有的人对选举出好的管理者都抱有兴趣（利害相关）。由于坏的管理对那些近在身边的人来说，是不难觉察的，他们能近距离地观察到坏的管理的本性，非常及时地感觉到它的效应。无能的管理是不可能长久地被容忍下去的。而且，每个人都既有兴趣督促同事有效率地工作，也存心要使自己显得不那么懒散、马虎。因此，监督就变得不必要了。

出于详尽、周全，我们不妨附加上亨利·列文以七年实地考察为基础的观察报告：

> 在合作社，同时存在着个体的和集体的两种动机，它们都促成了高的产量的出现。这些动机的独特后果是：合作社的工人都乐于勤勉地工作，而工作的方式也比资本主义公司要灵活。他们的转岗率和缺勤率都很低，他们对厂房和设备更爱惜。而且，生产合作社运作起来，相对来说，很少有非熟练工人和水平一般的管理者，遭受的生产瓶颈也很少，还具有比资本主义公司更高效的培训项目。[59]

在此，我无意于要表明工厂民主是医治经济疲软的灵丹妙药。效率的获得并不总是显著的。也并非所有的合作社都是成功的。失败总是痛苦的，就像资本主义公司（不仅针对所有者）一样。但是，在我看来，证据是压倒一切般的确然，那就是：工人管理的公司起码同资本主义公司具有一样高的内在效率。实际上，公开发表的材料所表明的超出了这个最低估计的结论。我看不出，在那些以开明、公正的心态考察文献的人身上，还会对以下的事实抱有所谓真诚的怀疑，即所有的工人管理的公司都可能比它们的资本主义的同类要更不具 X 无效率。[60]

第四节 自由放任的麻烦：失业

在我们的社会里，从心理学的角度讲，剥夺一个人的工作或收入，简直就是犯罪。你实质上是在对他说，你没有权利生存。

——马丁·路德·金

很久以来，新古典主义理论就有一条基本的原理：一种自由、竞争的资本主义经济不可避免地倾向于充分就业。[61]当然，"摩擦性"（friction）失业也可能存在——此种失业，要么是因为离岗的人尚在寻找新的工作、要么是因为在需求上出于个体计算的失误或未料的变化，而使工作岗位与劳动技能之间出现了不平衡。但是，总的说来，它否认在经济处于平衡态时，还有可能存在"非自愿"（被迫）（involuntary）的失业。在如此的一种平衡态，失业的工人愿意为普通可接受（或者更少）的工资而上岗，而雇主却不愿意雇用他们，这种情况被认为是不可能的。

约翰·梅纳德·凯恩斯那部不朽的名著《就业、利息和货币通论》，恰好毫不留情地攻击了上述关于充分就业的定理。他论证道，由某种经济所创造出来的就业总量是由"消费倾向"（propensity to consume）与投资率之间的关系决定的，那个总量并不一定对应于像充分就业这类的东西。均衡态也许建立在任何一种失业水平上。[62]

任何人都可能坚持认为，充分就业在自由市场的自由放任政策下是必然的，这一趋势似乎与常识相反，尤其与长达十年之久的大萧条期间所形成的常识相反。经济学家们之所以有这个回答——而且也是唯一可能的回答，乃在于基于他们理论的一种预设，即由于一种自由市场不可能有失业，真要是萧条的资本主义经济就肯定不是自由的。在此，工会被特别地挑出来遭受罪责。这些"强制性"、垄断性的组织之所以遭受指责，是因为他们被认为，人为地强制了的工资高出了它们恰当的标准，从而阻碍了经济朝充分就业的方向发展。

这种前凯恩斯的立场仍然被许多保守主义者所坚持，这其中就有哈耶克，他曾说："既然工会无权强制非会员，它也就不能咄咄逼人到强使工资高出本可使所有寻找就业机会的人获得就业的那个水平，也就是说，那个水平是可以在真正自由的市场里自我（自由地）建立起来的。"[63]

当然，哈耶克不是没有意识到凯恩斯学派的论证，但他并没有被说服：

> 凯恩斯理论的演进是以一种正确的洞见——广泛的失业的常规原因是实际工资太高——开始的。下一步在于下面这个主张：货币工资的直接降低只有通过斗争才能取得，这种斗争如此痛苦和漫长，以至于不可预期。于是，他总结说，实际工资必须通过降低货币的价值来间接降低。这就是成为今天如此广泛接受的整个"充分就业"政策的理性基础。如果劳动者坚持要维持某种货币工资水平（其水平太高，以至于不允许充分就业），那么货币的供给就必须增加，以便于把物价提高到一定的水平，在其上，通常的货币工资的实际价值不再大于寻找就业的工人的生产量。[64]

必须指出，这是对凯恩斯论证严重的歪曲。首先，凯恩斯并没有认为，增加货币供给以便于抑制实际工资就会增加就业，因为他不相信，实际工资的水平决定就业的水平。这后一点，他本是不厌其烦地反复声明了。[65]其次（有人会忍不住称这种扭曲太粗暴了），凯恩斯并不坚持认为，是劳工对太高的货币工资的要求导致了失业。《就业、利息和货币通论》第二章通篇恰好是对这种假设的批判：

> 似是而非的是，断言美国1932年的失业是由劳工执意拒绝接受货币工资的降低或执意要求实际工资超出经济机器所能供给的生产力。但是，无论在最低的劳动力实际需求还是其生产力方面都无明显变化的条件下，同样能体验到就业量的显著变化。劳工在大萧条期并不比在大繁荣期要习钻一些——远非如此。[66]

正如哈耶克所理应知道的，凯恩斯坚持认为，就业水平不是由雇员（可以是联合起来的，也可以不是）和雇主之间所展开的工资契约（讨价还价的结果）所决定的，而是由经济活动中其他的基本力量所决定的，其中最为关键的力量是投资水平和储蓄量——这两者是远离劳工控制范围的变量。

当然，凯恩斯说它如此如此，但并没有把它变得清楚明白；而哈耶克对凯恩斯的误解本身并没有让他自己关于自由放任政策倾向于充分就业的论断失效。我们所要考察的是他的论证。

新古典主义的论证，虽然往往表明得不是很明确，但要重构它们并不困难。假定存在急于找工作的失业工人。如果他们被允许同其他的工人自由地展开竞争，他们就会迫使工资降低，那么就降低了生产成本。在新古典主义理论看来，一个公司调整其生产，使其产品的边际成本（再生产一个这样的产品所要的成本）同产品的市场给予价相一致。于是，成本上的降低意味着生产的扩张，而这种扩张能为那些"临时性"失业者提供就业机会，进而驱动经济朝充分就业的均衡态发展。

我们注意到，这一论证依赖于三大关键的假定：公司能够扩张生产；如果工资下降，公司会扩张生产；如果公司这么做了，它能够卖出它的增长的产出。下面，让我们来对这三大假定逐一加以考察。

作为最初始的一种观察，我们注意到，对一个公司来说，雇用更多的工人总是可能的，因为现有的工作量总能通过减少那些已受雇工人的人均工作时间而加以分摊。但是，这样的举措在自由放任下并不会实行，因为无论是雇主还是已雇雇员都不会从中获益。因此，只有在雇用额外的员工会增加生产的条件下，公司才会雇用他们。但增加生产又要求更多的劳动工具、原材料，工作场地也是必需的。如果不能提供生产用品和生产设备，那么，无论竞争性的竞价工资有多低，就业机会还是不会增加，经济就扩展不了生产。

在新古典主义理论看来，上述的尴尬境地是不可能的。该理论预设认为，附加更多的劳动力到现存的资本量上以求增加产出，这总是可能的。但是，把如此的预设作为一项普遍的预设显然是不现实的（例如，在不发达国家）。当然，对于一种尚未开足马力运作的经济或者对于一种有能力相对容易地扩张其生产量的经济，上述预设又似乎不无恰当，这通常在工业化了的资本主义经济情形里可以看到。因此，上述第一项预设在我们指涉发达经济时，是可以接受的。

那么，第二条预设呢？当劳动力成本下降时，公司会扩大生产吗？这是完全竞争模式的一个基本的预设，但在现实中行得通吗？在完全竞争下，公司假定，它能按流行价售出所能生产的全部产品。于是，在成本降低时，它总是扩张生产。在现实世界中，公司对于销售可没那么乐观。确实，雇主会乐意同愿意为相对少的报酬而工作的工人谈判，但他们这么做只是（更愿）以更廉价的雇员取代在岗的雇员，或者以此相威胁，迫使工资降低。如果是这么做的话，那么，无论生产还是就业，并不会增加。从长远来看，生产和就业甚至还可能下降。

生产出的产品是必须卖掉的。我们的第三条预设指出它们能够被卖出。但是，当工资降低时，工人的购买力也随之下降，如果这种下降没有被其他方面消费的增加所补偿，那么总需求就会下降。在这一点上，传统的论证调用了萨伊定律（Say's law）：投资支出会增加，因为较低的成本会意味着更大的利润，更大的利润会意味着更大的节余，更大的节余会意味着更大的投资。

但是，无论第一条还是第三条都未必可以实现。低成本意味着更大的利润，这只有当产品被卖出的情况下才成立；而如果需求受到逆向影响，产品是卖不出去的。而且，凯恩斯肯定正确地看到了，支配节余的力量和动机是完全不同于支配投资的力量和动机的。没有理由假定这两者的数量总会是重合的。[67]可以推论出的是：已经降低工资了的公司可能发现它们不能像以前那样售出那么多了，更不必说售出更多。因此，它们所能作出的反应是削减生产，进一步减少就业岗位。

简而言之，一种竞争性经济所能回应失业增多的方式可能不是把就业规模恢复到原初的水平上，而是进一步削减就业。问题的真相是：在自由市场经济里，没有力量能够确保投资决策（在前述的分析中的关键变量）恰好（或哪怕是接近、大致）会是弥补工资—商品需求下降（它发生在工资减少时）所必需的。于是，就没有理由确信：一种均衡态，如果真的达到了，会是一种充分就业的均衡态。

应该注意的是，上述论证削弱（乃至摧毁）了保守主义的论点，即工会（和最低工资法案这个最常被人援引的因素）[68]要对失业负责。恰恰相反，就工会、最低工资法案和众多福利条款防止就业需求降落到一个低谷而言，无疑，它们启用了下降螺旋上的刹车。它们不仅不用对失业承担任何罪责，而且实际上缓解了失业。

对有心留意的人来说，这一点应该是显而易见的。他们看出：现存资本主义的经验报告根本就没有为所谓充分就业趋势的论断给出任何支持。华莱士·彼得森（Wallace Peterson）提醒我们："一条基本的事实：除了在战争时期，美国就一直存在着慢性的工作岗位短缺症。"[69]布林德（Blinder）也提醒我们：在西欧，从 1974 年到 1985 年，失业率或多或少是稳步攀升的——在英国，从 3％到超出 13％；在法国，从 2.8％到 10.5％；在联邦德国，从 1.6％到 8％（"这些国家的一些年轻人从没上过工作岗位，也许都不曾是生产性工人。"[70]）。为免得我们误认为过错就在于工会、最低工资法令和福利条款，亚历山大·恺撒还向我们提示了在前工会和前福利所谓"好往昔"期间的高失业率。[71]马克思把失业者（"产业后备军"）放在他的资本主义模式里的中心位置，看来不是没有道理的。[72]

当代大多数经济学家都承认，资本主义存在着充分就业的问题。有人提出一种"自然"失业率——被界定为低于此，通货膨胀就会加剧失业率。[73]无疑，这泄露了天机，因为就失业量来说，根本不存在"自然"的东西。对资本主义来说，非自愿失业或许是自然而然的，但倘若真如此，这个事实就不可能是有利于资本主义了。

在保守的"新古典主义"圈子里，似乎还流行着一个孤注一掷的论据：失业不是非自愿的，而是工人自由选择的结果，他们算计到，把时间花在寻找报酬更高的工作岗位上更合算。罗伯特·卢卡斯说："为解释人们为何愿意把时间分配到失业上，我们有必要明了人们为何宁愿失业，而不是选择其他活动。"[74]如果日常的经验不足以缩短对这个论据的讨论，人们不妨考虑一下两个确凿无疑的事实：首先，当失业上升时，是解雇而不是辞职在上升；其次，失业工人通常接受了提供给他们的第一份工作。[75]这两个事实都同那个关于大多数失业是对休闲的自由选择的假设不相吻合。[76]

有一种"经验性"的证据支持着如下的论断，即资本主义总是为那些想要工作的人提供就业机会。我认为，这种论断真是太头脑简单了，以至于不值一提，亏得有如下的一个事实。这个事实是由我的一个学生报告的，一直被一个经济学教授所关注。这位教授指着一份《芝加哥论坛报》的"求助"栏目，作为没有非自愿失业的证据。应该指出的是，如果缺乏广告登出的岗位数同失业数之间——更不必说在要求的技能同所能提供的技能之间[77]——的对比，那么这个所谓的"证据"说明不了什么。一项研究在当地一张报纸上统计出 228 条求才信息，而本地报告有 7 800 位失业者——而且没几个工作岗位发现是大多数失业者的理性选择。有一个岗位是合理的，每小时 3 美元当汽车旅馆的夜间职员，在广告登出 24 小时内，就吸引了 70 位申请者！[78]

我们总结出：没有健全的理论论证、也没有经验证据支持自由放任趋于充分就业这个论断。[79]失业是保守主义观念里的一个基本的效率缺陷。如果失业工人面临机器空转的工厂，只因为缺乏刺激雇主雇用他们的有效需求，那么该种体制就没有靠近帕累托最佳状态了。

我们不应该对慢性失业带来的衰弱后果掉以轻心。这些后果已被广泛地证明，变得显而易见了。20 世纪 30 年代的早期研究表明如下的阶段：休克、继而对另一份工作的积极乐观地寻找、继而激烈的痛苦和与日俱增的悲观，包括听天由命的"破碎心态"[80]。在几乎 20 年以前，哈威·布勒内（Harvey Brenner）就表明了在失业率同精神病医院病人入住率之间的一种稳定的关联（此种关联可回溯 127 年）。[81]最近，艾米勒·阿兰（Emile Allan）和达蕾·思特芬斯迈尔（Darrell Steffensmeier）也已显示了失业同青少年犯罪和年轻成人犯罪之间的（并不奇怪的）联系。[82]失业的代价，无论从生产丧失和税收丧失的现金价值还是从离异、犯罪和绝望等软指标上去衡量，在自由放任下都可能是巨大的。[83]

我已经论证了自由放任很可能要经历失业的无效率。没有理由认定它们不会是严重的。我们现在就必须来拷问"经济民主"了。有趣得很，工人自我管理的那种趋势，它先前提出了对不公平、效率的关注。也就是说，在成本降低时，公司不愿意雇用太多的人；而相对于需求的下降，它倒是更乐于雇用新人，因为如果自我管理的公司在时机好时，在雇用更多工人上犹豫不决的话，那么它在时机坏时，也会不愿意减少其编制。在如此的一个企业内，面对面（face to face）的民主阻止住一种商业暴跌的负担转嫁到少数几个人身上，尤其是当这样的暴跌是临时性的。[84]这种负担的分担，对"经济民主"而言是自然而然的事情，而对资本主义来说，则不可思议了。资本主义的公司往往为一份保障工资率（而不是就业）的工资合同而谈判。当需求下降时，一个雇主就不得不解雇工人，因为他并不能自由地更改工资合同。[85]

当然，如果需求降低（在"经济民主"下）证明不仅仅是暂时性的，那么每个人的收入都会下降，工人会到更可赢利的公司去求职。这是应该的。有人会转岗到需求更旺盛的地方，以使得他们的收入再次上升。劳动力平稳地实现了再配置，而不会造成非自愿失业的破坏性扰乱。

在面临商业滑坡时，工人的团结防止了就业的危机，但它也不能确保充分就业。总会有新的工人加入到劳动力大军里来，尤其是年轻人，也有离开走下坡路的公司的工人，或者纯粹想找更好待遇的人。在此，更多积极的政府干预是必需的——恰好为我们的模式所提供。关键的机制是同"经济民主"的那个特征——投资的社会调控——相关联，它们尚未太多地被讨论。

回顾一下那个特征：投资基金来自对社会资本资产的使用税，它按人均返回给社区。那么，每一个社区都把它的所得份额配给它的银行。每个银行的这些基金份额，连同银行的收入，取决于它在提供赢利性资助和创造就业方面的先前业绩。大多数银行都会有企业性分支机构，它们的工作是为了鼓励其附属的公司扩大就业、发展新的自我管理的企业。"猛龙"的经验表明诸如此类的程序和体制是卓有成效的。在"猛龙"，每个合作社以及银行都作出了精心的努力，以扩大就业。结果是，"在不利的经济条件下，合作社还一直在增加就业，与此同时，省一级的工业就业创造却大跌落"[86]。

倘若这些机制证明还是不充足的，那么政府就应该变成最后求助的可利用者了，它要确保公共服务的岗位提供给所有能够工作的人。要知道，失业是一个太严重的问题，以至于无法忍受。而充分就业是社会主义"遗产"的一部分，不应该被遗弃。失业的后果——经济上的、心理上的、社会上的——都是如此灾难性的；充分就业的期望如此成为社会主义事业的中心理念，以至于"经济民主"应该义不容辞地确保每个公民享有真正的"工作权"（right to work）。[87]

对这样的提议，保守主义的回应是：预见到劳动力的组织纪律性差。如果工人不用面临解雇威胁，还会勤勉而有效地工作，这才怪呢？这种担忧似乎获得了经验上的支持。在东欧和苏联的社会主义经济是充分就业的经济时，劳动无效率和工人涣散的现象很普遍。（工人们说："他们伪称付给我们工资，那我们也伪称在工作。"）但要注意的是，"经济民主"，不像指令性的（command）社会主义，会为努力优质地工作提供强烈而积极的驱动力：收入直接同企业利润挂钩。确实，可能存在着逃避责任的开小差者，但这类工人要担"社会（福利）性不适"（social displeasure）——被解雇的危险——的风险。一个自我管理的公司可以有理由地解雇其成员，甚至，在知晓"问题工人"（the person in question）不会遭受太大伤害时，还可能是毫不犹豫地这么做。[88]

那些仍然未说服的人应该记住，日本最有活力的部门提供了实际的终生就业，东欧最近的发展并未表明，失业对效率来说是一剂兴奋剂。总而言之，证据显示，当配合以利润分享和参与时，在X－效率上就业保障的积极效果要远远超过其消极后果。

还有一个保守主义的反对意见应该提及。它争辩说，政府干预确保充分就业会不可避免地导致通货膨胀。[89]如同我们在第六章将看到的，在反对凯恩斯自由主义时，这个责难并非无稽之谈，但它反对我们的模式，就无说服力可言了。没有任何理由认为，为了资助新企业，政府对征税所获基金的开支会是通胀的。对自由主义充分就业政策的保守主义批判针对的是赤字开支，这样的开支可不是我们所提议的失业治疗。如同我们将看到的，可能威胁

"经济民主"的通货膨胀的压力有另外的来源。

这一节的结论是明确的：自由放任不能确保充分就业；它只能期望一种临近充分就业的均衡态势发生。作为自由放任，它反对所有旨在减少失业的政府干预。与之相反，我们的模式有机地整合了体制和政府政策，使每一个想工作的人都如愿以偿。此外，它给那些有工作的人以充分的岗位安全。即便是这些机制运作得不那么完美，失业也不会变成像自由放任下那样的普遍性问题。

第五节　更大的麻烦：促销

> 一方面，每一件产品都是一个诱饵，以此，一个人尽力勾引他人的灵魂和金钱；另一方面，每一种现实的或潜在的需要都是一个弱点，它会像鸟一样遭受粘鸟胶的诱捕。
>
> ——卡尔·马克思

在效率问题上，就构成自由放任制度的基础而言，充分就业的预设不是唯一成问题的预设。另一个基本的——引发争议的——预设就是关于"消费者至上主权"（consumer sovereignty）。在自由放任政策的新古典主义概念里，消费者（顾客）是国王（上帝）。经济存在的目的就是为了满足他的（消费）欲望。这些欲望被认定是他自己的、依照他自己的最大利益的欲望。其实，日常被操纵的国王不是真正至高无上的。由于市场以极大的灵便性指示着消费者的偏好，为他们的总体满足提供着驱动力，人们可以得出结论说，如果由市场购买所表达出的偏好的满足，事实上真的促进了个人的福利，那么，市场在促进每位消费者的福利上是最有效率的（起码在他的收入所允许的范围内）。这就是所谓的"消费者主权"假定：如果消费者通过他的购买行为显示了一种 A 超出 B 的偏好，那么 A 事实上更有功于他的福利。[90]

重要的是，要确认，这里所设定的是一种经验性的论题，而不是规范性的论题。这个假定是：当消费者自由地选择他的消费时，在他的收入许可的范围内，他的福利被最大化。这应该区别于如下相应的规范性的判定，即个体应该是他自己福利的最终裁判。同理，对消费者主权获致的否定，也不应该混同于如下的规范性判定，即操纵是错误的。在艾斯特的简明表达里，"对不为个人所知的心灵内部机制的求索不能证明是合法的"[91]。如同我们将看到的，这些规范性判定同手头的话题有密切关系，但我们得把它们同经验性断言分离开来。

　　不消说，在任何现实的市场体制里，消费者主权不会严格完整地获致。最低限度的标准，诸如身体健康或者个体反思性的自我评判，都能表示出明显的反例。但是，诸如我们的论证不能坚持严格执行标准，因为没有一种允许消费者任何选择自由的体制能够保证既不会有自我破坏的消费，也没有无知或过后就后悔的购买。相关的问题关涉到消费者主权失效的频率同自由放任和"经济民主"的体制性特征的关系。

　　如果人们从当代经济学的主流出发，就会遭遇到对消费者主权假定的众多批评者。约翰·肯尼思·加尔布雷思，在其美国经济学协会的主席就职演说中，就忍不住与同行争斗起来。他宣称，坚持消费者主权就是厌恶"一个相当触目的问题：为什么现代消费者不断趋于非理性、不断强化着自我虐待"[92]。

　　诸如此类的批评也并不轻松地忍受着来自学术中心的压力。正统的回应援引了大萧条的恐怖的例子。麻省理工学院的罗伯特·索洛（Robert Solow）如此愤怒地回击批评者："对消费者主权的攻击承担着同'压制性忍受'教义一样的功能。如果人们不想要在我看来他们明显应该要的东西，那么这仅仅是因为他们不知道他们真正想要什么。"[93]弗里德曼用同样的口吻说："确实，反对自由经济的一个主要根源恰是因自由经济把自己的使命行使得太好了。它给予了人们他们想要的东西，而不是给予一个特殊的人群认为他们应该要的东西。"[94]

　　但是，这些来自精英主义和不宽容的责难是偏离主题的，这源于没有注意到上述区分。消费者主权假定是经验性论断，它自由地使消费者的购买真的趋于福利的最大化；它不是规范性论断，即人们应该自主决定什么对他们是好的。人们能够反对如下的观点，即一个家长式作风的政权应该为消费者判定什么对他们是好的，人们还可以否认消费者主权是在一种特定的经济里才获取的。人们也许希望看到体制变革得使消费者的选择更不可能同福利矛盾、冲突。出于其他压倒一切的伦理或经济的关注，人们甚至可能想要把制度维持得如其所是的那样。[95]这些规范性的观点，没有一个要求包含有精英主义或不宽容。把不宽容从对消费者主权的否认中推断出来，是把经验性论断同规范性论断混淆起来了。

　　这就是责难和反责难。就对消费者主权假定的攻击的常规反应也许是远离主题的，但这并没有结束问题。由于我们在进行模式比较，我们就必须进一步仔细地考察体制上的关系。

　　事实很明显：正如资本主义提供了创新、有效管理和关切消费者需求上的动力，它也鼓励对需求的刺激。加尔布雷思指向熟知的制度，把问题直率地提出来了：

> 对需求的控制或监管，事实上，本身就是一项巨大而快速增长的产业……用不那么晦涩的语言来说，它意味着它参与到了对那些买商品的人的管理之中。[96]

在我们的生活中，需求刺激是如此日常化，以至于我们没有去充分意识到此种现象有多独特——在生产的早期模式里不存在，在某些当代模式里也不存在。在原始或封建社会，没有人会有理由地诱导人们增加他们的消费。无论是奴隶主还是奴隶、地主还是农奴，都没有半点兴趣要劝导人们吃更多的面包、喝更多的酒。在指令性计划经济里，也没有生产经营者这么做，因为生产指标是由一个独立的机构来确定的。确实，对一个来自外星的访问者来说，最令他们莫名惊诧的是，在这样一个如此多的人拥有如此少的东西的地球上，如此多的努力致力于劝服那些拥有许多的人消费得更多。

然而，在市场经济里，需求刺激是其体制的有机组成部分。由于资金回报是同销售挂钩的，因此存在着一种不可遏止的趋向"推销（术）"（salesmanship）的趋势。当然，这种趋势的强度因特定的环境而差异极大。在资本主义发展早期，当新兴的资本主义的农场主和工场主参与到同小土地所有者和手工业者的成功竞争时，还没有太大的必要去刺激需求。在那里，市场争的是以较低的价格提供出商品。但当传统的市场变得饱和，资本主义生产把农民和手工业阶级转化为工资劳动力时，开拓新市场、开发新产品——新的销售技巧（"推销术"）——的压力变得越来越强大。越来越多的人、越来越多的资源都致力于商品的销售。

为把这一发展趋势纳入到人们的视野里，只需考察几个数字。1867年，在美国，只有5 000万美元花费到广告上。但到20世纪初，此类费用上升到5亿美元。到1988年，世界范围内的广告费用达2 250亿美元，而美国就占到1 000亿美元——这个数目相当于美国当年在汽油、石油和煤方面开销的总和。[97]

如果说显而易见，是市场鼓励了销售技巧的发展，那么同样明显的是，在自由放任体制里不存在任何阻碍此类发展的因素。相反，如果一种技巧证明是行之有效的，竞争的压力恰恰会确保其被采用。对一个资本主义的公司来说，放弃一种有效率的技巧，无疑是否定自身的潜在利润，把自身置于严重亏损的竞争风险中。

显然，一套庞大的推销设施很可能在自由放任政策下发展出来。但这会对社会的经济福利有损害吗？推销有其辩护者。例如，朱尔斯·贝克曼（Jules Backman）在他的研究中总结评论说："总而言之，看来很明显，广告对我们国家的经济福利和我们经济的竞争性本性都做出了一项主要的贡献。"[98]

索洛表达了一个更为普遍的（也更慎重的）观点：

> 就像我一样，没有一个相信利润是一种重要的商业动机的人可能会去断言，广告对消费者在给定价位上购买一种给定的产品的意愿不会有影响。毕竟，我如何能够解释赢利的公司会常规般地花费数百万美元在广告上呢？……广告有一种可察觉到的效应施加在消费者开销的数目上，或者换句话说，施加在消费与储蓄之间的选择上。[99]

让我们稍加考虑一下索洛的立场，因为它既被广为坚持，也如此有影响力。索洛的结论是这样的：广告影响了人们如何花他们的钱，但并不影响他们花钱的总量。因此，大多数广告是自我抵消的（self-cancel），因而纯粹是浪费。

我们注意到的第一件事是：关于广告几近不得不是自我抵消的论断，"因为，否则就没有什么能阻挡烟草行业和去污剂行业随心所欲地扩展它们的销售"，这个反题当然是荒谬绝伦的。确实，说广告能够增加总消费，并不是说消费可以增加到超出所有的限度，这好比说，肥料使万寿菊长得更大，并不是说它们能够长得比向日葵还要大。

在索洛的分析中，存在着一个更为深入的问题。推销是否转移了消费量还是仅仅转移了消费模式，这不是一个关乎伦理的问题。当然，如果销售手段对消费没有多少影响（无论是量上的还是质上的），那么它当然显得浪费（比如，对效率的损害），因为本可以动用如此多的人力和资源到更好的利用处。[100]

如果销售技巧确实有效果（很难相信它们会没效果，毕竟，在这方面投入了数百万美元），那么，关键的问题是其效果是否使人们生活得更好。作为促销的后果，到底人们是消费得更多、储存得更少，还是仅仅是消费 X 品牌多一点、消费 Y 品牌少一点，这个问题倒不是核心的。我们所需要明白的是此类行为在福利上的效应。

正如所预期的，鉴于建构一个受控的实验的困难，很少有这方面的经验证据。在众多问题中，存在着这样一个事实，一个消费者作出了一个购买行为，事后看来是一直受错误诱导所致，他也不愿表示懊悔，因为购买决定反映了他的判断力和人格力。

虽然缺乏经验证据，但是，在我看来，如果恰当地提出问题，我们还是能斗胆给出一个答案。让我们简单地发问，是否有正当的理由认为，推销有可能把人们的消费模式引导到使他们的福利最大化的轨道上去，是否有"看不见的手"的力量在运作，驱使产生出这样的效果。

我们认为，一种看不见的手的解释是必要的。生产者直接、自觉的动机不是最大化顾客的福利，而是生产出要卖的东西、卖出已经生产出的东西。亚当·斯密很早就评述道："我们餐宴上的满足，不是出于屠夫、啤酒酿造师、面包师的仁慈，而是出于他们对自身利益的考虑。我们不是跟他们的人道讲话，而是跟他们的自爱讲话，千万不要提他们自身的必需所在，而要提对他们的好处所在。"[101]

当然，如果我们假定，唯一拿来销售的是那些会最大化福利的东西，那么，一种看不见的手的解释马上就自我呈现出来：自由选择的人们只会购买那些将使他们真正快乐的东西。但是，如此一个假定可行吗？一方面，我们有推销术和推销抗拒心理，这表明消费者常常思量他们自身的利益，把它们同有产品要卖的人的利益区分开来。另一方面，事实是没有购买者的认可，销售行为是达不成的。毕竟，没有人是被迫买东西的。

现在，倘若通过展示，一个人能够被说服，对买卖中的产品的购买是符合他合理的自利性的，那么，设定只有那些会有利可图地卖出的东西才是会最大化福利的东西就有坚实基础了。在这种情况下，推销就在于，把有关买卖中的商品利弊的真实而完备的信息传送出去，以便消费者尽可能地作出理性的选择。

显然，我们的讨论已经误入了太虚幻境了。理性的展示可不是唯一的推销手法。[102]没有一个已经观看了一两个小时的商业电视的人会有任何迟疑，也没有任何读过更多黑箱操作的流传丑闻的人会有任何怀疑。[103]

至于其他的证据，人们可以转向一家主要广告代理机构的前负责人：

克劳德·霍普金斯，写广告词的天赋使他成就为不朽的广告人之一，他讲述了他一个成功的啤酒竞卖活动的故事……他耐心地解释说，不是他们所做的、而是他们所做广告激发出来的，是要紧的。他写过经典的广告词："我们的啤酒瓶是用活蒸汽洗出来的"……他还获取了一条广告上的锦囊妙计，写出了："把你牙齿上的薄膜去掉吧！"[104]

于是，我们看到——当然，我们也都会知道——非理性的销售技巧可资利用，通常被那些天资过人的人所采用。[105]我们知道，广告所做的不仅仅是为了帮助（消费者）作出理性选择而传递信息。我们知道：

有典型意义的是，广告说："买我吧，你会征服我已唤醒你的那些焦虑。"或者说："买我吧，你会享受生活每一天。"或者说："买我吧，你会被意识到是位成功人士。"或者说："买我吧，一切都为你而轻松自如。"或者说："就来花几个美元，你就会在一个自由、选择、创意和富足的世界里尽享快乐。"[106]

当马克思写道："为了取宠，太监厚颜无耻地阿谀奉承暴君，或者以龌龊的手段刺激他那早已麻木了的胃口；但还没有一个太监比为了从亲爱的邻居的钱包里拿回几个银元、诱捕几个金币的产业太监——企业家——更甚的了。"[107]他也许把他那个时代夸大了。那么今天，还是一种夸张吗？"布鲁克·谢伍兹（Brooke Shields）在她15岁那年，就创造性地制作了引人注目的CK牛仔裤广告：'两腿叉开'，她问道：'你想知道，有什么东西进入了我和我的卡文之间？什么也没有。'"[108]

我们也许会认定，这些技巧、手法是有效果的。要是它们没有，那么现代资本主义最老到的企业必得因其耸人听闻的愚蠢而被起诉了。但如果它们是有效的，而倘若在竞争的资本主义经济里的厂商对推进消费者的福利却毫无直接的、自觉的兴趣，那么"看不见的手"的论证就只能通过最难以站住脚的假定来拯救了，这个假定就是：人们能够被说服去购买的唯一商品——

无论是通过理性的手段，还是通过非理性的手段，就只能是那些实际上使福利最大化的产品。没有这样的假定，就不能得出结论说，自由放任在推进消费者福利上是有效率的。

值得注意的是，上述的论证并没有假定：厂商是精明的，而消费者是愚蠢的。但厂商在追逐他们的目标（卖出他们的产品）时是可能比同样追逐其目标（使自身福利最大化）的消费者要更理性一些。一个销售计划是一项有明确界定的成功标准来自觉贯彻的风险活动。由于它往往包含着可观的费用——和预期有重大的收益，它就经常有专业人员（雇请费不菲）的帮助来作慎重小心的评估。[109] 1985 年，福特、通用汽车公司在他们的广告战中花了14 亿美元，百事可乐超过了 68 000 万美元。[110]

消费者的筹划展示出完全不同的特征。目标不那么精细，也不那么自觉。购买趋于零碎化，不太可能是作为一个协调好了的计划的部分而行动。而且，它们通常不包含什么充足的费用去收集专家建议。[111] 当然，消费者并非无能为力，毕竟，他往往是必须被说服才去购买的。总之，推销在追求其目标时，比消费者追求其目标时，理性含量要大得多。基于成功是与理性相连的，在这方面，与消费者相比，厂商就有决定性的优势了。我们也许还可以注意如下的事实，消费者还在相当年轻时，甚至在理性开化以前，就被广告商盯上了，"儿童电视行动"就已表明：广告商每年花费 6 亿美元向孩子推销电视，孩子每年看了大约 2 万个 30 秒钟的电视商业广告节目。[112]

我已断言，非理性推销劝导使得自由放任政策无效率。但这个论断还有一个问题，起码它同本书那个更大的论题相关联。我已经就自由放任下的非理性推销劝导作了详细的论述。但是，"经济民主"也是一种市场经济。它也倚赖于利润最大化，因此，它也会包含趋向非理性推销劝导的趋势。反自由放任的论证不会使足力量同样反对"经济民主"吗？

"经济民主"会有一种体制生成性的非理性推销技巧趋势，这一点是不容否认的。然而，这种趋势在"经济民主"下，比在自由放任下要微弱得多——这是很重要的一点。并非所有的市场经济都是一样的，即便在关乎市场诱导行为方面也不同。让我提供出三个支持这个断言的理由。

首先，我们的模式同现代自由主义共享一个优势。由于我们没有投身于自由放任，我们并不反对（通过适当的民主程序）规范或禁止某些被判定为不道德或攻击性的技巧，也不反对禁止那些会严重威胁健康或安全的产品的市场营销。而在自由放任下，无论是民主的还是非民主的政府都不可冲击经济自由。不像自由放任下的状态，我们不必完全地倚赖于单方面告诫买主。

第二条理由更直接地同我们模式的独特特征相关。想想自由放任那个即便脱离与促销的关联也成问题的方面：工人没有能力轻松自如地选择劳逸平衡。这个困难（连同其他许多困难）是被假定在规范的新古典主义模式之外，但它不能被排除在我们这个更为现实的模式之外。在自由放任下，我相当自由地改变我消费的质的模式或我的消费—储蓄比例。不存在针对我如此这般做的体制性障碍。如果我的口味从苹果转移到橘子，我就到市场买橘子而不是苹果。如果我想要节省而削减我 1/4 的消费，我就少花销一点，把省下的存入我的存折里。但如果我宁愿消费不到 1/4，每天只工作 6 小时而不是 8 小时呢？我会向我的雇主报告，第二天 10 点钟而不是 8 点钟来上班吗？我会找到另一份同已有的工作相似的工作，区别只是它是 6 小时而不是 8 小时工作制吗？

然而，不提供劳逸平衡，这制度就不是帕累托最佳的。如果我愿意消费少一点，去换取更多一点闲暇，那么，我的生活会变得更好，也没有其他人的生活因我而变得差（只要给予我这个选择权）。在规范的新古典主义模式里，一个雇主会马上默许这一点，因为假定是充分就业，雇主必须极为小心地关注着他的雇工的需求。而在我们更为现实的模式里，雇主则不可能作如此响应。[113]

除了导致直接的帕累托非最佳态，劳逸平衡的缺失对促销无效率施加了重大的压力。如果一个人有点钱，可没别的事可做，只可把钱花在消费品上，他尤其容易受进攻型的促销机构的哄诱。对大多数人来说在现存的资本主义社会里和假定的自由放任下，这恰恰就是处境。人是可以节余而不开销的，但这只是选择将来消费而不是现在消费的问题。

应该注意，对有钱人来说，并非是如此。对有钱人而言，储存不仅仅是选择未来消费。如果有人有一大笔自由支配的资金，那么储蓄和投资都有完全不同于未来消费的切实的收益，因为他通过购买生产资料增加他的权力、威望和影响力。有人能够同时通过"使其钱运作起来"而回避劳动。但对大多数人来说，消费的唯一有诱惑力的取代性行为是休闲，但在自由放任下，它可不是实际的选择。于是，有人不妨把钱迟早花在那些并不会增进福利的东西上，他往往也真的知道这一点。

在"经济民主"下，劳逸选择权将是一项更现实的可能性。当然，有人不能只是 10 点钟来而不是 8 点钟来。但由于工人将民主地调控他们的工作条件，一个多数人的投票表决，所需要的是减少工作日，或者允许一些成员以较低的收入获取更大的灵活度。当一个论坛为个人事件的陈述而存在，大多数人的投票就足以决定一个变更时，劳逸选择就不仅仅是一种抽象的可能性。随着休闲变成一种真实的替代性选择，个人的消费抵制心理就可能增强，使理性消费更为可能。

还出于第三个理由，同在自由放任下相比，在"经济民主"下，非理性劝导应该不那么烦人。正如我们已看到的，工人管理的公司对扩张较少有兴趣。我们模式的一个独有的特征——它没有增长的驱迫——已经在同配置无效率和失业的关联中加以讨论了，但我们仍然远未充分地揭示其意义。

一个工人管理的公司不那么倾向于扩张，因为增长通常要求雇用更多的工人，参与剩余价值的分享。在持续的规模回报或下降的成本条件下，对工人管理的公司来说，不存在经济上的动机去扩张。而一个赢利性的资本主义公司在同样的条件下则无限地扩张。于是，一个资本主义的公司有比工人管理的公司要强烈得多的驱动力去增加销售，因而，有强烈得多的动力去把钱财和精力投入到营销上。一个自我管理的公司就没那么大的动机去做广告了。它也许也只会有更少的手段去这么做，因为自我管理的公司很可能比资本主义的同类要小，因而只有更少的广告预算。

还有另一个不同于非理性促销劝导问题的理由，它说明因为消费者主权，奖赏给"经济民主"比自由放任更高的分数值。这个理由源自对投资的公共调控。尽管在自由放任下，消费者被指称为王，但事实的真相是产品由生产者而不是由消费者所发动；新口味和新"需求"的发展不是回应于消费者自身认为所需要的，而是回应于生产者认为消费者所需要的——更准确说，回应于生产者认为消费者被劝服所需要的。虽然这种动力学在"经济民主"下并没有消失，但它被前面所讨论的因素所削弱，它为社区投入于投资计划所补充。在"经济民主"下、而不是在自由放任下，控制特定产品的行为可能受到鼓励。例如，可能被决定，投资基金应该提供给那些愿意设立房屋及地基全托中心的企业，或被裁决，更多的基金应该提供给无污染技术的发展。在"经济民主"下、而不是在自由放任下，集体地讨论和实施关涉预期需求的事务才变得可能。[114]而这是对消费者主权的一种强化，因为只有对提供可资利用的商品和服务设计更贴近人的真正所需，消费者的选择更可能推进福利。

通过提出一个会把水搅浑一下的另类问题，让我来总结这个讨论。我已论证了，要是没有那个明显荒谬的假定，即人们能够被劝服（以任何手段）去购买的唯一产品是那些会把福利最大化的产品，自由放任有效率（促进福利）的说法就垮台了。我也进一步论证了"经济民主"应该更少感染（尽管不是完全免疫的）非理性销售技巧之类的东西。这才是问题的核心所在。

第一个论证实际上是一个容易作出的论证。谁会否认，一个当代资本主义社会花费在创造需求欲望的众多努力是浪费呢？但是不可思议的是，当代资本主义这个耀眼的效率缺陷极少引发公众或私人批评。政客们喋喋不休地谈论着失业和政府浪费，但从不谈论流向推销的资源浪费。很少有人会替众多的现代推销行为中明显存在的操纵性行为辩护，然而，也很少有人似乎公开地或私自地因它而反胃。大多数人也许会确认那个规范性评判，即求索"不为个人所知的心灵内部机制"是错误的，但很少有人在机巧地针对我们、劝导我们购买时产生过义愤。值得问一问：这是为什么？

我提议，至少部分的答案在于，我们经常是乐于被操纵的；我们宁愿陶醉在哄骗之中，而不能自拔；我们甘愿沉浸在炉火纯青的商业广告所诱发出的兴奋之中。这看似无任何副作用，尤其因为没有人相信其内容。文学批评家诺斯洛普·弗赖尔（Northrop Frye）提出了一种很有吸引力的分析："广告可以被视为一种反讽性游戏。就像其他讽刺形式一样，它说着它根本未意指的东西，但也没人被迫有板有眼地去相信其陈述。于是乎，它创造了一种超脱和精神胜利的幻觉，即便有人真的遵循了它的劝训。"[115]

我们是还是不是"遵循它的劝训"？我们中很少有人感到被操纵了（当然不是以一种攻击性的方式）。经验证据没有判决性。于是，问题是什么？如果我们乐于感受精神胜利，也许还掺杂有一种因成为推销员关注焦点而自我认同的强化，更不必说一个好的广告审美、色情和幽默方面的特色了。正因此，我们为何该埋怨呢？

在如下的意义上，这些反思同我们对促销的批评密切相关：我们一直假定了促销应该从消费效果上加以评价，也就是说，它是否引发出正确的消费模式，如福利最大化。但我们还没有考虑，促销行为本身也许引出强化福利的可能性。即便促销从真正能最大化人的福利的地方扭曲了个体的消费模式，这种扭曲可以足足由促销本身所提供的总体快乐所补偿，这种可能性不会是事实吗？

我发现这个可能性的推断是极难信服的，但我必须承认：我没有看出它如何能被最终切实地驳倒。让我们明确（即便是）此推断的身份吧。我们注意到此推断不是关乎"消费者主权"——假定消费者的购买行为使福利最大化。我们已作出的分析都否定了关于消费者主权是可能在自由放任下获致的预设（正是以此为证据，表明自由放任是有最佳效率的）。我们现在考虑的这一新推断承认促销削弱了消费者主权，但提出由促销所导致的对整体福利的偏离是足足能够被促销所给予的整体愉悦所补偿。这个论断当然纯粹是推测。我不知如何去驳斥它，但我也看不出能证明它。[116]

我们能够说，由于消费者就到底有多少社会资源投注到促销这一点没有选择的自由，因此，就没有看不见的手趋向于生产出最佳的数量。一个公司会尽力发动有成本效益的，即划算的促销活动，但它的划算是以销售、而不是以给予那些参与活动的人的快乐来衡量。显然，存在着一只看不见的手鼓励着不断追加花销，去劝导人们购买他们本不需要或者在促销活动前连想都不想要的商品。

我们也能够确切地断定，这只看不见的手在"经济民主"下就不那么坚定了。我们可以得出结论："经济民主"会把更少的人力资源和物质资源配置到促销上。[117]在"经济民主"制度下，促销——包括非理性的劝导——还会存在，但它应该比当代资本主义制度（可预期同样在自由放任下）蔚为壮观的气势要收敛得多。

上述考虑足以确立：消费者行为在"经济民主"下，很可能比在自由放任下要理性。购买更趋于增加长远的福利。但是，我还没有表明，这种优越性的获取会胜过大众促销所给予消费者的愉悦。那些被电视商业广告和商业场景所迷魅的人也可能是不可劝导的。最近一项调查表明，大约93％的美国青少年女孩把购物列为她们最喜欢的消遣。[118]然而，这种娱乐必须置于同预期能够从"经济民主"里带来的其他好处的比照中，其他这些好处超出了更充分的就业和更大的消费理性。为考察这些好处，我们还得走出本章的效率框架。

[注释]

[1] 大意是："吃是根本，而后谈道德。"（Brecht，1967，p. 458）

[2] 能够建立一个能满足其中一个标准而非另一个标准的独特案例。例如，如果那里的人们是为少工作一点而宁愿少消费一点，那么这个在不浪费资源这层通俗意义上是有效率的社会并不是帕累托最佳的。一个其中的人们以浪费资源为乐的社会倒可能是帕累托最佳的，但是在通俗的意义上它又不是经济上有效率的。

[3] "X无效率"这个术语由莱本斯坦所杜撰。他的观点在后来有进一步的发展（莱本斯坦，1976，1987）。如要考察对经验证据的充分评论和对该概念形形色色的新古典主义批评者的回应，请见弗朗士（1988）。

[4] 瓦内克（1989，p. 93）。

[5] 莱本斯坦（1976，pp. 29-44）。作为对他观点的强调，莱本斯坦表明：倘若经济领域里有半数的企业靠垄断要价高出应要的20％，那么，在理性假定需求弹性为1.5的条件下，出于配置无效率而引起的国民生产总值的总缩水量也只有1.5％。

[6] 当我们反思经济学家对这些不同类型的无效率所投注的注意力力量同其重要性成反比时，我们也许会同情和理解霍瓦特的气恼心态，"比方说吧，探讨效率的众多作者总共用99％的脑力去应付1％的效率流失，而只剩下1％的智力去寻找10％或20％效率流失比重的可能性改善方案"。他还讽刺说："如此精力分配上的大量配置无效率是触目惊心的。"

［7］萨托夫斯基（1971，p. 15）。

［8］萨托夫斯基（p. 16）。

［9］萨托夫斯基（p. 389）。

［10］我所引用的任何后凯恩斯主义文献都将包含实例，就像琼·罗宾逊写出的东西一样。

［11］弗里德曼的《实证经济学论文集》（1953）是关于这一被广泛持有的观点常被引用的权威性著作。

［12］关于这一强势论断的辩护，见霍利斯和内尔（1975，ch. 1）。

［13］值得注意的是：萨托夫斯基，作为一个新古典主义游戏的先锋实验者和柏拉图原理的先前支持者，在其后来的著作里放弃了那种框架（萨托夫斯基，1971，1976）。本书也会与新古典主义范畴保持距离。我确信：尽量不用新古典主义透镜——它有时是有帮助的，但更多的时候会扭曲事物——看事物是值得的。

［14］存在着某种形式的社会主义，它会驳斥上述观点和我代表市场所作的其他多种多样的主张。这种社会主义形式的模型会在第八章得到（相当批判性的）评价。

［15］有时，人们认为：随着超市和其他零售店的充分电脑化，偏好很容易由对消费者所选择的东西的监视所确定。但是必须注意：因为并非每个人都能有任何东西，到底一个人能拥有多少东西只能定额调拨。如果一个人被允许配给一定量的点数，那么商品也应该以点数来标记，以便购物者能够知道如何挑选。然而这是另一种形态下的价格体系。

［16］内行人士关于商业行为及其对完全竞争假设的偏离所作的描述，请见威尔德（1978）。

［17］此处，尚未谈及什么样的商品适合于市场交易。药品？教育？性？关于此论题的很好的一个讨论，请见安德森（1990）。在此，我假定了大多数（尽管，当然不是全部）商品都适合于市场交易。

［18］"利润"一词，对此处与企业相关、以市场为基础的经济动力来说，应该宽泛地加以理解。有时，有人争辩（在我看来，是正确的）说：公司实际上很少以利润最大化为目标，而往往倾向于其他目标，如增长的市场份额或公司的成长。这些理解上的差异与所述的论题无关。

［19］诺夫（1983，p. 33）。

［20］布坎南（Buchanan，1985）论证了在截然不同的体制间作效率的比较是先验般的"不可靠（即使不是不可能的）"。他论证道：效率比较包含着对偏好满足程度的确定，但如果个体在两种体制里是不同的，他们的满足就不可比；而如果个体是一样的（一种体制转换为另一种体制），则偏好自身也有可能已经发生变化了。

布坎南的论证假定：在体制间的效率比较是一种无国界的比较。但它不是我们将要进行的那种比较。相反，我们将集中在种种体制的结构性趋向上，即那些促进有效率的资源配置和那些阻碍有效率的资源配置。我论证出：就什么样的体制具有更好的组合是可以作出一个明确的判定的。请注意：如果布坎南是正确的，那么要说苏联的中央计划不如其他体制，如日本资本主义，那样有效率，则是不可能的了。

[21] "生产性商品"，米塞斯是指生产出的商品进一步用作生产资料。另一方面，他承认：一个社会主义社会可能利用市场来配置消费品。

[22] 米塞斯（1935, p.92）。

[23] 保隆（1935）。对米塞斯首要的攻击来自弗雷德·泰勒（Fred Taylor）和奥斯卡·兰格（Oscar Lange）。若想参考它们主要的论文集，请见利宾科特（Lippincott, 1938）。米塞斯的主要辩护人是哈耶克，此人把问题从纠缠于理论上的不可能性转向质问理论上的解决能否逼近于实践。最近，拉瓦伊（Lavoie, 1985）论证道：哈耶克的转移并不是一种撤退，而泰勒-兰格的反驳并不是判决性的，因为他们的理论模型是过于静态的。我所要辩护的模式完全不是静态的，它应该被证明，甚至向醉心于奥地利经济学的人证明，米塞斯声称"一种具有市场和市场价格的社会主义，就像一个三角正方形概念一样，自相矛盾"（米塞斯，1949, p.706）是错误的。

[24] 关于苏联，请见格列高利（Gregory）和斯图亚特（Stuart）（1990）；关于中国，请见德雷泽（Dreze）和森（Sen）（1989）；关于古巴，请见津巴利斯特（Zimbalist）和布鲁德尼斯（Brundenius）（1989）。在第八章，这方面的话题，还会谈及更多。

[25] 厄岑伯格（1989, pp.114, 116）。

[26] 套用规范的新古典主义范畴，工人自我管理的正规模式在过去大约十多年内已经成为了一个增长产业。广泛的考察，请见博宁（Bonin）和普特曼（Putterman），（1987），为回应沃德（Ward）和杜麦（Domar），瓦内克（1970）把争论提升到一个新的水平，他提出了缜密的证明：在适当的前提条件下，一种工人管理的经济是帕累托最佳的。自此，许多新古典主义经济学家一直费尽心力要表明：这样一种经济不可能是有效率的，而其他经济学家则怀抱策划好的模式要表明相反的情形。在抽象的层面上，问题似乎解决了。德雷泽（1989, p.25）提供了一种总体平衡态的分析，它"明白无误地建立起劳动力管理与经济效率之间的相容性……重申一下，我们已经确切地证实了：在竞争性资本主义有效率这样的抽象语境里，经济效率并不是反对自我管理的借口"。尽管如此的一个结论会令"经济民主"的支持者满意，但鉴于隐藏在所有这些总体平衡态法则后面的限制性设定，此结论不可能要求承负太多的实践性分量。

[27] 莱本斯坦（1976, pp.29-44），瓦内克（1989, pp.93-103），霍瓦特（1986, p.15）。

[28] 沃德（1958）对这个讨论了很多的结果提出了第一个证明。为这个违反直觉的结果所作出的论证虽不太容易把握，但逻辑是不可攻击的。就本质而言，道理就是这样：如果我们假定了下降的边际生产，那么每附加一个工人到公司里就会减少每个工人的总收入；如此说来，在公司只雇用一个工人时，每个工人的利润该是最大的——除非存在如下的事实：当附加的工人加上时，每个工人的固定成本也降低，因为这些成本是分散在劳动力之中的。所以，雇用稳定在超出和谐之上的水平上。现在，来考虑把最后一个工人加到公司里（工人处于边际线上）。他的加入降低了 x 个（假定下降的边际生产）平均物质产出，px 个平均总收入（p 为单位产出的价格）。然而，这种损失由他所带来的作为固定资本的每个工人的成本降低来冲销。在平衡态下，这些恰好保持平衡。值得注意的是：价格

上涨会使每个工人的损失增多（因为最后一个雇工的存在），而不影响固定成本下降的程度，于是他会被解雇；而价格下降会使每个工人的损失变少（相对于固定资本成本的下降），于是另一个工人将被雇用。

[29] 这基本上是瓦内克（1970）和德雷泽（1989）的策略。

[30] 瓦内克（1977，p.20）。

[31] 普拉斯尼卡（1980，p.27）。亦可见怀特和怀特（1988，ch.13）。在1985年，在巴斯科地区遭受高达近20%的失业率时，在17 000合作社工人中，只有104人从工资名单上被解除了——当时这些人正接受从合作社社会保障体制而来的失业救济金（怀特与怀特，1988，pp.155-156）。

[32] 就对每个工人利润假定的一种理论上的批评，请见杜（1986）。霍瓦特（1986）也对这种假定表示异议，并作出了鲜明有力的评说：如果我们去假定在一个工人管理的公司里每个工人利润的最大化，我们就该假定在一个资本主义公司里单位投资资本利润的最大化（也就是说，是利润率，不是总利润）。但有了这个假定，资本主义的公司就会像工人管理的公司那样表露出完全一样的反常行为。事实上，这两个假定都不成立。

[33] 此段说明大体上基于霍瓦特（1986）。除了技术经济方面的专长，霍瓦特还凭借了作为经理和工人商议会成员的亲身经验。

[34] 这看来是对那个理论论证，即认为雇用新工人是非理性的一种常识性的回应。在上升需求的通常条件下，增加新工人的成本会被理解为（正确地）很少或可忽略不计，而失去有价值的顾客的风险却显而易见。在理论模式上，准确的边际主义推算能够做到；而诸如顾客忠诚度这种不可把握的东西则是不可断定的。

[35] 第一个论证通常与米德相关，而第二个与佛鲁博泰（Furubotyn）和培威赫（Pejovich）（1974a）相关，第三个与早期瓦尔德-杜马分析相关。

[36] 在这里的上下文中，值得引用一下凯恩斯，因为他对现实中的资本主义和理论上的资本主义之间的偏离有如此尖锐的敏感度：企业声称自身主要是依照其创立方案书的声明确立起来的；而无论其声明有多坦率和真诚，只要超过"极地"一点点，它就还是建立在临近收益的准确计算上（凯恩斯，1936，pp.161-162）。

[37] 艾斯特林和琼斯（1989，p.1）；强调是原文的。

[38] 请注意：这里唯一真正关注的是失业，这一话题会在本章后一部分加以讨论。如果失业不是问题，那么霍瓦特理所当然地指明了一点："如果有现象表明工人管理的公司更加资本密集化，或者更准确地说，更机械化，我可要欢迎这一点。既然资本能被生产出来，而工人生产不出来；既然一个更高的机器—工人比率意味着一个更高的单位资本产出，那么，伴随着充分就业，国家产出会更高，增长率也会更高"（霍瓦特，1986，p.19）。

[39] 关于该论证的声明及其一个经验性检验，请见艾斯特林（1982）。

[40] 艾斯特林（1982，pp.38-51）。艾斯特林论证说：这些不平等现象伴随着20世纪60年代中期改革而大为增多，这些改革允许更大范围的自我管理和市场规模。

[41] 应该指出：艾斯特林的经验性发现关涉的是不平等，而不是配置无效率（它衡量起来相当困难）。也应该注意：这些不平等极有可能是由南斯拉夫投资体制的独特性所造

成的，这种体制独立于工人自我管理。

[42] 显然，资本主义的公司并不都热心于价格竞争，通常把大量的资金投入到培育细微的或预期的产品差异上，以求缓解此种竞争，通常串通一气（正式的或非正式的、合法的或非法的）以避免此种竞争。与此同时，不断增强的价格竞争仍然是一个现实的威胁。

[43] 就这方面的理论证明，更多内容，请见瓦内克（1970，pp. 287 - 288）。

[44] 托马斯和洛甘（Thomas and Logan，1982，pp. 34 - 35）。

[45] 杜波夫（1990）。

[46] 萨克斯（Sacks，1983）。

[47] 也许，毫无疑问的是，苏联管理者就像资本家业主和经理那样，抵制工场民主的观念。苏联管理者中流行的一句话是："有效地组建经济的唯一道路是让我们当所有者（业主）。"

[48] 对"经济民主"的第一个反对意见是由阿尔钦与德姆塞茨（Alchian and Demsetz，1972）提出的。对诸如我们所提出的模式的持续不断的理论攻击，请见简森与梅克林（Jensen and Meckling，1979）。

[49] 美国卫生部、教育部和福利部（1973，p. 112）。

[50] 琼斯和斯韦纳（Jones and Svejnar，1982，p. 11）。

[51] 列文和泰森（1990，pp. 203 - 204）。利润共享的事例同样很有说服力。布林德（1990，p. 7）评述了魏兹曼和库斯所作的分析。这种分析考察了包括 42 个不同数据例子的 16 项研究，发现"众多各异的结论有着惊人的一致性。在 218 项评估的利润共享系数中，只有 6％是消极的，所占比重几乎微不足道。与此形成鲜明对照的是，在所有递减的系数中，有 60％是相当积极的……我相信，这是断定利润共享会助长生产率的最强有力的证据"。

[52] 列文和泰森（1990，pp. 205 - 214）。

[53] 所援引的"猛龙"这个例子，在第二章就给出了。

[54] 托马斯（1982，p. 149）。

[55] 柏曼（1982，p. 80）。参见列文（1982）。

[56] 就威尔顿交易过程的描述（从一个相当左翼、激进的角度），参见普鲁德（Prude，1984）。有关执行情况，参见格林豪斯（Greenhouse，1985，p. 4F）、施尔林（Serrin，1986，p. 1）及比兹勒（Beazley，1988，p. 43）。应该指出的是，在接受计划后的起初四年中，威尔顿的雇员，尽管拥有计划，在董事会的 12 个席位中只拥有 3 个，其余 9 个席位属于金融机构。在借出融资之前，这些金融机构必须得以保证；即公司将会"负责任地"运行。1959 年，全部的控制权转交给工人。

[57] 利达尔（1989，p. 69）；尤其需要强调的是，利达尔（p. 112）论述道，20 世纪 70 年代中期的改革构成了一种弱化管理者权力、转交给党的政客更多权力的"反改进"运动。在南斯拉夫，"一方面，正式的条文规定：工人通过他们在工人理事会上的代表选择他们的领导；而实际上是，大多数的领导，尤其是大中型企业里的领导是由政客选拔的"。

[58] 利达尔（1989，p. 96）。

[59] 列文（1984，p. 28）。

[60] 应该指出：在一种资本主义经济里的合作社之间展开竞争时，所有其他的因素都不是平等的（获取资金的渠道、支持机制等）。我们将在下一章讨论这个问题：如果自我管理的公司比资本主义公司更有效率，它们为何没有成为经济组织当中居支配地位的形式呢？

[61] 在这一部分，"新古典主义"这一术语将指代这种理论的前凯恩斯形态。这种形态仍然被大多数保守主义者以其或多或少原初的形式加以固守着，或者被"新古典经济学"（它在 20 世纪 70 年代中期就开始持续不断地攻击自由主义的凯恩斯主义）所稍加修正。"新古典经济学"是"稍加改版的芝加哥经济学"，其最著名的践行者是罗伯特·卢卡斯，即米尔顿·弗里德曼在芝加哥的继承人。

[62] 对他的就业理论的概括，参见凯恩斯（1936，pp. 27 - 32）。

[63] 哈耶克（1960，pp. 270 - 271）。

[64] 哈耶克（1960，p. 280）。

[65] "于是，就业量不是由按实际工资来衡量的劳动的边际无效所决定的……如果消费偏向和新投资的比率导致了有效需求匮乏，就业的实际水平就不能满足在现存实际工资水平上所潜在地提供的劳动力供给"（凯恩斯，1936，p. 30）。

[66] 凯恩斯（1936，p. 9）。

[67] 见凯恩斯（1936，pp. 19 - 21 和篇三、篇四）。

[68] 见弗里德曼（1962，p. 180）："州可以立法制定最低工资率。但是，它很难要求雇主以那个最低标准去雇用那些曾经以低于最低标准的工资就受雇了的人……最低工资的后果就是使失业率高出它本来应有的水平。"见弗里德曼和弗里德曼（1980，pp. 237 - 238）。后来，这一论断被重申了："最低工资率是法令全书中最大的反黑（人）法令之一（如果不是最大的，也是程度比较严重的）"，因为它"要求雇主去歧视那些技能低的人"。

[69] 彼得森（1982，p. 86）。正如彼得森和许多其他的人已指出的，官方统计很大程度地低估了非自愿失业的程度，因为它们没有把那些已经停止寻找工作、或那些非全日工作（而本人又宁愿全日）、或成千上万更多声称想工作，但是又不符合劳工统计局失业标准等隐性失业的人计算在内（彼得森，1982，pp. 84 - 87）。

[70] 布林德（1989，p. 120）。

[71] 恺撒（1986）。

[72] 马克思（1967，ch. XXV）。

[73] 就此的一个简明描述，参见萨缪尔森（1980，pp. 771 - 772）。

[74] 卢卡斯（1987，p. 54）。

[75] 布林德（1989，p. 118）。

[76] 罗伯特·索洛（Robert Solow，1980，p. 7）在出任美国经济学会会长的就职演说中，以一种恰当的质疑态度评阅了如下的断言："那些给人以失业这种模糊印象的人，实际上是主动投入到休闲之中去的。"他说："令人诧异的是，那些相信此断言的人并没有作出任何实质性的努力去证明这一核心假说。我也不知道任何为此辩护的强有力的证据，我

真不敢确信，它又为何获得了如此强有力的支持。"

[77] 比方说吧，告诉一个年轻的哲学家（博士学位刚到手），"为哲学家提供的岗位"名目下的许多罗列数证明，在此职业中不存在非自愿的失业。

[78] 迈尔（1978, pp. 88 - 95）。迈尔考察了纽约当地一个社区在一天内所出现的招聘广告。各类报纸杂志显示：在所有 228 个广告中，只有 142 个所提供的是在通勤区间内的专职工作，而在这 142 个广告中，又有 100 个工种要求有某些特殊技能。提供余下 42 个工作岗位的雇主被应聘者挤得透不过气来。

[79] 一个新颖的论证由麻省理工学院的马丁·魏茨曼所提出（1985），意在表明失业趋势（曾被承认是资本主义传统形式所特有的）并不与资本主义本身相容。为解决失业问题，魏茨曼指出，我们需要转向一种支付工人利润的合同股，而不是合同工资。不幸的是，魏茨曼的论证也是从同一个误导了保守主义经济学家的新古典主义框架内出发的。尽管他从非完全、而不是完全的竞争的角度舒缓了其论证，他也同样假定了在劳动力工资下降时，生产会自动扩张。也就是说，他忽视了凯恩斯的基本洞见。

[80] 艾森伯格与拉扎斯弗德（Eisenberg and Lazarsfeld, 1938, p. 378）。

[81] 布勒内（1973）。

[82] 阿兰和思特芬斯迈尔（1989）。

[83] 东欧知识分子认为：伴随走向自由放任步骤的失业不一定是临时性的。

[84] 这种团结能够，或许也应该得到法律的支持，法律禁止仅仅因为资金上的紧急情况就解雇工人。在此，公平和效率的考虑结合到一块了。诸如此类的工人权利不仅增加了充分就业的可能性（这对凯恩斯效率而言，是必需的），而且，如同前面所指出的，也很可能强化 X—效率。

[85] 这并不是资本主义的一个自明的特征，但可能在自由放任下是占主导的。雇主并没有动力去采用"负担分享"。工人个人也少有这样的动力，因为在缺乏工人民主的条件下，他们没有动机去关注那些更可能被解雇的"同志"。

[86] 托马斯和洛甘（1982, p. 49）。

[87] 作为公共就业的一种替代（或者补充），社区也想组建"下岗轮流制"。

[88] 这里，可能引起的争议（争议的程度取决于经验事实）是：向最后求助的就业岗位（其待遇比遭解雇的人所接受的工资水平还要低得多）提供资助。

[89] 哈耶克（1960, pp. 280 - 281）。另见哈耶克（1972）和弗里德曼（1962, p. 76）。

[90] "在几乎所有的福利分析中所作出的一项基本价值评判是消费者选择的主权——即由消费者的需求行为所揭示的众多偏好恰好对应于他福利的一个顺次指示器，或者如果在不确定因素下的选择处于讨论中，如果预期的功利假设得到了满足，那么，甚至对应于一个首要指示器。"（哈蒙德，Hammond, 1989, p. 193）在此，哈蒙德正确地指出了这个设定奠定了几乎所有福利分析的基础，但他把它当成一种价值判断，却是错误的。它只是有关经验事实——或者，至少是有关经验事实的某种定型化的模式——的一个设定。

[91] 艾斯特林（1979, p. 83）。

[92] 加尔布雷思（1973b, p. 3）。

［93］索洛（1970，p. 105）。

［94］弗里德曼（1962，p. 15）。

［95］对细心的读者来说，有一个术语上的厘清：如同我所论证的，尽管经济价值是规范性的，确实可以思考为"伦理道德上"的，但我把"伦理价值"和"伦理关注"单单使用为"非经济伦理价值"和"非经济伦理关注"的缩写。

［96］加尔布雷思（1967，p. 200）。

［97］西蒙（1970，pp. 188 - 189）；克拉克（1989，p. 14）。

［98］贝克曼（1967，p. 160）。在此，我不能不指出，贝克曼在他的研究工作中就接受了"国家广告者协会"一项基金的资助。

［99］索洛（1968，p. 48）。

［100］令人惊讶的是，很少研究广告效应。更不可思议的是，那些从事的研究一直是极度驱迫着去发现广告费用同销售效果之间的关联。见舒德森（Schudson，1984，pp. 17 - 18）。

［101］亚当·斯密（1976，p. 27）。

［102］正如广告经营者所解释的："如果你是在纯粹理性需求的基础上卖东西，那么下一个生产商不仅能'克隆'那些要素，还能造出一个高人一等的作风来。在五六十年代，去污剂使衣服变白。那么，（你可以说）它是又白又亮的；继而可以说，它是又白又亮又新鲜的；还可以说，它是又白又亮又新鲜又柔软的"（克拉克，1989，p. 24）。

［103］在多年前的畅销书中，有帕卡德（Packard，1958，1960）的著作和基（Key，1973，1976）的著作。

［104］列维斯（Reeves，1961）。

［105］"非理性的促销技巧"，我指的是，那些偏离了纯粹为消费者提供信息（这种信息只与消费者作出理性的购买决定有关）的手法。不消说，从生产者的角度看，在采用这些手法时，则无所谓非理性和无理性。

［106］舒德森（1984，p. 6）。或者，一个德国理论家所表达的："它从你的眼睛里读出欲望，又把它们引导到商品的表面上"（豪格，Haug，1986，p. 52）。

［107］马克思：《1844年经济学哲学手稿》，弗罗姆版（1966，p. 141）。

［108］克拉克（1989，p. 115）。

［109］就广告竞卖活动是如何筹划的，精彩的描述，请见舒德森（1984，ch. 2）。

［110］克拉克（1989，p. 27）。

［111］斯坦凡·林德（Staffan Linder，1970）引述了两项研究，一项表明：50％的消费行为可以归类为凭一时冲动而购买的消费（impulse purchase）；另一项表明：即便在耐用品领域，"大约只有1/4的购买者表现出精心决策的大多数特征来——计划、家庭讨论、信息搜寻，以及与价格、品牌、商品的其他特性相关的选择比较"（林德，1970，p. 68）。

［112］克拉克（1989，p. 188）。

［113］就这个论证更为详尽的表述从市场提供的商品和服务的角度（以原初研究为支持），见舒奥（Schor，1991）。我们本可以选择多少休闲？这个问题够触目了：在美国，我

们能够在不到当时一半的时间内就生产出我们 1948 年的那个生活水准来。我们实际上本可以选择 4 小时工作日制，或 6 个月工作年制。或者说，在美国每个工人都可以每两年一次带薪离岗（舒奥，1991，p. 2）。他还进一步表明，与理论家们所一直预测的相反，在过去 20 年里，工作时间还一直在持续不断地增加。

[114] 就这个问题的一个很好的讨论，参见弗拉塞（Fraser, 1989）。

[115] 弗赖尔（Frye, 1967, p. 26）。

[116] 人们能够通过诉诸非操纵的规范性原则来回避问题，攻击促销：无论人们是否乐于接受各色各样的心理按钮的驱使，操纵都是不该的。促销没能符合我们人作为理性自主者所理应有的尊重。这一回复足以谴责自由放任的非理性促销技巧（起码对那些接受了上述规范性原则的人来说），但是，此种回应把话题从本章的分析在其中所展开的效率框架中转移了。

[117] 促销会是出现的，但绝不是说，它就不可取。消费者需要知晓什么是可提供利用的，它为何有用。从顾客的角度看，生产者必须在销售上作些努力——这一特征，在苏联式的指令性经济里不幸的欠缺——是有好处的。波兰经济学家沃兹穆勒茨·布鲁斯（Wlodzimierz Brus, 1972, p. 7）把指令性经济里的生产者和消费者的关系描绘为生产者对消费者的"恐怖手段抑制"（terrorization）。

[118] 布朗等（1991, p. 163）。

第四章
增长问题

正如我们所看到的，自由放任政策存在许多麻烦。它面对失业和不合理推销的群众性组织的涌现而显得脆弱无力。但是辩护性论证远未了结，因为自由放任政策的倡导者不断地正视着一个声称：所有的困难，无论有多真实，在资本主义振聋发聩的成就，即无与伦比的创新性增长记录面前，都显得微不足道。无论其缺陷是什么，倡导者都要说，资本主义过去一直是、现在仍是成长进步的伟大发动机。因此，抛弃资本主义必定是白痴的做法，这就是我们现在就要涉入的问题。在此，我们得放弃那个曾一直使问题得不到解决的固定技术假设。

对资本主义与增长之间的关系作一严肃的考察，就像考察效率一样，是个伦理上的探究。因此，它也同样关涉到一种价值诉求。我们没有必要拓展我们的基本条目，一些条件都是准备有序的。人类幸福仍旧是我们的试金石。我们继续把物质商品视为好的，但我们也不想想当然地设定更多的商品必定更好。我们继续设定个体大抵是他们自身福利的最佳裁判，但我们将不得不就个人偏好如何聚集到社会选择中去加以更慎重的考虑。我们将在这一章里，遭遇到"民主"，但它还不是作为一种独特的价值出现。正如平等，对民主这种价值，古典自由主义者是有保留的，尽管这种人今天比过去时代要少。当代保守主义者总的说来愿意承认民主是一种工具性的（如果不是本质性的）价值。对本章的论证来说，有这一点就足够了。哈耶克关于"无论为民主的通常性辩护有多强烈，它也不是一种绝对的价值，而必须由它所要达到的目的来判定"的裁决是用不着去争辩的。[1]

为深入到增长这个问题，我们不妨以发问开始：是否能够证明资本主义企业家的投资创造了最佳增长？剑桥经济学家莫里斯·杜布发觉如下的一个意见"只有在静态平衡上缺乏远见的集聚才会生出一种推测，即存在一种已具初步证据证实自由市场约束下的长期投资为最佳的辩护"是不可思议的。[2]诚然，人能够建立一套正规的证据证实他是否作出了恰当的假定，但是这些假定不能宣称为对现实的哪怕是粗糙的回应。E. S. 菲普斯提供了一个典型的方案：不仅一种完全竞争的均衡状态必须具备（如同我们已看到的，这不是指条件本身），而且我们必须假定：

1. 存在关于人口现在和未来终其一生的价格（包括利息率和工资）与现在和未来公共商品提供的完全信息；

2. 生产者拥有关于在人口寿命期内现在和未来技术的完全信息；

3. 不存在生产的外部性；

4. 消费者拥有关于他们一生中现在和未来的口味的完全信息，而且他们的偏好不因时间而更改；

5. 除了我们以之为既定的公共商品外，不存在消费的外在事物。[3]

从此，显而易见，我们无须关注正规的证据。而且，同样明显的是，通过反思可见，正规的论据不是真正的主题。杜布的评论似乎有点夸张，因为最确然地存在的、已具初步证据替资本主义所作的辩护是对资本主义成就的实际经验的记录。在"历史的终结"口号发出以前很长时间，资本主义的辩护者强调以下论点：单纯从经济标准来评判，历史似乎已经把当代竞争赋予了私人资本主义企业。在按所聚集的财富或人均收入而所作的国家统计排名里，那些已经推行资本主义的国家占据着序列的首要位置。[4]

诸如此类的经验的论据必须慎重提出。由此，我们得小心对待这种著名的逻辑虚妄。伴随着技术创新和物质繁荣的增长，资本的统治可能是当代的事。但是这些现象是因果相连的吗？时间上的偶合预示着某种关联，它也意味着资本主义同非洲奴隶贩卖、全球性帝国主义以及人类共知的最具破坏力的战争之间的种种联系，而资本主义的支持者可能理所当然地视诸种联系为偶然。我们必须追问资本主义（尤其是自由放任的资本主义，因为它是我们正在考察的范型）那些有助于创新和增长的体制性特征。

第一节　创新、风险和回报：企业家精神

促进增长的自由放任体制当然并不神秘。倡导者会马上指出说：竞争压力和对丰厚获取的希望鼓励着个体的主动性和他对有利于社会的风险的承担。于是，资本主义让企业家精神自由发挥，企业家精神在探求和转化新产品和技术观念为现实的过程中，坚忍不拔地刺激着经济的创新性增长。

这是一个极其重要的论断，因此，让我们谨慎地推断出它来。首先，我们一起注意到它所诉诸的核心价值并非毫无疑义。眼下把增长问题本身搁置起来，先来看看什么是"创新"？

提出这个问题似乎有点奇怪。当代规范性判断中少有比这个判断——与创新这个概念相关联的那种永不满足、不懈创造的精神是一种基本的善——看来更确然的了。但是，当代这个判断并非总是普遍流行的。在柏拉图（和其他大多数古代与中世纪的思想家）看来，显而易见的是：变化趋向于更坏像趋向于更好有一样多的可能。[5]在希腊人眼里，"新"很少与"更好"同义。保罗·沃奇特尔（Paul Wachtel）指出歌德对浮士德传说的处理是新生的、"现代的"理智占上风的一种代表，它与此传说的早期版本形成了鲜明的对照：

　　人们对歌德手下的浮士德的总体感觉明显不是一个坏人，而是一个抗争的英雄。浮士德是胆敢挑战一切的人。他所拥有的美德就是我们现代人的美德：永不止息。在与魔鬼打赌时，他所最高指望的是，他难填的欲壑和他对自己永不知足的信念。在歌德传说里，这是一种上帝自身所鼓动的美德。魔鬼竭力引诱他去犯的最大的罪就是享乐、知足与找乐。哪怕出卖自己的灵魂，他也要保持活动不止、狂放不羁地去追逐成就和新鲜体验。他承认：只要有某个时刻他说："歇一歇吧，你很顺利（完美）了"，马上就会天诛地灭。[6]

既已提出了创新精神的价值问题，让我在此打住，因为我并不想宣称这种精神不再需要了。最后，我要提示的是，我们当前的状况是完美的，因而无须变革。但我们也得明白，创新精神就是一种价值，它也许会与其他价值（如对稳定的需要）相冲突，必须根据人类幸福的更为基本的价值去评价。

在此，我们所关注的这种精神的特定形式就是企业家精神，它同经济风险的承担和经济创新（即在有利于消费者的生产过程或产品上作出革新）相关联。企业家精神的这两重要素不仅在概念上，而且在实践上各具特色。如一个人可能承担经济风险，而这种风险又不那么具有创新性，例如，开一家新餐馆或买一些 IBM 的股票。一个人可能在经济上富有创新却并无太多的风险，例如，在一家公司的研究实验室工作。正是为了促进后一个要素，前一个要素才受到鼓励。

很少有人能否认自由放任政策给予风险承担这种要素极大的鼓励。著名的新右翼理论家乔治·吉尔德（George Gilder）在论企业家的"狂想曲"中评论道：

在这个国度里，每个星期，大约有4 700个小工厂主脱颖而出，同时大约有4 500个小工厂主破产倒闭了。在五年内的所有商业冒险行为中，超过2/3以失败而告终。某个中小商人赚的钱比纽约城一个捡破烂的还要少。在数千看来有可行性的发明中，只有几十个经受住了商场的检验，少数几个获得了经济上的成功。[7]

人们会从所有这些行为——如此多行为是注定的——中看到极度缺乏的谨慎，人们也会问，有多糟糕的日常工作必定会导致如此多的人去冒如此多的风险？与此同时，很少有人能否认如此"创新性的破坏"也有其积极的一面，因为它为资本主义经济提供了源源不断的经济创新资源。

也许有人会问，此处促进创新的激励物是否是最佳的？风险因素是否不会是过量了？但是就最近的历史而言，一个更为要紧的问题当然是，社会主义是否能够引发出诸如此种精神的东西？如果它不能，那么选择确实严酷：要在一种充满生机活力和创造性、同时也得承认有太多问题的经济与一种无论它的其他诸多美德是什么，本质上却是停滞的经济之间作出。这可不是一个愉快的选择，也不适逢其时，"今天有比人类历史上过去任何时候还要多的饥饿的人，其人数还在增加"[8]。

通常有好几个争辩提出来支持社会主义社会会缺乏足够的创新性的指控。最流行的一个争辩宣称：一个把每个人从摇篮到坟墓的需求都"承包"起来的官僚社会会扼杀人的积极性。不消说这种论证在反对社会主义某种形式上有多大说服力，起码它在反对"经济民主"上是缺乏底气的。"经济民主"会是一种市场经济，人们的收入取决于其企业在同其他企业竞争中的经营好坏。

另一个争辩论证更具专业性，特别地指向工人管理的企业。它源出于詹姆斯·米德的评论：

财产所有者通过把他们财产的一小股一小股地投到众多的公司里而能够扩散其风险，而工人则不那么容易地把他们心力点点滴滴投注到众多不同的工种中去。这可能是能够说明我们之所以发现与其说是承负风险的劳动

> 雇佣资本，不如说是承负风险的资本雇佣劳动的主要理由。而且，既然劳动不能扩散风险，只有在风险不太大的活动行业，我们才有可能发现合作性体制。[9]

此处的论点是资本家会承担比工人更多数量的风险，因为资本家能把风险分散，而工人却不能。如果工人借钱投资他们自己的企业，那么他们把所有的宝都押到一件东西上了。可得出的一个总结论是：一种工人管理式企业经济会比资本家经济更嫌恶风险，可能比社会所要求的更嫌恶风险。[10]但必须注意，此处的论证是假定了工人借钱是必须偿还贷款的——这也是个大风险。资本主义经济和市场社会主义的某些模式中的合作社都是这种情况，但在"经济民主"之下不是这样的。回想一下寻求创新或拓展的企业会得到银行资助而不是贷款吧。它要承担一项附加的义务，即资助之上的税金，但资助金本身就不用偿还了。

实际上，风险在"经济民主"下比在资本主义下会在社会化方面走得更远。当一项投资在资本主义下失利了，那社会也受损失，因为那些投注到建设或购买到的厂房和设备中去的劳力与物资起码在一定程度上被浪费了。企业里的工人受损，因为他们会失去工作或被克扣掉工资。资本家受损，因为他们的钱白花了。而在"经济民主"下，一项坏的投资会给社会和企业工人带来同样多的损失，但没有资本家受害。资本家所要承担的特殊风险（金钱方面的）会充分地分散到社会中去了，因为从资助而来的资金会由税金创造出来。

我并不认为应该得出结论，"经济民主"下的公司会更倾向于承担风险。因为从投资所获的长期收益不可能以任何形式的精确度来设想，所以人们不会去预期一种系统化的偏向。只要资产之上的税率是相当明确的，公司就得小心。基本说来，在考虑一项可能的创新时，工人管理式公司应该同资本家公司一样作出相同的风险—收益评估。[11]

如果我们把注意力从需求移到供给，我们发现这里也没有系统性的偏向。没有先验理性来设定"经济民主"下的银行会比资本主义下的银行、投资者更倾向于还是更不倾向于承担风险，因为从事资助的官员的收入会与他们资助提供的成功与否挂钩。也没有任何理性来设定投资资金的规模在"经济民主"下比在自由放任政策下会小些还是大些。如果银行是以不充足的资金去投向有效的投资机会，那么资金会通过提升税率而增加。如果资金太大，则税率可削减。不像在自由放任下的状态，"经济民主"下的社会将能够就其投资资金规模作出自觉的决策。[12]

至此，我们已经不可能提出一个充分的理由来认为"经济民主"会不如自由放任政策那么有创新。没有理由认为投资资金的供给在"经济民主"下会少些，也没有任何理由认为自我管理的公司会更嫌恶承担风险。但是我们还得提及一个关键的激励性因素：巨大回报的吸引。高风险会抑制创新，但高风险的缺失却不会保障一种积极的回应。资本主义不仅是为着允许投资者维护风险降低（通过多元化经营、还有有限责任）而建立起来的，而且提供着一种似乎在"经济民主"里所缺乏的积极的激励。暴富的可能性，见到投资在价值上翻倍、翻3倍、冲上天的可能性，这种可能性是不会存在于"经济民主"下的。

上述争论是不那么容易作出回应的，因为巨大的个人财富的可能性在"经济民主"下确实会比自由放任下要少得多。在下一章会论证这恰恰是"经济民主"的一大优势所在。但也得承认巨大财富的可能性是企业家活动的一大驱动力。

让我们从思考我们想要企业家精神成就的是什么这一点开始吧。首先，我们想要的是更好的生产流程和更好的产品——这里的"好"是从促进物质福利的角度来讲的，而我们认为物质福利是与人类幸福正相关的。现在，我把资本主义下由巨大收益的可能性所刺激出的大量活动同促进更好的流程和产品不甚相关这一点视为显而易见。在20世纪80年代出现的高投机金融游戏如此风靡：恶意接管、贷款式全盘买断、垃圾债券、房地产投机以及其他诸如此类的活动。[13]资本主义拥有无数的成果专门用来便利非理性的销售技巧（这在第三章已讨论过了），还有数以千万计的小商业：饭馆、方便店、小零售专营店等，它们像蒲公英般年年花开花落。

这最后一项还值得说点离题的话，我并不否认小商业会为有用的目的服务，但它们包含极少的创新成分而通常具有的只是对员工、家庭成员和业主自身的过度利用，更不必说高比例的悲惨失败。我不会主张此类小型的"小产阶级"商号在"经济民主"下应该被禁止，给它们定个规模限量会更有意义（如10个雇员）。如果公司成长超过了此限量，工人就有权民主式经营它。[14]将许可这些"小本家"从私人个体那里，也可从共同体银行那里融资。尽管在后一种情况，他们得偿还贷款。

在我看来，诸如此类的小企业在一种健康运行着的共同体中发挥着独有的机能。在一种旨在充分就业和经济上更趋稳定的社会里，它们甚至会摆脱掉自身的一些最坏的特性（如在"经济民主"下就会如此，这马上就可得到论证）。但是人们也不会去期待它们成为创新的一种重要原动力，这在"经济民主"下同在资本主义下一样不可期待。

回到主要的讨论上来。在资本主义社会里，由财富允诺所激发的大多数活动同原发性创造之间并无必然联系，但其中也有一些与之相连，而且是重要的一部分。作为替代物，"经济民主"又能提供什么？让我们来加以考虑。

在"经济民主"下，能预期创新会从现存的或新组建起来的合作性企业里孕育出来，也会从基础研究中产生出来。我们能盼到在"经济民主"条件下会比在自由放任下有更多的基础研究得到资助。大约 30 年前，肯尼思·阿罗（Kenneth Arrow）就号召关注这方面市场力量的不完备性：

> 于是，基础研究，其产出只是作为融入创造性活动的一种信息投入而被利用，它不可能特别地获得回报。事实上，只有当其他企业被禁止使用此种信息时，它才有可能对从事它的企业具有商业价值。但是，概而言之，这种禁止降低了创造性活动的效率，由此也减少了它的数量。[15]

在"经济民主"下，基础研究的支出毫无疑问将是国家立法机关所制定的一项重要拨款。资本支出来源于投资基金，研究者的工资来源于总税收。这种研究成果将无偿地提供给所有企业。[16]

基础研究对经济创新也许是必需的，但它绝不是充分条件。[17]进行企业结构调整起码同等重要，以便于赢得创新的可能性。大卫·莫威利（David Mowery）和纳森·罗森堡（Nathen Rosenburg）在他们对这个主题的认真研究中，呼吁关注诸如即时性研究的可能性（以便于企业发展能与时俱进，能看出这些可能性如何可能同发展的进程和规划保持一致）、灵活的劳动力、来自下层的创新性观念以及大量水平向的交流等因素。[18]

在这方面，莫威利和罗森堡极为高度地评价了日本的公司，但是任何熟悉"猛龙"的人都会情不自禁地为它的良好业绩所打动。"猛龙"的公司倾向于小巧型，这个因素一点也不与创新相冲突。事实上，人们早就意识到技术创新倾向于小公司。[19]因为它们小，所以每个公司没有源于自身的研究设施，但"猛龙"综合体自身有服务其集体需要的一种设施（Ikerlan）。[20]"猛龙"的劳动力似乎同日本公司的劳动力一样有灵活性。工人不仅在其企业之间的内部流动，必要时，也从一个合作社换到另一个合作社。它也极为重视继续教育。[21]由于"经济民主"的体制是依照"猛龙"模式，即通过第二级合作银行联结而成的合作企业，因此人们会料想一种相似的创新能力。

在资本主义社会，许多的工艺流程和产品的创新源自既存的企业内部，但企业家个人也发挥了作用——他建立新公司，或采用新的工艺流程或生产出那些能促成物质福利真正进步的新的产品种类。在"经济民主"下，也存在着企业家的角色，但是其作用，相应地与其作用相联系的性格特征，都会有所不同。

与其抽象地玄想，还不如让我们来考虑企业家的作用是如何充满在"猛龙"中发挥的。罗伊·莫里森（Roy Morrison）考虑了这种作用，他称之为"协作性企业家能力"，认为这是"猛龙"模式的核心所在。[22]它对个体企业家的强调不如企业家群体那么重。

"埃姆蓓萨利尔"部附属于保险福利机构，它负责管理和扶持现存的合作社，并创立新的企业。其后一项职能就是我们在此所关注的。许多新公司在"猛龙"里是通过从现存的公司独立出来这种途径而创建的，其他新公司则是白手起家的。前一种途径在资本主义里没有对应的方式。资本主义的公司业主对把他们的企业分割成几个彼此独立的实体不感任何兴趣。效率上的考虑往往要求把一个公司的权力分散成各个准自治的单位，但各单位仍处在公司里——利润仍流向了业主。但是，对一个自我管理的公司来说，只要规模经济没有被牺牲，把自己分成更小的单位反而会创造良好的经济意义。在小公司里，民主的、参与性的品质会获得加强（想必具有一种X—效率意义上的收益，也许还有创新力意义上的收益），而对母公司的人员来说并不存在任何亏损，因为人均收入不受影响。而且，所有的"猛龙"公司通过中央银行仍保持联系，所以一个独立出来的公司的成功不是有损于、而是增强了母公司的安全。

"经济民主"下的许多新公司看来像在"猛龙"里出现的情形一样，都始于一个更大公司里的诸多单位，它们就是从其中分离出来的。联络性银行的企业家部能够提供建议和调节性资金，就像是"猛龙"里的"埃姆蓓萨利尔"部。更多的新公司由此再一次组建起来。在"猛龙"里，新公司从零开始的创立中，有三大因素极为突出。第一，这一组建途径通常起因于一群对通过"埃姆蓓萨利尔"部来成立新企业感兴趣的人（尽管有时也有征募）。这群人也许有一个产品孕育于胸，或者会从"埃姆蓓萨利尔"部（它维系着一个从事可行性研究的"产品银行"）的部门寻求支持。第二，项目从最初阶段就获得了细致的参谋和调控，直到达到一个收支平衡点（这往往要在六七年以后）。如果发动者被证明是无效能，或者产品被证明不可行，那么项目就被终止。第三，在计划里，劳动力不被视为可变资本，而是不变资本。那就是说，认定剩余的工人，一旦被引入企业，就不会被解雇或辞退。不像资本主义企业，新的工人管理型企业不能把计划订立在随需求波动而变动的劳动力上。于是，计划比在资本主义条件下更为"保守"。这种保守主义和可供利用的专家支持无疑说明了新的"猛龙"合作社显著的成功率——至今只有 3 次失败。[23]

为何小群体的人想肩负起创建一个新企业这样显然令人忧虑的任务？据我所知，尚未收集到关于"猛龙""企业家"的资料。莫里森指出："一个新的合作社的启动可能源于这样一群人，他们或受开办一个新企业所带来的挑战和激动所促动、或受工作和地方社区发展的需要所激发。"[24] 如此的动机就足够了吗？这些动机对"猛龙"还会继续充足吗？它们对"经济民主"的一种通常的体制会是充足的吗？就"猛龙"而言，某种关切已经由合作社领导表达出来了，那就是"年轻的巴斯克人中明显松懈的企业家动力"[25]。就"经济民主"而言，这种现象是不可能出现的。

但我马上得加上一点，既然仅仅倚赖于自发的企业家动力证明是不够的，那么金钱的鼓励和非金钱的有效机制的不同组合则能够为利益关注的共同体所引进，以此增补非金钱性激励。重视企业家技能的商业和工程训练项目可以实行起来。心理学家大卫·麦克莱兰（David McClelland）早就坚持：这样的技能，如同激励，能通过认真训练而得以强化。[26] 同时，大量的资助奖项能给予那些在创办有成效的企业中获得成功的个人或群体。甚至可以做到允许公司作为资本主义企业来经营，所有的利润都归创办者，直到达到了一定的规模或经历了一定的时间段。至此，它们将被国有化（给予补偿），于是转让到工人手中。[27] 在此，就像在许多其他情形下，灵活性是重要的。共同体得有回旋余地进行实验。应该明确，"经济民主"，具有一种允许非集中化的实验随时展开的结构。

从上述的分析中，我们能否得出结论："经济民主"会如自由放任一般有创新性？我不敢断然肯定。两种体制都能预期有创新性，但我不知道我们怎么能充满信心地预测哪一种体制将会为创新提供更大的激励。然而，这无论如何也不是太要紧的问题。试图在此判定哪一种会更有创新性将会在匆忙中遗失一个关键的问题。建立在有能力激发经济增长之上的资本主义辩护所持有的先决条件是：资本主义所产生出的那种创新性增长是一种趋向最大化的善。这种辩护预定了一个替代性社会就应该努力做到与这种增长持平、甚至超过它。但是，诸如此类的设定远不是自明的。一种更深入的分析应该是应时的，现在我们就来转向这种分析。

第二节　何种增长？

　　任何习惯性地阅读金融论文或商务周刊的人都会得出结论：世界正处于合乎情理的良好的状态中，长期经济趋势也有指望……然而，在环境的外表，形势再没有更糟糕的了。任何经常性阅读科学杂志的人不得不关注地球的自然状况。每一项指标都表明自然系统的恶化：森林锐减、沙漠扩张、耕地流失、平流臭氧层继续变薄、温室气流聚集。

——《1991 年世界状况》

　　论及增长问题时，让我们把质量增长从数量增长中区分出来。在这一部分，我们将考虑增长的类型，而在下一部分，我们会考察速率。两种类型的增长最为经常地被资本主义的批判者作为问题域而加以挑选：那种普遍存在于第三世界的似是而非的增长，那种看起来威胁着我们星球生态平衡的增长，看起来与其说减少了、不如说增加了贫困。我们将看到，这些独特的趋势是存在于自由放任政策中更为抽象的困难的具体体现。在把注意力投向具体问题之前，让我们先考察一下抽象的领域。

　　对自由放任政策所创造出来的特定的产品和技术所作的种种反对意见并不陌生。很久以来，经济学家们就一直指出："外在性"或"溢出效应"导致某些市场交易达不到最佳。当一种交易影响到它所直接涉及之外的交易时（无论是积极的还是消极的），市场机制不会给成本和利润以准确的表达。环境恶化是经常被引用的一个例子。对遭空气污染的一个共同体来说，成本并不反映到由高度污染的技术所生产的商品的自由市场价格上。如果两种技术创造出同样可出售的产出，但清洁一点的技术更昂贵，于是，生产者有一种强烈的经济利益驱动去选择污染程度高的技术。由于市场既不鼓励发展低污染技术，也不挫伤高污染技术的发展，所以，技术倾向于以一种非理想的方式演进。

　　生产的外在性驱使自由放任的增长远离了最佳状态。消费的外在性也起这样的作用。这些给古典自由主义（和通常意义上的资本主义）呈现出更为深刻的问题，这些问题是不太易于接受简单的改革的。新古典主义经济学的一个基本的假定是：一个个体的消费是只会影响他自身的私人行为。当然，这个假定在绝大多数场合显然是不真实的。我邻居决定买装在用完便扔的瓶子里的啤酒，他这一行为会产生影响我的后果：四处乱丢的垃圾的增多、可供我孩子利用的自然资源的减少以及最终意义上市政废物处理成本的上升。许多个人买汽车而不是房子的这些私人决定改变了大陆的自然结构和社会结构——不仅针对买了它们的人，也针对没买它们的人。

此处争论的不是那些未预料到的后果，而是没有一个社会制度能希望免除的这样一种困难。去预料用完便扔的瓶子会产生的效果很少有超出人类智力的。在一种自由市场经济里，新的消费方式的集体效应是追随主要的投资决策而来的，而投资决策又落入"私人"领域内，它处于民主程序之外。在大多数场合，市民甚至没有意识到这些决策，直到他们作出了决策很长时间以后。用完便扔的瓶子不打招呼就出现了。人们买了它们。很快，重新装满的现象消失了。[28]

在决定已经作出，其后果也已察觉以后，政治性的行动是可能的（如果我们暂且假定：针对对消费者偏好所作的一个自由市场的回应而作的政治行为并不被古典自由主义排除在审判庭之外），但到那时，情境已有了巨大变更。当投资决策已经固化到了砖块和钢筋里，同时给众多的人带来了工作时，精神的、连同物质的环境已经改变了。瓶子公司在诉诸人（因为转产而不得不承受）的牺牲，包括恢复工厂原状、解雇工人、割断老习惯——这是一些在决策初始作出时并不适用的道义上的考虑——时，它并没有错。

在资本主义下，个体行为——拒买——也是可能的。这是被古典自由主义所极度青睐的一种反应，但个体行为成功的机会更要少。如同森（Sen）的"隔离悖论"所揭示的：个体决策的那个逻辑是不同于集体选择的逻辑。[29]作为一个体消费者，在面临购买六箱装在用完便扔的瓶子里的啤酒这样的选择时，我可能判决由用完便扔的瓶子所带来的方便相当于反效用的值，后者就是施加在超过六个瓶子的环境上的效应。然而，如果在一个政治情境下面临相似选择，我可能判决出——没有任何逻辑或道义上的不一贯——用完便扔的瓶子所带来的方便不值那个反效用的值，在这时，选择就倾向于一种免受用完便扔的瓶子污染的环境。可以推论出：在一个由相当理性的人所组成的人群里，所有的人宁愿选择无遍地垃圾的环境，而不是由用完便扔的瓶子所带来的方便，如果他们允许市场对他们的判决施加影响的话，可能发现自己全然被埋没了。这样的一个结果显然不是最佳的，即使从个体自身的偏好而言也不是。[30]

这里的问题（它被有些人称为"小小判决的管辖权"[31]）不仅仅局限于啤酒瓶子，在打折店里的购书行为最终会废止当地的书店。然而，购书者并不能在没有书店的便宜书与有书店的昂贵书之间行使选择权。他们被给予的选择权只限于在折价书与全价书之间。自然，他们选择前者。但是，以牺牲昂贵书为代价来维护书店的持久性的有效选择未被提出过。每个人都可以在现在所处的城市居住或在现在所处的郊区居住之间有所选择，但是，不是在当这些选择起了作用时的未来郊区或城市之间选择。郊区的房子本质上显得称心如意（就像书本上的低价目标签）。是否郊区的吸引力超过了随后郊区舒适度的恶化？这可还未接受过检验。[32]

就像这些例子所显明的，一项投资决策的市场定夺，在政治定夺看来并不总是可取的。当然，也不应该得出结论说：总不是。即使撇开这样一个事实，即对每一项投资选择进行投票表决在实践上不可能，如果有些人想要呼啦圈还是数字手表，抑或比萨饼上的鳗鱼，因此要由共同体来定夺，这绝非是不言而喻的。民主决策也有其自身的弊病，这其中有时间的消耗、官僚的趋势以及"多数人暴政"的可能，而这种暴政必须受到抑制，以避免出现"小小决策上的暴政"[33]。对最佳增长而言，纯然所要求的是一种消费者主权与市民主权之间的适当融合。

生产和消费的外在性不是自由放任增长的唯一缺憾。经济学家普遍认为：如果众多投资项目不协调，那么增长不会获得平衡。在此种情形下，潜在的可获利性不会反映社会性合意度。正如很久以前萨托夫斯基（Scitovsky）所表明的：

只有在众多工业的扩张结合在一起并共同计划的条件下，其中每一项投资的可赢利性才是社会合意的一项可靠的指标……所有工业的完全结合对消除私有利润和公共利润之间的所有背离是必需的。[34]

这其中的理由是很容易阐明的。假定在给定的市场价格下，新住宅看来是高赢利的。投资会流向这一领域，为建筑材料的需求创造了一个相当明显的增长纪录，随之而来的是价格的上升。但这使得住宅较少赢利，于是一些建设停止了，投资资金从建筑材料企业转移开去。这一过程显然包含了某种程度的浪费，而如果相互协调的投资决策同时把资金导向如住宅建设和建筑材料工业，那么这种浪费早就可能避免了。

上述例子里那个预设的赢利性过分夸大了某一种类投资的经济合意性。在其他场合，它又低估了合意性，例如，当一项新的技艺降低中间商品的成本时。在任一场合，对最佳状态偏离的发生不在于自然界的任意性行为或消费者偏好上的不可测变化，而在于决策者之间缺乏协调。

在资本主义条件下，这一缺陷能够、也经常通过政府与私人机构对信息的收集和传播，也通过把独立公司结合成单个大公司来或多或少加以缓解。然而，伴随着垄断的趋势，这后一种运动很少是纯粹的幸事。在资本主义条件下，前一种方式受公共部门和私人部门之间的尖锐分离所阻碍。如果作出一项决策把一个工厂安置在某一地区，那么投资就应该不仅在服务于工厂的原材料产业方面，而且要在工人住宅、电力和下水道设施等诸如此类方面。市场机制有时产生出这些效果，如果一个企业家决定把一个工厂安置在某一特定地区，如果他付给雇工足够多的钱去拉动对新住宅的需求，那么住宅终究会建设起来。如果税基提高得相当高，社会服务量也可能提高。而这些发展可能跟随其后，也可能不会。一种替代性的情况说明并非不可预测：人们纷纷涌向新工种的提供处，住宅、学校和公共服务变得不堪重负，社会条件恶化，工厂转移到其他地方，而遗弃了原来的社区。

公共投资同私人投资之间的尖锐分离产生了许多其他的效果。下面引证自 20 世纪 50 年代后期以来经常被引用的加尔布雷思所作的描述：

一个家庭携带着细软，开着空调、电力操纵和制动的小汽车外出兜风，穿过了路基不平并且被垃圾、毁损的建筑物、告示牌以及本应设置在地下的电线杆弄得丑陋不堪的市区。他们行进到一个被商业艺术弄得形象模糊的乡村……他们在一条被污染了的小溪旁野炊，吃着从便携冰袋里拿出的特别包装的食品。接着，在一个对公共健康和道德造成威胁的公园过夜。他们的气垫搁在被腐烂废弃物发出的恶臭所萦绕的帐篷下。在瞌睡前，他们也许模糊不清地回味着神所赐予的这一切不可思议的不平凡经历。[35]

如此看来，自由放任就奠基在外在性和不平衡增长的沙滩上，而后者为投资基金来源上的公私分离所加剧。这些因素破坏了以投资的可赢利性衡量其社会效用的主张。还有第三个因素。如果平衡增长和外在性的缺失对私人可赢利性反映社会合意度是必需的，那么一种合理的财富分配也是必需的。由于已提出的可赢利性是建立在美元选举的基础之上，收入的不正当调配不仅会不适当地调配现存的消费者商品，而且会不适当地调配那些旨在增加未来消费品的投资项目资金。

我还没有论证自由放任条件下财富分配的不正当性（这是下一章的任务之一）。但撇开正义问题不谈，当与自由放任相伴而行时，不易看出一种非平均主义的财富分配（是正当化的或未正当化）怎么能导致在该部分开头所提及的悖论现象，即产生贫困的增长？这种情况说明是熟知的、重要的。想想一个一小撮人占有大多数土地的贫困国家吧。农场工人种植庄稼，养活众多的人口，为土地拥有者提供可观的利润。假设土地拥有者决定投资而不是简单地消费这一利润（也就是说，像资本家一样行事而不像传统土地拥有者）。增加基本粮食毫无意义，因为众多的人口太贫穷了，支付不了增长的消费。但在富裕国家存在着大量的人愿意去支付特定的农产品：咖啡、巧克力、香蕉、胡桃、蔗糖、淡季蔬菜和快餐牛排，于是，投资用来转型成出口农产品。基本食品的供给下降了，价格上升，贫穷的人就吃得更少了。由于新农业通常比旧农业要算资本更加密集型，这也减少了雇佣工人。这个国家更富了，新收成比旧收成创造了更多的收入，但更多的人却更贫困了。市场与私有财产和工薪劳动力又一次施展了它的魔法。

当然，从理论上说来，这个多出的岁入可能用来使穷人生活处境比过去更好；但在自由放任条件下，这一点又很难预期。增长只属于富人。国家是无权加以干预的。如同亚当·斯密所提醒我们的，我们不能在经济交往中寄托仁慈。[36]所以，更可能的发展进程是，在出口农产品上投资越多，贫困就越多，就越是依赖于世界市场上的不可预测性。没有一只看不见的手来对这进程加以遏制。

不消说，第三世界经济的实际演进要比这简单的模式所揭示的复杂得多，但这一模式指明了一种明显反常的趋势。这种反常性还经常被其他方面的考虑所阐发。向农工商综合企业的转移也能产生生态上的、甚至性别上的严重后果。就像物理学家、女权主义者、生态学家范达娜·什娃（Vandana Shiva）所指出的，在大多数的第三世界里，传统农业——和与之关联的复杂知识——一直是妇女权利的一个重要源泉。但现在：

> 由一小撮白人男性科学家在不到 20 年的时间内所制造的全球范围以农业为代表的女性知识（它演进了 4000～5000 年）的破坏，已经不仅仅侵害了作为专家的女性，而且，既然他们在农业上的专门知识一直与仿效自然的可再生性方法塑造农业相关，其破坏力也始终形影不离地伴随着自然进程的生态破坏和农村地区贫困人口的经济破坏。[37]

这种趋向增长却强化了贫困的结构性趋势，在自由放任的许多形式里呈现着，但不会在"经济民主"下存在。这里有两个基本的理由，一个与协作原动力相关，另一个与投资机制相关。首先，如果某些合作社成功地转向了出口产品，收益就会趋于向全社会扩散。由于没有人会被解雇，总需求会随收入一道增长。在出口部门的工人会花费更多的东西，于是增加了对基本食物的需求（断定），这种增长的需求转而又导致价格的上扬，从而使基本食物生产者的收入增多。那么，基本食物的生产会比以前更有利可图，所以不会有压力驱使土地转型为出口生产。那双看不见的手就已经向良性的方向拉了一把了。

如果那个通过出口生产而能够获得的利润比通过国内消费生产而能够获取的利润要大得多，那么更多的合作社会想要转型。但那么去做的话，它们会需要投资基金（它由税收所生成），于是就趋向于民主调控。如果从食物的自给自足转移出去必定是不理想的，那样众多公共组织会处于各自的位置共同为出口转型而协商投资基金的发放，也许是通过高税率来定量配给。于是，那双看不见的手将获得民主调控这双看得见的手的补充和协助。

让我们现在来考察自由放任的另一个经常遭评论的缺陷。这里没有地方来充分分析那些正迫近我们的环境危机，这与刚才所讨论的贫困问题并非毫无关联。[38]但就与一种严重的环境威胁打交道的能力而言，对自由放任与"经济民主"作一比较是一个有益的做法。让我们考虑一下工业社会所完全寄托于这个行星的大气所具有的那种再生能力之上的大规模超载。我们怎样处理空气污染呢？

"空气污染"所包含的远远超过了日常所知的尘雾。我用这个术语还包括三个看不见的、更可怕的幽灵——酸雨、臭氧层的稀薄和"温室效应"。所有这些幽灵都是由众多气体的聚集造成的，酸雨主要源于二氧化硫，臭氧层空洞主要源于氯氟碳，温室效应主要由于二氧化碳。[39]由于伴随着许多生态问题，更重大的根源复杂而盘根错节。在其他事物之间，空气污染与能源政策相关，能源政策又与交通政策相关（汽车尾气排放是二氧化碳和其他有害排放物的主要来源），而交通政策又与我们的城市如何建设相关。我们该怎样把握这些环环相扣的操心事呢？

让我们从如下两种观点开始。第一种观点是认为严格意义上的自由放任不可能声称能处理这些问题，第二种观点要令人诧异一些，它认为一种柔化的自由放任政策似乎能够做出"经济民主"所能做出的事情。我将总结性地断定似乎是的东西并不是那么回事。

严格的自由放任要求政府放手不管经济：政府应该捍卫其国家免受其他国家侵害，保护其公民不至于相互侵害。政府的基本职责是保护财产，包括每个人的人身安全。[40]

现在来考虑大气污染问题。我们能采取何种措施来对之加以抑制？这里是一张不完整的措施罗列表，它摘自《1991年世界状况》里的建议和劝导：

1. 停止资助污染性的产业和技术；

2. 禁止或严格限定某些物质排入大气的排放量；

3. 实行排放税，将有害排放的单位收费标准定得足够高，以抑制重污染源和奖励反污染措施；

4. 征收碳税，即加于所有以碳为基础的燃料之上的能源税；

5. 实行认真的重新造林工程；

6. 通过提升城市间轨道服务和改造城市使之适宜于行人、自行车和有轨电车而不适宜于汽车这两种途径，把以汽车为主导的交通系统转移开去。[41]

在所有这些措施中，严格的自由放任所能给予支持的只有第1项。而其他所有的措施都包含有政府对经济的干预。由于大气不属于任何人，没有人会因污染而伸张财产权。[42]严格的自由放任主义者的双手被捆绑、束缚住了除了终止资助此措施尽管它绝非毫无意义[43]，但离所需的要求相去甚远，也就无所作为了。

刚才所作的论证不会是对严格的自由放任的一种严肃的批判，因为没有一个当代保守主义者秉持如此严格的放手不管的观点。即使是亚当·斯密也没有坚持如此严厉的立场。事实上，他还把建立和维护那些不能由市场提供的设施（"尽管它们可能在最高程度上才会对一个好的社会有益"）作为政府的一项职责。[44]斯密心中装着"优良的道路、桥梁、可通航的运河等"，但是其原则——政府必须提供市场所不能提供的东西——既适于运用到消极的外在性上，也适于运用到积极的外在性上。这一点很早就被意识到了。人们不该惊讶于发现米尔顿·弗里德曼和罗斯·弗里德曼确认了"环境保护和避免过度污染都是现实的问题，它们是关涉到政府有重要的作用要发挥的事情……当成本和收益或受众不易于被明确，那么就存在着市场失效"[45]。

如果说我们所称之为自由放任的东西代表了现代保守主义理念，那么我们千万不能把自由放任解释得太严格，以至于排除掉新古典主义经济学自身所赞成的那些政府措施。我们也许可能寄期望于一个保守主义者会在任何市场失灵的时候和地方都是不情愿地认可政府干预，但我们也不该完全把他的手束缚住。米尔顿·弗里德曼的立场可能被视为（修饰过的）自由放任政策立场的一个代表：

在任何一种提出干预的场合，我们必须制定出一个平衡的方案，分别列举出利弊。我们的原理告诉我们哪些该置于这一边、哪些该置于另一边，这些原理为我们提供了某种基础，以施予不同的重要性于不同的事物。特别是，我们总会着手于所有被提出的政府干预的不利方面，以及它在威胁自由方面的临近效应，并对这种效应予以相当大的关注。[46]

如果回顾一下我们那张整治污染的措施表，很显然，它们中没有一项与如此被理解的自由放任原理根本对立。保守主义者本能地反对对产品的粗暴禁止，诉诸消费者的自由。[47]但如果危险是明显而迫切的，就像臭氧层中的氯氟碳一样，他们是能够认同这些措施的。排放物和能源税对一个新古典主义的保守主义者来说根本不会构成争议，因为这些措施只是力图使市场价格符合真实的成本（包括环境污染所要付出的成本）；森林再造工程也不会构成争议，因为它们能被认为是公共事业，这能由积极的外在性所辩护。从汽车横行的状态摆脱出来，起码就补偿外在性的税收和公共事业的一个后果而言，它也是能够获得支持的。

但如果上述分析是正确的，是否有理由认为"经济民主"会在对空气污染的问题上处理得更好？是否存在有"经济民主"的某些体制性特征是我所要指明的？那些反对资本主义的人更可能是亲环境的，这种模糊的（或许是尖锐的）感觉并不适用于、肯定不适用于看得清楚的东欧环境方面的记录。[48]

我们只有不从上面、而从下面（例如，从国家立法的角度）来看待问题，才有可能对这些问题作出一个决定性的肯定回答。让我们从一个工厂入手。就排放直接对工作中的工人影响的范围和程度（因为他们经常要工作）而言，我们可以设想自我管理的公司会污染少一些。工人会控制技术，污染不会无中生有强加给他们。

就排放对当地社区的影响而言，污染也不会那般严重。这出于两个理由：其一是工人（不像资本主义的业主）必然会住得近，因此，决策者会直接承担更多的环境成本费用；其二是——这是非常重要的一点，一个自我管理的公司不可能以一走了之（或以此相威胁）的方式逃避当地法规。一根由资本主义的公司悬于当地社区头上的"大棒"对自我管理的公司来说是不存在的，因此，企图通过为公司提供"更优惠的投资气候"，如更少的环境方面的限制来补偿公司，这种出现在全国不同地区的宏观现象也就不存在了。

不仅当地的公司不会走，而且新来的资本也不会躲避这个地区。税收生成的投资基金会按人口比例分拨给每个地区。地区同地区之间就用不着为资金而展开竞争了。可以料想的是，那些最为直接地遭受严格的排放标准或高排放税影响的公司会出来抗议，这并非没有理由，因为它们的收入会因此受到消极的影响。同样可以料想的是，用于补偿更新清洁型技术所用成本的投资资助会从社区投资基金里直接拨过来。这会达到这样的效果，即竞争者所处的那些社区在制定更为严格的排放标准或更高的排放税（这里又比在资本主义条件下要更普遍，因为它们不可能像资本主义下那样一走了之）上纷纷仿效，由最先受影响的公司所承受的相对损失现在就不存在了。[49]

至此，我们能够得出两个结论：自我管理的公司同资本主义的同类相比更不可能污染当地；如果它们真要污染，如前所述的第一条到第四条的立法补救措施更可能在当地加以实施。

就第五条和第六条措施而言，在自由放任政策与"经济民主"之间，最为重大的一个区别是，后者在投资基金上不会作出尖锐的公私区分。

在自由放任（和一般意义上的资本主义）条件下，公共投资与私人投资是严格分离的。前者的基金来自税收和行政拨款，后者的基金从个人和私人分配中诱导出来。没有这样一种民主体制（在任何层面上）会以如下的姿态决策：这是我们不得不投资的，这么多是我们要投向公共资金支出，而这么多是供私人资本组建的。

不仅两种投资流向分离，而且在自由放任条件下，私人投资要超过公共投资。也就是说，私人投资基金在当地更易获得；如果它们得不到，公共投资也受影响。

预期投资不仅能够收回，而且收回所得要超过付出，因此，私人投资深受赢利的诱惑。与此相反，公共投资只能通过劝导中小阶层（占人口的大多数）放弃一部分在他们看来是自己辛苦所赚的收入而用于"公共福利事业"（common good）——这经常是弥补由私人投资所带来的损失。毫不奇怪，前者（私人投资）的资金比后者更易生成。同样自然的是，公共部门更易被资金（短缺）所束缚，除非有那些为强有力的资本主义利益服务的人员存在，如军火承包商、游说议员。

而且，就像我们将在这一章的后一部分能更为清楚地看到的那样，自由放任经济的健康发展倚赖于私人资本的投资。如果他们不投资，我们就会遭受衰退，这不仅会给公共保障体系施加重大压力，而且也会导致税收的减少。

现在来考虑投资机制上的差异对抑制空气污染的前述措施 5 和措施 6 的影响。我们来看重新造林。重新造林是一项大的投资。在"经济民主"下，这种资金会来自投资基金。当地（或州或国家）立法机关可以拨出一部分投资基金用于此项目的。当然，这将相应地减少提供给新合作社投资的数额，所以赞成方、反对方都得加以权衡。

在此，有三点要指出来。首先，决策选择同资本主义条件下相比，是以不同的方式提出来的。为解决重新造林的资金问题，并不一定要求我们削减其他政府项目或提高税收。我们还有第三条选择，即可以把投资基金干脆从合作社部门转移出来。其次，新的合作社投资基金的收缩并不会导致衰退，因为它会自动地被公共投资上的增长所补偿。再次，如果诸如此类的环境投资给投资基金施加了很大的压力，那么就可以向社区开放，以其他税收形式来补偿——也许从排放税或能源税中来。

没有任何考虑，或者说，即使把所有的考虑加起来，也不能保证在"经济民主"条件下会比在资本主义条件下有更多的钱分配到重新造林上。决策会以民主的方式达成，因此，我们不能确定决策的结果。但我认为，有一点是明确的，即在"经济民主"条件下抉择会更为理性地表现出来。这一点并不以私人部门（或合作社部门）的投资优先为先决条件。

下面来考虑一下治污一揽子方案中的最后一项：城际轨道交通和市内电气化运输（市政建设的一个重要部分）。在此，不难看出在资本主义条件下公共投资与私人投资之间的分离所带来的损失，尽管这里的问题不是公共资助太少的问题，而是部门间不平衡的问题。在"经济民主"条件下，用于道路、铁轨和电气轨道的资本资助都是同等重要的。所有的资助都来自同一处来源。由于道路是作为公共商品提供的，所以铁路和电气轨道也应如此。[50] 由于所有的资金调拨都来自同一处基金，社区共同体就能够拥有发展优先性上的控制力。如果这么选择的话，那么它就可能把相对更多的资本资助到轨道和公共运输上，并辅之以自行车道、自行车停车场和舒适的人行道的建设，由此摆脱"独裁政治"（autocracy）[51]。它还可以鼓励居住建设同企业布局结合起来，以便人们能够居住得离工作的地方更近一点。在"经济民主"状况下（而不是在自由放任状况下）[52]，社区共同体对它所拥有的投资基金有调控权力时，显而易见，诸如此类周全的、而且在当地就可实行起来的规划[53]显然会更有可行性。

也许，上述分析最令人惊讶的结果是："经济民主"相对于自由放任，在空气污染和其他许多环境问题上有重要的优越性，其优越性不在于在制止践踏市场准则上的更大的合法性，甚至还不在于它更大的计划性程度（这两者通常被认为是社会主义的主要品格），而在于致力于当地社区的众多事务上不断增强的调控力。

就像我们已经看到的，很少有这样的环境措施，一个民主的市民社会愿意采用，而原则上却被自由放任（非极端的、被柔化了的）所排除。但恰恰是因为资本在自由放任政策下如此灵活，很少有这样的措施能够在当地被实行，起码要是不与当地商业利益达成比在"经济民主"状况下所必需的广泛得多的妥协，就实行不了。因此，环境主义者们必须回到国家政府身上，由它来制定国家法规。但（就像保守主义者们首先所提出的）如此的立法，恰恰因为其权限，不可能恰好地适应于当地条件，所以它经常引发众多来自本土的反对意见。

这里有一个重大的悖谬："经济民主"的社会主义比自由放任的资本主义，会给予当地社区多得多的监控。但我恰恰把它视为非常重要的一点，因为生态主义者们愈发认识到，那些大规模的项目，只能由国家的政府直接从事、或者拥有相当大的国家、政府资助（核电站、煤气、巨型水力发电设备、大规模的灌溉项目、州际高速路网），而这些项目大多会损害环境。确定无疑的是，国家政府和国际机构必须在我们同现在所面临的严重的、也许是灾难性的问题的斗争中发挥积极的作用，但同时极端重要的是，我们得给当地的主动性和积极性留以足够的空间来发挥。"经济民主"就能够提供这样的空间——会比自由放任政策下更广阔。

第三节　增长该有多快？

马克思说，革命是世界历史的火车头。但情况可能不是那么回事。也许革命不是乘坐火车，而是人类抢夺紧急制动器的行动。

——沃尔特·本杰明

让我们从增长的质的维度转向量的维度。把这两个维度截然分割开来是不太可能的。但现在，让我们设定在自由放任下所作出的投资的种类是不成问题的，还让我们设定生产出来的商品和服务没有严重的外在性后果，而是依照没有被不公平的收入分配所扭曲的均衡比例而生产出来。

即便有了这些假定，也并不能得出最大化的增长就是最合意（理想）的。事实上，并不清楚"最大化增长"意味着什么，因为生产包含着资源和劳动力成本。起码，"最大化"要接受如下的一个限制性条件，即未来是保持开放的、资源不会利用得后代无未来可言了。另外，劳动时间有限的条件也必须得到满足，由此，"最大化"术语就变得不恰当了。自然，如果人们每天工作16 小时，他们就会生产出比工作 8 小时多的产量。增长的最佳速率必须考虑到现在的消费同将来的消费之间的平衡，还要考虑到现在的消费同现在的休闲之间的平衡。

在此，一个重要的价值问题提出来了。我们一直假定物质产品是好的，但是否就能得出更多（物质产品）就必然是更好？几乎每一种宗教传统对此都持否定看法。

知足常乐。（参见《道德经》）

世上凡是私欲去净的人，哀伤就会从他身上褪去，如同水珠从荷花上滴落。（参见《达摩》）

过犹不及。（参见《论语》）

贫困是福。（参见《穆罕默德》）

不要贫困，也不求富有。（参见《箴言》30 节 8 段）

富人进入天堂比骆驼穿过针眼还难。（参见《马太福音》19 节 23～24 段）[54]

这些引语各有侧重，一些是倡导节制，一些是张扬贫困，但都谴责过剩。所有的引语都暗示刺激更大消费的动机是愚蠢的。但这就是人生的"智慧"，抑或是听天由命——是富有者对贫困者的慰藉吗？事实上，富有的人比贫穷的人要快乐，这难道不是真的吗？

就这个问题，我们有众多饶有趣味的说法。经验的答案似乎要么是肯定、要么是否定。多年前的一项研究，在 19 个国家进行了 30 次调查，它得出如下的结论：

> 在所有的社会里，对个人来说，更多的金钱很典型地意味着更多的个体快乐。然而，所有人的收入的增长并不增加所有人的快乐。此种快乐——收入的关系为构成上的逻辑悖谬提供了一个经典的例子——对个体而言的真理，对整个社会来说，就不一定真了。[55]

当然，此种证据并不表明，每一个富有的人都快乐，每一个贫穷的人都不快乐。但在每一个所调查的国家，在一定的收入类别内，确认自己是快乐的人的百分比同收入类别的档次成正相关。在一定的国家内，那些财富多的人要比财富少的人快乐。然而，增加每个人的收入并不能增加全体快乐。一个国家的国内生产总值的档次并不同它自我报告的快乐水准相关。[56]

不消说，对从人们（不同的阶层和文化背景）在"快乐问卷表"上所写的内容而得出的政策性结论，必须小心。但调查事实强有力地表明，经济增长本身并不能增加幸福。芝加哥大学全国民意调查研究中心的麦卡·沃勒指出：美国人今天报告自己"非常"幸福的人的百分比并不比 1957 年高，尽管自那时起，人均消费增长了一倍。[57]

这并不难理解。我自己的经验［不同于乔纳森·弗里曼（Jonathan Freeman）］就证实了这一点。[58]

问题是我们如何来解释这看来像是一种体制性的非理性现象呢？经济增长不会增进幸福，然而资本主义国家竭尽全力地增长。[59]他们似乎从未吸取过什么教训。他们尽力了，增长了，可他们并不更快乐！于是，他们在不满足中进一步尽力。

让我们从我认为是一个错误的流行答案入手。每个人，认为更多的财富会让他更快乐，都为更多财富而尽力，于是，经济增长了。但由于所有的人都在尽力，（几乎）所有的人仍然处于同过去相同的相对位置上，因此，快乐的水准依然——反之，不快乐的水准也依然——于是每个人继续努力，又一轮循环在重复。

在此，有两个基本的问题要澄清。首先，因果率的方向被认定是从动机到后果。但我们是否确信，大众追求更多财富的欲望就导致了增长——或者说，也许增长创造了欲望？请注意：如果一个人的相对位置是快乐的重要变量，那么在一种增长的经济里，人就必须消费更多，这么做仅仅是为了避免失去优势。人必须消费更多，去"与朋友（邻居）比阔气、比排场"。只要是朋友（邻居）比自己消费多，就要这么做。

第二点是，存在着对干预性体制的关注不够的问题。一个人也许想要更多的财富，为更多财富而努力，但这会转化为经济增长吗？人们并不总是得到他们所想要的东西，也不总是得到他们为之奋斗的东西。我们看不出得到了什么增长的快乐。那么，我们如何谈得上"增长"呢？

为了对我们的增长悖谬得到一个更好的解释，我们得问在自由放任体制下，增长率事实上是如何被决定的。我们马上能看到，增长不是一种自觉的、集体的社会选择的产物。我们所有的人（或者即使是绝大多数）在某一增长率上并没有作出什么决定，也不是因我们的行动而产生出它来的。确实，没有一个社会能够预先决定它实际上会增长得多快，即便就什么样的比率是最理想的能够达成一个共识也做不到，因为增长极大地取决于初始的不确定因素，特别是取决于技术创新。然而，一个社会能够作出决策，在重要的方面影响增长率。比方说，它能够决定其人力资源和自然资源该以多大的百分比投入到研究和开发中，投入到体现最新技术的新生产设备上，等等。

在"经济民主"条件下，同增长最为相关的决策将是涉及资产税率的决策，因为此种税会是新投资基金的来源。正是这一决策确定了国内产值中多大比重用于教育、研究开发、工厂设备的更新换代和新技术引进上的资金开支。这是由国家立法机构自觉、公开地作出的决策。

在自由放任体制下，类似的决策不是由选举出的机构作出的，它也不是通过市场购买所表现出的个体偏好的产物。在资本主义制度下，就投资多少这种社会范围内的决策不是某个人自觉作出的。这种社会性的决策是众多拥有（借贷）资金投资的公司和企业家的私人性决定的非计划性产物，此种决策绝无民主性可言。这种决策上的非民主特性在凯恩斯所描述的第一次世界大战前的资本主义中体现得淋漓尽致：

就它的增长而言，这个突出的体制倚赖于一种双重的欺诈或愚弄。一方面，劳动阶级接受了无知或无能的现实，或者被习俗、惯例、权威和建立得很顽固的社会秩序所驱迫、劝服、诱导，去接受他们身处其中的遭遇，要到的只是由他们同自然和资本家合作生产的蛋糕的可怜的一小点。另一方面，资本家阶级被应允宣称蛋糕的最好、最大的部分是他们的；而且从理论上讲，可以免费地消费它（只要在如下潜在的前提条件下，即他们在实际上消费得非常少）。"节俭"的义务成了 9/10 的美德，而蛋糕的增大则成了真正信仰（迷信）的偶像。[60]

如果说，上述描述承认了资本主义增长的非民主本性，那么它也揭示了对它的一种辩护，凯恩斯在以下这段文字里把这种辩护挑明了：

与消费的欲望相比，蛋糕确实太小了。正因此，如果每个人都分享一遍，那么就没有人会从蛋糕切分中生活得更好。但实际上，社会不是为今天的小小安乐，而是为将来的保障和整个人类的改进而运作——实际上，这就叫"进步"。[61]

当然，在此，我们所具有的是对一种非民主的程序的实用性辩护，非常像为斯大林的强迫式工业化所作的辩护：人民，如果被允许选择的话，就不会作出明智的选择的。

我们也许会以怀疑的眼光来看待这一辩护，但它不可能从手头溜过。在这一点上，我们并没有设定民主就必然是好的。到目前，我们尚且赋予民主一种工具的价值，按哈耶克的说法，"它必须依据它所要实现的目标来评判"。

但是，有人会真的相信一种增长率只是由一小群只对自己负责（和股票持有者）的人决策出的非计划性产物，与那种源自诸如"经济民主"所倡导的民主决策程序的增长率相比，它更可能符合大众中绝大多数的需要，或更可能满足他们的短缺吗？有人能郑重其事地相信一种"私人"决定的增长率会生产出更大的全体幸福吗？

也许能够。古典自由主义者乐于强调人类无知的深重，以及我们做不到让一切事情接受人类理性的审判。[62]因此，他们否认人们能够就投资比率作出理性的决策，同时坚持认为，硬要作出这样的决策，那也是短视的，只会导致一种没法同资本主义业已取得的比率相比拟的增长率。我把这一点视为哈耶克如下一句话的精髓所在，即"我还不得不去观察这样的场合，在此期间，大多数人严格投票（同少数统治精英的拍板决定相对照），对由自由市场社会所作出的诸多牺牲进行表决，以便成就所谓的一个更好的未来"[63]。

为了评判上述对增长率民主决策的责难，我们必须更贴近地加以考察的是，在"经济民主"条件下，就投资的总体比率达成一个决议这种行为来说，会包含些什么内容。它是否会遭到整体性的扭曲，以至于危及"一个更美好的未来的利益"。

当然，原初的比率是相当武断的。一个社会会历史地经历资本主义社会的、社会主义社会的投资率，但征于投资性资产之上的税率所规定的准确数额（它决定投资基金的规模）会是一种自由的选择。随之而来的是，国家立法机关将不得不确定被选定的比率是否满足预期目标。如果没有，比率则可能提高或降低。

让我们考虑一下这个决策。回顾前一年，立法机关能够看出，提供给合作社新投资的投资基金比重是否足够。如果基金剩余，立法机关可以做下面两件事中的一件：它可以降低税率（这同时会使基金更有吸引力，降低了它们的供给）；或者把投资的更大比重分配到公共资本商品上。如果不是基金剩余，而是相对于合作社的需求不足，呈现立法机关可以作出相反的反应：它可以提高税率（增加供给，但会使基金变得更昂贵）；或者把更小的比重分配到公共资本基金上。

这里，首先要指出的一点是，无论提高还是降低资本资产税，都不会对个人收入造成严重消极的后果，所以，任何一种方式，似乎都不会是一种体制性的偏差。降低资本税，会增加合作社部门所有人的收入，但必须以使投资基金变得更难得为代价。[64]提高资本税，会削减眼前的收入，但这会增加流向社区的投资基金的供给。但是，无论哪种情形，收入上的后果都不大，因为收益和负担都会为所有的合作社所分享和分担。顺便举个例子，如果我们假定，合作社部门构成了 3/4 的经济，有 15％的 GNP 投向了新的合作社投资，那么减少 10％的投资基金，就只会以平均 2％的速率提高合作社部门所有人的收入。反之，增加 10％的投资基金，就只会以平均 2％的速率降低合作社部门所有人的收入。

第二点需要指出的是，在"经济民主"条件下，投资基金的供给会比在自由放任条件下更为紧密地同需求相关联。不像在资本主义条件下那样，它不存在节余太多的危险。在一种典型的资本主义经济里，由财产所有物所生成的规模庞大的基金，每年都在有产者手中累积，远远超过了所能消费的数量，而保留下的共同利润不断扩胀着储蓄库存。所有这些都必须用于投资。但投到什么地方呢？如果在经济的生产性部门中存在着有前景的项目，它们就会接受投资基金，但是还有其他的选择。基金可以借给政府（当然要支付利息），或者被用于投机房地产、股票市场等其他地方。但是，如果这些投资渠道不畅，证明是不足够的，那又怎么办呢？投资者可以坚持持有资金不撒手（等待行使它们的"流动偏向性"权），在这种情形下（正如在下一部分将看得更真切的），等待我们的只能是萧条了。

在资本主义条件下所不会发生的，在"经济民主"条件下则极有可能发生：过剩的资金通过资产税的削减会返回给直接的生产者。在"经济民主"而不是在自由放任（或资本主义的任何一种形式）条件下，投资基金的供给是一个有非常强的依赖性的变量，而不是相对的独立的变量。国家立法机关将评估对投资基金可能的需求，然后决定"节余"多少也就是资产税该是多少。

前述的分析把"经济民主"一个显著的特征鲜明、生动地突出出来了：前面就考察过的微观经济趋势——自我管理的公司缺乏资本主义的公司那种扩张的趋势——有一种宏观经济上的相配对趋势，即"经济民主"不偏向于高增长率的方向。自由放任和一般意义上的资本主义在这一点上，与之形成了极其鲜明的对照。正如凯恩斯所评论的："蛋糕的增大是一种崇拜的偶像。"又如马克思所言："积累！积累！！这是摩西和先知！"[65]最近，诺贝尔物理学得主丹尼斯·加博（Dennis Gabor）也已关注到："增长已经成为了希望的代名词，人没有希望，就没法活。"[66]

资本主义是为增长而构造起来的。在供给的一方，集中的财产所有物所生成的巨大收入库存，如此泛滥，以至于难以消费得了。投资变成了个体资本主义的必需，尽管这几乎不会是一项苦痛的必需，因为一项成功的投资不仅能够增进投资者的财富，而且能够强化他的权力和威势。在需求的这方面，公司渴求扩张。"不能增长，毋宁死亡"是一句流行的商业口号。大型的规模强化着公司挤垮竞争对手，抵御威胁性举措的能力。注意，在此，对为何资本主义保持不断的增长而这种增长不会增进整体幸福这个悖谬，我们找到了答案：决定着增长率的那些人，他们既无动机、也无手段去保障他们的决策在很大程度上包含着对总体幸福的考虑。

于是，我们看到，保守主义批判者们正确地认识到了，在"经济民主"条件下，增长率可能同自由放任条件下所取得的有极大的不同，但在给出其理由时，却是错误的。应该说，是自觉的选择而不是短视或无知，可能导致了这种差异。请注意：如果一种"经济民主"决定要增长，那么它是有手段在握。它能够配置更多的资金到研究和开发上，以及用到教育的资金资助上。它可以提供更多的奖励资助到那些愿意为技术更新换代的公司身上，也许还可以有额外的动力去资助有发展潜力的个人和集体。但从体制上讲，"经济民主"并不偏向于加速的增长。它可以做到削减投资，而又不造成可怕的后果，或者它可以利用投资去减少劳动时间或改善工作条件。倘若消费者真的想要更多的某一类型产品，他们的需求是可以得到满足的，只是这种体制不会毫无顾忌地把社会推向更大消费的方向上。不像自由放任，"经济民主"应该在没有此种增长的条件下，也运作得完美无缺。[67]

因此，我们的批判者在事实面前是正确的，但就事实的意义来说就错了。确实，在"经济民主"条件下与自由放任条件下的增长率可能是不同的，但很难得出这个结论就偏袒于自由放任。在自由放任条件下的投资率绝不可能接受大众的认可。人们得到"看不见的手"所颁发的东西，但在此，市场无论如何也反映不了整体的社会性偏好。[68]

我们的批判者，只是作为工具性价值而致力于民主，他们只有最后一个回击：增长、快速增长，就是好的、善的，无论人们是否愿意和要求它。这似乎就是哈耶克的观点。他说，"自由"的社会是最大限度累进或进步的社会。至于如果我们今天停止增长或在100年前就停止增长了，我们是否会更幸福则与此无关。关键是不要停下来，"要紧的是为每时每刻看来是可获取的东西卓有成效地去奋斗。要紧的不是过去的成果，而是为未来而活，活在未来之中，由此，人类理智确证着自我。进步是一种为运动而展开的运动"[69]。哈耶克也承认："并不能确定，大多数人是否需要所有的、乃至大多数的进步成果。对他们中的大多数人来说，不情愿的事情是，在给他们带来他们所争取的东西的同时，也强迫他们接受他们根本就不想要的许多事物。"[70]诚哉斯言！

这个论点把我们带回到本节开头所提出但又搁置一旁的问题上来，它涉及经济增长的最可取性。如同我们所看到的，自由放任政策鼓励快速增长。[71]如此的增长在很大程度上独立于大众所预想的需求、欲望或希冀的，它是从竞争的压力和投资者用他们的钱赚钱的欲念中升腾起来的。与此相反，"经济民主"不会那么自动地趋向于增长。除非存在着需求上的外生性增长，个体公司不会趋向扩张的。为新投资所准备的资金数量是国家立法机关自觉决策出的。

因此，自由放任倚赖于一个包含两部分的前提：增长确实对社会有压倒一切的重要性；一个民主的选区不可能理解这一点。让我们把我们的注意力限定在前提的前一部分。当然，问题不在于增长还是不增长，而在于由自由放任政策所生成的个人消费的快速增长（当自由放任政策如其所设想的那样运作时）是否是最佳的增长，人们是否想要它。对此，让我们作进一步的思考。

首先，我们应该注意，由哈耶克所安置到"成功奋进"之上的价值不是一种同个人消费增长逻辑地相关联的价值。确实，人们能够在缺乏物质进步的条件下去努力发展。道德高尚曾经也被视为一种值得去追求的目标。有人会争辩——其实，许多人这么做了——超出某一特定的点，物质进步可能变成对另外的、或许更可取的目标追求上的阻碍。人没有必要做苦行僧才可以看到某些种类的奋斗需要的恰恰是不慌不忙的闲适，物质财富有时反与闲适相冲突。例如，"家庭消费悖论"就是一个证据充分的现象。自 1930 年到 1960 年间，家务时间，无论是对工作在外的妇女，还是对家居的妇女来说，都大大增加了。[72]

但是，要是没有增长的话，我们不都会死于单调乏味吗？这个问题一直被提出来了。坦率地说，一直令我诧异的是，就连严肃的思想家都该去为一种不增长的经济的厌倦感而发愁？传统又回到了亚当·斯密："事实上，进步的状态是一种令全社会各行各业、所有层次的人都欢欣鼓舞的状态。停滞是阴暗、无力的。"[73] 即便是如此有思想的对增长理念的批判者肯尼思·博尔丁（Kenneth Boulding）也如此写道：

也许，停滞的最根本的、最棘手的问题，如同亚当·斯密所清楚地看出的，是疲软的问题。热力学第二定律即熵增加原理是一条更为普遍得多的原理的一个特例。这条很普遍的原理不妨描述为"任何事物的第二定律"。这是潜力耗尽的原理，它认为一种潜能一旦被实现了，它就"用尽了"，不可再次被实现……

有人提出过文化动力学第二定律，它认为：创造性的举动本质上是不可回复的，它们一旦做过了，就不可再做……然而，进步的状态赋予创造性一种很高的价值，这就是进步为何令人欢欣鼓舞的主要理由。而在停滞状态，创造性变得呈病态了。[74]

我理解不了如此的证明。对我来说，它们反映出逻辑上的一个失败，更不必提想象上的失误了。一种停滞的经济是一种在其中平均物质生活水平没有下降的经济。我确信，如果那种水平相当低，如同在亚当·斯密时代的那种，那么一种停滞的状态确实就无快乐前景可言；但如果稳定是出现在一个高得多的水平上，那有何乏力、乏味可言呢？维持一种物质消费相对持续不变的水平——因而有闲暇去发展技能、读书、游学、培养友谊等这些人人都一直向往的事情，为何就该比去增加消费更疲软、更无创造力呢？人，毕竟有幸在这地球上栖居 3/4 个世纪有余的时间，而这种栖居对我们刚出生的每一个人来说是全新的。为减少单调乏味，难道还需有更多的机巧玩意儿吗？这多余的机巧玩意儿本身不会是部分的问题所在吗？[75]

增长的倡导者也许会如此来回应上述思考，他们提请注意：增加闲适，也得要求增长。罗伯特·索洛，这位通常为认为是对正统的明智辩护者，把"亲增长的人界定为那些为人们在未来生活得更好而准备马上牺牲某些有用、合意之物的人"[76]。但是，这一定义曲解了中心问题。非增长或低增长的支持者也呼吁牺牲眼前（特别是物质消费上减速）而为长远着想。上述曲解相对于体制选择问题而言尤其尖刻。自由放任的一切建构，就是为了推进私人消费的增长，而不是闲适的"增长"或更好工作条件的"增长"。"经济民主"会大大有助于后面的这些种类的"增长"。

如果快速增长不是必需的，那么它还可能是有害的吗？如果是，那么对自由放任而言，事情就更糟了。至今，反对物质增长最通常的论据是众所周知的：我们的星球不能再承受随快速经济增长而来的不断增多的大气、水、土壤和其他等污染了。自1950年以来，工业生产增长了50倍。[77]眼下的趋势就是不能再继续下去了。博尔丁就评论说，只有疯子或经济学家才会相信指数增长会在一个有限的世界里永远持续下去。[78]

问题的真相是，在发达国家里的亲增长的倡导者通常很有效地驳倒了许多反增长的论证和陈述——其中有些，应该说，确实与民主和平等的价值理念大相径庭。[79]但是他们在替增长说话时，并没有提供什么实质性的东西，而只是诉诸对疲软乏力的关注，还有某些自满地声言倘若工业化的国家不增长，贫困的、不发达的国家的命运会如何如何。而索洛，为他增光的是，他注意到了，"如果带来平等的经济增长是件好事，那并不能得出，伴随有对平等赋予太多溢美、虔敬之词的增长也是件好事"[80]。

如果我们在前面所援引的证据——一旦基本的需求得到满足，增加的增长不会增加幸福——之上加入生态限度方面的考虑，那么，"经济民主"，同自由放任相反，会是绝对优越的。在发达工业社会，迫在眉睫要做的是改变生产和消费的模式，以便减轻这些活动对环境所施加的负担。我们当然需要新技术和大量的人类主动性、创造力，但我们所需要的经济体制是鼓励（或者起码不打击、抑制）诸如此类的人类努力向绝不是增加个人消费的目标上去。"经济民主"，允许给予替代性的悠闲更大的余地，给予增加收入更高质量的工作环境，给予重建社区的主动性、创造性更多发挥的空间，因此，它比自由放任更切合于我们人类的需要。

还有一个问题必须在此加以提及，以免引起误解。千真万确的是，当前环境恶化的趋势不能继续了，否则就要引发灾难性后果。但我们对这个论点务必要小心。迄今，第二次世界大战后增长爆炸的最大受益者一直是最富裕的那1/5的人口。这10亿人对食物的胃口是隐藏在热带雨林遭破坏、无数物种遭灭绝背后的驱动力。在过去的一个世纪里，他们的经济放出了威胁地球气候的2/3的温室气体。每年，他们的能源利用排出了导致酸雨的3/4的硫氮氧化物。他们的工业生产出了更多的对地球有害的化学废物。他们的空调、喷雾器和工厂排放出了几乎90％的破坏地球保护性臭氧层的物质。[81]

当前的趋势不能继续了。这并不意味着其余的4/5的人口就该放弃过一种舒适生活的希望了。经验证据并没有支持这个残酷的结论。由格登伯格（Goldemberg）及其同事所进行的最新一项研究总结说，整个世界的人都可以在一个足以与许多西欧国家相媲美的水平上过一种简约、但舒适的生活，而且，做到这一点，也用不着向能源和环境资源施加过度的压力。[82]但很显然，如果世界人口中这"欠发达"的80％的人仍企图仿照"发达"人口的发展模式，那么，上述乐观的预期不可能兑现。如果没有对发达工业国家的消费模式作出巨大的更改——只要这些国家仍建构成使增长变成"真正宗教的对象"、"摩西与先知"及"希望的代名词"，更改就很难想象了，上述意料之事也不可能发生。

在这些不发达国家，经济增长的要求比工业化了的国家要强烈得多。世界环发委员会的成员不无正确地看到，"增长对减轻大面积发展中世界所深陷其中的贫困来说，是绝对必要的"[83]。委员会还正确地认为："贫困是全球环境问题的主要原因，同时也是其重要后果。因此，要是没有一种把构成贫困和国际不平等基础的诸多因素包括进来的视角，企求解决环境问题也是徒劳的。"[84]

然而，上述考虑并不意味着自由放任仍然是第三世界的选择。如同我们在前一节里所看到的，由自由放任生发出来的增长的种类恰恰是增加了而不是减少了贫穷国家的贫困。而且，如果有人诉诸经常被人所引用的第三世界的"成功"来为资本主义的发展辩护，那么他也能从中看到与自由放任迥然不同的东西。正如阿马泰尔·森所指出的：

在阅读中，把重大注意力投到韩国的表现中，视之为"看不见的手"的成功传奇，这种解读的困难在于，事实就是调控韩国增长的手其实是显而易见的……韩国政府在其增长快速实现期间，控制了全国范围内2/3的投资资源。

> 事实上，很显然，如果我们在看待有规模的发展中国家，其中发展快或者表现佳的国家一直都有政府直接地、积极地参与到经济和社会运作的计划中……它们各自的成功直接同周密细致的筹划挂钩，而不仅仅是互不协调的利润追逐或自我利益的原子式角逐的产物。[85]

这些考虑都暗示了对自由放任的反对，但它们并未表明"经济民主"在满足第三世界的合法需求时，比其他任何资本主义的形式都更可取。要作出上述论断，还得等到第七章。但如果要在"经济民主"与自由放任之间作出选择，选择似乎是明确的。我已论证了"经济民主"建制意在容纳一种高的增长率（如果高增长是理想的、可取的），而且，"经济民主"会容纳当前被自由放任排除在外的、一定程度的自觉计划，而这种一定程度的自觉计划看来对公平的、生态上可持续的发展是绝对必需的。

第四节　不稳定性

> 赢利动机以及资本家之间的相互竞争共同决定了资本积累和资本运用具有不稳定性，这种不稳定性导致了日趋严重的经济衰退。无限制的竞争造成了劳动的巨大浪费，并且引致个人社会意识的缺乏。
>
> ——阿尔伯特·爱因斯坦

在讨论快速经济增长情况还远未达到引人注目的程度这一问题时，我忽略了一类常常被人们提到的增长前提条件的意见，即：经济增长减速的不稳定性效果。我不是因为这些因素无足轻重更不是因为它们无效而忽略它们。事实上，它们中有很多是值得我们关注的。正如我们将要看到的，稳定和持续的增长（不管它是否是人们所希望的甚或是否是可能的）对于稳定都是必要的。当然是资本主义的稳定。这个结论对自由放任不是一个吉兆，因为稳定和持续的经济增长（正如我们将要看到的）并不是必然的。

不稳定命题通常会顺理成章地与马克思联系在一起。资本主义发展的"运动规律"使得这一制度走向自我灭亡。尽管马克思没有提出一个完整的危机理论，而且我们至今依然缺乏成熟的经济危机理论，但他却提出了很多观点、一部分论据和深具洞察力的预见，这些对于理解资本主义不稳定是非常重要的。[86]

实质上，非马克思主义经济理论在"大萧条"之前忽略了危机问题，凯恩斯对此进行了反思。[87]凯恩斯提出了短期不稳定问题。此后不久，凯恩斯学派的罗伊·哈罗德又提出了资本主义社会的长期不稳定问题。哈罗德的理论引发了此后延续长达数十年的激烈辩论，导致了新马克思学派和后凯恩斯学派同新古典学派之间的对立与斗争。数学模型和相关定理由此获得了大发展，但最终几乎没有解决任何问题。不久，对立者们停止了对话。[88]

事实上，各种模型非常有助于分析稳定性问题。使用模型能够将问题大大简化，从而将基本因素凸显出来。对我们来说，不必分析那些与前面提到的论争有关的复杂模型，但看一下强调与我们关心的问题最相关的变量的两个简单模型还是非常有用的。

我们的目的在于确认资本主义稳定性的必要条件。让我们把一个不稳定的经济理解为，它在一段时期的发展将很可能定期或不定期地在社会结构上产生一些严重的扭曲。稳定的一个条件是平均利润率稳定或上升。自凯恩斯以来，人们普遍认识到，一个健康的资本主义制度要求保持投资者信心。如果信心下降，投资就会减少，投资的减少降低了总需求，引起解雇员工，这将进一步减少总需求，导致进一步解雇，等等——这就是一个不断重复上述过程的向下递减的螺旋运动。投资者的这种"元气"（animal spirits，凯恩斯语）依预期利润率而定。如果一个投资者预计他的投资有高收益率，他会感到很高兴。但如果社会经济经受了一段时间利润下降，投资者信心将会因经济衰退、失业增加和社会不稳定而受到打击。不断下降的利润正在以另外一种更常常为马克思主义思想家们所强调的方式引起不稳定：利润下降将加剧阶级对抗。当利润出现下降时，资本家们（或者是他们的经理代表）将通过增强劳动强度、降低工资和/或延长劳动时间，例如，强制超时劳动，力图避免利润率下降。

当我们说稳定或上升的利润率是资本主义稳定的一个"必要条件"时，我们只不过是在讲很有可能会这样，而不是逻辑上必然这样。可能发生的情况是，利润率逐步地下降，以至于既不会打击投资者的信心，也不会影响阶级关系。很可能是利润率缓慢、均匀、持续地下降，直到一切剩余由资本家阶级消费掉，不再有新的投资（折旧提取除外）。由此而引起的经济后果就是一种无增长稳态——很多古典经济学家推断的一个结果。正如约翰·斯图亚特·穆勒所指出的那样，"这一点总是多少有些抽象地被政治经济学家们发现，即财富的增加不是无止境的；在他们称之为景气状态的尽头，存在着稳态"[89]。不像他的大多数学术前辈和后继者，穆勒对这一现象毫不奇怪：

我通常相信，我们目前的生活条件会获得相当的改善。我必须承认我不为一些人提出的生活理想所迷惑，这些人认为人类的正常状态是斗争。相互争斗、相互倾轧、尔虞我诈组成现存的社会生活格局，它们是人类最理想的生活状态。[90]

这样一种发展有可能发生在自由放任社会中，但是可能性很小。利润率不可能始终如一，因此，平均利润的普遍下降很可能只是在企业经营困难、破产和经济崩溃的时期即一个不理想的衰退期发生，在这一时期，无所事事的工人们面临的将是停产的工厂，与此同时，在业工人的劳动强度加大。

任何资本主义经济通过利润率的缓慢下降来逐渐地发展到一种稳态都是不可能的，即使发生了，它也无法避免不稳定。若想知道为什么不可能，让我们勾画一个简单的模型。我们假定这个社会有两种阶级组成：其中，资本家阶级拥有生产工具，工人全部被资本家雇用。为方便起见，我们可以把资本家阶级具体化为一个资本家。令 x_i 代表第 i 生产期的总产量。我们可以把生产期看做一年，把它的产量看做是某种同质消费品，比如小麦。设 w_1 为第一生产期的工资（以蒲式耳小麦为计算单位），在生产期开始时预付给工人们。设 r 为（不变）利润率。

一种稳态可以表述如下：一个资本家从 x_0 蒲式耳小麦开始（我们不必考虑他从哪儿得到的。也许是他储蓄的，也许是他偷来的，都没有关系），他将这些小麦预付给他的工人。因此，$x_0 = w_1$。他们在第一期结束时回报给他 $x_1 = (1+r) x_0$ 蒲式耳小麦。资本家将 rx_0 蒲式耳小麦的剩余消费掉。他再次将 x_0 预付给工人，这种周期循环往复。它可以不确定地持续下去，每一个 x_i 都等于 x_1，每一个 w_1 都等于 x_0。

它能够不停地持续下去吗？这个案例从经济上看似乎是稳定的，因为利润率是稳定的，这没有任何明显的技术困难。但从政治上看却存在一个问题，我们在此描述的这个社会看上去有封建主义嫌疑。一个阶级不劳而获，另一个阶级无休止地劳动，生活条件却得不到任何改善（在最好状况下，也是没有任何改善。如果人口增加，还会变得更穷）。令人生疑的是如果没有严格的等级制度传统或者一个专制政府，这样的一个社会是否能够长期维持下去。如果没有任何民主，自由和有效的沟通是难以实现的。如果说教和宣传足以使人们保持满足心理,那么这样一种社会有可能存在下去,但是,更有可能出现公开的阶级斗争。

如果无增长的资本主义是不稳定的,让我们将增长填加到我们的模型里。让我们放弃资本家消费掉剩余这一假设,而重新假设他将剩余用于投资。为简单起见,我们将假定他完全放弃对剩余进行消费,而将其全部用来投资。对于这样一种夸张的假定,已没有什么重要事情悬而未决。如果有的话,我们也是在为资本主义强化这一案例。

我们发现我们自己仍有一个尚未解开的谜。在我们的模型中,"投资"究竟意味着什么呢?在第一年年底时,我们模型中的资本家有 $x_1 = (1+r) x_0$ 蒲式耳小麦,他必须将其中的 x_0 留做工人的工资。但是他怎样支配剩余 rx_0 才能使产量在第二年年底时增加到 $x_2 = (1+r) x_1$ 呢?

一个办法就是做他过去做过的事情,但是以更大的规模去做。我们把这种增长称为"外延型增长"。在这里,资本家必须雇用更多的工人。因为,我们已经假定实现了充分就业,以这种方式实现的增长(即没有技术进步)就要求人口也不断增加。如果所有的工人都具有同样的生产能力,并且不存在规模收益递减,那么稳定的条件(即维持一个利润率 r)就是 $n_i = (1+r) n_{i-1}$,此处的 n_i 代表 i 期可得到的工人的数量。如果我们考虑到收益递减因素,那么 n_i 就必须大于 $(1+r) n_{i-1}$。如果人口增长满足这一条件,这一制度似乎就是稳定的。它在经济上是稳定的,因为利润率得以维持。它在政治上是稳定的,因为资本家不再消费掉剩余,而是将其用于投资。每个工人都随着时间流逝在不断改善生活条件,至少没有变得恶化。在任何情况下,他们几乎都不能以他们的生活条件为由谴责那些非消费性的资本家,资本家在这里成了社会德行的楷模。

当然,这个案例中的问题是它依赖于呈几何级数增长的人口。实际上,资本家不能无止境地继续"做他过去做过的事情,但是以更大的规模去做"。他只能这样做一段时间。这个模型对资本主义发展的某些时期并无不妥。在 1750 年至 1950 年期间,欧洲的人口增加了一倍多,而美国的人口则增加了 5 倍。同一时期,世界人口每十年增长 6.4%,与此相比较,在公元元年至 1750 年期间,每个世纪才大约平均增长 6%。[91] 但是,任何思考过这个问题的人都知道(而且如果一个人做过基本的计算,他就能描绘出这条可怕的曲线),人口的指数化增长不可能永远持续下去。如果资本主义为了维持它的稳定而要求人口呈几何级数增长,那么,资本主义就是不稳定的。[92]

但是还有一种出路:资本家不需要继续"做他以前做过的事情"。资本家可以通过发明、革新生产工具来发挥他的历史作用。让我们为这类增长设计一个模型。我们把第二个模型里的人口假定给转变一下，变成劳动力数量维持不变。这是一个简单化的假设，但按最近工业化国家的人口增长趋势来看，它也并非是不现实的。让我们假定，所有的增长都来源于技术革新。我们将之称为"内涵型增长"。为了维持利润率，投资必须带来产量的稳定增长：对于所有的 i 来说，$x_i = (1+r)\, x_{i-1}$。因为根据我们的假设，我们的资本家没有任何消费，劳动力是确定的，这个增长率就转变成了人均消费的稳定增长，而且是以 r 的年率增长：$w_i = x_i/n$，在这里，n 是一个常数，x_i 保持稳定增长。很明显，这是资本主义发展的"黄金时代"。利润率是稳定的，资本家保持乐观；工资随时间发展而出现指数化增长，劳动者也满意；人口保持不变，对任何人都是一种安慰。当然，这只是一个表现资本主义稳定的例子。

从逻辑上讲，这种状态是可能的。这样一种状态也是必要的，因为我们考虑过的三种模型是仅有的（纯粹的）可能发生的情况，前两种情况肯定都是不稳定的。[93]但是，如果通过技术变革达到稳定增长既可能又必要，那么这确实可能吗？可能性究竟有多大？哪些变量必须共同起作用、如何起作用，才能保持这一作为自由市场无计划结果的乐观状态持续下去？（政府在保护这种状态中所起的作用将在第六章进行讨论。）

很明显，这里最重要的变量是劳动生产率，即每个工人的产出。如果劳动生产率停留在 r 水平上不提高，那么，利润就无法维持。如果在第 i 期投资 x_i 蒲式耳小麦，那么，就必须使资本家得到 $(1+r)\, x_i$ 规模的回报。[94]也许，这种稳定的劳动生产率提高可以无限持续下去。也许，技术革新将总是能够克服收益递减和资源稀缺问题。

这个假设前提与前一部分讨论的有关增长约束因素的论争密切相关。在前一部分，我强调了对无限增长的环境约束。资源约束在讨论中也常常提到，但我却决定不再提及。尽管根本没有解决这个问题，但到目前为止最好的例证说明，资源耗竭从根本上说将不再是那种人们曾经认为的障碍因素。[95]

然而，我们确实将资源问题纳入了我们的讨论中。为避免不稳定，资源不仅必须在物质上是可行的，而且技术革新还必须能抵消日益上升的稀缺性成本，包括人们应该估计到的涵盖综合性环境退化的政治强制因素。这有可能发生。但如果不发生的话，那么，因利润下降而引起衰退性不稳定和阶级斗争趋于激烈也是非常可能的。[96]

劳动生产率提高是稳定资本主义的必要条件。它在所有必要条件中是最根本的一个。但它不是唯一的一个。模型的简单化掩盖了其他因素。实际上，劳动生产率的提高只是一个三要素运动的一瞬间，必须使其中的每一个都成功才能使资本家的期望得以满足，使稳定得以实现。资本家在第 i 年年底占有

剩余 rx_i，一定要为这项剩余寻找一个出路。只有当他们代表一个投资流向，而这个流向保证能够足以吸引资金投入的利润时，它才会被返还给工人。资金必须用于投资，这是第一步。第二步，劳动生产率提高的预期必须变成现实。第三步，新产品必须能卖出去。

第二步我们已经分析过了。这里的限制性因素是技术革新。技术革新会发生吗？其发展速度足以克服收益递减和环境约束吗？第一步是指我们在这一部分开始时讨论的"投资者信心"问题。我们知道，投资从根本上说是指将工人和资源从劳动生产率较低的地方配置到预期劳动生产率更高的地方。如果资本家没有发现足以为他们冒险进行投资提供保障的生产性投资机会，那么他们还有其他选择：将剩余消费掉，或者是投资于非生产性投机资产，或者是将他们的资本输出国外以求获得更好的投资机会，或者是持币等待实现"流动性偏好"。如果资本家过度消费或投机，那么维持长期稳定所必需的劳动生产率的提高就是不可能的。如果后两种做法的任何一种突然变得膨胀起来，国内总需求因此而下降，衰退性不稳定也随之发生。

生产性投资机会是否真的减少还是一个有争议的问题。美国凯恩斯学派的阿尔文·汉森在20世纪30年代后期提出了"停滞说"。马克思主义经济学家保罗·巴兰和保罗·斯威齐在20世纪60年代中期再次将这一问题提出来，并使之成为他们有广泛影响的批评意见的核心。[97]毫不奇怪，主流意见对此仍持怀疑态度。对我们来说，我们不需要在这场争论中偏袒某一方，因为没有人能够否认投资的下降趋势会给资本主义增长带来问题，我们的讨论应该注意的重要事项是停滞问题涉及两个因素。第一个是技术方面的，劳动生产率的提高在技术上是不是可能的和可能性有多大。第二个是心理方面的，一个特定阶级的人是不是适当地行使他们的（投资）"自由"。正如我们很快将会看到的，心理因素在"经济民主"制度下是非常不同的。

对于资本主义稳定的黄金时代至关重要的第三步就是按预期价格生产出来的产品的销售。这个条件尚未在我们的模型里涉及。因为，我们假定资本家直接将产品预付给他的工人。我们的条件假定对于说明某些关系是很有用的，但它却使事实变得不明，在实际生活中，工人们必须购买资本家的产品，并且是用付给他们的货币工资去买。[98]

第三步暴露了潜在不稳定的另外两个来源：第一个是工人们必须有足够的钱购买资本家的产品；第二个是他们必须想花掉它。第一个是总需求问题；第二个是"消费者信心"和销售努力的问题。

在第三章，我们考察了一个针对大规模和复杂销售活动的案例。我论证了由不合理手段产生的要求和愿望根本不可能真正有助于个人福利的改善。

这里我们来看一个相反的现象：经济崩溃（从而导致福利水平降低）的可能因总销售业绩不良而变成现实。资本主义需要增长，增长又需要投资者信心，投资者信心又需要消费者信心。如果消费者不能继续增加购买，那么，产品会卖不出去，资本家的动力将会低迷不振，解雇风潮也随之到来，等等。除了资本主义的一系列特殊矛盾外，我们在这里指出另外一个：经济发展是为了满足消费者，但是，如果消费者得到过分满足，一场危机也就到来了。

总需求问题一直与失业问题放在一起进行讨论。到目前为止，关注的一直是自由放任问题，而没有增添别的问题。自由放任决不能保障总需求一直能够满足充分就业的要求。更多要说的是政府干预以便维持总需求，但这个话题放到我们对凯恩斯学派的自由主义的讨论部分，因此，我们在这里无须费神。当代古典自由主义者们常常在这个连接点上放弃对自由放任的责任。政府必须做一些事情来保障有足够的需求，在保守派中最受欢迎的药方是货币主义：即政府应该管理货币供应。[99]这个药方将在第六章讨论。

黄金时代增长的三个步骤：

1. 资本家必须投资。

2. 劳动生产率必须提高。

3. 产品必须被卖出去。

(1) 消费者必须有足够的货币。

(2) 消费者必须有购买欲望。

相应的困难：

1. 投资者信心不足。

2. 技术革新不足。

3. 销售不足。

(1) 有效需求不足。

(2) 消费者信心不足。

我们来比较一下自由放任的稳定和"经济民主"制的稳定（见表4—1）。

表 4—1　　资本主义稳定的条件：三个最好的案例（利润率不下降）

	人口	工人消费	问题
无增长	稳定	不变	政治方面的
外延型增长	增加	不变	人口方面的
内涵型增长	稳定	上升	无问题：黄金时代

上表总结了我们对这个问题的分析。在自由放任和"经济民主"制之间最重要的差别在于，后者没有增长的强烈欲求。自由放任（的确，资本主义

通常）需要增长；"经济民主"制则不需要。"经济民主"制下的稳态不会引发资本主义固有的特殊政治问题，因为那里根本不存在需要进行公正性评判的所有权阶级。这并不是说"经济民主"制下分配矛盾会消失。只要存在不平等和物质稀缺性（在"经济民主"制下也会存在），就有出现政治冲突的可能。但是，将使"经济民主"制具有决定性优势的是它不存在一个阶级，这个阶级在无增长稳态经济中明显是非生产性的，对它进行的历史的和当代的价值评判植根于增长中。[100]

"经济民主"制作为一种稳态能够运行得很好，因而它既不要求人口增长也不要求技术革新达到足以保证劳动生产率提高的速度。它还将能够不必经历令人不快的经济崩溃而实现由增长状态到稳态的转变。如果消费者开始减少购买，其影响将是增加生产者的闲暇时间，且将由最先受到影响的那些企业共同增加闲暇，然后，影响逐渐殃及其他部分。[101]大规模解雇工人又引致更多的解雇以至于发展到自由放任那么脆弱的可能性是不存在的。"经济民主"制也不会面临"投资冲击"的威胁，因为没有一个阶级具有"流动性"选择权。如果稳定性有保证，也就没有一个阶级，其动力必须得以维持。在"经济民主"制下，投资资金来源于税收，供应给需要它们的人。如果计划投资的项目很少，那么中央、省、地方各级政府会出台更多的投资刺激措施，或者政府立法削减资本税。如果社会不想增长，那它就不必去做那些事。一个高投资水平对于稳定并不是必要的。[102]

还有一个重要问题要考虑。我们的分析到目前为止还远未进入到衰退性不稳定的核心问题。但另一个常常与不稳定联系在一起的问题即通货膨胀又怎么样呢？也许"经济民主"制只不过是拿一个问题交换另一个问题？

我们似乎有理由关心这个方面。我经常注意到，在"经济民主"制下，不存在资本主义制度下那么残酷的竞争，因为企业几乎没有或根本没有将竞争对手挤垮或占有更大市场份额的动力。还发现各种能想到的结果都是由这一特征引起的。但是，只有一个看上去不太好：在不存在激烈竞争的情况下，什么事情能够避免企业随心所欲地抬高价格？很清楚，这家企业的工人将受益。即使销售多少有些下降，他们的福利也可以比以前有所改善。一家企业按单价 $2x$ 美元出售 n 件装饰品与按单价 x 美元出售 $2n$ 件同样产品得到同样的收入，但是，它在原材料上只花费了一半的费用，它的工人只需要工作一半的时间。如果一家企业有可能把它的顾客输给竞争对手，他就不会提高价格了，但是在"经济民主"制下，竞争对手企业可能对扩大生产不太感兴趣。它也可以仅仅提高它的价格。通过这种方式，两家企业都将获利，与成本提高毫无关系的价格提高将会在这个行业蔓延开来。

对这一问题的标准的、理论上说得过去的解决办法就是让新企业自由加入。如果装饰品业突然变得有利可图，那么生产其他产品的企业就会愿意转向装饰品生产，或者是工人想离开现在的企业，创建装饰品企业，装饰品的供应将增加，价格将不得不降下来。但这是一个完美的答案吗？实际上，新企业无法很快建立起来。如果现有企业把价格调低到以前的水平，那么大量启动资本将流向很可能会变成一笔不良投资的项目。

要想恰如其分地分析这个问题，我们就需要深入思考两个特殊的问题。"经济民主"制比自由放任具有更强烈的通货膨胀趋势吗？通货膨胀的结果对两种制度是相同的吗？让我们来考虑第一个问题。如果我们坚持把自由放任看做是资本主义经济，它一没有政府干预，二没有垄断，那么答案是肯定的。自由放任制度下的企业比"经济民主"下的同类企业在提价方面难度更大，因为，前者更有理由担心竞争对手会抢占它的市场。

在这一点上，我们有必要反思我们过去对于自由放任的说明，因为，事实上这两个定义性条件是不相容的。[103] 无论从理论角度还是从实证角度看，这一点都是很清楚的，即资本主义经济倾向于市场控制力过度集中。大企业通常会吞并小企业或将它们排挤出市场。设想最少政府干预的资本主义经济将会出现激烈的价格竞争是不现实的。正如亚当·斯密的发现，"同一行业的人极少相互接触，即便是出于娱乐和解闷的目的。但是他们的会谈总是以达成反对公众的阴谋或者以制定某种提高价格的手段而告终"[104]。

很清楚，自由放任的两个决定性特征中更重要的是最低限度的政府干预。[105] 因此，我们可以假定，在自由放任制度下，会有很多企业能够把他们的价格提高到在强有力的价格竞争条件下能够达到的价格水平之上，正像在"经济民主"制度下很多这样的企业一样。至于哪一种制度下这种趋势更显著则是不明确的。尽管确实是在"经济民主"制度下，竞争一般不像在自由放任制度下那么激烈（因为企业不太倾向于将它们的对手排挤出经营），在"经济民主"制度下，企业很可能会小一些也是事实，因此，它们也许更担心失去顾客。在这两种制度下，提价行为都是一种冒险。一家企业为了增加收入，总是企图提高价格，但是，它知道销售量也许因此而下降，失掉的顾客很难再回来。

让我们确信在自由放任制度和"经济民主"制度下都存在通货膨胀的趋势。[106] 结果会是怎样？让我们来问一个根本问题：通货膨胀有什么不对劲？令人吃惊的是，经济学家们并没有给出一个流畅的回答。麻省理工学院的保罗·克鲁格曼承认，"它是经济分析的肮脏小秘密之一，尽管通货膨胀普遍被看成是一个可怕灾难，但多数衡量其成本的研究都令人不安地得出了偏小的数字"[107]。

很清楚，如果各种价格都按一样的比率上升，收入也按同样的比率提高，那么对任何人的福利水平都没有什么实际影响。每个人的实际消费水平和相对消费水平都保持不变。甚至当变动率不平衡时，也不一定发生什么严重损害——价格不一致地偏离成本而引起某种相对不公平、帕累托最优的某种丧失，但没什么太严重的。经济学家们确认的最重要的无效性是这种价格体系中的通货膨胀的"静态"使得制订长期计划更为困难，尽管这一问题似乎是可以加以管理的。的确，实际上，资本主义国家在经济健康时期也会经历价格上升，有时甚至是非常剧烈的通货膨胀。[108]只要收入不断增加，就似乎没什么理由为不稳定担忧。

经济学家们常常提到社会广泛反对通货膨胀是因为它对工人们的某种不合理影响。[109]工人们认为他们的收入增加是由于他们自己的勤奋美德，但却把价格上升看做是与他们的工资增加无关的、并非由工资增加引起的。这样他们感到他们是受害者，他们得来不易的收入被通货膨胀侵蚀掉了。

在这方面可能还有一个事实，至少足以使人们接受媒体将通货膨胀描述成一个可怕的恶魔。[110]但是，我认为，对通货膨胀的真正反对意见来自于另一个方面。只要我们将注意力局限在工资和消费上，就难以搞清相对于烦恼或挫折而言，为什么通货膨胀是一个"可怕的根源"。但是，如果我们考虑借款和贷款行为，一种不同的景况就成为关注的中心。一般地，通货膨胀损害那些贷款多于借款的人。当我借 x 美元时，就必须偿还 x 美元（先不考虑利息），但是在通货膨胀时期，我所偿还的 x 美元将比我过去得到的 x 美元能买到的东西更少。在通货膨胀时期，贷款人往往受损，而借款人往往受益。

事实根本不是有钱放贷的人比那些想要借钱的人变得更富有了。当然，也有很多例外。但是它作为一般原则不应受到怀疑。因此，与"反通货膨胀斗士们"经常指出（向拿固定收入的寡妇了解情况）的相反，通货膨胀（当然是"工资推动型"通货膨胀）一般会使得收入分配曲线下移，从资方转移到劳方。当通货膨胀升级时，它甚至能将实际利息率推到负的水平——这对于那些以利息作为主要收入的人（例如对上层阶级）是一个十分可怕的前景。[111]当看到要求"制伏通货膨胀"（吉拉德·福特的口号）的呼吁一浪高过一浪时，我们应该感到吃惊吗？即使那样就意味着使国家陷入严重的衰退（正如在 20 世纪 80 年代所做的，克鲁格曼提醒我们，有一些党派支持的因素的影响）。[112]当然，总是被提到的政治方面的评判是为了保护那些领取固定收入的穷人——从来不，只有上帝晓得，去保护贷款人的利益。但如果事实是，忍受采纳了衰退"方案"的痛苦而减轻通货膨胀给那些被认为受保护的人带来的痛苦，这就是一个没有诚意的评价。[113]

我的意思并不是说通货膨胀从来没有伤害无辜的人，或者从不具有不稳定影响。当通货膨胀的影响不成比例地降临到那些对经济崩溃有重要潜在影响的阶层时，严重的不稳定的确可能随之发生。在资本主义社会，加入工会的工人们和大工业资本家们能令人满意地避过通货膨胀的不利影响。工会能够强有力地为争取提高工资进行谈判，他们的老板们可以把这些增加的成本转嫁给消费者。小商人、没有组织的工人和金融资本家相对较脆弱。如果金融资本家开始丧失勇气，那么，这种"投资者信心"的丧失会引发一场衰退。如果通货膨胀变得极为严重，就会发生更糟糕的事情。剧烈的通货膨胀常常是法西斯主义篡权的前奏，想一想墨索里尼之前的意大利，魏玛德国，阿兰德的智利，他们的主要支持者通常是小商人、没有组织的工人和金融资本家。当然，在发达资本主义国家，通货膨胀很少被允许发展到失去控制的地步，因为政府有权力，通常还有愿望来加大货币调控力度，从而引发一场经济危机。

我们看到资本主义制度下的通货膨胀的确会产生不稳定问题。如果处置不当，投资者信心就会动摇。最糟糕的情况就是演变成法西斯主义。如果政府进行干预，它将会引发一场衰退——尽管可能比投资者信心被严重动摇而引发的衰退程度更轻的衰退，但终归是一场衰退。

"经济民主"制度下的通货膨胀，也有同样的结果吗？我们注意到前面提到的特别容易受到通货膨胀伤害的三个阶层在"经济民主"制度下将不存在，也不会有金融资本家或小商人，所有工人都属于各个民主集体。[114]我们能够得出结论说"经济民主"制度下的通货膨胀是无害的吗？这个问题绝不是一个简单的回答就能够解决的。假如一个"经济民主"社会的技术、劳动力和消费偏好是确定的，但是所有企业都按同一百分比提高了其产品的价格，消费会保持不变吗？不见得。并非货币供应也按同一比例提高。[115]如果货币供应不按同一比例增加，那么，购买力的不足必然会导致卖出去的产品数量减少，因而使经济收缩。我们会看到发生与资本主义的"滞胀"相似的现象：高物价和经济增长缓慢。

这是一件严重的事情吗？它不像资本主义制度下的通货膨胀那么严重，因为，"经济民主"社会中的经济紧缩意味着减少受影响企业中所有人的工作时间。实际上，人们用消费换得了闲暇。这种社会主义的"滞胀"仍然几乎不能看做是一种理想的状态。一方面，对于工人个人或集体来说，就是选择比以前工作更少，以便用消费交换闲暇。另一方面，它是个别企业提高价格的独立决策的非故意性结果。

我认为我们必须承认停滞是"经济民主"社会的一个潜在问题。但它不是一个稳定性问题，因为通货膨胀引致的经济紧缩不可能以它自己为存在条件。如果企业正处于产品销售的困难时期，他们就不会继续提高价格。在政府变得无能为力之前，滞胀也不是什么问题。还有三个基本工具可以使用：货币政策、税收政策、价格控制。

此刻还不是深入分析"经济民主"社会的货币、税收和价格政策的时候（其中有相当部分不可避免具有投机性），但有些基本因素在此仍然可以冒昧地提出来。或许与所谈问题相关的最重要的一点就是，"经济民主"社会的政府对货币供应的控制远比资本主义社会的政府要多，理由是它没有在资本主义社会中起重大作用的私人银行或其他金融机构。在资本主义社会中，政府的中央银行主要是靠印刷货币来创造货币，然后用它为政府购买进行支付。[116]但是银行和其他类似机构实际上通过扩张信贷也"创造"货币。[117]一家中央银行有各种工具，它可以利用它们来监控发放的信贷总量，但在资本主义社会，金融机构常常会发现一些新办法，通过使用新的债务工具，避开管理者。由于利息支付可以形成一笔巨款，因此他们这样做的动机非常强烈。在"经济民主"社会，中央银行也能印刷货币，而且它还必须监督供应者为他们的客户提供的信贷数量，但利息不多，那里没有别的金融机构需要监督。

再回到滞胀问题：价格在上升，产量在下降。按名义货币额计算的 GNP 不变，但实际产值在下降，因为上涨的价格吃掉了本来会被花在更多商品上的钱。理论上讲，这个方法是非常简单的：中央银行应该允许货币供应保持与通货膨胀指数同样的上升幅度。这只要通过削减税收和印刷货币以弥补短缺就可以做到。这样做可以按需要来增加有效需求。理论上看，问题已经得以解决。价格会升上去，收入也会上升，人们能够买他们以前买到的数量。没有任何实际变化。这种办法还存在两个问题。我们已经假定所有价格都会同步上升。不幸的是，没有理由认定情况一定会是这样。各家企业自己定价。拥有更大市场控制力的那些企业（即较少担心价格竞争）可能比那些市场控制力小的企业提价的幅度更大。这会导致社会产生不公平和资源配置无效率。

无效率严重到需要采取特别措施似乎是不可能的。总之，现实世界中的资本主义社会，即使是那些被认为效率最高的资本主义社会，也存在市场力量方面的不平等。自亚当·斯密以来的观察家们已经注意到资本主义企业不喜欢进行价格竞争。它们极力避免竞争。大公司特别精于此道。[118]现实中，资本主义社会的价格大大偏离了完全（甚或是激烈）竞争条件下形成的价格水平——从经济上讲，几乎没有什么不良影响。如果"经济民主"社会因为缺乏激烈的价格竞争而发生严重问题，那么更有可能是公平问题而不是效率问题。如果这些问题趋于严重，政府会有几种选择：它可以征收分级所得税（针对较富裕的人），或是征收分级利润税（针对较富裕的企业），或者实施有选择的价格控制（针对有较大市场控制力的企业）。虽然这些办法中没有一个是完善的，但其中的任何一个都是切实可行的。在发达资本主义社会，所有这些办法都常常被使用。

货币主义解决滞胀的方法存在的另一个问题就是过于严厉了。如果中央银行想要增加货币供应以避免滞胀，它似乎就会破坏价格制度的原则。如果企业知道政府将参与缓和因价格上涨引起的经济紧缩，那么所有的约束因素发挥作用的可能性都将是很小的。在解决滞胀中的停滞问题时，我们可能发生一种有可能失去控制的十足的通货膨胀。

对我来说，由于四种原因而使得这种关注似乎过分夸大了。第一，所有的约束因素并未失效。提价的企业将不得不担心他们的顾客会停止购买或转到别处购买。减税可能进行得太晚。第二，从资本主义国家发展的历史可以清楚地发现，大幅度的通货膨胀常常与实际经济增长相伴。通货膨胀并非总是失控。通货膨胀的"稳态"导致不能制订计划也不符合实际。第三，再次考虑一下谁是通货膨胀的受害者？我在前面曾提出通常贷款者受害，而借款者受益。但在"经济民主"社会中谁是贷款者？那儿没有贷款者。用来投资的货币来自资产税，而非私人储蓄者。在"经济民主"社会，通货膨胀的唯一"牺牲者"是领取固定收入的人和有个人存款的人，但这两类人都可以通过按生活费指数调整收入利率的措施而得到保护。最后，而且也是最重要的，政府对货币供应有最终控制权——正如我们看到的，比资本主义社会的政府施加更多的控制。如果通货膨胀出现失控的危险，政府不必无能地袖手旁观，它能够参与货币控制。

在本章，我们已经看到，即使是放弃技术固定不变这个假设，并允许存在技术革新和增长的可能性，那对于增强自由放任的说服力也没有多少作用。事实上，这使情况变得更糟。由自由市场刺激而引起的这种增长很可能是不平衡的，受外部性困扰的，而且受到不平等收入分配的扭曲。它的增长率也很可能偏离理想水平。自由放任政策是为增长而建构的，它一直增长到（无论增长是值得要的还是人们想要的）面对我们前面讨论过一个或几个障碍。然而，这些障碍不能以一种平稳的和自然的方式来放慢经济增长，而是倾向于引发衰退性失业和阶级冲突。

这并不是说一个稳定运转的、理想的、黄金时代的自由放任是不可能的。但黄金时代是不可能的。根本不存在结构性的力量可以保持经济在黄金路向上运行。推论和经验都得出不稳定的结论。除非有什么特别重要的支持"自由放任"的非经济因素，否则它作为一种社会模式的愿望似乎将让位于"经济民主"社会的承诺。

[注释]

[1] 哈耶克（1960，p. 106）。

[2] 杜布（Dobb，1969，p. 149）。琼·罗宾逊持有相似的看法："是什么样的理论已经提出来去探究私人自利性，如何引导新的投资进入到那些能最好服务于社会整体的需要和欲求的行业？"（罗宾逊，1976，p. 9）。

[3] 菲普斯（Phelps，1970，p. 498）。

[4] 门森（Monsen，1963，p. v）。

[5] 见柏拉图对理想国的衰落和崩溃的描述，《理想国》，第8篇和第9篇。

[6] 沃奇特尔（1983，p. 93）。

[7] 吉尔特（1981，p. 296）。我得承认：我真不明白，为什么吉尔特对这些明显充满忧伤的事实大加赞颂。

[8] 世界环境和发展委员会（1987，p. 29）。

[9] 米德（1972，p. 426）。

[10] 关于这一论证的另一表现形式，请见杰森和梅科灵（1979，pp. 481 - 485）。

[11] 参照工人管理式公司把劳动看待为固定成本这一被观察到的趋势，这种论断会在以后稍加修饰。

[12] 当代资本主义国家的政府常通过投资税值和加速折旧等诸如此类的手段尽力去增加投资，但是这些做法又与自由放任精神相对立。

[13] 我并不是说：此类活动与真正的经济行为毫无关联，但是这些用作辩解的托词如此肤浅，以至于用不着去严肃对待。

[14] 这里提出两个问题我留着不作阐发：业主该获得补偿吗？工人必须行使此种权利吗？就第一个问题，业主因他的资产现在已变为社会财产而应该从国家那得到适当价格的付款，这似乎是合情合理的；就第二个问题，我倾向于断定：重要的原则是工人有权组建合作社，而不是所有超过一定规模的企业应该自我管理的原则。如果工人愿意继续维持其工薪劳动者的地位，那他们也可允许这么做。在此，我认为我们不必害怕一种"爬行式（长期缓慢发展的）资本主义"。

[15] 阿罗（1962，p. 618）。

[16] 政府用于基础研究的资助理所当然是当代资本主义的一个普遍特征。这是与资本主义的现代自由主义模式相符合的，而与自由放任政策相冲突。

[17] 事实上，基础研究不一定是每一个国家预算的主要成分——如不是发展中国家的一项重要考虑。正如莫威利和罗森堡（Mowery and Rosenburg，1989，p. 218）所说："很容易夸大国家经济增长对国内一流科学研究能力的依赖性程度。这不该太惊诧，科学研究的成果一直总是持久不绝的。"

[18] 莫威利和罗森堡（1989，pp. 219 - 236）。

［19］杜·波夫（1990，pp. 61-64）。

［20］怀特和怀特（1988，pp. 63-67）。

［21］怀特和怀特（1988，pp. 150-156，200-205）。

［22］莫里森（1991，pp. 111-134）。

［23］莫里森（1991，p. 174）。

［24］莫里森（1991，p. 117）。

［25］怀特和怀特（1988，p. 81）。在"猛龙"，不仅"埃姆蓓萨利尔"部，而且个体公司都竭力鼓励潜在的企业家的成长。

［26］关于此项计划的详细说明，请见麦克兰和温特（1969）；文献浏览，请见麦克兰（1984，ch. 17）。

［27］罗默（1991）在他的市场社会主义模式中，提出了这个主张。罗默模式与"经济民主"有很大的不同，这将在第八章加以分析。

［28］我更早就引用了啤酒瓶的例子（施韦卡特，1980）。在那时，装啤酒和软饮料，仍有可能在可回收和用完便扔的瓶子间选择。自那时起，市场发挥了魔力。到今天就少有此种选择了。

［29］这个悖论是扩展到一个 N 方世界的"囚徒困境"。见森（1961，pp. 479-495）。

［30］在此，我们看到了存在于以许多当代发展上的有害效应为由指责消费者这种行为中的逻辑悖谬。我们所得到并不必然是我们所想要的（要是替代物是以不同的方式呈现）也不是我们会选择的。宏观后果不一定能揭示相当理性的消费者的偏好。

［31］由弗雷德·希思（Fred Hisch，1976）所称谓，他追随艾尔弗雷德·康（Alfred Kahn，1966）。

［32］希思（1976，p. 40）。

［33］社会决策被理论上的困难所困扰，自阿罗受人称颂的"不可能性定理"发表以来，这些困难一直受到了大量的关注。阿罗证明：如果有人想要找到一个程序来为替代物分等级，这个程序必须是"理性"的（也就是说，是及物的、反身的和在一个非限制的范围内是完备的）、不受"非相关性替代物"的影响、反映个体偏好（起码达到这样的程度，即如果每个人都偏好某一事件，那它会比另一事件的等级要高），那么此种程序唯一的可能性是独裁。无论大多数人的民主，还是其他选举机制，都不会满足此条件。我们不会去专注于阿罗的结论，因为就我目前所能交代的，此种结论，完全不同于"小小决策的暴政"，对在手头这个论题或者任何其他真实世界里的事务都没有实践意义。

［34］萨托夫斯基（1954，p. 149）。

［35］加尔布雷思（1958，pp. 199-200）。

［36］"除了乞丐，没有人选择首要地去依赖其同城市民朋友"［斯密，1976，p. 27（I. ii. 2）］。

［37］什娃（1989，p. 105）。什娃关于这一声明的更深入的论证深刻而有感召力。

［38］梯腾堡（Tietenberg，1990），什娃（1989），世界环境和发展委员会（1987）。

［39］关于来自国家大气研究中心的一个科学家对这些相互关联的现象所作的一个详

细、平易而令人忧伤的分析，请见费罗（Firor，1990）。"很有理由认为：空气污染的真正悲剧不在于它会残杀我们，而在于它不会这样。我们会调适自己去适应变化，而遗忘了与过去世界一道消失的种种可能性"（费罗，1990，p. 107）。

[40] 这个观念的古典表达可在约翰·洛克的《论政府》里找到。

[41] 布朗（1991，ch. 2 - 4）。

[42] 有自由主义倾向（其当代立场最接近于倡导严格的自由放任）的理论家经常运用如下的一个论据去竭力虚拟一个反污染的财产权案例，这个论据是：如果你的污染导致了我的肺癌，那么你确实已经侵犯了我的一个基本权利。见诺齐克（1974，pp. 79～80）。但是，问题是在实际操作中，不可能准确说出到底是谁的污染造成了我的双肺这一特别的伤害，也不可能准确说出其污染造成了臭氧层多大的损坏，如此等等。

[43] 政府和国际组织在推行诸种对大气造成灾难性后果（首先，是那些鼓励植被破坏的能源资助和能源政策）的所谓"发展"战略中所发挥的作用不可低估。见什娃（1989）。

[44] 斯密［1976，p. 723（V. I. c. 1）］。

[45] 米尔顿·弗里德曼和罗斯·弗里德曼（1980，p. 214）。

[46] 弗里德曼（1962，p. 32）。

[47] 回忆一下："保守主义"一词通篇指的是经济保守主义，而不是指社会保守主义。前者在取向上是自由至上的；后者不是这样，它渴求于禁止许多事物（其中大多数与性、毒品或摇滚乐有关）。

[48] 就这一点，一个可怕的描述，请见布朗等（1991，ch. 6）。

[49] 应该记起的是，一种竞争性的弱势在"经济民主"下比在资本主义下更少可能把一个公司导向破产，因为竞争着的公司更不大会选择扩张。

[50] 铁路和市区运输系统是否应该作为公共企业来运作或是作为自我管理、赢利的合作社来经营，这要由相关的立法机关来裁决。

[51] 这援引的是肯尼斯·施纳德的术语（施纳德，1971）。

[52] 就有关市政重建生态合理化的许多更多的观点，见戈顿（1990）。

[53] 两者之间的强烈反差，请见大卫·圣·克莱尔所作出的描述（克莱尔，1986）。他的描述是建立在深入调查、通盘考虑的基础之上，它表明：在美国，繁忙的大众交通系统就毁在了通用汽车公司及其诸多同行和前台部门的手中；而在一种"经济民主"制度下，一个外来的公司是不会允许准入、买断一个交通系统，破坏它（通过转而采用低效得多的公共汽车），最终又把损耗下的部分卖掉的。另见奎特内（Kwitney，1981）。

[54] 上述引语由世界监测研究所编辑，由布朗等人重印（1991，p. 166）。

[55] 依斯特林（Easterlin，1973，p. 4）。

[56] 杜宁（Durning，1991，pp. 156 - 157）援引了一项在1974年所展开的研究，它发现尼日利亚人、菲律宾人、南斯拉夫人、日本人和联邦德国人处于大约同一条总体幸福的水平线上——接近世界标准——而古巴人和美国人则要幸福得多。

[57] 杜宁（1991，p. 156）。

[58] 弗里曼（1978，p. 140）。

[59] 不仅资本主义国家，社会主义国家也是如此，都把增长作为最优先的事；但那是两个不同的问题，暂且不关我们的事。

[60] 凯恩斯（1971，pp. 19 - 20）。

[61] 凯恩斯（1971，p. 20）。

[62] 哈耶克（1960，pp. 22 - 38）。

[63] 哈耶克（1960，p. 52）。

[64] 由于生产成本会降低，收入就会增加。为避免误认为大多数工人会倾向于"抓住手头的鸟"（比方说，宁愿要收入上的一种确实的增长，而不愿要提供给他们公司的一种可能的投资基金），我们得自我提醒，这一决策是由国家立法机关作出的，它负责确保整个经济良性运作。可以想象，个体投票者为降低税率而奔走，但会有来自社区和合作社的双重压力，它们担心投资基金会变得短缺。

[65] 马克思（1967，p. 595）。

[66] 引自瓦兹特（1983，p. 50）。加博补充说："在商业日复一日的压力下，就连高级知识分子也拒绝长距离地去思考问题了；如果他们真的去这么思考了，也是不自觉地重复着圣奥古斯丁的那句祈祷，'主啊，使我向善吧，但暂且不要'。听任几何级数的增长继续充斥着我们的时代。"

[67] 这一点将在下一部分得到更为充分的阐明。

[68] 市场，就能为众多种类的消费品提示出社会性偏好而言，可以合法地认为一种准民主机制；但要成为投资率的整体社会性偏好的指示器，就无合法性可言了。

[69] 哈耶克（1960，p. 41）。在此，读者会意识到本章开头所评论的浮士德的明智（歌德笔下的浮士德）。上帝是不允许我们有丝毫懈息和片刻逸乐的。

[70] 哈耶克（1960，p. 51）。

[71] 我并不想表明，自由放任的体制就确保快速增长。如同我们在下一节将要看到的，许多的事情走错了。但当自由放任政策如其所设想的那样运作时，它是一种高速度的体制。

[72] 见格舒尼（1984，p. 48）。

[73] 斯密 [1976，p. 99（I. Viii. 43）]。

[74] 博尔丁（1973，p. 97）。

[75] 就当代富足生发出单调乏味的说法，所作出更为可信的论证，请参见萨托夫斯基（1976）。再考虑一下凯恩斯对未来的一种"反思"：我看出，于是，我们可以自由地回归到宗教和传统价值的一些最可信的教义中去，如贪婪是恶习、索取高利贷是过错、贪恋钱财是可鄙的。那些起码为明日着想的人，最真切地走在美德和健全智慧的道路上了。我们将再一次把目的置于手段之上，宁愿选择善良的（the good），而不是有用的（the useful）（凯恩斯，1936，pp. 371 - 372）。

[76] 索洛（1973，p. 41）。

[77] 世界环境和发展委员会（1987，p. 4）。

［78］由"奥尔森和兰德堡"报告（1973，p. 97）。

［79］一种对"右翼"环境保护主义的方案既优雅又有趣的描绘，请见斯特勒顿（1976，pp. 15 - 39）。对反增长论据的许多批驳，见贝克曼（1974）。

［80］索洛（1973，p. 41）。我已忽略了在政治竞选期间普遍存在的一个论点，即增长对创造工作岗位是必需的。但我把这一点视为一种承认：涉及就业，资本主义确实存在着体制性的问题，对此，第三章进行了分析。

［81］杜宁（1991，p. 156）。

［82］哥尔登堡等（1987）；由杜宁所引证和讨论（1991，p. 157）。

［83］世界环境和发展委员会（1987，p. 1）。这个委员会是一个独立的联合国实体，由挪威前总理布朗兰（Gro Harlem Brundtlund）任主席。其成员的大多数来自发展中国家。其1987年的报告重申了它的立场：世界上的大多数人在制定环境政策上都拥有发言权。

［84］世界环境和发展委员会（1987，p. 3）。

［85］森（1984，pp. 102 - 103）。

［86］参见斯威齐（Sweezy，1942，pp. 133 - 234）。这部著作至今依然是讨论马克思的经济危机理论的最好的一部。

［87］我多少有点夸张。并非凯恩斯以前的所有经济学家都困扰于关于这种制度将针对均衡中断而自动和适当地调整的说法（尽管它们的批评者们几乎对主流意见没有什么影响）。参见汉森（Hansen，1995年，第一章）。

［88］哈罗德（1939）。这篇论文和由此争论而引发的有水平的论文被森（1970）编辑成书。若想了解新古典学派观点的最新情况，可参见索洛（1988）。注意，他对剑桥论战的毫不留情的评价："浪费时间，把时间消磨在用解析经济学的语言进行的一场意识形态游戏。"（索洛，1988，p. 309）。

［89］穆勒（1965，p. 752）。

［90］穆勒（1965，p. 754）。

［91］库茨涅兹（1965，pp. 8 - 9）。

［92］这一点不是非常严格、准确，因为，几何比率可能会非常小以至于在可预见的未来不是很重要。然而，对于人口增长来说，为了维持现有的资本主义社会正常预期的利润率，它将不得不远远超过人口统计学上的稳定。

［93］新古典经济学家常常把因技术变化带来的增长与仅仅是由使用更多的资本（相对于一个沿着给定的生产函数的移动，从一个生产函数移动到另一个生产函数）引起的增长给区别开来。这种区分与我们的目的无关。两种增长（如果它们真的能够区分），我们都称为"技术性的"，因为它们都涉及资本家提高劳动生产率的行为。

［94］我们的单一产品世界——以牺牲现实为代价——避免了产品罗列问题。（如果在第一期生产了1 000蒲式耳小麦，第二期生产了500头牛，经济增长了多少？还是下降了多少？）然而，这种复杂化对我们的基本问题没有什么影响：对于资本主义稳定性至关重要的增长（由某种适当的指数加以衡量）要求生产率的提高（由某种指数衡量）。

[95] 最近由一个著名的多学科研究小组进行的评估，参见戈顿等人（1988）。他们关于可获得资源最严厉保护的建议是针对水和能源，但无论如何，对于后者，问题还是发生在环境约束上，没有任何物质方面的不足。

[96] 罗伯特·海伯纳（1974，p. 123）同意："为什么在收入分配极不平衡情况下，特别是在一个民主社会中社会仍能保持安定是一个永久之谜……当环境和其他难题对经济增长放慢的要求达到了一定程度，争取地位的斗争会表现得更为明显，（而且我们很可能发现）'已经消失'的问题再次出现：两个国家之间发生战争——在富国和穷国之间。"

[97] 汉森（1938）、巴兰和斯威齐（1966）。

[98] 罗伯特·海伯纳（1989，p. 100）回顾了一个也许是杜撰的故事，讲的是亨利·福特二世和联合会组织者瓦尔特·鲁瑟（Walter Reuther）途经一个新建的自动化引擎厂。"瓦尔特，"福特对鲁瑟说："你打算怎样来组装这些机器？"鲁瑟答道："亨利，你打算怎样卖掉这些汽车？"

[99] 弗里德曼（1962年，第三章）保守经济学的最新潮流，即新古典经济学不同意这一点。货币主义不会发挥任何作用，理由是当事人将会合理预期政府行为，并进行相应调整。参见巴诺（Barro, 1977）。在某种意义上，新古典学派使用了一种比弗里德曼更纯粹的自由竞争形式。

[100] 再次引用海伯纳的话："（资本主义社会的）对经济增长思想不加批判的崇拜是如此的露骨，就像较之于其他政体，而产生的对神圣王权或贵族血统的崇拜，或者对正统教派的崇拜。"（海伯纳，1989，p. 102）

[101] 这个概念是这样：因为一家由工人来管理的企业难以做出解雇它的成员的举动，需求减少的结果就是所有的人都缩短劳动时间。当然，他们的收入将会减少，他们因此也将会紧缩支出，从而减少了对其他产品的需求，等等。当然，如果某些部门紧缩幅度很大，那么，有一部分工人就可能到别处去寻找工作。假设是在第三章讨论的机制下，他们就应该能找到工作。

[102] 只要资源耗竭问题和收益递减问题存在，那么，一个正的投资率就总是必要的。但是，经济增长速度越慢，这些问题就越不严重。为实现增长而进行的投资越大，避免收益递减的研究也就必须做得越多——又一个不支持资本主义制度的矛盾事态。

[103] 读者们可以回忆起我们曾假定在自由放任制度下不存在垄断，以便于更好地理解这个观点，即竞争性资本主义是有效率的。因为即使没有垄断，效率断言也变成了谬误（由于失业和销售努力），所以没有必要对非垄断假设的合理性提出疑问。

[104] 斯密 [1976, p. 145 (I. x. c27)]。

[105] 保守的理论家们通常不情愿让政府做太多的事情去抑制垄断的趋势，因为他们感到（并非没有理由）这种努力常常会产生适得其反的效果。见弗里德曼（1962，pp. 119ff）。

[106] 垄断权和通货膨胀之间的联系并非像看上去可能似的那么直截了当。如果资源已被充分利用（而且货币供应保持不变），那么一个部门的高价格将会被另一个部门的低价格所抵消，这样就不会发生全面的通货膨胀。但是因为实际上，数量调整至少像价格调

整一样可能（即一家企业将减少产量而不是降低价格），在一个非高度竞争的社会中，很可能出现通货膨胀趋势。

[107] 克鲁格曼（1990b，p. 52）。

[108] 第二章提到，在1946年至1976年期间，日本经济实际增长了55倍。在这一奇迹般的经济增长时期，消费品价格上涨了近25倍。莱斯勒（Leisner，1985，p. 116）。

[109] 布林德（1987，pp. 51-54）。

[110] 通货膨胀引起的争辩是非常令人惊异的。福特总统在1974年时说过："我们的通货膨胀，我们共同的头号敌人，如果不把它制伏，它就会像任何一个装备精良的敌人，毁灭我们的家园、我们的自由、我们的财产，最后是我们的民族自豪感。"

[111] 通货膨胀伤害资本家阶级的一种重要途径是通过税收实现的。人们按名义而非实际工资和利息收入付税。假如一个人从30万美元债券投资中得到了3万美元的利息收入，当时的通货膨胀率是10%。那么他的实际财富没有发生变化，因为3万美元仅仅是抵消了债券实际价值的下降。他还必须付（如果他处于33%的税率档）1万美元给政府。他不会高兴的。

[112] 克鲁格曼（1990b，p. 58）。

[113] 如果真的关心那些领取固定收入的穷人，一个显而易见的解决办法就是将维持生活费用的福利支付加以指数化，并对那些一定程度上依靠利息和股息生活的低收入阶层的人实行税收减免。"反通货膨胀斗士们"从来没有提议实施这类措施，应该引起人们对他们的实际动机提出质疑。

[114] 我正在考虑这种纯粹形式的模型。事实上，很可能存在某些雇用了工资劳动者的个人经营的小企业，但是这个部门会很小，其作用没有重要到能够使经济出现不稳定的程度。

[115] 一个技术问题：我在这里和稍后即将进行的讨论中假定，货币流通速度是不变的。

[116] 这个问题将在第六章更加仔细地讨论。

[117] 银行贷款和信用卡是最明显的形式。无论哪种方式，如果一个人有一个信用额度，他就可以像拥有现金一样购物；由此，这种信贷就成为货币供应的一部分。

[118] 就此的详细说明，参见加尔布雷思（1967，pp. 16-17）。

第五章
自由、平等、民主和自治

　　声称要证明社会主义经济没有活力的主张，随着经济状况的盛衰变迁，声音时大时小。在经济大萧条期间，受到质疑更多的是资本主义，而不是社会主义的经济活力。在第二次世界大战后一段时期内，马克思主义革命在第三世界取得了胜利（尤其是在 1949 年至 1979 年间，中国和尼加拉瓜的革命为其代表），苏联工业化的成功，还有诸如中国和古巴等国家在消灭长期以来的饥饿以及控制自己的自然资源方面取得的成就（这提供了一种有典范性的民族解放模式），引起西方决策者们的广泛关注。[1]但是不管某个特定的社会主义社会的经济健康状况究竟如何，针对它提出的问题却通常是非经济的：这种制度不自由！他们不民主！个人在庞大的集权主义机器中变成了一个没有意志的小齿轮！

　　这些指控有各种不同的变调，长期以来就是反社会主义者的思想特征，很早的时候就利用了斯大林时代的苏联所提供的经验支持。[2]当然，这类指控，如果参照西方所持有的只要是"婊子养的"就可以对其实施暴政和鞭挞的观点来看[3]，未免散发着伪善的气息，不过，它的确是真实的——不是全部真，每时每刻真，但太多、太经常是事实。

　　我们不必纠缠于这些细节，因为历史的细微之处和我们现在的争论并不直接相关。真正相关的、值得强调的，是一个经常被重复的观点：社会主义在其本质上是和这种非经济的、伦理的价值不调和的。指出特定的国家有特定的弊端是一回事，而声称这种弊端是由社会主义的特殊结构引发出来的则是另一回事。我们必须面对后一个问题。

　　要做到这一点，同时要进一步发展经济民主制的积极方面，我们必须对价值观作更细致的审视。本书中全部的反资本主义主张都是通过对价值观的发挥来推进的，而这些价值观甚至连最保守的人都能接受。以下这些价值承诺应该算是四平八稳：人的幸福是善；物质的充盈是善；不应该浪费稀缺资源；少用劳动力总的来说比多用劳动力好，但是非志愿的失业是一种恶；一种行为过程或结构变迁如果能使某些人受益，同时又不使其他人受损，就值得去追求。所有这些论断都只是乍看起来对，而当它们与其他的价值发生冲突时，就可能有压倒一切的力量。

在价值观的层次上，本章可能会破坏保守主义—自由主义—左派的和谐。这里要鼓吹的是一些不同于（或者说至少有不同的衡量标准）保守主义的价值观。特别指出，我们要应付自由、平等、民主这几个价值观。保守派对这几种价值的评估，并不总与左翼自由派的评估一致。[4]

要廓清保守主义（古典自由主义）和左翼自由主义在价值判断上的差别，一种方案是将"自由"、"平等"和"民主"这三个概念与"自治"这个概念联系起来考虑，"自治"概念经常（从康德那里开始）被视为人之尊严的基础。[5]从词源学上讲，"自治"意味着自律，古希腊人首次利用它来指称一种不受其他城邦或外国势力支配的政治体制。卢梭把自律变为自由（freedom），其定义是"服从人们给自己订立的法律"[6]，并用它来捍卫民主制，即唯一不与个人天性自由相冲突的统治形式。康德复兴了"自治"这一概念，用卢梭的思想将它改头换面，把它从政治领域转换到私人道德领域。康德把自治概念定义为，将人自身和道德律令联系在一起的行为，这是人自己的律令，因为它是通过人的理性存在订立的。[7]在康德那里，自治是给每个人以价值和尊严的能力。

如果狭义地解释自治这个概念，保守主义者接受起来就毫无困难。将自治理解为个人的自我管理，这种观念与古典自由主义的自由观有很强的亲和性：它强调"不受他人专断意愿的影响"[8]，弗里德曼等满意地引用了约翰·斯图尔特·穆勒（John Stuart Mill）的教义："个人是统治他自己、他的身体和心灵的君主。"[9]

依照康德的思路，对自治的狭义理解也指明了一种古典自由主义能够接受的平等观念。人借助于他们的自治能力，应该得到平等的道德尊重，从而，法律面前人人平等。"对每个人开放的机会既不由其出身、国籍、肤色、宗教信仰、性别决定，也不由其他种种不相关的因素来决定——只由他的能力来决定。"[10]

对保守主义者来说，卢梭将自治和民主相联系的思路则颇有问题。如果卢梭真的已经解决了个体自由和国家权威两者之间如何调和的问题——如果由民主会议通过的法律总是真正体现了每个人的意愿——那么古典自由主义者就无须踌躇了。但是，因为"多数人的暴政"并非一个伪问题，所以古典自由主义对将民主凌驾于自由之上的倾向深抱疑虑。

从某种意义上说，古典自由主义把自治狭义地理解为个人依据他自己的意愿管理自己的权力，这种权力只受一种限制，即不能触犯他人平等的自决权。这就是说，自治等于（消极）自由，与平等和民主两种价值相比，自由具有绝对的重要性。只有看在更大的自由的分上，自由才可能委屈自己。[11]只要是用于保护自由，民主就是有价值的，但无论是民主还是平等，都没有独立的重要性。诺齐克认为："假正义之名并不能支持平等这一假设。"[12]哈耶克更说："民主……可能是达到某种特定目的的最好方式，但它自身并不是目的。"[13]

左翼自由主义对自治的理解则更广义一些。假如个人的自我管理很重要，那么这样考虑似乎是合理的：不仅要考虑到个人依据自己的意愿生活的权利，也要考虑到他们这样做时所用的手段。假如所有人都有平等的自我管理权，那么所有人就都应该有平等的实施自我管理的机会——"机会"在这里就暗示了获得必要的手段。[14]"必要的手段"究竟指的是什么？这个问题近几年在哲学界已经成为深入争论的主题，但其细节与我们无关。[15]"人们对出自不同社会背景，但才能相当、精力相等的孩子们会有非常不同的生活前途这样的现实抱接受态度，并因此有一些不至于引起灾难性后果的举动。在思考由此而来的不公平感"的时候，左翼自由派总是主张凯·尼尔森（Kai Nielsen）所描述的那种信条："这个问题太根本了，以至于很难知道该说些什么。"[16]与保守派不一样，几乎所有左翼自由派都确信，（实质的）物质不平等呼唤正义。在罗尔斯的著名论述中，他说："所有社会的基本财富——自由和机会，收入和财产，以及自尊的基础——都会被平等地分配，除非对这些财富中的部分或全部进行不平等分配对最少数的特权者有利。"[17]

从另一个决定性的维度看，左翼自由主义对自治的定义也比保守主义宽泛。左翼自由派不仅考虑到个人的自我管理，同时也考虑到集体的自我管理。现代自由派和民主社会主义派，与保守主义者一样，都不认为卢梭已经解决了个人自由和国家权威之间的冲突问题，但现代自由主义和民主社会主义派比保守派更多地关注到卢梭的参与理想（participatory ideal），他对中世纪格言进行的民主化的苦心经营，所谓"与所有人有关的事务应该由所有人来决定"。这一理想可以概括为一种"参与性自治原则"：一个人有权参与制定他必须遵守的规则和参与做出他必须承担后果的决定。[18]

左翼自由主义试图通过许诺参与性自治来保证民主，但是必须注意，参与性自治不等于民主制。18世纪和19世纪的政治思想家经常要求用参与性自治原则去验证民主制（经常站在古典自由主义对立面）[19]，但在20世纪，民主理论发生了转向。受约瑟夫·熊彼特启示，很多理论家得出结论说：卢梭的民主理论，由于对"让人民参与决策"的强调，是不现实和无法实现的。

他们认为，民主应该被看成是一种类似于市场的东西，在其中，政客们为向选民提供领导权下的服务而竞争。民主的本质不在于某个选民所做出的积极决定，而在于一种以竞争人民的选票为手段来遴选领导人的制度安排。[20] 民主的价值，据说不在于提高参与自治的水平，相反，太多的自治，太多的公民参与，还会动摇民主的根基。正如哈佛大学的萨缪尔·亨廷顿在他提交给三边委员会（Trilateral Commission）的报告中说的："有效的民主政治操作经常要求不动感情，置身事外。"[21] 民主的价值在于它监督管理者。就像市场会制约生产者去寻求和满足消费者的偏好一样，竞争性的民主制度也同样制约政客。这种制约而不是参与，才是民主制的根本。

这里不是争论关于民主的参与概念和竞争概念孰优孰劣的地方，但弄清楚到底哪一种更符合古典自由主义胃口是有用的。问得更直接一点就是，保守主义会赞同参与性自治吗？我认为，答案是"不"，至少不会非常赞同。诺齐克明白无误地攻击过这个概念：

> 某些人……有权做出某项决定，这个决定对他人有很重要的影响，但他人对此没有发言权……别人有权做出的某项决定，而他的决策行为会对我不利，会掠夺我因而会触犯我的（洛克派哲学意义上的）权利，在我们拒绝考虑这样的决定之后，并不清楚还有多大余地提出这样的问题：我是否有权对那些于我有重大影响的决定进言？[22]

他举例补充道："如果某人着手兴建一个私人城镇，他获得这块地面无论过去还是现在都没有违背过洛克原则，那么，选择迁移到那里或此后留在那里的人们就无权对城镇的运作说三道四，除非这个由所有者兴建的城镇的决策程序授权他们这样做。"[23]

除了与广义的自治概念有关的价值观外，本章还提请考虑在本章开始部分列举的作为我们前面主张基础的论题。特别重要的是人的快乐。前面的分析中已经强调，在一个秩序井然的社会，物质的充盈是快乐的最优形式。在这里，我们还会讨论到心理的快乐。

有两方面的内容是特别重要的。我们假设，大致说来，当人们从事的工作要求一定的技能操练时，他们会感到比较快乐。我们还假定，罗尔斯所称的"亚里士多德原则"是真实的，"在其他方面相等的情况下，人们会在其能力（天生的或后天获得的）得到实现的操练中获得享受，这种享受又反过来促进能力的提高，增加其复杂性"[24]。事实上，一些实在的经验证据表明，"工作中大量的复杂性对智力的灵活性有真实的且非常显著的影响"[25]，需要原创性、思想和独立判断的工作对人格有很重要的积极影响。有一项研究发现：

（这类工作）会导致自律性的自我和社会定位：一个在工作中长期自律的人，更有可能变得不唯我独尊，道德水准会有相当高的发展，变得更自信而不是自责，更不宿命，更少焦虑，更少因循守旧。[26]

心理健康的第二方面的内容是在人生中达到工作和闲暇的适当平衡。正如舒马赫（E. F. Schumacher）观察到的，这两方面互为补充，密不可分，"工作的乐趣和清闲的福气不可或缺"[27]。我们将假定，心理健康要求有用的工作，但不是过度的劳累。

在此，我们并没有捍卫后面的主张中将提出的价值观，之后我们也不会为这些价值观做任何系统的辩护。我们的目的和前面的讨论中一样，是叙述和廓清以后将要讨论的反对资本主义的主张背后的道德价值观。要清楚，这些价值观即使不是普遍的，也是相当广泛地为我们的社会所共享。它们中的大多数，虽然可能不是全部，是人们所接受的，甚至包括保守主义者。如果他们不是保守主义者，他们还不会被后面的主张说服，如果他们是，他们反而可能会心悦诚服。

第一节 自 由

社会主义不允许贫穷。

——萧伯纳（George Bernard Shaw）

古典自由主义将自由定义为免受某种强制，"当一个人的行为是服务于另一个人的愿望，不是为了他自己，而是为了他人的目的时，这种强制就发生了"[28]。自由与确保使自己免受他人干预的"私人空间"有关。古典自由主义将自由与个人所能达到自己愿望的能力，或者他所拥有的机会范围异常清楚地区分开来。这个区分很成问题，但这里不准备讨论它。我们想要探讨的是一个具体的论题。在古典自由主义的意义上讲，它要求在自由放任主义的情况下，而不是在经济民主制的情况下，给予个人更多的自由。

首先，我们可以观察到，大量以自由为本反对社会主义的主张都无力反驳我们提出的特殊模式。哈耶克说："一切集体主义制度的共同特征，用一句所有学派的社会主义者都耳熟能详的话来描述，就是为了一定的社会目标有计划地组织社会劳动力。"[29]弗里德曼认为："在社会主义社会里，一切权力只归国家所有。"[30]但这两种特征并不适用于我们的模式。政府控制的明显扩展只限于投资方面，而且还被高度分化。社会劳动力也不会被某个"全权的国家"指令着去完成什么"一定的社会目标"。而且，公司是由其劳动者而不是政府来控制的。与自由放任主义一样，经济民主制也在政治权力和经济权力之间划分出界限，并让一方监督和制衡另一方。

"但是，"保守主义必然反驳道，"经济民主制会导致政府权力的扩张，这种权力已经太大了，而且还在不断扩张。政府只要多控制10％～15％的国民生产总值，就会让政府占用50％以上的经济（第二章中的估计），多么可怕和吓人的数字。"就像哈耶克辩称的："一旦政府掌握所有控制手段的公共部门的控制面扩大到一定比例，它的行为效果就会是控制所有系统。虽然政府直接控制的只是大部分可用资源，但它的决定对其他经济领域的影响是那么大，以至于它可以间接控制几乎所有东西。"[31]

要回应这一责难并不容易。我们可以从提请注意下面这一点开始：我们以前根本就没有得出结论说，政府在经济民主制情况下会比在当代资本主义情况下控制国民生产总值中更大的份额，它用不着控制50％那么多。当代资本主义社会中的许多政府计划是在自身矛盾的逼迫下做出的，比如说：

1. 与经济民主制比较，失业和就业问题对资本主义来说更为根本。[32]因此，要求更大的、范围更广（枝节也更繁）的福利计划。

2. 大力推进国家"防卫"计划。至少出于以下几点原因：（1）出于反对共产主义目的，深层原因是统治阶级对反资本主义情绪"传染性"的恐惧。（2）出于减轻自由放任主义内部不稳定性的需要。（3）出于维持对足够多的世界资源的控制以支撑资本主义成长的需要。所有这些考虑对经济民主制来说都是不适用的。

3. 时常因国家债务而造成的大量联邦预算流失（大部分是付给国内外富豪的利息）。这是当前的花费，却反映了以往政府不情愿（通过适当的课税）让其公民承担全部的军火费用以及据信为支撑现有秩序而付出的必要战争费用。[33]

总而言之，一个更小的，而不是更大的政府也许更适合于经济民主制，就算是一个民主的社会主义社会可能会选择为其公民提供免费的健康和教育服务，如在所有现存社会主义国家和某些发达资本主义国家那样。

这一回答马上就会因为现实中存在大政府的社会主义国家而发生疑问，但这并没有抓住问题的根本。我已经说明了控制新投资在战略上的重要性。这种控制在量上并不大，但它确实决定了增长的效率和质量以及整体经济的健康。哈耶克说得对，这种控制，就其重要性而言，确实对全部经济有影响。

实际上，这类控制准确地说有它的目的：对投资进行政治控制以阻止市场无序，将经济增长导入人性轨道，消除资本主义的周期性萧条。在前面的有关章节中，我们曾经主张，效率和物质充盈是达到这些要求的规范性基础，但后者对自治也提出了要求，私人投资决策对每个人的生活有决定性的影响，在这些决策中，每个人都将有一些投入。

虽然我们在经济民主制的情况下必须委托政府（通过计划）扮演比在自由放任条件下更大的经济角色，但是这不意味着我们会放手让这个角色与自由发生冲突。问题是，当民主选举出的实体决定企业的课税率时，或者当它决定颁发给愿意承担某个据信值得推进的项目的企业或个人以鼓励性许可的时候，一个人的私人空间受到显著限制了吗？或者个人受到更多他人独断愿望的限制了吗？我不认为自由（古典自由主义意义上的）会通过这种手段提高，但它似乎也很难被扭曲。

对大多数人来说，当把"社会主义"和"自由"摆在一起的时候，浮现在他们脑海里的并不是对投资的政治控制。给他们的良好愿望造成困扰的是现存社会主义社会里存在的对异议者的镇压。后资本主义理论家一般把这一事实解释成不可避免的体制性后果。比如，弗里德曼认为，社会主义条件下的异议绝不像在资本主义条件下那样可以避免，因为两种制度在一些重大的方面存在不同：

1. 社会主义社会中，所有的职业都直接在政府的控制之下，这样，如果一个人鼓吹资本主义，就别想以任何形式就业了。

2. 在资本主义社会，出版商不必因为政府提倡的原因而出版东西，假如一本书或杂志卖得不错，它就会出版；而在社会主义制度下不是这样。

3. 在社会主义社会，一个鼓吹资本主义的人，即使他有资金，还得说服政府的工厂造纸卖给他，说服一个政府的印刷厂打印他的小册子，通过政府的邮局把它分发出去，要一个政府的代办出租给他房子，等等。

4. 为某种缘故要获得支持，某人需要资金。在社会主义条件下，政府机构是唯一的富豪；而在资本主义社会中，有很多独立的富豪，从他们那里"可以得到用以推行任何思想的资金，不管这些思想有多奇怪"[34]。

我们一眼就能看出弗里德曼的前三点并不足以攻击经济民主制。控制新投资可能使国家的、地区的和地方的政府对经济实施战略控制，但这绝不是让政府控制就业或印刷业。经济仍然是非中心化的市场经济。利益动机仍然会操纵印刷行业，就像在资本主义下一样。

假如1～3点不适用，那么第4点又如何呢？存在一个富有的上层阶级有利于促进民主吗？弗里德曼在这里的主张有智力欺诈的味道。他的说法完全是错的，他认为"资本主义社会的激进运动……很特别地是由少数几个富豪来支持的"——至少如果其标签是激进的左翼运动的话。[35] 至于激进的右派，当然又是另一回事了。[36] 凭借财富所能指挥的权力而对社会主义和左翼政治运动形成强大的压制力量。弗里德里希·恩格斯确实资助马克思度过艰难岁月，左翼运动也偶尔吸引几个富豪参加，但比起黑衫队（Blackshirt）、棕衫队（Brownshirt）、白手队（White hand），以及其他无数由富豪支持的右翼恐怖组织来说，又算得了什么。"财富不平等在保护自由中的角色……很少被人注意到。"[37] 不知道他的理由是什么。

说了那么多弗里德曼，现在我们稍微谈远一点。考虑一下在社会主义制度下言论自由和其他公民自由状况绝不是东拉西扯。迄今还没有哪个社会主义国家的公民自由堪与表现最好的西方资本主义国家相媲美，那里有非常多的压制。为什么如此？这是一个很重要的问题。虽然历史论题太复杂，在这里很难处理得好，但有几个也许还算比较明显的线索可循。

要理解当代的社会主义社会，我们必须将一些特殊的历史因素纳入视野，特别是：（1）前资本主义和资本主义国家对社会主义的激烈抵抗；（2）在社会主义取得成功的国家，缺乏自由和民主传统；（3）这些国家严重的欠发达状况。不应该忘记，西方的工业革命也经历了血雨腥风，不应该忘记新生的资本主义对新大陆土著的种族灭绝，不应该忘记非洲的黑奴交易，不应该忘记圈地运动、童工，还有其他很多历史。这些事实虽不能为社会主义的某些行为开脱，但一个诚实的人在比较资本主义和社会主义的历史时应该把它们铭刻在心。

回到我们主要的问题上来：假如通过税收和社区间的银行网络分配而来的投资基金并不会对民主形成威胁，假如经济民主制下仍有新闻出版自由，我们能得出结论说经济民主制和自由放任主义一样自由吗？我们观察到经济民主制将会让其公民享受到所有与西方民主有关的各种公民自由，包括言论自由、新闻出版自由、集会自由，诸如此类。说到经济自由，在经济民主制下，人们可以自由地寻找他想要干的工作，按自己的想法换职业，只要能找到养活自己的人，他也可以根本不工作。经济民主制并不暗示会对私人的非生产性财产进行限制，如食品、衣物、住房以及种种人们希望得到的东西。他的房子依然是他的庇护所。[38]他甚至可以拥有生产设备，只要他单独或者和家人一起靠设备工作。要记住，分界线是借助所有权来获得雇佣劳动或者赚钱的，而不是借助工作。[39]

当然，经济民主制（和现代自由主义一样）允许国家、地区和地方政府颁布条例，调节特定产品的生产以及地租、房租等，但这并不证明这些条例会显著压缩个人的自由空间，会使人们更多地受到他人独断意愿的限制。值得指出的是，最伟大的个人自由的鼓吹者之一，一位引进自由市场的热情支持者，并不认为自由放任主义是自由的。约翰·斯图尔特·穆勒认为："（贸易）限制是错误的，因为它会事与愿违……个体自由的原则并没有包含在自由贸易的教义中。"[40]

诺齐克会反对说：自由被社会主义歪曲了。"社会主义社会不可避免地会禁止两个成人之间相互认可的资本主义行为。"[41]这句经常被引用的结论出自下面这一长段话中：

> 也要注意到小型工厂也会在社会主义社会蓬勃发展起来，除非被禁止。我消耗我自己的财产并用它来造机器，我每周给你和其他人上一次哲学课用来交换别的东西，等等……某些人甚至可能愿意放弃自己在社会主义产业中的职务，全心全意干私人的活。（这样）私人财产，甚至是私人生产工具就在社会主义社会出现了。[42]

尽管这段话有些令人难以置信，但诺齐克的主张还是切题的：经济民主制下可能禁止某些资本主义的行为。我们的模式并不像本节开头引的萧伯纳所说的社会主义那么充满慈悲心肠。我们允许某人贫穷，只要他愿意——但是可能不允许谁利用由私人资金建造的生产设备，除非所有者愿意放弃声明所有权，并把设备用于生产合作；可能不允许以付给私人利息的方式诱使别人向自己的企业投资。这些禁令的基础，并不是家长式作风，也不是因为害怕没有了这些限制经济民主制就会变成资本主义（这好像说战前南方有了和平复兴会对奴隶的限制就会放松）[43]，而是考虑到"资本主义行为"会酿成足以造成不稳定的不平等，即使绝大多数人很清楚他们对员工自我管理的偏好，而且经济整体上和资本主义相去甚远。少数拥有大量金钱的人可能会制造很多危害。

我并不确信这种作为在法律上限制"工薪奴隶制"和"高利贷"之基础的经验判断肯定正确，但我确实发现它有似是而非的地方。不过，也可能有这种情况，在一个实行雇佣合作和可以得到公共财政支持的社会，允许给劳动力付工资和向私人支付利息，对这些自由的最小限制如果不是强加的，就不会造成可怕的后果。我相信这是一个由公民民主地做出的决定。

本节的主张已经得到证明，经济民主制不会太多地歪曲自由，更不用说完全歪曲。事实上，有理由认为经济民主制可能比自由放任主义更自由。

第一，我们注意到，弗里德曼担心，在社会主义条件下，工人害怕表达自己的观点，这若放到经济民主条件下刚好相反。在经济民主条件下比在自由放任主义条件下更容易表达异议，因为他们有更多的雇佣保障。正如我们所见，在自我管理的公司里工作的员工，出于平等和效率的原因，可能会享有充分的法定工作保护，而在自由放任主义条件下，一个资本主义的雇主，可能会因为政治的原因向雇员发火。[44]一个工人管理的公司将会有更多的困难。

第二，假如我们在车间里逗留，这时我们想起哈耶克关于强制的定义。当一个人的行为服务于另一个人的愿望，不是为了自己而是为了他人的目的，要想否认这一点将很困难，即在经济民主条件下工人享有比在自由放任条件下更多的自由，这里的自由是古典自由主义意义上的自由。在自由放任主义条件下，工人毫无疑问是服务于通过管理者来传达的雇主的愿望，不是为了自己的目的，而是为了雇主的目的。当然，工人可以辞职（在经济民主制下也一样），但在经济民主制下，他所必须服务的他人，将是一个他作为投票成员之一的集体，他可以选择发表意见或退出[45]，他也能直接分享收益。这两个因素使得他的个人目的不会与"他人"的目的截然不同。

我们说经济民主制比自由放任主义能更有效地推进自由，还有性质非常不同的第三种原因。那些声称资本主义和自由之间有必然联系的人，很少考虑在国内要求自由和支持国外政权压制自由两者之间的关系。然而，就像诺姆·乔姆斯基（Noam Chomsky）和爱德华·赫尔曼适时指出的："有一种常见的观点，认为国内的自由有利于国家间的慈善和道德行为，这种观点既不能得到历史证据的支持，推论也不能成立。"[46]很久以前，马基雅弗利就大胆指出："在所有残酷的奴役当中，最残酷的莫过于受一个共和国的奴役，（因为）共和国的目标是为了自己财富的增长而不惜削弱和压榨其控制下的土地。"[47]

也许马基雅弗利说得有点过火，但若我们不感情用事地面对经验证据，肯定会感到惊愕。资本主义政权，即使在具备了国内自由和民主的时候，也是一而再、再而三地把乔姆斯基的"第五种自由"（剥削其他国家的人民和物质资源的自由）放在优先考虑的位置，而不是率先考虑罗斯福更著名的"四种自由"(言论、信仰、避免饥饿和恐惧)。[48]

后资本主义公开宣称这些不幸事件都是历史的偶然,与结构无关,但是,窗户纸一捅就破。资本主义制度——最重要的是生产资料的私人所有权和雇佣劳动力——被特意安排使之适合在海外赚钱。工资的支付是与地方的供求条件一致的;不管所有者在哪里居住,都会享受到利润的增值。这样,除非有特殊的障碍,成功的资本主义企业将会超越国界寻求靠近生产性资源和低工资地区。

所谓障碍肯定来自政治——首要的,是目标国的政府或反对运动试图保持或夺回自己对资源的控制。资本主义企业于是就有很强的经济动机去颠覆该政府或挫败该运动。由于他们没有直接的手段,于是一旦有可能会被说服开放自己的资源或保持资源开放的国家,以及在掌权时愿意用军事手段达到这一目标的政党,资本家就非常乐于加大对他们的财政支持。[49]假如这样做会伤害目标国的国民自由怎么办? 没问题,意识形态的判断随时可以起作用。以前是白人负担论,现在是反对共产主义。对这些问题不必过于较真,因为民主国家的国内选举很少受到海外压迫的影响。实际上,很多选举就因为向这些政策低头而事半功倍。

让我们回过头来想想经济民主制会怎样。企业当然还是可以和外国交易,但它几乎没有海外投资的动机。它可能要求社区银行授权以追求海外利润,但假定地方社区把创造本地就业机会当成决定奖励的主要规则,这种请求就不可能得到批准。企业可能用自己已贬值的基金投资海外,但当其所得利益是由海外当地的工人所创造时,就必须给在企业组织中的劳动者充分的民主权利,这可能被证明是迂腐的,另外也放弃了海外低工资所能带来的(为资本主义公司增值)利润。[50]

总之,一个工人管理的公司几乎不会有海外扩张的动机,从而,也不会要求国内政府以各种手段压制当地民主为代价保持外国经济的"开放"。[51]请注意,这个主张关注的是结构,而不是人的天性。我并不是说经济民主制下的公民,在了解政府国外政策的后果方面比在资本主义制度下的公民做得更好,也不是说他们在追求自身利益时会更大公无私。我所要指出的是,与资本主义相反,经济民主制的公民,由于其所处的经济制度结构的原因,将不会掌握与资本主义一样的、靠压榨别人而获利的手段。

最后一点,那些为拒绝社会主义而强调资本主义与自由有必然联系的观点,与将自由和市场视为一体的观点是一致的。但社会主义反对资本主义的根本点在于资本主义的另外两个决定性的特征:生产资料的私人占有和雇佣劳动力。可以确信,市场是有一些问题的,但一个有效的例子可以用来说明市场和自由之间的联系。私人财产（生产资料的）则是另一码事。耶鲁政治学家查尔斯·林德布洛姆（Charles Lindblom）曾指出："传统的自由主张是不完整的，它不是因为私人财产本身与自由相一致而捍卫私有财产，在这一点上它保持沉默了。蒲鲁东（Proudhon）所谓'财产就是盗窃'暗示了什么，以及关于财产的聚敛和增殖的那些并非极端的解释暗示了什么，对这些，它完全视而不见。"[52]我最好援引他的原话：

> 在自由派的思想中，一个交换的世界是可以免予冲突的。每个人做他想做的事。在所有的社会合作都是通过自愿的交换来实现的情况下，没有人会把他的意愿强加给别人。但是，我们要问，这样一个幸福国度如何可能？唯一的可能就是，通过社会对财产权的某种分配，来调停了人们之间的冲突。这种分配避免冲突了吗？显然没有。它可以非强制地实现吗？显然不能。例如，当代英格兰的财富分配，就是几个世纪冲突的结果，这些冲突包括北欧海盗的掠夺，诺曼底的征服，早期国王和贵族的威权，两次将农业劳动力驱赶出土地的浪潮，还有遗产法。[53]

财产并非总是偷来的，雇佣劳动力也并非总是奴隶，但是生产资料的私人所有权和雇佣劳动力与自由的关系是如此成问题，以至于限制私人所有权以便于消灭雇佣劳动和利息，将会提升，而不是转移社会和全世界的整个自由体系。

第二节 平 等

> 拥有财富是不义的，但洛克菲勒家族通过实干赋予它正义性。我不得不领受这些钱财，并且理解了，我们家族拥有如此多的钱，对此没有什么理性辩解。为什么我们要保护它，唯一诚实的说法就是：我们喜欢拥有这些钱，而且现代社会制度允许我们持有它。
>
> ——斯蒂芬·洛克菲勒（Steven Rockfeller）

本节要讨论的价值观，比自由的争议还大。在基本价值上，古典和现代自由主义有如此相抵触的直觉。一方是现代自由主义，它实际上毫无例外地把物质平等视为善——不完全是，但的确是首要方面。也就是说，所有对财富和权力不平等的假定都必须有正当理由。另一方是保守主义，它经常对平等是否值得推崇持怀疑态度。回想一下诺齐克所说的话："正宗的关于所有物的公平概念并不支持平等的预设……我们不能仅仅假设必须把平等概念植入公平的理论中。"[54]

我们陷入了某种僵局。我想把平等概念列入我将要提出的主张中，但我又不希望保守主义者看到这里就把书扔了。让我们推迟一点面对它吧。我们可以先把承载着价值观的事实看得更清楚一些。首先让我们建立两个不尽规范的论题：自由放任主义倾向于制造大量的物质不平等，而经济民主制则平等主义得多。

第一个论题的理论基础很清楚和直接。可以预料，在自由放任主义的社会中会有很多穷人，因为那里没有充分就业的指标，也不试图搞什么最低工资制从贫困中拯救劳动者。[55]自由放任主义制度下也会产生巨富，因为在那里财富自身会增值。不仅成功的公司会急速成长，排挤或吞并比较不成功的公司，而且如果一个人有钱，他就可以"让钱动起来"。

我们的第一个论题得到经验证据的强有力支持。美国就是一个相关的个案。虽然还远远达不到自由放任的程度，但美国社会福利方面的开销，以及制定影响再分配政策的水准，在发达资本主义国家中长期处于低层。[56]更有甚者，通过降低对富人的征税和削减对穷人的福利项目，行政部门从理论和实践两方面信奉给市场松绑，就是这样的政府在近十年中统治着美国。

这些引向自由放任主义的运动已经导致不平等之潮涌动。调查机构最近的数据显示：美国最富的前 1/5 人口（以及最富的前 5％人口）所占国民收入的份额，是自 1947 年以来最高的，而最穷的前 1/5 人口所占的相应份额，是自 1954 年以来最低的。[57]《商业周刊》（*Business Week*）报道，1980 年，首席执行官（CEO）的平均收入，比普通工人高出 42 倍，到 1990 年，更达到了 85 倍之多。[58]正在扩大的鸿沟已经不能说差距只是相对而言了。麻省理工学院的经济学家保罗·克鲁格曼观察到：

　　20 世纪 80 年代与其说是生产力的提高，不如说是收入分配不平等的增长，它使得高高在上的 1/10 美国人提高了生活水平。而 20 世纪 80 年代又是自 30 年代以来大部分美国人实际上遭受生活水平下降的第一个整 10 年。[59]

这种不平等到底是怎样的不平等？所有检验过数据的人都得出结论，不平等确实存在，但是仅仅通过数字还很难掌握究竟怎样表达这种不平等。如果一个人对数字缺乏感觉，它就很难领会数字所揭示的问题。这里我们需要一些启发式的手段。

也许最好的方法是借用几年前荷兰新古典经济学家简·朋（Jan Pen）用来描述英国收入分配的方法。[60]让我们用他的方案来理解今天的美国。开始的时候，我们会讲一个故事。我们用和简·朋一样的标题来为这个故事命名："侏儒们（和几个巨人）的游行队伍"。

全美国有9 300万个家庭，我们把每个家庭想象成一个人，他的身高代表这个家庭的收入。再想象一下，有这些人组成这样一个游行队伍，它从你面前走过的时间恰好是1个小时，最矮（最穷的）的人排在最前面，最高（最富的）的人排在最后。假定你有6英尺高（我们取平均数，以便让数字简化），6英尺代表平均收入，是5万美元（1989年）。[61]

1小时的游行最开始出现的是非常矮的人，游行者身高慢慢增加，8分钟后，走过来的人身高达到了1.5英尺，这个人（很可能是女人，而且很可能是白人）[62]身高还没到你的膝盖，但她已经达到了贫困线（年收入12 675美元，1989年）。和她差不多的人有3 150万（占总人口的12.5%）。

游行队伍在继续，游行者的身高在增加，但非常之慢，以至你注意力都有些分散了。半小时后，你大概希望能看到和你一样高的人了，但你再看时，吃惊地发现仍然是侏儒的游行队伍，他们只有3.8英尺高（中等收入家庭，1989年的收入是28 900美元）。直到第45分钟，你才看见和你一样高的人走过，到这时候，收入才达到了5万美元。[63]

这之后，游行者的身高增加开始快了起来，虽然最开始的时候还不算特别惊人。到55分钟，游行者身高已经达到9英尺（75 000美元，也就是说，这些人的收入相当于一个在职的副教授）。2.5分钟之后，游行者身高又增加了3英尺，他们的收入是平均收入的1倍，12英尺，代表10万美元。

突然间，游行者身高猛增起来。1分钟后，在整个游行还剩90秒时，美国总统走过来了，他身高有24英尺。[64]到最后1秒，身高数字大爆炸，百万富翁们走过来——120英尺，比总统高5倍。紧跟着走过来的是《商业周刊》报道的那些顶尖的首席执行官们，他们的收入在500万美元～2 000万美元之间[65]，比如美国国际电话电报公司（ITT）的主席，他的收入是1 100万美元，有1 320英尺，比西尔斯塔（芝加哥的人都知道，这是世界上最高的建筑）还高几层。

但这些巨人与在游行的最后一百万分之一秒走过来的巨无霸相比只能算

矮子。《财富》的调查者们在 1990 年发现美国有 60 个亿万富翁[66]，如果我们只按他们收入中位数的 5% 来算，也有 5 000 万美元——在游行队伍中身高就超过了 1 英里。最后走过来的人是山姆·沃尔顿（沃尔玛公司的拥有者），他的身家估计是 211 亿美元。他从云端俯视我们和世界上的一切，24 英里高，是珠穆朗玛峰的 4 倍。[67]

这就是美国的收入分配。行家们知道，财产（亦即净资产，而不是年收入）的分配还要不平等得多。我不想再用故事来描述它了，总体上它和上面那个游行队伍的格局差不多，但还会多出很多很多的侏儒，也会多出很多很多的巨人。

对擅长统计的人来说，这里只能给出一个初步印象。假如我们把国民收入分成三等份（就像刚才的游行队伍描述的那样）我们将发现：

最底层，占人口 60% 的人占有其中 1/3；

另外 30% 的人占有 1/3；

最高的 10% 的人占有 1/3。[68]

如果我们将国民财产分为三等份，我们会发现：

最底层 90% 的人占有 1/3；

另外还有 9% 的人占有 1/3；

最高的 1% 的人占有 1/3。[69]

还要注意，最底层 55% 的人口，他们的财政资产为零，甚至是负数，家庭资产净值和耐用消费品是他们仅有的还是正值的财富。[70]

先不做价值判断，让我们对游行队伍，对描述的事实稍做反思。首先引起注意的是，在这个"富庶"的社会中，很大部分家庭与我们熟知的"典型"美国家庭相去甚远，这种典型家庭有又新又好的房子，又新又好的家具，车道上有两辆又新又好的车，每年可以到加勒比海海岸度假。每年没有 3 万美元的收入是做不到这些的。但要记住，只有 50% 的美国人年收入超过 3 万美元。

如果说美国有非常多的穷人，超过 1 亿的人口远远谈不上"富庶"，那么也有非常多的富人，在百分比上，这个富人群体不算大，但在绝对数值上是挺大的。最上层 1.6%（他们都是在游行的最后 1 秒出现的）包括了 330 万人，每个人的资产都超过 50 万美元。这些人中，大约有 100 万个百万富翁，25 000 个千万富翁，大约 60 个亿万富翁。这 320 万人平均拥有：

44.4 万美元的公司股票；

40 万美元的不动产；

12 万美元的债券；

12.5 万美元的现金。[71]

本节中的一个非标准化的论题已经建立起来了。那么第二个怎么样呢？似乎没有合理的理由对自由放任主义会制造大量不平等表示怀疑。不过，人们可能会很疑惑，经济民主制会有所不同吗？毕竟，经济民主制和自由放任主义都是市场经济，在两种情况下，企业都要争夺高明的管理者和熟练工人，由于不可预期的消费需求的变化和新技术的出现会带给某些公司好处，也会给另外一些公司添乱，所以运气扮演着重要的角色。人们怎么会不认为在这两种制度下，不平等的结构实际上是一样的呢？

现在这个答案清楚了。从最低限度上讲，在经济民主制下贫穷最少，因为那里的失业最少。关于就业的主张第三章中已经论述过了。从较高的程度上讲，那里几乎没有（假如有的话）超级富豪，因为：（1）靠劳动获得收入将更平等；（2）那里没有不靠劳动而获得的收入。

我们来谈谈第一点。这一立论的基础是一个企业里收入的分化是通过民主决定的。民主的平等倾向并非不显著。这一点在美国这样的社会也能反映出来：大笔的财富并不和流行的意识形态相抵触，高薪也被看成是良好管理的基础。即使在这样的社会，公共机构的高级人员的工资也不足以蓄积成大笔的财富。有人计算过，付给 56 个某公司（通用汽车公司）的领导者们的工资和奖金，超过美国总统、副总统、100 个参议员、435 个代表、9 个最高法院的法官，10 个内阁成员和所有 50 个州的州长的收入总和。[72]

沿着这条线推论下去，势必反对市场力量必然会凌驾于民主的平等主义之上。[73]在市场经济中，个人所得是根据他的边际收益而定的（据说）。假如在自由放任主义条件下，付给一个首席执行官 X 美元，因为他的边际收益是那么多。由于在经济民主之条件下他也能贡献那么多边际收益，竞争的力量会促使他的工资也涨到 X 美元。假如付的少了，他就会被别的公司挖走。

对新古典理论来说，这种反对非常严峻。新古典理论依赖这样的预设：按照一个人贡献的边际收益付给这个人报酬。而这又依赖另一个预设：能够很方便地计算边际收益。但常识（和经验证据）告诉我们这是不可能的。前面提到过的美国国际电话电报公司首席执行官兰德·阿拉斯克格，1990 年得到 700 万美元的工资，另外还有 400 万美元的奖金、额外津贴和限制性股票。[74]美国国际电话电报公司的会计们算出，在当年全公司 204 亿美元的收入中，要是阿拉斯克格先生不在公司的话将只有 203.89 亿美元，因此决定他贡献的边际收益为 1 100 万美元，这可能吗？

在现实中当然不会有谁会这样算账。公司的委员会（由高薪管理人员组成）将工资构成提交给首脑们（由富豪们组成），而后者知道，无论这些薪水在绝对数上有多么高，它仍然是全部花销的一小部分，小到不关股东们的痛痒。[75]

因而，自由放任主义和经济民主制之间一个关键的不同就是：在前者那里，高级管理人员的收入肯定是由少数人决定的，这些人通常很富有，付一大笔工钱对他们来说只是九牛一毛，不仅如此，还预先假定这些高级管理人员都是人有所值，因此有资格得到同等的收入。相反，在一个员工自我管理的企业里，高级管理人员的收入是由工人力量团体决定的，这个团体的成员对管理者的收入及其自身的关系有更切身的经验，他们也会预先假定这些高级管理人员是人有所值。

当然，有人可能会担心这种平等主义会影响效率，但正如我们已经在第三章中看到的，这种担心没有根据。人们还可以以日本人为例（那里的管理层所得报酬远没有他们的美国同行那么高），更不用和“猛龙”公司比了（其最高工资和最低工资的比率仅为 4.5：1）。这都表明，为经济民主制所采用的凯恩斯的设想并非不现实：

> 　　这样，我们就可以专注于一种劳作……以合理的奖励为条件，把金融家、企业家与其他相关人士（他们实在太喜爱自己的手艺了，以至要得到这种劳动力可能花比现在少得多的钱）的智力、决断和管理技巧引导到对社区的服务上去。[76]

如果说可以指望用民主的平等主义倾向来填平劳动收入之间的沟壑，那么更加重要的就是要取消“非劳动收入”。记住，经济民主制里没有资本家，也没有任何私人食利者，这一点极其重要。财产制造的收入（用钱生钱）所得在资本主义下是大规模的生财之道。流行的观念可能把大宗的收入与运动员的矫健、音乐家的天分或者中产阶层地位联系在一起，但实际上大笔大笔的钱都是通过与此不同的渠道在流动。[77]如果收入的不平等只是因为努力程度和天分的不同，则庞大的积累实际上是不可能的。没有财产生成的收入和复利的魔术，一个人想要在 50 年的工作生涯里成为亿万富翁，每年就必须存上 200 万美元。哪怕想要积累 100 万美元，每年也得拨出 2 万美元来。和在资本主义社会下不同，经济民主制下，一个人想要积蓄这样大一笔钱几乎是不可能的。除了个人消费外，钱就没有什么用处。没有人能够寻求拥有生产性财富的权力和特权，也没有谁能坐在躺椅上看着自己的钱往上蹿。[78]

是该面对规范性论题的时候了。我们已经说明自由放任主义将会产生巨大的物质不平等，比经济民主制大很多。那么，不平等有什么错？

哈里·弗兰克福（Harry Flankfurt）最近声称："经济平等并没有什么特殊的道德重要性，从道德观点来看，重要的不是每个人都要一样，而是让每个人都足够。"[79]他说得在理。当人们反对不平等的时候，他们反对的到底是什么？很多人（也许是大部分人）看到的是我们游行队伍的第一部分，成千上万的穷人，然后又看见队伍令人不安的戏剧性结尾，很多人无疑会感觉，后面那些山一般巨大的名流们和起初的那些侏儒之间，肯定有一种随机的联系。但假如后来发现两者之间没有联系，他们还会反对吗？[80]如果没有穷人，我们还会反对吗？这种反对有什么伦理上的理由？或者它只是嫉妒的表现？

实际上我们的全部主张和这个论题是相互独立的，因此可能把这个论题搁置起来。如我们所知，自由放任主义会制造比经济民主制多的失业，造成更多的贫困。人们可以同意弗兰克福的意见但仍然谴责自由放任主义，虽然严格地说，正式的理由不是不平等，而是物质不充足。

但用这种方式回避问题并不令人完全满意。它不仅让人们在看到那个游行队伍大吃一惊之后又让他们大失所望，而且，保守主义者们可能回答说（正如几乎所有保守主义者已经做的）：用福利手段帮助那些真正贫困的人并不是不可以接受的。[81]就算是这种政府干预打破了严格的自由放任主义的信条，那也只是将我们从经济民主制的平等主义中拯救出来所付出的小而又小的代价（保守主义者会这样说）。

读者们会记起，捍卫支持我们的主张背后的价值观，并不是这本书的任务。但是，给这个保守主义的回答一个简略的讨论，似乎并非离题万里，何况关于平等问题的讨论现在在保守派—自由派—左派三者的分野中处于中心位置。确实，我们还无法调停各方的价值冲突，但也许可以把问题弄得更明白一些。

事先，我们不必考虑自己赞成或者反对绝对平等（"结果的平等"，保守主义者喜欢这样说）的主张。[82]两个用于比较的术语表示的都是包含着不平等的经济制度，虽然不平等的程度差别很大。我们需要特别考虑的是，在经济民主制和（适度的）愿意对穷人有所照顾的自由放任主义两种选择之间承载的相对平等性。我们想看看，是否有平等性的好的理由，可以帮助我们在两个有特色的社会制度间作出选择，（我们假定）两种制度都会给穷人以物质充足，但其中只有一种会制造可与当代资本主义比较的广泛的极度不平等。[83]

重要的一点是，要将论点和个人强烈持有的"道德直觉"或者强烈持有的"偏好"分开来看（一些人觉得是一码事）。在我们的社会中，个人对平等问题的看法相当不同，即使不存在贫穷，一个平等主义者也会倾向于这样的观点："一个人比别人多那么多完全是不对的，这完全是不公平的。'社会背景非常不同的同等天赋、同等能力的孩子，却会有相当不同的生活前景。'假如不平等是必需的，它可以保证社会整体上更好，这是一回事；但假如本来没有必要，人们为什么还要忍受不平等呢？"

对此，反平等主义者可能这样回答："我就喜欢生活在可能发大财的社会。只要没有伤着别人，这又有什么错？我喜欢幻想哪一天我可能在众人之上，这种可能性给我的生活加入了激动人心的东西。假如我不能得到这些，也罢，但与此同时，我可能以达官贵人的生活方式为乐，我还可能为种种令人渴望的、超出自己能力的东西的起落沉浮所激发。我不认为这是个问题。"

就个人而言，我感觉到了保守主义者的回答所具有的力量。只要没伤着别人，不平等有什么错？但是请注意，这个回答需要做出论证：真的没有人因为（修正过的）自由放任主义的不平等而受到过伤害吗？论据是什么？

让我们从另一端，即对自由放任主义的不平等有利的论据开始。我们已经讨论过两种最常见（而且我认为最重要）的论据，并且缴了它们的械。资本主义通常声称，不平等的必要性在于它能保证效率或创新的增长。第三章和第四章已经告诉读者们，这种论调是虚假的。

哈耶克提供了另外一种性质有所不同的论据：

在社会进步的每一阶段，富人通过经历穷人无法得到的新的生活方式，为他们提供了一种必要的服务，没有这种服务，穷人要提高自己就会慢得多。这一论点对有些人来说有点离题，而且颇有玩世不恭的意味。然而稍做反思就会明白，这是完全有效的，就算社会主义社会在这些方面也必须仿效自由社会。计划经济（除非它能完全仿效其他更先进社会的榜样）必会要求个人有责任在获得更多的进步之前，消化掉已经取得的进步……计划经济也不得不规定一整套阶级制度甚至是等级化的阶级制度，与自由社会的不同之处在于，那里的不平等是由权威对特定个体或群体进行设计和选择的结果，而自由社会是个人的市场过程和出身及机会等偶然因素的结果。[84]

我们不必在这个问题上花太多时间，因为我们的选择并不是哈耶克提到的任何一种（既不是资本主义也不是有特定阶级等级的计划社会）。经济民主制是一种没有中央计划和超级富豪阶级的社会主义经济。有人可能希望经济民主制下会有显著的物质不平等，从而也会有显著的为"新生活方式"服务的市场。[85]有人会希望有堂皇的地产、仆人、私人飞机和无数超级富豪的令人喜爱的东西，这些东西，从其性质来说，是绝不可能靠点滴积累而来的。[86]

假如没有支持自由放任主义的不平等的好论据，那么有什么好的反对它的论据吗？这种论据必须能从本质上针对不平等，也就是说，针对没有贫穷的不平等。[87]

也许最常见的论据根源于古希腊。柏拉图和亚里士多德各自提出的解决方案极为不同，但他们都十分担忧由于贫富悬殊而带来的政治不稳定。[88]极度的社会不平等可能引发社会失序：暴力、犯罪、极端状况、革命和/或者暴动。

我想，这是反对未修正的自由放任主义的有力论据，但是它足以反对我们那种假定没有贫穷的自由放任主义的修正版吗？也许可以，柏拉图和亚里士多德都关注到，富贵和贫穷一样，会诱发某种不良习性。关于前者，亚里士多德观察到："罪恶从家里面开始孕育。当他们还是孩子的时候，由于其在奢侈的环境中成长，即使在学校中，也从来养不成服从的习惯，这样，当他们长大成人，他们不可能听命于人，而只会专制。"[89]

我们所特别关心的东西和亚里士多德并不完全一样，但问题还是存在的：过分的财富会造成腐化吗？我们不能说"总是会，概莫能外"，因为上层人士中风度翩翩奉公守法的人士并不少见。里根在20世纪80年代声称腐化"已经是过去的事了"，而与此同时，财政丑闻甚嚣尘上，这一事实肯定会让人张口结舌。当可能得到巨大财富，并因此能享受所有的社会便利时（自由放任主义提供了这两种条件），钻法律空子（甚至更糟）的诱惑力是非常强的。高层的腐败行径经常逃脱惩罚（假如可以用金钱打通政治和法律的关节），这可能造成社会普遍的腐蚀性的玩世不恭。

这一论据会让人们停下来有所思索，但是它足够影响我们面临的选择吗？我们能指望在经济民主制里，玩世不恭和堕落会少一些吗？我发现这将是一个难题。我固然认为答案是肯定的，但确实没有令人信服的证据。困难在于假如存在大量从文化上分化的干预变量，那么如何在不平等和道德腐化间建立起直接的联系。我想说不平等和犯罪率之间有相关性，但是在低犯罪率的英国，财富分配甚至比高犯罪率的美国还不平等。[90]勃列日涅夫统治下的苏联比美国更平等，但却腐败横行。[91]这些事实并不能排除这一理论：在其他条件相等的情况下，越平等的社会，犯罪率和腐化程度越低。但是很明显，所谓其他条件太繁杂，使得证明这一点变得困难。

第二个反对极端不平等的证据是罗尔斯提供的。他不仅担心财富对上层人士的影响，而且担心大的不平等趋势会诱发低层人士的嫉妒和敌意。将嫉妒作为道德谴责的基础这并不常见，但罗尔斯在这里抓住了问题的关键。"人就是人"，收入和财产方面巨大的分化注定会引起嫉妒，甚至伤及个人自尊。在这种情况下，不可能要求一个人"理性地克服内心的恨意"。这种嫉妒是"可以原谅的"，而不平等则不可原谅。[92]

不奇怪，保守主义对这条推论的脉络是要提出异议的。诺齐克争论说，减少不平等可能会使事情变得更糟。这是因为自尊是以不同的个性为基础的（他说），而且因为：

一些简单而自然的假设甚至很能引出关于嫉妒的对话原理。人们可能担心，如果一个人的向度是无限的，而且如果采取大刀阔斧的行动去消灭差异，以致导致分化的向度在量上的缩减，嫉妒将会变得更加严重。因为只拥有少量分化中的向度，很多人会发现他们一种向度也掌握不好。[93]

我承认我发现这个主张是很难认真对待。诺齐克的意思是说，假如收入不平等改善了，那么一个丑陋、无知和缺乏天分的人就会真的很悲惨（而且因此也会嫉妒心更强），因为他甚至不能通过致富来补偿自己的缺陷。[94] 但就算这种古怪的习性是真实的，也得不出诺齐克那种一般性结论，因为如果有这种"关于嫉妒的对话原理"，那么减少不平等不会使人更嫉妒，因为按假说它的量不会改变。

我认为我们不必严肃对待诺齐克的反对意见，但这不是说罗尔斯的主张完美无缺。他的主张作为限制高层不平等的正当理由，只在那些将自己和高层人士作比较时产生恶意感的人那里才会起作用。但在大多数例子中，当人们将自己和同等职位的人作比较，而不是和相差很远的人比较时，这就不是产生嫉妒的基本原因。比如，我就怀疑我的同事们对一个刚在薪水方面得到令人侧目的提高的同事的嫉妒，会比对山姆·沃尔顿或阿拉斯克格先生的嫉妒强烈得多。[95]

还有针对广泛经济不平等的第三种论据在我心目中，这是自由放任主义下反映出的最重要和最中肯的针对不平等程度的论据，但我们先把它搁在一边。这个论题可以简单地表达为：如此这般的不平等会危害民主。但这个论据涉及的价值观和它所支持的制度，在下一节讨论，把它放在那里更合适。

现在可以概括一下我们的研究了。我们已经确认，广泛的不平等是自由放任主义的当然结果，而经济民主制则更平等。对自由放任主义导致的各种不平等，似乎没有好的辩护理由。反对不平等的论据（与反对贫穷的论据不同）指出，巨额财富对人格不但有破坏性影响（对富人也对穷人），而且危害民主。关于人格的讨论似乎没有结果，而后一种指控又被推迟讨论了。

对那些赞同平等主义制度的人来说，本章应该多多地讨论经济民主制的情况。不过，如果人们不持有这种道德直觉，并且，进一步说，某人（1）不对自由放任主义导致的经济不平等程度感到不安，（2）不相信通过轻微的修正可以缓解自由放任主义滋生的贫穷，（3）不承认极端巨额的财富对人格的腐化性影响，那么，他不会为上面提出的论据所动。也许一种民主的诉求，会比平等的诉求对他们更有说服力。

第三节　民　主

> 不难察觉社区里的富人对他们国家民主制度的由衷厌恶。平民百姓是他们辱骂和恐惧的现成目标。
>
> ——阿里克斯·德·托克维尔（Alexis de Tocqueville）

古典自由主义对民主的评价没有对自由的评价高。"古典的"自由主义担心大众会利用他们的权利冲击富人的财产，在他们看来，财产是自由的防波堤。[96]很多人注意到柏拉图对民主引人注目的说明：民主的自然演化是趋向于财富的重新分配，这会引起内战，导致暴乱。[97]现代历史展示了某种不同的事件过程。可以说，魏玛德意志和第一次世界大战后的意大利更称得上是阶级斗争的古典范例，不过这类情况在西方资本主义社会是特例，而不是规律。普遍选举制度在西方已经大行其道，然而财产权并未受到冲击，财富的持有仍然集中。民主对财产的威胁似乎是很遥远的事情。

这不是说现在已经到了强调保守主义，期望它能支持民主论坛的时候了。1975年，里奥纳德·西尔克（Leonard Silk）和大卫·沃格尔（David Vogel）采访了大批公司高级管理人员，他们声称这些人代表了国家商务领导层的一个横截面，他们吃惊地发现"很多高级商务人士开始怀疑民主和资本主义是否相容的问题……很多人认为，一个公司要生存下去，就得采用一种更为权威主义的或者说更'受控'的制度，这是不可避免的发展趋势"。引用一个管理人员焦虑的疑问："我们还能负担得起一人一票的选举吗？我们是如临深渊呀！"[98]

但是，20世纪60年代和70年代早期的"民主狂热"[99]已经平息，秩序已经恢复。如今的保守主义者已经愿意多考虑民主问题。他们不承认参与自治，但他们还是表示相信，民主是阻止暴政自由篡权的最好方式。毕竟，民主对倾覆共产主义大厦具有号召力。

有观点认为只有资本主义社会才能与民主制度相容。关于这一论点，在将近50年前，哈耶克曾给出一个著名而有力的表述：

> 现在人们常说民主将不再容忍"资本主义"。如果"资本主义"在这里意味着建立在自由处置私人财产基础之上的竞争性制度，那么更重要的是要认识到，只有在这种制度下，民主才是可能的。一旦它被集体主义的信条所支配，民主的自我毁灭就不可避免了。[100]

支持这一观点的论据比较抽象，但很重要：

> 将舆论限制在取得了真正一致同意的范围内，而在某些范围内的事物必须随之改变，这种可能性是民主的代价……根据一个人们普遍接受的信条，只要把政府的功能限制在可以通过自由讨论来达成多数人同意的范围内，民主的政府就能成功运作。自由主义信条的巨大好处是，它缩减了在一个由自由人组成的社会中要达成某种一致时所必须涉及的对象的范围。[101]

对政治渠道的利用，不可避免地使一个稳定的社会基本的社会凝聚力倾向于紧张。如果达成某种联合行动的一致只需要涉及有限的几个人们无论何时何地都会有共同观点的议题范围，那么这种紧张是最少的。每一次寻求取得一致的论题范围的扩展都会进一步绷紧凝聚社会的那些脆弱的弦。如果走得太远，触及人们感受非常不同的议题，就可能造成社会的崩溃。基本价值观上存在的基础性差异很少能通过投票箱来解决；最后它们只能通过冲突来决定，而不是解决。历史上的宗教战争和内战都是这种裁定的血腥见证。[102]

对待这一论据，不能通过指出经济民主制不会是中央计划体制就简单地打发掉。经济民主制的市场结构会引开这一论点的某些力量，但是与资本主义，特别是自由放任主义比较，经济民主制会把更多的议题放置在有意识的、民主的决策程序之中，这一事实仍然是存在的。不过，哈耶克-弗里德曼的论据是抽象的，我们必须更具体地来评价它。在自由放任主义，而不是经济民主制的状况下，什么样的议题会被从自由讨论的领域中剔除？这些议题给社会构成造成的紧张究竟达到什么程度？

首先，与工作场所的组织有关。在自由放任主义之下，资本家（和/或管理人员）具有控制权，而在经济民主制下，劳工具有控制权。工作上的民主制度会造成更大的冲突吗？我们几乎不能说工厂民主制能避免冲突，有些工人希望利用单调但更具生产力的技术，另外的可能会持完全相反的倾向。更重要的是（从员工自我管理的历史经验来判断），一个公司中具有管理权威的人可能感到民主制度种种限制的掣肘，因而力图将它最小化，并程度不同地取得成功。[103]但这类争议只是局限在企业内部，既没有理论论据也没有经验事实暗示这类地方性的争执会扩大化为全民的无序，更不用说血腥的内战了。试将这种预言与历史记录中的劳—资暴力性对立作对照：工人起义、斗争浪潮、勒得洛大屠杀、哈兰郡事件等。[104]有一点确实是真的：民主过程的一大好处就是把问题摆上桌面，公开讨论，并在它们激化之前解决它们。

第二个在经济民主制下，而不是在自由放任主义下接受民主控制的议题，是对经济变迁的全面指导。经济民主制会明确地设计它的投资机制，让国家、地区和社区的立法机构对那些会影响其选民的投资决定实行更明智的控制。这同样会引起冲突。

让我们思考一个特殊的问题，来看看这会有什么结局。社会主义社会，和资本主义社会一样，在能源问题上都要做困难的抉择。核能的问题肯定会被提上议程。因为核能源需要大规模集中的资本投入，在经济民主制下，要走上（或继续）发展核能之路，必须由国家的立法机构来作决定。听取各方意见，争论可能的后果，然后由立法机构投票表决。相反，在自由放任主义之下，是由公用事业公司决策。能源事务是生意事务，而不是政府的事务。

我们不必考虑这些不相干过程的结果，因为那与我们这里的问题无关。[105]我们要问的是，哪一种制度能更和平地解决问题？

我们可以明确的一点就是这个问题的答案并不明确，而这种明确性的缺失恰好针对着哈耶克-弗里德曼的主张。民主决策的前奏肯定是争论，也许还是非常激烈的争论。而且假如提倡使用核电的主张获胜，还不能保证心怀不满的少数派会偃旗息鼓，避免国内民众的不服从。但是——这是最紧要的一点——即使决定是由私人做出的，也并不能保证同样的事情不会发生。认为能够（或者应该）把这种对民众日常生活有明显而且重要影响的决定排除在政治论坛之外，这种想法肯定是错误的，至少在政治民主制下是这样。

实际上，保守主义在做他们的抽象论证时并未考虑工作场所的争论和核电问题，他们惦记的主要是一些其他的东西。保守主义者试图从投票箱中排除出去的基本议题，亦即他们用抽象思辨努力把它变得晦涩难解的议题，就是总会引起他们深度恐惧的问题：财产或收入的再分配。毕竟，收入的分配必须通过市场来调节。[106]

但请注意，在经济民主条件下，收入的分配也会通过市场来调节，至少在公司之间的国民收入分配是如此。更有效率，组织得更好，以及/或者更有运气的公司，比起较不成功的公司来得更多。即使在公司内部，也会受到市场力量的冲击，因为就算收入是民主地决定，但公司必须为争夺优秀人才而竞争。可以确信，如果产生过度的不平等（就像在放任自由主义情况下那样），经济民主制并不会排除累进税，但这绝不会导致"流血冲突"。所有现代资本主义社会（激烈的保守主义也没有反对的理由）都是精确地建立在这样的税收制度上的，并没有引起什么可怕的后果。[107]

认为民主只能在资本主义下才能运作，这种观点经不起检验，所以让我们回过头来思考这个问题：民主在资本主义下到底能起作用吗？马克思主义者（还有其他人）所说的"资本主义民主"是一种羞耻[108]，这种指控没有实质性意义吗？

要搞清这些问题，我们需要引进新的术语。根据罗伯特·达尔（Robert Dahl）和查尔斯·林德布洛姆的说法，我们用多头政治来表达一种制度，这种制度下，政治领导人是通过定期的公众选举，从竞选者中遴选出来的。[109]大多数当代发达资本主义社会都采用多头政治。最近刚死亡的那些共产主义社会没有一个符合这种描述。

跟随达尔和林德布洛姆的思想，我们在更接近其语源的意义上定义民主这个概念，这种制度（1）由社会中健全的成年成员组成选民团体；（2）选民是"独立自主"的，作为一个独立自主的选民，必须满足两个条件：第一，成员必须获得对将要通过政治程序决定的议题相当了解，并在贡献他们的解决方案时保持合理的积极性。第二，一定不存在一个稳定的"有特权"的少数人阶级，也就是说，他们掌握着和选举出的官员至少同等的政治权利，为其他任何稳定的团体所望尘莫及。[110]简单地说，民主是这样一种制度，选民非常了解情况并表现积极，而且不会被少数特权阶级限制言论。

我们的问题是：古典自由主义的理想和民主（以上定义的）可以相容吗？

资本主义的历史记录显示，即使是相当自由放任主义的社会形式，也是与多头政治共存的。这不是一个小问题。正如达尔观察到的：

虽然多头政治制度并不保证主要是存在于一个小城邦里的公民轻松而有活力地参与政治，也不保证政府能被民众紧密控制，或者政策总能反映绝大多数公民的意愿，但它起码保证政府不可能长期坚持与大多数公民意愿相违背的政策。[111]

但是多头政治不是民主制。自由放任主义从来没有满足过第一个条件。从 1929 年开始，英国就没有了普选制，法国是 1945 年，瑞士是 1971 年。直到 1920 年，美国的妇女还不能参加选举；大批非洲裔美国人到 1965 年以后才拥有了选举权。从相应的时候起，所有这些国家都远离了自由放任主义。

但是，毕竟，考虑到第二个条件：特权问题，经验证据不仅对自由放任主义，而且对资本主义在总体上提出了怀疑。林德布洛姆认为生意人在所有当代多头政治制度中占据了特权地位。[112]与他思路相同，威廉·多姆霍夫（William Domhoff）赞成这样的说法："美国存在一个社会的上层阶级，是美国的统治阶级……它以大型的公司、银行为基础，把社会联系在一起，在塑造社会和政治氛围上扮演主要的角色，并通过各种各样的组织和方式支配着联邦政府。"[113]

根据林德布洛姆和多姆霍夫的看法，和其他团体比较，生意人为政治竞选提供多得多的经费。[114]另外，在代表其特殊利益方面，他们组织得也更好，他们接近政府官员特别容易，而且完全不相称地在政府上层有代言人。另外，由于他们把持了大众传媒，他们可以对公众的观点和感知施加直接的影响。[115]

林德布洛姆和多姆霍夫所说的情况（每处都有精彩的细节陈述）对我来说似乎是无法反驳的。但是我们必须清楚这种经验论据并不能自动颠覆古典自由主义的立场。弗里德曼、哈耶克、诺齐克以及其他人都承认，其实是坚持认为，这大部分是因为当代资本主义出了错——因为它已经被现代自由主义污染了（他们会这样说的）。因此，我们必须审问自由放任主义的结构。我们必须问清楚，是否有现实的经验能表明民主与资本主义之间存在内在的不和谐，而不是说这是由于对左派自由主义作了太多让步而引起的偶然失误。

我认为这种内在不和谐确实存在。假如我们认定（正如它必定会）自由放任主义会引起财富的高度集中，那么，自由放任主义将不会导致上层阶级的特权，这种古典自由主义的说辞就只能说是似是而非的了，我们在现有的所有资本主义国家都能发现特权阶级现象。古典自由主义的解说是这样的：自由放任主义会划清经济事务与政治论坛的界限，这样，资本家阶级[116]就没有破坏民主的理由。假如政府不插手经济，那就没有理由认为民主程序会威胁到资本家的利益。

在第四章中我们已经建立了反驳这种主张的核心事实：自由放任主义是内在不稳定的。这种情况下，一个民主的政府就必然要努力去防范和减少不稳定。如果选民是独立自主的，他们就不会让失业的人与空闲的工厂心神不定地面面相对。政府在经济上要有所作为就成为必然的要求。历史已经清楚地表明，自由放任主义的意识形态不能容忍这样的不满。

但是如果能期望政府在资本主义经济中扮演重要的角色，那么生意人维护自己的利益就变得很重要，因此，他们就有了向政治权力施压的强烈动机。而且，由于两点原因，他们也不缺乏手段：第一，也是最显而易见的，他们拥有财富。第二，他们在经济中占据重要的战略地位，致使一个选举的政府必须满足他们的大部分要求。让我们简要地思索一下这两个要点。

首先考虑第一点理由：在多头政治体制下，财富可以通过多种渠道来提高让正式的民主程序反映有钱人利益的可能性。这些都是众所周知的，但很少被提到。存在着一些机制保证他们的集体利益得到很好的表达。

1. 建立私人基金和机构去研究保护和提升富人利益的办法，并通过"标准的立法"对它精心表述。[117]

2. 由私人创建"圆桌会议"，把政府高官、有同情心的学者以及财团领导召集到一起，对富人的地位给予支持。[118]

也存在一些机制保证公众对富人地位的默许：

3. 主要媒体（在自由放任主义状况下都由私人控制）的所有者可以动员起来，反对那些于本阶级的一般利益不利的政治运动。实际上，它们甚至可以很好地抵制各种争论。

4. 通过制度性的广告宣传来直接提升有钱人的利益，或者（通常更有效）发布"适度"偏向的流行观念"人民造成的污染，由人民来纠正"，也就是说，不要责怪财团和资本主义。

还有一些机制保证相应的行为获得合法性：

5. 可以贿赂政客和其他政府官员。

6. 为竞选运动提供大笔资助。

7. 高薪雇用专业说客向获选官员施加压力。

这些机制纠合在一起，对任何挑战所有权的民主制度构筑起坚固的壁垒。我们可以引用多姆霍夫对 20 世纪美国劳工立法的分析来检验这些机制的有效性。1935 年的国家劳工关系提案，欲将工人组织工会和签订集体合同合法化，这几乎遭到所有实业阶层的激烈反对。

> 这次公司集团遭受的挫败表明，它控制不了决策过程中的全部议题。另一方面，这也是美国历史上财团在劳工议题上遭受的第一次挫败。接下来，集体合同议题在 1947 年（塔夫特-哈特雷提案）和 1977 年（劳工法修正案）才取得立法胜利，表明这是公司财团在本世纪头 80 年中在劳工关系问题上遭到的唯一一次挫败。[119]

这就是实业阶层在 20 世纪遭受的主要挫败，后来还扭转过来了。[120]

还有第二点理由需要考虑到，在自由放任主义的情况下，生产资料的所有者将会拥有特权，这种特权与他们用金钱买来的特权相当不同。让我们站在政治人物的立场上看社会，一个政客，和生意人一样，赞同经济的稳定性。政客们必定会关注那些可能威胁这种稳定性的团体。很显然，劳动工会和具反抗性的少数民族对稳定性有破坏作用，但这要求这些团体的组织有效率，而且在它们走得太远的时候，政府还可以动用武装力量弹压。与此形成鲜明对比，资本家可以运用对他们来说可能最重要的武器："罢投资"[121]，而他们这样做的时候并不需要组织起来，武力威胁对此也是无能为力。

在第四章我们看到，投资者的信用是资本主义保持稳定的关键。如果资本家察觉政府制定的政策和他们的利益相违背，即使并非"做生意的环境恶劣"，他们用不着组织甚至也用不着怀恨在心，就可能不愿意投资有敌意的国家（地区或社区）了。这种孤立行动的结果是经济的衰退，随之，是政治的不稳定。因此，自由放任主义（或者其他任何形式的资本主义）的政府只有将实业阶层的利益视为特权，除此之外别无选择。用大实话来说，有利于实业阶层的就是有利于国家的，实业阶层一感冒，其他人都得跟着咳嗽。

列举这些论据是想告诉读者，自由放任主义和民主是不相容的。但还存在两个麻烦问题，每一个都与这样的问题相关：所有这些在经济民主制下都会有所不同吗？第一个问题是有人会怀疑我们所定义的民主是否真的为人们所向往。第二个疑问是我们接近这种"民主的理想"是否会让任何人的生活都发生真实的变化。

让我们首先考虑这个问题：一个囊括全部成年人口的、积极的、信息充分的和自主的选举真的是可能的吗？经济民主制度（先别管它叫什么）会比自由放任主义与民主更具有相容性吗？这些问题都不简单。我不能证明民主的理想可以完全实现，毋宁说我干脆怀疑任何政治理想可以完全实现的可能性。但是，我想有充分理由认为经济民主制比自由放任主义与民主的理想更为接近。

毕竟，这里存在一个特权的问题。在经济民主制下面，不平等的情况会比自由放任主义少得多，也不存在一个私人具有"罢投资"能力的阶级。资本家不能支配政府，因为根本就没有资本家。但那里会产生一个"新阶级"吗？最大的可能性就是产生政府官僚阶级，这确实是可能的。可以把公众服务机构想象为一种和选举产生的官员至少掌握同等权力的阶级，这种权力是其他少数集团难以企及的。保守主义者可能认为，如果要在赋予实业者特权的社会和赋予公共服务机构特权的社会之间作选择的话，前一种社会会更富裕。

这一论点中有一个基础性的问题。如果已有的分析非常正确，那么现实的选择并不是在实业者的特权和公众服务机构的特权之间作出的。自由放任主义的矛盾将使得政府的干预成为必要，经济越发展，这种矛盾越大。当代资本主义（无一不以庞大的公众服务机构为特征）的历史发展证明了这一估计的正确性。所以，选择是在不具有特权资本家阶级的政府官僚机构和具有特权资本家阶级的政府官僚机构这两者之间作出的。没有政府官僚机构或诸如此类的东西，当代的经济就不可能运行。

在符合我们的定义的情况下，这种官僚机构必然是"特权化"的吗？我倾向于承认这种可能性，但如果一个社会中的主要政治官员都是由选举产生的，我看不出这种特权化会有什么必然性。上面我们验证过保证资本家特权的结构性特征，但可以与之比肩的、保证官僚机构特权的结构性特征却实在难以想象。经济民主制下，非选举产生的官员根本无法掌握可以和资本家的财富相提并论的东西，他们也不可能"罢投资"。

假如我们的分析正确，那么选择资本主义而不是经济民主就是选择了一种至少有一个，也许是两个特权阶级（如果资本主义制度中的官僚机构也是特权阶级的话）的制度。而作相反的选择固然不能保证民主，但是扫清了民主的最基本的障碍。[122]

我们支持选择经济民主，还有另一个重要的考虑。杜绝特权阶级是对民主的要求，但前面提出的条件 2 也是一项要求：积极的、充分知情的选举。工厂民主程序的扩展，自身很重要，也和这一论题有关。有一种古老但仍值得重申的观点：拥有更多的民主，才能知道民主的毛病。[123]是人民发展了民主的兴趣、态度和实施民主的技巧。[124]在员工自我管理的情况下，具有即时影响的关键决定（工作的组织和收入的分配，说到底就这两种）必须由相关成员民主地做出。不管民主的结构功能多么不完美，它大大地扩展了参与机会。期望把在工作场所发展出来的民主意识带进更广泛的政治论坛[125]，这并非不可思议。

总问题下面有两个相关论题，所有这些在经济民主制下都会有所不同吗？我已经通过尝试着说明经济民主制来回应这种怀疑，即使它不能满足民主的理想，至少会比自由放任主义更接近这种理想。如果连接近都不行的话，它实际上会造成什么样的差别呢？

当然了，这样的问题和真正的民主党人是没有关系的，因为民主对他们来说，是一种无须证明的价值观。但是我觉得"真正的民主党人"在资本主义社会是非常稀有的。威廉·巴克雷（William Buckley）毫不迟疑地表达了很多这类观点，他宣称，人爱怎么花钱是他的权利，这种权利比全部民主权利要重要得多。[126]

在某种意义上，这一问题质疑了民主的价值，因此不必在这里强调它。但是让我们先别急着抛开它，因为没有必要把它解释成对民主直截了当的拒绝，让我们把它转换为一个更温和的问题：为什么说多头政治是不够的？假如说（有人会这样认为），多头政治没有完全实现民主的理想，但很多可能用来支持民主价值的理由也适用于多头政治。当我们比现在更接近民主理想的时候，我们能得到什么呢？

按照本节的分析，这已经被看成是关于资本主义和民主利益是否相适合的问题。我们看见，在自由放任主义制度下，资本家阶级比社会中其他的群体占据着更有利的地位去提升和保护自己的利益。虽然这个阶级在人口中只占少数，但他们的实际利益很少受到过威胁。可是（有人会说），如果他们这种实际利益是与大多数人的实际利益相一致的，那我们实际上也无话可说，不是吗？多头政治不是人民的政府，但它是为着人民的政府或者至少不是与人民作对的政府。这还不够吗？

我这里对这个问题作一个十分清晰的回答并用它总结一下本节中关于经济民主制、自由放任主义和民主的讨论，这个回答不是对民主的哲学讨论，但在我心目中它是极其重要的。我先不讨论资本家阶级经济利益和大多数其他公民成员经济利益的冲突，这些现象触目皆是（比如，工作场所的控制、失业、消费者保护、财富的再分配等），相反，我想先聚焦于一个非经济性的论题。所谓非经济，在某种意义上就是说，它不会和公民当下的物质利益发生非常直接的碰撞，而公民中的大多数成员可能会被以他们的经济利益为主旨的政治运动所感召和动员起来。

让我们先考虑一下对外政策。政治科学认为这是一个真理，即一个多头政治的政府在处理对外政策时比处理对内政策时要自由得多。国内政策对经济的影响感觉比较直接，因此政府是如履薄冰。只有出现突发状况时，对内政策才会有突然的变化。与此形成鲜明对照，在对外政策方面，突然的动议和对长期政策的推翻可能在一夜之间产生影响：敌人变成朋友，朋友变成敌人；前期磋商尚未进行，国家即遭到入侵；暗中支持叛乱或者反对叛乱，如此等等。

我们来看看在这个世纪中最引人注目的事件：反共成为西方对外政策的基本出发点。让我们想想反共和资本主义、民主的关系，我在此提出三个基本的论点：

1. 资本主义国家的对外政策肯定会是反共的，而且当反共和民主这两种价值发生冲突，他们会把反共看得更重要。

2. 一个视反共高于民主的对外政策，会比将民主放在首要地位的对外政策，对生活、自由、民主和国家自治有更严重的破坏性。

3. 经济民主制的对外政策不会认为反共高于民主。

在这里全面捍卫这些观点并不适宜，要这样做的话需要做好几篇专论，在支撑结构性观点时，出于方法论的要求，我也需要用比这里更多的理由去调用历史证据。但让我讨论以下的内容，在我心目中，它能构成全部辩护的核心。

论题 1：我们知道资本主义国家的政府在处理对外政策时几乎不受其多头政治结构的限制，而且资本家阶级在政府外和政府内，都（说得温和一点）在议程形成过程中有不相称的代表，包括在对外政策的形成过程中。所以，总体而言，对外政策体现资本家的总体利益，这样说是公平的。

常有人认为西方对外政策中的反共思想是一种烟幕，背后隐藏着赤裸裸的经济利益，这可能是非常真实的。同时，我们不应该怀疑，在所有资本主义国家，反共思想已经深深地渗透到上层阶级当中。共产主义，作为一种意识形态，比其他的意识形态在更大的程度上（或者说与其他意识形态相反）质疑资本主义，比其他意识形态在更大的程度上挑战富人享有的特权。[127] 所有的富人都深知这种"花言巧语"的危险性，也都深知资本主义大量存在的不平等似乎是不公平的，而且可能被煽动者利用。因此，拒这种威胁于千里之外就成为最迫切的事情。对资本家来说，将共产主义视为一种病毒，在任何可能的地方抗拒它、隔离它、挖它的墙脚、剔除它，这是很合理的，因为它对资本的利益实在太有威胁了——作为一种理念，甚至还是一种成功的社会经验。[128]

由于资本主义国家对外政策的利益就是资本家阶级的利益，同时也由于资本家阶级对于反共高于培育民主的认识非常清醒，而且也更感兴趣，因而，论题 2 就紧跟着出来了。

论题 2：我假定多数有产人士相信，资本主义，除了不平等外，在整体上好于任何形式的社会主义，而且认为资本收入（他们财富的基础）是公正的。（前一节的开篇引语中引用了斯蒂芬·洛克菲勒的话，能说他那样的话的人并不多。）但是如果这本书的中心思想是正确的，那么他们的信念就是错误的：资本收入是不公正的，因为确实存在另一种可行的，也是更合乎人们愿望的可能性。

这样一种社会主义可能已经成为现实了吗？我们从来不知道我们可能已经得到的东西。很难置信，当下流行的地方和工厂民主的现实，早在 1905—1917 年的俄国，列宁的"新经济政策"引入市场机制的时候就已经出现了——国家允许人民进行和平的实验。但是和平并没有持久。资本主义世界对所有企图废除资本"权利"的经济实验总是持敌意态度，对俄国的革命也不例外。正如我们知道的，欧洲和美国派遣军队帮助俄罗斯内战中的白军，并且由于这种干涉未能奏效，毫无疑问，资本家出于敌意会对"实际存在的社会主义"作深刻的歪曲。有一项关于苏联历史的民意调查显示，专横跋扈的斯大林是如何（几乎是丧心病狂地）控制布尔什维克领导层的心智以巩固他对权力的控制，并将他推行集体化和疯狂的工业化时所用的恐怖政策合法化。[129]

我并不是说反共的恐怖超过斯大林主义的恐怖，也不认为反共是对这种或那种打着马克思主义旗号的暴行的反应。在这方面我还是个不可知论者。但我可以保证说，以反共为动机的政策几乎没有实现什么价值，反倒制造了令人震惊的灾祸。当做一种思想实验，让我们想象一下，如果西方世界的对外政策不是在反共，而是在民主的指导下，20 世纪可能会是什么样子。我们可以合理地假设一下美国的情况，姑且把我们自己当成最重要的角色。

1. 它不会出于反对革命的需要而于 1918 年出兵俄国；

2. 不会如此看好墨索里尼在意大利夺权，也不会如此蓄意地支持希特勒的"经济复苏"政策[130]；

3. 不会支持中非和中美洲在 20 世纪 30 年代出现的家长式独裁统治像萨尔瓦多的赫尔兰德斯·马丁内斯、尼加拉瓜的索摩查、危地马拉的乌比科、洪都拉斯的卡瑞阿斯、多米尼加共和国的楚济罗、古巴的巴蒂斯塔；

4. 可能会支持西班牙对抗佛朗哥反民主暴乱（由墨索里尼和希特勒提供军事和人员支持）的运动；

5. 不会支持中国蒋介石的腐败统治；

6. 不会支持法国在第二次世界大战后企图重新控制印度支那的举动；

7. 可能不会坚持在第二次世界大战后分裂朝鲜或者支持南方极右势力上台，因而也就可能避免朝鲜战争的爆发[131]；

8. 不会在 1953 年发动推翻伊朗政府并扶持伊朗国王上台；

9. 不会在 1954 年策划破坏危地马拉的民主进程，并在当地以及萨尔瓦多和洪都拉斯鼓励推行（提供军火支持）军事统治；

10. 承认越南、老挝和柬埔寨人民有权利自己选择自己的未来，因而有可能避免越南战争；

11. 很多年以前就不反对南非黑人解放斗争了；

12. 1965 年，当印度尼西亚军队夺取了政权并大肆屠杀了 10 万多"共产主义分子"时，不会站出来粉饰太平；

13. 不会支持和纵容 20 世纪 60 年代—70 年代在南非大部分地区建立的空前野蛮的军事统治；

14. 不会抱着菲律宾的马科斯政权不放，从 1972 年开始，直到 1986 年它日薄西山；

15. 20 世纪 70 年代，尼加拉瓜、安哥拉、莫桑比克等地区推翻了人民憎恨的统治者或者殖民政权，美国不会在这个时候资助反对初生的民选政府的血腥暴乱运动；

16. 不会至今念念不忘颠覆古巴这个拉丁美洲唯一消灭了饥饿和无家可归现象的国家。

上述远远没有囊括全部。[132]美国曾经支持过比上面列举的多得多的反民主恐怖政权，在这场反民主的十字军东征中，美国也绝不是孤军奋战。大部分欧洲国家都支持过上面列举的大多数政权。作这样的比较几乎有一种亵渎感，但我们不得不说：以反对共产主义名义合法化了的战争、政变、杀戮、恐惧和掳掠，制造的人身伤害已经肯定接近（可能超过）了斯大林时代。[133]

论题 3：对我所建立的论据最常见的反驳，是不无嘲讽地耸耸肩说："没错，美国在对外政策方面是挺伪善的，如果与它的实际利益相违背，它就不管什么价值观了。所有国家都这样做。经济民主制，不管它高扬什么美德，实际上也不会做得更高明。"这种反驳很能激起情绪，特别是在流行着所谓"愤世嫉俗的理由"（cynical reason）的情况下。[134]但我要举出两个事实来反驳它。

那些认定任何多头政治体制都会促进和坚定地支持不民主的对外政策的人必须承认：（1）以上所列举的 16 个反共行为的例子中没有一个可以哪怕似是而非地看成是政府迫于愤怒的选民的压力而做出的反应；（2）在大多数这样的例子中，美国的公众对究竟发生了什么事情一无所知；（3）在很多这些例子中，决策层的精英分子有意地不让美国人民了解其决策的真实意图，为的是怕不为公众所接受。[135]我不否认政策一旦制定，行政人员通常至少会消极对待它，但这并不能证明一个本身对大多数人的愿望能做出及时反应的政府会追求同样的政策。

第二个事实是关于结构的。经济民主制的基层构造并没有设计成用来剥削其他国家，但资本主义的基层构造则是。这一点我们在前一节已经提到过了，不过现在让我们把它讨论得更深入一点。我们可以注意到，资本主义国家和经济民主制某一方面的结构都在其他国家有两种基本利益：（1）其他国家作为本国产品的销售市场；（2）其他国家作为资源和原材料的供应地（比本国便宜）。这两种目的都是通过贸易来达到的，但如果外国出现极端保护主义或对关键资源实行垄断控制的政权，这种贸易模式就会受到伤害。假如这种政权变得强大起来，不可避免的，我们可以假设本国的公民，不管本国是资本主义制度还是经济民主制度，都会要求政府起来干预。

但是，这里有一个关键的事实：如果我们回顾美国自干涉俄国革命以来的历史，就会发现，其实没有一个目标国实际上控制了关键资源，[136]还会发现实际上没有哪个政体在拒绝和我们贸易。事实上是完全相反的模式：美国对"敌人"实行经济制裁，是我们，而不是他们，拒绝贸易。

还有一个关键的事实：大体上，我们的干涉并没有作为经济事务交由公众讨论，虽然这种讨论有时也会发生。艾森豪威尔就印度支那的"锡和钨"问题作过咨询，最近，人们也认为萨达姆·侯赛因威胁了我们的"生活方式"。但这种判断总是会流于平庸，最后被非经济的呼吁取代：自由、民主、反暴政，当然了，还有反共。面对这些事实，人们肯定会感到迷惑，如果没有人能用经济利益来鼓动美国人民支持对外干涉，那么一个更加民主的社会里的公民会因为经济利益而受到鼓动吗？

让我们更逼近一些来观察结构。一个国家在境外的经济利益可以通过贸易得到满足，这个国家的某种结构中可能有超越贸易的利益。特别是，一个资本家的企业有这样一些利益：（1）境外投资以获取利润；（2）廉价的劳动力。从结构上来说，寻求这些机会并不限于国内。这样，施加压力要求对外政策中反对任何外国政府限制资本家到该国投资和获得该国的廉价劳动力，或者（上帝禁止）实现投资的民族化。但这些限制恰好正是所有针对粗鲁的美国反对派的外国政府和政治运动许诺给自己追随者的政策。一个根据资本利益来定位的政府会倾向于采取干涉政策，对此，我们应该感到惊讶吗？

现在我们来看看经济民主制。一个工人管理的企业对廉价劳动力的兴趣可能是最低的，因为劳动力并不是商品。美国工人一加入企业就成了选民。它也不会在社区范围之外去寻求"投资机会"。回想这一点：投资的基金都来自于每年的税收。为保证得到投资，企业必须向地方银行说明这些基金投入企业是有利可图的，会提高生产力，同时增加本地就业机会。企业几乎不会选择境外投资。[137]这样，就没有来自"私人部门"的压力要求政府去管外国"革命"的、致力掌握自己的经济命运的政府或民众运动的闲事。

对这个论据广泛扫视引出以下的结论：经济民主制国家的对外政策许诺给那些渴望自由、民主和自决的其他国家以比资产阶级国家多得多的尊重。两者最基本差异的底线是，经济民主制比资本主义更接近民主的理想。

这既是一个预言，也是一个必然结论。我已经说过资本主义国家倾向于反共，我的分析还没有参考到来自苏联的军事威胁，也没有谈到共产党国家除了反资本主义意识形态以及反对公司渗透之外的其他特征。如果这些分析是正确的，那么，反共思想将不会消失，就算共产主义实际上消失了。可能（虽然我觉得不可能）会出现另外一个或几个术语，但我的分析预测说，这个世界上的任何政府或运动组织，不管它有多么民主，只要它挑战了资本收入权利这一基本方式，或者挑战了公司向他们认为合适的地方做境外投资的权利，就会遭到美国和其他资本主义国家的反对。[138]它还进一步预测，这种反对的合法性依据不是以资本主义自身经济利益为基础，而是以某些更高级的原则为旗号。

我不是说总是会用"反共"这个招牌来充当这样的角色，但我怀疑用它的机会比人们现在能想到的其他东西多得多。我很难想象，包含了无神论、国家恐怖、自由剥夺等诸如此类的暗示的这样一个概念会被统治阶级轻易放弃掉。

第四节　有意义的工作

> 为工钱和为别人的利润工作是不能令人满足的。
>
> ——约翰·斯图尔特·穆勒

我们现在更紧密地和青年马克思一起来反对竞争性资本主义的缺陷吧。

我认为，资本主义的劳动导致工人的异化。用我们已经详细阐述的价值观来指控，就是说，资本主义的工业组织和雇员的自主性以及心理健康是极端对立的。尤其是，我认为自由放任主义没有能提供（1）参与工作的最优化秩序，或者（2）劳逸的最佳平衡，或者（3）工作技能发展的最优化水平。[139] 我认为经济民主制更接近于工人自己的选择，他们能真正自由地获得相应的平衡。

强化了古典自由主义的新古典主义理论认为，在竞争占统治地位的情况下，这种非优化特性是罕见的。基础的新古典主义经济学使人们倾向于认为，参与程度、劳动时间和工作技巧原来是什么样现在就是什么样，因为，从一个重要的意义上说，工人已经选择了这些要素的状况。

马克思的观点则相反：异化劳动绝对是资本主义的中心问题。无论是青年马克思还是成年马克思都坚持这一点。区分资本主义和简单商品生产的东西既不是私人财产，也不是市场，而是劳动力的商品性质。马克思坚持认为，这里隐藏着资本主义生产的秘密，在对市场变化作了分析之后，他在《资本论》中写道：

我们正在抛弃的这个领域（市场）范围内进行着劳动力的买卖，它实际上是人的天赋权利的伊甸园。在那里流动着自由、平等、财产和功利。自由，因为商品，也就是劳动力的买卖双方，只受到自己自由意愿的限制……平等，因为每个人都和另外一个简单商品拥有者发生关系，并实行等价交换。财产，因为每个人只能处置他自己的东西。还有功利，因为每个人只为自己……

每个人都为自己着想，没有人会操心别人的事，惟其如此，他们才依照某种前定的和谐秩序，或者秉承全知全能的神的意旨，为相互的好处、共同的财富、为所有人的利益而共同工作。

离开这个由"自由交易的庸人"观念和理想装备起来的商品简单循环和交易的空间……我们认为我们能够察觉发生在我们戏剧角色面貌上的变化。此前还只是一个有钱人，现在成为在面前踱方步的资本家；劳动力的持有者成为了劳工。一个面带微笑，很自重的样子，宛然是做生意的天才，另一个则畏畏缩缩直往后退，就好像他带了自己的皮囊来市场出卖，却得到一顿鞭打。[140]

对此我们可以问很多问题。资本主义下的劳动者真的受到"鞭打"吗？在马克思的时代也许是，但现在如何？他们还这样认为吗？这方面的经验证据暧昧不明。社会学家威廉·佛姆（William Form）注意到，"不管是最早的还是最近的调查，都报告说每个地方的大部分工人对工作很满意"[141]。然而作家斯塔兹·特科尔多年前周游全国，遍访工人，他的结论是：

> 虽然可以发现少数的工人对他们的日常工作表示满意，但多数人无法掩饰他们的不满意。蓝领和白领的哀叹都同样苦闷。点焊工说，"我是一台机器"；银行出纳说，"我被关在笼子里面"；旅馆职员也这样说。钢铁工人说，"我是一头骡子"；接待员说，"猴子也能干我干的活"。经常迁移的工人说，"我还不如一把农具"；衣着入时的模特说，"我就是一个衣架而已"。蓝领也好，白领也好，他们说的都是同一句话："我是机器人。"[142]

评价关于工作不满意的广度和深度的经验证据是非常困难的。如同佛姆指出的，调查问卷可以根据报告不满意自己工作的雇员的比例来操控。更有甚者，工人可能报告说自己对工作很满意，只是因为他们觉得有工作比失业好，或者觉得承认工作不满意意味着个人的失败，或者用对工作前景的预期代替现时感受——或者因为他们真的很满意。

经过反思，我们发现这些经验上的困难对我们的观点并不构成问题。我们根据参与、劳逸分配和技能发展的非最优化来定义"异化"，实际上就松弛了异化和不满意感之间的关联性。我们假设参与自己将要承担义务或发展技能的决定是好的，即使在人们没有经历过因被剥夺而缺乏这种参与机会的情况下也是如此。我们认为这种结构可能推动人们更努力更长期地工作，比认识到工作的益处更有推动力。

从这个价值预设出发可以推断，一个人可能被异化和不自觉对工作感到不满。如果一个技术拙劣的工作狂甘心让上级作所有的决定，我们的价值预设就让我们得出这种状态是非最优化的这种初步印象的判断。这并不是说在别人不愿意的情况下非要让他参与，或强迫他改进技能、或强迫他休息，我们的价值预设是说，如果一种制度为人们提供更多的参与机会、改进技能和平衡劳逸结合，那么这种制度是更可取的。

我们已经削弱了异化和不满意感之间的关联性，但这还很不够。回想一下，我们研究工作的标准框架是要求根据初步印象来权衡个人的自我评价，那么，假如很少或者没有报告表明资本主义制度下雇员们的不满意感，那么对这一节中的主张也不值得认真对待。但是不满意感确实是存在的。经验上的争论不是着眼于工人是否有不满意感，而是着眼于不满意的程度。没人会否认不满意感的存在。[143]同时，我们必须承认这种不满意并不能自动地形成对资本主义的谴责。也许这种不满意只是出于人的天性，或者是由于在工作满意和其他某种货色之间作了某种可接受的交易。我们还需要深究的是结构性的关联。

有理由相信资本主义不会让人异化，那里实际上接近于达到了最优化的参与程度、最优化的工作持续时间和密度以及技能发展吗？新古典主义经济学为我们描绘了这样的画面：在工作组织上，资本家并不是独断决策的，不如说他们是在接受起决定作用的工人的影响。如果工作没有按照可能的情况进行，那是工人们选择了这样做。诺齐克就持这种观点，他的说法可以表述如下：我们假设，为使工作更有意义，我们重组了工作计划，它有可能使生产力上升、持平或者下降。于是：

假如当我们的工作任务被分割得更有意义的时候，生产力会提高，那么追求利润的个体所有者就会按此组织生产过程。假如在更有意义的劳力分配下生产力持平，出于争取劳工的竞争需要，公司会竞相改变内部工作组织。

这样，饶有兴味值得考虑的就只有这种情况了，公司按照有意义的原则分割工作和进行劳力周转，而这样做比不按这些原则分割劳力的时候得到的效率更低（按照市场的标准判断）。可以通过三种方式（或三者一体出现）承担这种低效率的劳动的代价。第一，工厂的工人自己可能渴望有意义的工作，理论家把它归结为具有所有的善，工人们认识到这一点，并且愿意牺牲掉一些东西（一些薪水）以使自己能依照更有意义的工作分配来干活。他们得到比较少的薪水，但他们认为，比起那种工资虽然高但缺乏意义的工作来，他们更满意这样的工作整体配套（total work package），即较低的工资加上从有意义的工作中得到的满足。通过增加其工作的意义，提高自尊等，他们获得了一种平衡。[144]

我们不必去考虑诺齐克所概括的其他承担低效率代价的方案，即消费者自愿补贴低效率公司，或者政府禁止没有意义的工作，因为这两种已经超出了新古典主义的范围，而且也和现实中资本主义的情况无关。关于第一种情况，他有一个重要的看法：只要这种使工作更令人满意的重组至少保持和原来一样的生产力，那么追求自身利益的资本家就会按照这种办法组织劳动。如果生产力更低，他还是可以重组工作，但提供给工人较低的工资，低到刚好可以维持原有利润。因此，如果工作本来可以被组织得更有意义，但却没有这样做，那是因为工人不愿意承受这样做的代价。这一主张如果正确的话，包含一个重要的暗示：经济民主制的工作结构，将不会和资本主义的工作结构有重大不同，异化的情况因此也不会有所不同。

有人可能会这样反对诺齐克的预设，即认为资本家没有资格追求当下的利润率，但这种反驳并不能帮我们多少忙。因为经济民主制的资产税和资本家的利润是相当的，我们不能假定在经济民主制下在特定公司工作的人员会分到明显更多的份额。要评价诺齐克和新古典主义，我们还需要向更深处发掘。我们需要分别检验我们的异化定义中的各个成分，虽然最终可以证明它们是相互关联的。

首先是参与问题。正如我们看到的，大量经验证据表明参与性的工作安排比权威性的工作安排更符合道德，而且有更高的生产力。[145]诺齐克无疑会回答说这一发现实际上已经促使资本家公司去实验营造更加有参与性的环境，正是出于他提供的理由，我们也期望这种趋势继续下去直到达到最优化。要反对诺齐克，我们就必须能够提出一些因素，这些因素即使导致生产力的提高，也会抑制参与性的扩张。

让我们作一些假设。第一，如果我们同意权力除了具有提高收入的工具性价值外，自身还具有正面的效应，随之而来，如果效率标准单独决定了结构的话，自由放任主义的工作场所就会比它原来更具有权威化的特征。如果管理者或所有者很喜欢操弄权力，那么他们就会牺牲一些收入来满足这一愿望。

中层的管理者会有更强烈的抵制参与计划的冲动，因为这种变化经常使许多中层管理人员显得多余。中层管理人员抵制参与实验并经常暗中破坏，这是为人熟知的情况。[146]

假如只有对权力的要求和来自中层的抵制是抑制因素，那么就单个个案来说，竞争性的市场力量会取得最后的胜利。随着和实际管理工作的距离的日益增加，从而远离由权威感导致的内在满足，所有者会迫使他们的代理人关注到利润边界的底线。如果参与性安排有更大的生产力，那么采用它是迟早的事情。这一主张的根本问题是默认（技术）生产力的增长是利润增长的唯一途径，新古典理论视之为理所当然，而马克思主义者由于强调车间里的阶级斗争，对这一点提出了正确的异议。马克思本人已经高度强调了这一关键点。[147] 有两种提高利润的方式，它们看起来和提高生产力相类似，但其实差别非常大。要提高生产力，要求同样的输入产生更多的输出，这里面的关键是劳动力。要增加（资本家的）利润，就要求同样的开销导致更多的产品输出，这里面的关键是工资单。但是，工资协议和将会雇用的劳动力的量、质之间的联系并不是一个技术问题。一定总量的金钱，购买的劳动力可能多也可能少。这样，资本家们就会有强烈的动机去强化劳动的节奏，同时也会有强烈的动机去重组工作程序，将对熟练工人的需要减少到最低，因为花在熟练工人身上的钱比非熟练工人多。

稍后我们会对这两种方法作更细致的检验，因为它们还与我们要考察的异化的另外两个成分有关系。至于现在，我们只需要指出这些提高（资本家）利润的方式在完全民主的工作场所中将受到威胁。如果只是为了提高资本家的利润，工人不会投票同意加快工作节奏，也不会同意为了缩减支出而降低他们的技能水平。这样，资本家就很有理由抵制全面参与，即使它许诺能大幅度提高生产力，因为全面参与会减少削减其他提高利润的办法。

我们再更贴近地考察工作强度问题。这只是卡门·瑟瑞安涅（Carmen Sirianni）所谓"时间政治"[148] 问题中的一个。这些问题，既包括工作节奏，也包括工作日长度、假期、弹性上班制、职务分配、兼职、休息日加班等很多内容，在我所定义的资本主义异化三个基本成分中，它们属于劳逸非最优化平衡的范畴。我们将要考察这个问题丛。[149]

有理由认为，资本主义下的工人，如果他们能选择怎样调剂其休闲、收入和工作强度的分配的话，他们会比以往工作得更努力。每一次提速，都可以看成是一次管理方面努力的结果，这种管理就是要促使雇员干更多的工作，比他在合约中签订的量更多。管理可以依靠这样的事实，通常情况下，工作机会处于短缺状态，这样，通过适当结合技术提速、严密监视和威胁等手段，可以促使工人干比合同规定更多的活。当然，工人常常会抵制，有时候还会发展出对抗的策略，但是正是这种对抗性的关系让我们无权认为这样导致的工作节奏是最优化的。

不过提速只是问题的一个方面。资本主义制度下，劳动—闲暇的宏观分配也远称不上最优化。在自由放任主义之下，我们可以肯定很大一部分人非常空闲，他们被称为"失业大军"。同样，我们也可以肯定存在过度工作的情况。马克思已经指出一个荒谬的事实：失业和过度工作这两种现象在资本主义条件下肯定是成正比例关系的，即失业率越高，雇主要求其工人付出更多的劳动就越容易。[150] 这种情况是如此普遍，以至于我们都忘记了这其实是多么"不自然"的现象。

假如我们为"自然主义谬误"[151] 松绑，大量关于怎样定义和分配工作的问题就会涌现出来。为什么我们不能保证每个人都得到工作机会呢？为什么不能让两个人分担一项职务呢？为什么不能推广弹性上班制呢？为什么支付给兼职人员比全薪少得多的部分工资，而且还没有福利呢？为什么不能让全体工作者定期享受休假呢？我认为大多数人（特别是工作者）会同意，如果上面问题中涉及的机会能够更广泛地得到普及，那将是更为可取的，当然，假如代价不是很过分的话。

我认为，在经济民主制的情况下实现这些代价不高（对涉及的工作者来说，也是对社会总体来说）的机会的可能性比在自由放任制度下要大得多，因为在自由放任制度下，而不是在经济民主制度下，那些对工作条件掌握绝对权威的人在这种改革中所失甚多，所获甚少。

充分就业对资本家来说是弊大于利。他们在签订工作合同中的地位因为高失业率而提高了，相反，工人的地位则降低了。[152] 为雇员提供休假、弹性工作安排、职务分担或者按比例给兼职人员支付薪水和福利，公司所有者能得到什么？代价和风险是清楚而直接的，但其所得充其量也是间接的：得到一只更快乐的劳动大军，他们工作干劲更大，生产力更高。

正是这种结果让人们希望一些公司进行这样的改革实验，不过请注意，决定因素是"利润底线"。但是为什么它会成为决定因素？为什么一支更快乐的劳动大军其自身就不能产生可取的结果？在资本主义制度下，这种结果不会产生，一位在某大保险公司身居高位的执行官已经说得很清楚，他评价那些天真的"心地善良的学者"时说：

（办公室人员）很容易在他们的工作中得到锻炼，（因此）如果老让他们待在那种岗位上的话，他们的工资就是一个大问题了——我们必须不断提升他们，否则就得和他们干仗；他们会组成工会，还有谁知道其他什么见鬼的东西。雇用一个同样受过良好教育但对我们分配给她的职位乐天知命的女孩子就好得多。[153]

在民主的工作场所情况就会有所不同。公司会在进行组织实验时花一笔钱，但工人可能会认为这是值得的。请注意，他们必须承担财务开销，但他们同时也会从结果中得到好处。在资本主义条件下，花钱的人和得到好处的人在制度上是不同的两种人——而且承担风险的人掌握决定权。在民主的工作场所中，每个人都会因为前期的改革而拥有更多的选择，同时，如果生产力被削弱的话，他们也承当一部分代价。这不是说每个人会用同样的方式评估代价和利益。激烈的反对和错误的决定都是存在的，但是，当这一过程在代价和利益的分配上不会遭到制度性的扭曲时，我们更愿意看到一种最理想的结局。[154]

我们再来考虑资本主义异化的第三种成分：工作技能不能得到发展。让我们从大家很熟悉的某种资本主义现象开始。为了增加资本家的利润，通过用非熟练工人代替熟练工人来重新组织车间人员。这种重组可能会也可能不会包括资本投资；如果包括的话，通过重组所节约出来的钱肯定高于所花掉的钱。现在我们假定将会提高技术生产力——也就是说，等量的（廉价的、非熟练的）实际劳动力会产生更多的产品输出。

很明显，熟练工人不会选择被非熟练工人取代，如果他们同意改变自己的工作范围和接受较低的工钱，就可能被留下来。但是注意，他们对"工作总体配套的选择"并不是诺齐克所说的那一种。它不是在"更有意义但报酬更少的工作"和"报酬更多但意义更少的工作"之间做出的选择，而是在"无意义、低报酬的工作"和完全没有工作之间做出的。即使这个工人有其他的选择（在别处找到合适的技术性工作）也不能说是他选择了重组。

当然了，在这类事件中，并不只是自治这一种价值受到威胁。有人可能认为在这类情况下，有理由把提升整个社区的利益的需要凌驾于参与自治之上。生产增加了，而有价值的技能人员被发送到经济的其他就业场所。如果其他地方需要这类技能，这种说法当然不错，如果不需要，就会导致一种被市场忽视的至关重要的代价。熟练工人如果全部能就业，就必须牺牲他的技能，也许还要捎带牺牲部分收入、职业满足以及自尊。这个问题有很大的理论价值。新古典主义所谓竞争性的资本主义最优化的主张，依赖的是这样的假设：竞争性的市场促使决策者承担起他们决策的社会代价。但这里有一个对个人福利来说意义重大的决策阶级（生产过程要求什么样的技能由他们来决定），而社会代价不是由决策者来承担的。资本家做出决定，利润的提高又确认了这种选择。但是市场并没有记录下熟练工人不再能运用他们的技能这一代价。

那些关注消费者福利的人可能不会被说服。他们会说，资本主义限制了工人的自治；它甚至可能时常危害到他的心理健康。但是重组和革新已经在这里出现了，即使在反对工人参与愿望的声浪中，它们也在为我们生活水平的提高作贡献——为工人，也为资本家。这肯定不仅仅是一个制衡的问题。

还没有办法证明它确实是这样。我们已经看到，市场没有正确地记录所有的代价。如果我们拥有更少量的物资和更多有意义的工作，我们这里就会是一个更健康、更快乐的社会，这可能是真实的情况。假如有证据表明工作满足是个人全部幸福的主要成分，而增长的消费水平则不是，这就几乎必定是真实的情况。[155]

还有来自另一个角度的反对意见：如果市场不正确地记录了技能流失的代价，我们凭什么指望经济民主制会做得更好？它不是依然是一种市场经济么？如果资本主义制度下竞争压力倾向于引进低技能人群生产，那么在经济民主制度下为什么会不一样呢？

对这一反对意见可以给出两种相互独立的回答：第一个回答可以诉诸这样的事实，即经济民主制下，劳动者面对的是和资本主义不同的对"工作整体配套"的选择。比如说，建立一个生产线生产汽车以取代用生产小组生产汽车，假定前者在技术上更有效率，但技能提升很少。如果工人选择采用前者，那么他们就会面临另一个选择。他们可以选择生产和以前同样数量的汽车，减少工作量，或者，他们可以选择生产更多的汽车，降低销售价以便卖出更多的产品。实际上，他们是要在三种工作整体配套中做出选择，每一种选择强调的价值都不同：技能、闲暇和消费。工人可以选择生产小组，这强调的是技能，选择生产线和减少工作量，或者选择生产线和提高收入。但是注意，如果 A 厂的工人愿意用生产小组，而 B 厂愿意用生产线，在 B 厂采用第二种选择的情况下，A 厂是不受影响的。只有在 B 厂的工人选择生产线和更高的收入的情况下，A 厂的工人才会感受到其影响，这时，他们被迫降价竞争，从而牺牲了部分收入。但即使在这种情况下，除非生产力的差异真的非常显著，他们是不会改用生产线生产的，因为这不像在资本主义制度下，B 厂会因雇用更多的工人而急速膨胀，竞争强度也会小得多。A 厂所失去的收入可能是很可以承受的，值得为提高技能付出这种代价。

这一答案正好可以应对这样的指控，即认为在经济民主制下，技能的降低同样会提升技术效率。第二个答案将质疑这种假设。我们已经指出资本家可能对降低工人的技能水平怀有特别的兴趣：高技能工人开销会更多。让我们深究这个问题，为什么非熟练工人会更廉价？有人会条件反射似的想到供求关系。因为非熟练工人更多。但为什么会这样呢？是说只有小部分人能成为熟练劳动力，这是人的天性使然，还是说保持低技能发展水平是资本主义本性的一部分？

长期以来资本家就意识到，熟练工人比非熟练工人更难控制。工作的复杂程度越高，要求具备的知识就越多，要确知能指望工人些什么和什么构成"令人满意的日常工作"就更难。

技能水平和工人的不妥协态度之间的关系经常表现得很显著。马克思引用安德鲁·乌尔1835年论述《制造业原理》（原文如此）的话说："出于人类天性的缺陷，技能越高的人，就会变得越喜欢表达自己的愿望和越难以相处，而且当然就越不适合作为制造业系统中的一分子……它会对整体造成极大的破坏。"[156]

20世纪，整个哲学、科学和工作技术学都在处理这个问题。这方面的发展和我们关心的东西很有关系，适当关注是应该有好处。始作俑者是弗雷德里克·文思洛·泰勒（Frederick Winslor Taylor），他被尊为"科学管理之父"。泰勒相信，科学的管理致力于解决"劳资双方共同遭遇的最大不幸"，也就是所谓"制度性的怠工"。制度性怠工是指一种并非出于"人类懒惰本性"的"游手好闲"，而是一部分工人对什么将会促进他们的最大利益深思熟虑的结果。泰勒认为，这种现象：

> 可以在大公司企业内发现，不管工人是全日制工作还是打零工，是按协议工作还是按普通的付酬制度工作，他都投入相当的时间去研究他要工作得多慢而同时又要雇主相信他的工作节奏挺不错。[157]

泰勒的解决方案非常有名：管理必须控制到工作场所中以前未知的领域。要事先计划和计算清楚劳动的过程，使得这一过程不再作为一个整体存在于工人的心中，而只是存在于专职管理人员的心中。泰勒这样强调："要从车间里排除所有脑力工作，而将它集中到计划和安排部门去。"[158]为达到这一目的，有必要进行研究和试验，因为"管理者必须假定，过去由工人掌握的全部传统知识已经统统收集上来，然后将这种知识进行分类、列表和简化，使之成为规定、法规和工作程序"[159]。

泰勒的理论只是20世纪涌现的一系列"工作哲学"中的一种，但是至少在其一般性论述中，它称得上是社会学家和管理顾问彼得·德鲁克（Peter Drucker）说的"自《联邦党人文集》以来美国对西方思想最有力也是最持久的贡献"[160]。当然，泰勒理论中许多要素已经被取代了。工厂已经不再分发详尽的每日指令卡，甚至泰勒倡导的时间—情绪研究，其重要性也已降低。但有两个基本的东西一直持续起作用：一是对控制问题的强烈关注，它来源于对工人的利益和管理人员有所不同这一要点的清楚或者模糊的认识；二是努力通过将工人在工作中作独立判断的可能性降到最低来解决控制的问题。[161]一个高级执行官最近在接受索沙娜·朱伯芙的采访时，认为将电脑技术引进到纸的生产中，使得这一问题更加清楚："一流的管理角色已经变成由信息的操作者、控制者、交换者和拥有者来担当……这意味着你再也不会对每时每刻周围的那些可能不忠实和漠不关心的人产生过度的依赖。这里面包含着我们没有谈到的关于控制的全部基本要素。"某工厂的工人发表了同样的看法"好像那些管理者害怕我们对这些系统是怎么运作的知道得太多，我们懂得越多，就越能破坏它"[162]。

如果控制对管理来说具有明显的重要性，那么今天和泰勒时代也没什么不同。如果"反技能"是控制的要素，而且如果（如我们假设的）"亚里士多德原则"是真实的[163]，那么结论就应该是，在所有者和工薪劳工者之间建立实际的对立，而且认为前者当然应该对工作场所实施有效控制，引导组织和技术向异化的方向变化，这就是资本主义的结构。资本主义制度中，上述表现比经济民主制多很多，因为资本主义制度下，隐藏在对控制的机关算尽背后的基本利益冲突，在经济民主制下将不会存在。

我在这里要强调指出，我并不认为资本主义制度下，技能水平比过去更低。不可否认，技术变迁被引进常常是为了更好地控制劳动力，而不是出于效率的考虑。[164]但是控制并不是唯一的动机。提高技术效率也是重要的，而且这种变化有时会提高技能水平。保罗·阿德勒（Paul Adler）主张，技能水平在现代资本主义社会已经获得改进。[165]我没有必要也不希望否定这个说法。我们要做相关比较的不是早期资本主义和现代资本主义，而是放任自由主义和经济民主制。退一步说，在自由放任制度下（以及在一般资本主义制度下），存在着很强的通过尽可能（在足够的生产效率的限度内）缩减工人的技能水平，将技术转化为控制工人的工具这样一种趋势。当一个企业是在民主的控制之下的时候，这样一种强大而且制度化的趋势将不复存在。

本节的全部主张似乎已经陈述完了。我已经提出不同的理由说经济民主制比自由放任主义更少异化的情况：工作场所会有更多的参与性，劳逸分配更灵活，更能鼓励技能的发展。但是我怎么解释理论预测和实际情况之间的差异呢？爱德华·格林伯格（Edward Greenberg）的评述仍会困扰我们。

民主运作的工作场所真的会为了更多的工作意义而牺牲掉一些收入，并照此选择技术和工作组织吗？格林伯格从他对美国西北太平洋层板合作社的第一手研究中得出结论，在他对第二手文献的回顾中他说：

> 毋庸讳言，美国的"猛龙"胶合板合作社（cooperative）以及南斯拉夫的自我管理手段对消除异化所起的作用，比通常由工场民主化改革的倡导者们所预计的要小……
>
> 认为工厂民主，在大多数地方和大部分时间里，可能提高工人对生产和正式决策过程的控制力，并使工人对自己的工作状况更满意，现在要得出这样的结论还为时过早。工厂民主，其自身还不足以明显改进以下这些与异化有关联的方面：技术生产过程的暴政、等级制度和专业化的持续存在、社区感和团结力的缺失和心智健康障碍。[166]

让我对此做三个方面的回应。

第一，格林伯格也承认，可以预计工人在民主化的工作场所中，比在资本主义制度下对自己的工作更有满足感，即使是在技术还没有改变的情况下。异化要素中的某一些，如果不是全部的话，也会因此而缩减。

第二，最适合于评估经济民主制的生存能力和可希求性的合作社实验，其产生还只是最近的事情。人们曾希望这些实验最终可以取代流行的技术和工作组织形式，也曾希望对此保持必要的审慎态度，而不是尽量快、尽量多地发生变化。但是一旦某种工艺被采用——在机器采购和工厂设计中体现出来——变化并不会立刻就发生。

第三，经验证据也并非全都是严酷的。"猛龙"合作社在一段时间里发起了改变工作组织的运动，而且也产生了一定影响。1973年，在一个合作社里部分开展了一项小心而周密的实验，意在用工作台（要求更多社会环境的设计，某些任务的轮流制度和对工作节奏有更多的自我决定权）替代传送带，这一实验在全厂推广，现在已经为其他一些合作社采用。1983年，建立了一个新型工厂，从一开始就以新的工作哲学组织生产，操作人员分成小组，没有生产线，没有工头。该厂所属的联合体的总管说："现在，维尔加拉（Vergara）计划已经建立完备。照我们的调查来看，工人们很喜欢它。而且，一个工人无论什么时候被调往另一个工厂，他总是希望回到维尔加拉来。"[167]

格林伯格警告说，不应该认为工厂民主对解决异化必然有作用，他是正确的。他所研究的胶合板合作社（它自第二次世界大战后就已经存在）里的工作不同于传统作坊，"普遍的嘈杂、肮脏、危险、单调和没人情味儿"[168]。他也正确地强调工厂民主是更大的社会和政治环境的一部分，后者具有决定性的重要意义。[169]但这些都无损于本节的基本主张，我们不是说在经济民主制下所有工作场所里的异化都会消失，而只是承诺异化会比自由放任制度下少。他的发现给抱不切实际希望的人泼了冷水，实际上也是支持我们的基本观点的。

还有最后一个需要考虑的反对主张。我认为只要组织化的原初动力仍然是为资本代言，工人的参与就会受到限制，而且工人的选择对工作组织也几乎不会产生什么影响。劳动异化的趋势，虽然会被某些提高生产力的致富和参与计划阻断一下，但还是会继续发展下去。但是反对方会插嘴说："即使这些都是真的，你所说的情况仍然会没有结论，因为在一个自由的社会中，资本家没有必要保留这种原始动机。如果工人真的不满意，他们就会找到替代办法。如果他们真的希望改善现状（而且愿意付出失去效率的代价），那么他们就可能有所创造。毕竟，资本主义下面并不禁止社会主义者的行为。"我们再来思考诺齐克：

> 当然，作为一种备选方案，人们可以创造他们自己的民主运作的合作工厂。任何有钱的激进分子和工人团体都可以买一个现成的工厂或者自己新建一个，并制订他们中意的小型工业计划；比如说，由工人控制的、按民主原则运作的公司……重要的是，这里有实现这种工人控制计划的手段，这种计划可以通过自由社会中志愿者的行动来促成。[170]

几乎没有哪个工人能为自己买一个工厂，而且"激进的富人"实际上少之又少，但这并不表示诺齐克的说法不成立。可以对诺齐克的主张进行精细的解释。他可能假定，如果工人真的希望自我管理，那么由激进的慈善家或富有的工人资助的合作社就会日益涌现。在初期它们还很稚嫩，就像所有创新性的组织一样，但如果在技术上和操作上是可行的，就会逐渐把工人从资本家手下吸引过来，直到每个人都感到满足。事实上，合作社并没有暗中破坏资本主义，因此他们肯定要么在经济上不可行，要么对工人缺乏吸引力，或者两者兼有。工人的自我管理要么不起作用，要么人们没有这种要求。

利用偶然的历史事实来解释资本主义阶段出现（并不经常）的合作社冒

险的失败，用这种办法来回应诺齐克很有吸引力。但这样的回应关注的问题是错的。关键问题不是某个冒险的失败，而是这个运动整体上为什么未能持续地展开。

不过我们知道这个问题的答案，至少知道其中一个重要的答案。原因是和结构有关的。从我们以前分析中可以知道一个员工自我管理的公司缺乏扩张的动力。当一个资本家的企业取得成功后，所有者可以通过扩大再生产他的组织来增加他的利润。他既不缺乏扩张的手段，也不缺乏动机。而员工自我管理的公司却不是这样。即使他们拥有手段，也会缺乏扩张的冲动，因为企业的成长会带来更多的工人分享增长的收益。合作社即使在繁荣的时候，也不会自动地增长。但如果这样的话，每个新的合作社（在资本主义社会）必须冒险要求有新的富裕的激进分子或者富有的激进派工人愿意尝试才行。由于这种人无疑是非常少见，因此合作社运动规模和增长不大并不说明员工自我管理没有可行性，也不能证明工人不喜欢它。

缺乏扩张动力大概是合作化生产不能像资本家企业那样稳定成长的最基本原因，不过还有其他的因素。在收入结构上合作社更倾向于平等主义，实际上，这种平等主义是说明其未知效率的重要特征之一。但这意味着一个在资本主义环境中的合作化公司会一直处于其最熟练的管理人员和技术工人会跳槽的危险中。而且，在资本主义环境中的合作社可能在资本的增加上更为困难，除意识形态上的敌视外（可能相当显著），外面的投资者也不愿意将自己的资金投入他们很难控制或不能控制的地方——通常就可能是合作社。[171]由于合作社在资本主义环境下面临特殊的困难，也由于他们缺乏资本家企业那种扩张的动力，它的惨淡经营也就不令人诧异了。

注意下面的结论，就算工人管理的公司成为绝大部分人的首选[172]，就算它们有更高的生产力，从一开始就由资本家企业统治的市场也不会选择它们。新古典主义具常识性的格言说道，唯有能最好满足人们愿望的事物才能从自由竞争中胜出，这种说法并非对任何事物都是完全真实的，对于工作场所的组织来说，它只能说有一半是真实的。[173]

我认为经济民主作为一种制度，它的异化现象比自由放任主义少。我总结一下我的理由。经济民主制度下工人享有更多的参与自治，因为工厂民主的程度不会受到资本家不择手段寻求利润的需求的限制。在经济民主制下，劳逸平衡将和总体的利益保持一致，因为工人会比承担代价和风险的资本家（在自由放任主义制度下）更有兴趣去促进灵活的、祥和的和更有意义的工作安排，以及更短的工作时数和更长的休假。经济民主制下，工人可能更获得更好的技能发展，因为既没有竞争压力也不必要进行那种处心积虑遏制技能发展的控制。

可以肯定，所有这些议题都难免引起冲突，但对冲突的民主解决是开放和自由的争论，让涉及的大多数人能表达自己的愿望，并且以开放的姿态处理修正的可能性和可能抱着最好的希望追求最优化结果的实验。

从本章和前面两个章节里，我大概已经勾画出一个很有力的结论：从各方面考虑，经济民主制较之自由放任主义都是更可取的。

[注释]

[1] 只举一个例子：国防部 1959 年的报告称，国务院担心"一种根本性的危险从远东发源，那就是共产主义中国的经济增长率"，参谋长联席会议还补充说："共产主义中国在十年内实现了戏剧性的发展，给这个地区的国家造成压力并对自由世界形成严重挑战。"见乔姆斯基（1973，pp. 31ff）的资料和讨论。

[2] 1848 年，《共产党宣言》指出，资本主义"是随着资产阶级个性和自由的废除"而废除的（马克思与恩格斯，1948，p. 24）。

[3] 富兰克林·德兰诺·罗斯福的评论经常被（挖苦地）引用，比如埃内斯托·卡德纳尔（Ernesto Cardenal，1980，p. 14），他在伟大的诗篇"紧急关头"（Zero Hour）中写道："就像婊子养的罗斯福对萨姆纳·韦尔斯（Sumner Welles）说的：索摩查（Somoza）是个婊子养的，但他是自己人。"

[4] "自由派左翼"（Liberal _ Left）这个术语指称其价值和判断与现代自由派和民主社会主义传统相同。[不能把它和左派自由主义（Left _ Liberal）混淆，这个术语通常用来指自由主义政治序列中的一端。]我用这个术语来强调我相信现代自由主义和民主社会主义的价值评价没有明显差异，这一点与本书的主张很有关系。其差别我们可以在第六章看到，其他地方也有。

[5] 这是当代哲学关于人的自治观的样本，见克里斯特曼（Christman，1989），也见于德沃金（Dworkin，1988）。

[6] 卢梭（1968，p. 68）。

[7] 康德（1959，p. 51）。

[8] 哈耶克（1960，p. 12）。

[9] 弗里德曼和弗里德曼（1980，p. 2）。引自穆勒的《论自由》。注意，古典自由主义对"自由"（Liberty）的表述不同于康德对"自由"（Freedom）的看法，即自治是服从普遍的道德律令。康德的两种理念之间具有一种紧张关系：个人只受他自己律令的束缚，而这些律令又是普遍的。

[10] 弗里德曼和弗里德曼（1980，p. 132）。

[11] 见哈耶克（1960，p. 6）和诺齐克（1974，p. ix）。

[12] 诺齐克（1974，p. 223）。

[13] 哈耶克（1960，p. 106）。

[14] 出于一种小心的努力，如果有争议的话，说明每个人都有平等的道德权力去获得自由和富足。见格威尔茨（Gewirth, 1978）。

[15] 这里面包括：福利机会（阿尔内森，Arneson）、主要商品（罗尔斯）、资源（德沃金）、能力（森），以及取得优势的途径（科恩，Cohen）。见科恩（1989）对差别的解释。

[16] 尼尔森（Nielsen, 1985, pp. 7 - 8）。

[17] 罗尔斯（1971, p. 303）。不是每个自由派或左派都接受罗尔斯这种特殊的表述，但他们几乎都接受相当于平等主义的东西。

[18] 罗尔斯对这一原则的表述被说成是"（平等）参与原则"："所有公民都有权力参加创立他们必须遵循的法律的过程，并决定其成果"（罗尔斯，1971, p. 221）。我们注意到，罗尔斯的原则本来只是用于传统政治领域，但他的推论过程似乎允许做更一般的表述。古尔德（Gould, 1988, p. 84）、沃尔泽（Walzer, 1980, p. 254）和我提出的表述类似。

[19] 波拉尼（Polanyi, 1970, p. 266）指出："在英国内外，从麦丘利到米塞斯，从斯宾塞到萨姆纳，没有一个好战的自由主义者不热衷于表达他的信念，即普遍的民主对资本主义有害。"

[20] 见熊彼特（1962, p. 269）。

[21] 克罗泽（Crozier），亨廷顿（Huntington）和渡贯（Watanuki）（1975, p. 114）。三边委员会是大卫·洛克菲勒策划的，建立于1973年，将美国、西欧和日本的右倾认识集中到一起讨论"共同关心的问题"。20世纪70年代，大家目睹20世纪60年代民主运动的"无节制"以及它对权威的削弱在统治阶级内部引起的恐慌。克罗泽等（1975, p. 2）写道："最近几年，来自这三个大陆的敏锐的观察家们已经看到了民主政府苍凉的前景。"亨廷顿在他的著作中指出：20世纪50年代末期，有3/4的美国民众认为他们的政府是为他们的利益着想的。截至1972年，这个数字下降到38%，而53%的人认为政府是"由少数追求自己利益的人操纵的"（克罗泽等人，1975, p. 78）。

[22] 诺齐克（1974, p. 270）。

[23] 同上。在这里，诺齐克（保守主义）和自由派左翼在直觉上的冲突表现得惊人的显著。对麦克尔·瓦尔策来说这一点很清楚，在他关于一个建立了一座城市的"胆大妄为、敢于冒险、精力充沛和非常聪明"的年轻人的故事中，一个城市或者一个国家的创建和改进，"不是由所有权派生的，所有权也不能带来任何辅助性的权利"。见瓦尔策（Waltzer, 1980, pp. 279 - 284）。

[24] 罗尔斯（1971, p. 426）。

[25] 科恩和斯库勒（Kohn and Schooler, 1978, p. 24）。

[26] 科恩和斯库勒（1982, p. 1272）。一个相类似的对女工的研究，见米勒等（Miller, 1979）。我将假定上述良性影响与幸福感正相关。

[27] 舒马赫（1973, p. 52）。

[28] 哈耶克（1960, p. 133）。

[29] 哈耶克（1944，p. 56）。

[30] 弗里德曼（1962，p. 18）。

[31] 哈耶克（1944，p. 61）。

[32] 这在第二章中讨论自由放任主义时已经作了说明。第六章中将把这个主张延伸到对资本主义的现代自由主义形式的讨论中。

[33] 仅举一年为例：如果 1989 年的国防预算削减一半，美国将少借 150 亿美元以平衡预算，从而为后人节省下没完没了的利息支付。

[34] 弗里德曼（1962，pp. 16-18）。

[35] 弗里德曼（1962，p. 17）。这段话，根据上下文理解，认为富有的主顾提供了主要支持；某些富人支持激进运动，这并不是一个微不足道的发现。

[36] 富有的赞助者曾支持法西斯和纳粹，见萨尔蒂（Sarti，1971）和特纳（Turner，1969）。休斯敦富有的房地产商、银行家和石油大亨对 20 世纪 50 年代的地方麦卡锡主义非常热衷，见卡尔顿（Carleton，1985）。

[37] 弗里德曼（1962，p. 17）。

[38] 社会主义者没有完全认为私人的房屋是福利的一项内容，也没有完全认为拥有私人房屋和社会主义的基本原则不冲突。斯特雷顿（Stretton，1976）是个例外，他的观点很重要，阐述也很详尽。

[39] 前面提到，有限的雇佣劳动也许是允许的。但是为了保证原则的明确性，我假定是完全禁止的。

[40] 穆勒（1978，p. 94）。

[41] 诺齐克（1974，p. 163）。

[42] 诺齐克（1974，pp. 162-163）。

[43] 对这个问题存在争议，见阿诺德（1987a，b，c）和施韦卡特（1987a，b）。

[44] "我会在这里解释给那些不知道的人听，每个不是工会的会员，就是一个"被颐指气使的雇员。"老板可以以任何理由对他发火，好也不行，坏也不行，他的领带不对，眼睛的颜色不好，或者干脆没有原因。我觉得很惊讶，那么多聪明人，都是大学毕业的，对这种情况一点概念都没有。"——劳动法律师汤玛斯·乔治汉（1991，pp. 273～274）。乔治汉说得很详细了，但还不够。这些特别的原因可能派上用场：比如种族、性别。公共部门的雇员有时会有基于资历的工作保护。

[45] 赫希曼（Hirschman，1970）对这一著名的差别作过精心的描述。

[46] 乔姆斯基和赫尔曼（1979a，p. 1）。

[47] 马基雅弗利（1966，p. 117）。

[48] 乔姆斯基（1985，p. 47）说得更直接："抢劫和剥削的自由"。要知道残酷的细节和详细的资料，请看全书：乔姆斯基（1985）和乔姆斯基、赫尔曼（1979a）。

[49] 有两个骇人听闻的个案研究，见施莱辛格和金策（Schlesinger and Kinzer，1983），里面有里拉和水果公司在由美国发动的抛弃危地马拉民主选举的阿本兹政府实践中所扮演的角色；另见黑瑟（1983，ch. 21，22），里面有 ITT 公司、奇斯曼哈顿公司、阿

拉孔达公司和其他美国财团在颠覆1973年智利的民选政府中所扮演的角色。

[50] 是否允许一个企业将自己贬值的基金投资到海外的股票、期货或者其他方面，是由社区做主的事情，因为这些基金，完全属于社会，而不属于公司。

[51] 结构清醒于强化"留在国内"的趋势，因为已经多次指出，总体而言，工人管理的公司比资本主义公司更少扩张性。

[52] 林德布洛姆（1977，p.46）。

[53] 同上。

[54] 诺齐克（1974，p.233）。

[55] 一小时4.25美元，一周40小时，一年50周，最后等于一年收入8 500美元。

[56] 毛高齐内尔和赖希（Magaziner and Reich，1982，p.12ff）的论著中有很多比较统计数据的表格。

[57] 根据《波士顿环球时报》1990年9月第27期第24页的数据。

[58] 拜门（Byme，1991，p.95）。瑟罗（1992，p.138）认为高级执行官的年平均收入与工人年平均收入的比率为119:1。

[59] 克鲁格曼（1990a，p.5）。

[60] 朋（1971，pp.48-53）。

[61] 1989年个人平均收入是17 500美元，平均家庭规模为2.7人。我的故事所引用的数据，除非特别说明，都是来自《特邀信息：日历、地图与年鉴》（1991），以及发表在《波士顿环球时报》1991年9月27日版民意调查局的报告。

[62] 最穷的家庭中有51.7%是单身妇女当家；2/3是白人家庭。资料来自美国民意调查局（Boston Globe，1991，pp.2，4）。

[63] 根据简·朋的计算，英国平均身高的队伍走过的时间是48分钟左右，我计算的美国的情况要低一点。给不熟悉术语的人介绍一下：统计分析要区别中位数和平均值。前者指位于样本中央点的变量值，后者指用样本总量除去样本规模所得数值。比如1，2，3，4，5，6，14这个数列的中位数是4，平均值是5。当因变量（我们的故事中是收入）集中在高数值一方时，平均数会比中位数高，集中的程度决定两者间差距的大小。

[64] 这里假定总统的收入只是他20万美元的薪水（1989）。这个数字是议员的两倍。

[65] 拜门（1991）。《商业周刊》对两个顶级执行官的调查是，在365个顶级公司中，有400人收入超过100万，30个人超过500万。

[66] 利瑟（Reese，1991）。

[67] 山姆·沃尔顿死于1992年，卒年74岁。本书写作期间尚不知道谁能继任"美国最富的人"的头衔。至于他的财富来源："去年，沃尔玛销售额增至326亿。其畅销度不仅盖过遍布美国小城镇的家庭经营的小零售店，还超出零售巨无霸西尔斯百货公司（Sears）"。

[68] 瑟罗（1987，p.30）。

[69] 卡洛尔（1991，p.13）。卡洛尔的数字来自1986年联邦储备委员会的报告。读者们知道，要精确估算高收入人群的财产相当困难，因为没有披露它的法律依据。联邦政

府不同的机构有不同的估计。例如，国税局认为收入最高的 1.6% 的人只拥有 28.5% 的国民资产（"芝加哥论坛" 8 月 23 日，1990）。

[70] 瑟罗（1987，p. 32）。

[71] 这些数据来自发表在《芝加哥论坛报》1990 年 8 月 23 日的国税局研究报告。对前面列出的平均值进行解释当然应该小心，因为（有期）到顶级的层面财产的数字都会极度倾斜。所列的财产都是平均值，但并不典型。这 3 300 万人中大部分财产要少得多（虽然没有人会为此不舒服）。

[72] 见海伯纳和瑟罗（1984，p. 478）。在我们的社会中，政客要变富，不仅要靠节省大部分的薪金，也要靠涉足 "自由的市场"（合法地或者其他）。

[73] 阿诺德（Arnold，1987a）对此持反对意见。

[74] 有关美国国际电话电报公司（ITT）和阿拉斯克格案的细节，见《波士顿环球时报》1991 年 5 月 18 日的文章。

[75] 股东偶尔会挑战执行官的工资水平，但影响很小。在阿拉斯克格先生的个案中，掌握 ITT 1% 股权的加利福尼亚公共雇员退休系统，本来要反对，但对阿拉斯克格工资是一个 "对他长期执政的公平报答" 保持沉默。

[76] 凯恩斯（1936，p. 376）指出 ITT 高工资和低工资的比率为 1000∶1。《商业周刊》的报告指出对大公司来说，高级执行人员和普通职员平均工资之间的比率（85∶1）是日本的 5 倍（拜门，1991，p. 73）。

[77] 细读利瑟的表。《财富》的研究者在世界范围内发现了 202 个亿万富翁，其中没有一个是医生或者演艺界人士，或者是职业运动员。

[78]《财富》的作家色勒斯（Sellers，1991，p. 52）狂热地说："你可以把 10 亿美元放到国家妇女组织里，每年只能收到 5% 的利息，每天也能获利 137 000 美元。"

[79] 弗兰克福（1987，p. 21）。

[80] 经典马克思主义理论，不论其中某些部分是多么恰如其分，但在这里却不适用。在贫困线下的全日制工人实在太少了，不足以用超级富豪发给的工资生产出什么剩余价值来。

[81] 弗里德曼（1962，pp. 190ff）特别持这种看法。他提议征负收入税。

[82] 米尔顿·弗里德曼和罗斯·弗里德曼（1980，p. 134）；弗列尔（1989，p. 178）。

[83] 为了说明主张，我们在这里假设可以对放任自由主义进行修正，以消除美国社会底层可怕的贫穷。我不认为这是一个似是而非的假设（下一章我会给出理由），但如果我们想搞清楚对不平等本质的规范批评，它就是一个必要的假设，尽管是不充分的。

[84] 哈耶克（1960，p. 41）。

[85] 我们只能推测经济民主下实际上可能存在多大程度的不平等，因为有如此多的东西受事先不能很清楚的文化和经济变量影响，我们有信心说地球上不存在高耸的巨人，因为这个庞然大物要活下来是不可能的。我们可以推测在一个公司内部，经民主决定的最高收入和最低收入之间的比率，大概和 "猛龙" 公司的差不多（4.5∶1，某些例外的情况下是 6∶1），因为这个比率对保证效率来说似乎是合适的。我们可以预计市场波动、

技术发明偶尔会让公司发笔横财，一些公司会因此领先其他公司——至少使新的投资产生补偿性的影响。如果我们同意不让任何家庭处于贫困线以下（也就是说提高到15 000美元），按6∶1的比率，最高收入将达到90 000美元，发横财的情况下会更多一点，但持续的时间可能不会很长。很少有人会超出10∶1的比率之外，达到150 000美元的收入。

[86] 哈罗德（Harrod, 1958）对"民主"的财产和"寡头政治"的财产作了区分；赫希（Hirsch, 1976）讨论了增长的社会限制。

[87] 法拉克福尔特认为不平等和贫穷之间没有逻辑的联系，这是正确的。假定美国实行经济民主制，这里没有极端的富裕和贫穷，假如我们每人出一美元凑集一笔共同资金，然后给250个抽中签的名额来分这笔钱，我们就会产生出250个百万富翁，但不会产生一个穷人。

[88] 见柏拉图（Plato）的《理想国》（The Republic）；另见亚里士多德的《政治学》（Politics）。

[89] 亚里士多德：《政治学》，1295b。

[90] 美国每年的谋杀率比英国高出20倍，抢劫率高出10倍。阿彻和加特内（Archer & Gartner, 1984, 无页码的附录）有年度比较；萨缪尔森（Samuelson, 1980, pp. 83 - 84）有财产比较。

[91] 彼得·怀尔斯（Peter Wiles, 1974, p. 48）计算，1968年，美国前10％人口的收入和后10％人口的收入之比，所得数字是苏联同样数字的一倍。

[92] 罗尔斯（1971, p. 534）。罗尔认为出于激励的理由（使每个人，或至少最没有优势的人，能胜出），某些不平等是正当的；他的主张是反对超过这个限度的不平等。

[93] 诺齐克（1974, p. 245）。

[94] 也许这个主张可以理解为诺齐克对青年马克思的回应，后者沉思金钱的力量对基本存在的影响时说："我丑，但我可以为自己买一个最漂亮的女人，结果变成，我不丑了，因为丑陋的效应，亦即它令人不快的力量由于钱的缘故而消失了……我是一个可憎的、不诚实的、不道德而且愚蠢的人，但钱是可敬的，因而钱的所有者是可敬的。钱是最高的善，因而有钱人也是善。"（马克思：《1844年经济学哲学手稿》，1966, pp. 165 - 166）。

[95] 英国哲学家艾伦·赖安（Alan Ryan, 1984, p. 179）持同样观点："三个人挖同一个洞分别想找到天然气、找到水和铺设电力干线，他们很清楚知道自己付出的不同；对于罗德·科德瑞的财富，他们既不知道也不关心……只要他们不是过得太艰难，他们就不会去嫉妒别人偶然得到的东西。如果罗德·科德瑞在足球场上赢了——运气只比法律上许可的抢劫犯好而已。"存在经验性证明见伦丝曼（Runciman, 1966, Part 3）。

[96] 即使是自由，如约翰·斯图尔特·穆勒那样的古典自由主义者也为此担心，并寻求从在他看来是普遍选举的必然结果那里保卫财产权。见穆勒（Mill, 1958, pp. 94ff）。

[97] 柏拉图：《理想国》，ch. 8。

[98] 西尔克和沃格尔（Silk and Vogel, 1976, pp. 189ff）。另一个执行官的观点是："一人一票的制度最后会导致我们所知道的那种民主的失败。"还有一个人说得更直接：

"做生意是不讲民主的，我们身处高位，习惯按自己的意愿办事，因此，我们不习惯和民主程序打交道。"

[99] 这段话出自哈佛的萨缪尔·亨廷顿，他是在三边委员会著名的反民主出版物中说这番话的（克罗泽等人，1975，p. 102）。

[100] 哈耶克（1944，pp. 69 - 70）。

[101] 哈耶克（1944，p. 69）。注意，哈耶克这里用"自由主义"表示"古典自由主义"，也就是"保守主义"。

[102] 弗里德曼（1962，p. 24）。

[103] 见科米索（Comisso，1979）对南斯拉夫相关问题的研究。

[104] 可以从布雷彻（Brecher）的书中找到有关对美国的这类经历的完整叙述。我们要指出，最具暴力性的事件都发生在资本主义相对更自由放任的阶段中。

[105] 对这个问题作推测得出的答案也许令人惊异，自由放任主义似乎比经济民主制更没有可能接受修建核能通道，因为不仅要承担全部工程费用，还包括废料处理的费用、意外保险等，没有哪个有自尊心的资本家会甘冒这种风险。最有可能采用核技术的制度是那种中央集权的、非民主的制度，以及允许庞大的官僚政府同大富豪保持生意往来的现代资本主义制度。

[106] 见弗里德曼（1962，ch. X），哈耶克（1960，ch. 6）和诺齐克（1974，ch. 7）。

[107] 在资本主义制度下这种方案会有什么影响，这是另一个问题，下一章我们会讨论到它。这里我们关心的是，认为允许将这个论题摆上论坛会破坏民主制这样一种说法。

[108] 我的意思并不是赞成说资产阶级民主不同于一党专政下的无产阶级民主。弗兰克·坎宁安（Frank Cunningham，1987）已经在理论上令人信服地驳斥了这种观点，最近的历史事件也作了相反的证明。我要说的是，经济民主制比放任自由主义更接近我们共同理解的民主。

[109] 见达尔和林德布洛姆（1953）。达尔（Dahl，1989，p. 220）将多头政治定义为一种政治秩序，在其中，"成年人获得公民资格的比例相对更高，公民权利包括了反对权和票选政府最高官员的权利"。

[110] 林德布洛姆（1977，p. 172）。

[111] 达尔（1983，p. 223）。

[112] 林德布洛姆（1977，pp. 170 - 188）。

[113] 多姆霍夫（1983，p. 223）。

[114] 1972年的总统选举花了大约5亿美元，其中工会的捐助是1 300万美元。1956年的情况可以对工会——生意人作更清楚的比较，742个生意人的捐助相当于1 700万工人的捐助（林德布洛姆，1977，p. 195）。"大生意人"和"大劳工"之间的平等由此可见一斑——这还是几十年前的情况，后来劳工的实力更是直线下降。

[115] 这一点可以从乔姆斯基和赫尔曼1988年合著的著作中得到证明，他们指出，不仅生意人拥有大众媒体（电视、电台、报纸、印刷行业）中的大部分，使大批人依靠广告业收入谋生（从私人企业），而且还为新闻节目专家提供了充足的分享份额（从本阶层

中以及私人赞助的"智囊"），当他感觉自己受到不公平对待时，还发起大众性的威胁性攻击。

[116] 这里的术语似乎有些矛盾。林德布洛姆和多姆霍夫避免使用资本家这个术语。林德布洛姆把特权阶级和"实业阶层"（business class）等同，但这个词好像有问题，因为成千上万的小生意人并不比普通工人掌握的权力更大。多姆霍夫把统治阶级与"社会上层阶级"等同，包含最富的 0.5% 的人口，这倒有些打动我，虽然界限的划定是独断性的。我宁愿给阶级一个功能主义的解说。我可能把"资本家"操作化地定义为拥有充足的产生收入的财产，如果愿意，就能不工作而且过得很好的人。在美国，这样的人大约占 1%，他们拥有 1/3 的财富。

[117] 美国有 26 个一般目的的基金会，每个都拥有超过 1 亿美元的赠款，还有十来个财团基金会（多姆霍夫，1983，p. 92）。通过这些机构对政治施加的影响可谓巨大。多姆霍夫指出："20 世纪七八十年代，大多数新兴极右组织的资助主要来源于匹兹堡梅隆家族中的极端保守主义成员查德·梅龙·赛非那里，他每年给四个基金会和信托机构 1 000 万美元。"（多姆霍夫，1983，p. 94）写到这里时我看到刚来的一封信，说《在这个时代》（In This Times）这份美国唯一的社会主义周报，因为欠了 10 万美元的债务可能会关门大吉。这笔债务只是梅龙为支持自己的观点而给出去的钱的 1%。

[118] 见多姆霍夫（1983，pp. 85ff）对对外关系委员会、协调部、经济发展委员会、国家制造业者协会和商会等的描述。

[119] 见多姆霍夫（1983，p. 146），可以看到 20 世纪 70 年代末英国和美国的财团利益如何改变了他们所代表国家的政治论坛。

[120] 见盖根（Geoghegan，1990，pp. 51 - 54），可以看到塔夫特-哈特雷提案造成的冲击。要知道更多细节，可以参看戈德菲尔德（Goldfield，1987，ch. 9）。

[121] "最基本"指与其功能性角色有关，而不是指他们不受控财产。即使自由放任主义相对平等化了，资本家阶级仍然具有特权。

[122] 另一个可以取代"特权阶级"的是"技术结构"（technostructure）。加尔布雷思（1967，ch. 6）强烈主张，在当代管理—技术精英既支配着资本主义社会，也会支配社会主义社会。这是一个很严厉的指控，我的回答是：（1）这是不是资本主义社会的真实情况绝不是很清晰的；（2）如果这是资本主义的情况，则不一定是经济民主制的情况；（3）没有理由认为这种情况在经济民主社会会更突出。施韦卡特（1980，pp. 203 - 205）对这种观点有详细的回应。

[123] 坎宁安（Cunningham，1987，p. 65）把这种策略（他提出的）称为"民主确定"（the democratic fix）。哈佛的塞缪尔·亨廷顿持反对的观点："用这种看法解决现实问题无异于火上浇油。今天美国管理中出现的一些问题就源于民主得过度了"（1975，p. 113）。

[124] 古尔德（Gould，1988，pp. 283 - 299）对这种"民主的人性"有很好的描述，并驳斥了这种个性特征不可能得到普及的观点。

[125] 格林伯格（Greenberg，1986）对这种期待提供的经验证据给人留下很深的印

象。他对西北太平洋层板合作社的研究表明："除了选举和其他地方差别不大之外，工人持股者在政治生活的所有方面都表现得比传统工厂里的工人更积极"（p. 131）。要指出的是，他的研究对提倡工厂民主的人一般会声称的东西并不提供很多支持。他在合作化的工人中并没有发现异化减少，即与其他工人合作、平等、慷慨、团结地相处这些情况并没有显著增加。后一节我们还要讨论他的这些负面的发现。

[126] 巴克雷说得没这么粗略。他用异常复杂的句法作了一通拗口的陈述："给我该怎么花钱就怎么花钱的权利，我就会去旅游、吃东西、学点什么、寻开心、去跟人家争论；而且，如果我必须选的话，我会在旅途中把我的公民权交付给你，假定已经签订了任何政治决定不得影响我的钱所能给我的自主权这样的契约，我会扩大我对自己事务的支配权。"引自沃奇特尔（Wachtel，1983，p. 267）。

[127] 我用共产主义而不用马克思主义，因为共产主义作为与资本主义敌对并为资本主义憎恶的意识形态，它的产生早于马克思主义，而且因为它是马克思主义的共产主义（也就是说它攻击生产资料的私人占有权），对资本主义冒犯最深。

[128] 迈克尔·霍根（Michael Hogan，1987，p. 45）引用 1947 年国务院为马歇尔计划辩护的备忘录。马歇尔计划最初的动议就是要阻止"社会主义企业和政府控制的实验"，否则它们就会在欧洲扎下根来。

[129] 见多伊彻（Deutcher，1967，pp. 288ff）。不管在欧洲人对纳粹武装德国的反应后面隐藏的是什么（公然漠视凡尔赛合约的条文），毫无疑问，斯大林和其他俄国人察觉得到"缓和"其实出于资本家利益，故意鼓励一种可能威胁到东方的反共力量发展壮大的行为。

[130] 在他最近关于法西斯意大利的研究中，历史学家大卫·施米茨（David Schmitz，1988）指出："基于对 20 世纪 20 年代早期墨索里尼的认识……美国的对欧政策部分地建立在这样的分析基础上：法西斯主义保证了受革命威胁的国家的稳定，构建了反布尔什维克的防波堤，并许诺了最好的经济政策"（p. 6）。他指出，美国的商界领袖，相当多都对领袖有狂热的兴趣。

[131] 哈里笛和卡明斯（Halliday，Cummings，1988）指出，在朝鲜战争爆发之前，美国是怎样破坏抵抗政府，把激烈反共的李承晚推上台，继而对左派人士进行恐怖镇压的。1948 年中央情报局的报告中称，李承晚此人"受到在朝鲜为数极少但控制着国家的财富和教育的人的支持"（p. 23）。

[132] 有很多研究深入到我们列举和还没列举的事件的细节里。乔姆斯基和赫尔曼（1979a）的著述为这一系列研究开了个好头。

[133] 乔姆斯基（1987，p. 24）提供了一些估计：印度支那死了 400 万人，印度尼西亚死了 50 万人～100 万人，中美洲（从 1978 年开始）死了 20 万人，东帝汶（从 1975 年开始）死了 20 万人。这些只是一部分。

[134] 见斯诺特蒂克（Sloterdijk，1987），他发明了这个术语。

[135] 从乔姆斯基对五角大楼文件的分析（乔姆斯基，1973，pp. 3 - 173）中可以找到对最著名事例的细致验证。研究政府和精英思想库的档案时，人们会感到震惊：如此众

多的决策者以"国家安全"名义制造反民主的公共政策是无法为自己辩解的。

[136] 最近的伊拉克战争可以算一种例外。我们不必深究这一点，因为即使动机是依赖石油问题，这仍然是一个例外的问题。

[137] 前一节已经指出，可以允许公司将它们已经贬值的基金投资到外国的股票和期货上面，但是即使可以这样，也不能指望这对对外政策有什么客观的影响。

[138] 东欧和苏联的反对运动和政府当然也属此列。

[139] 这个异化的概念和马克思的有所不同，但类似的地方很多，足以保证我们用他的这个概念是恰当的。奥尔曼（Ollman，1971）对马克思这个概念有清晰的说明。

[140] 马克思（1967，p. 176）。

[141] 佛姆（Form，1985，p. 11）。

[142] 特克尔（Terkel，1975，p. ⅹⅳ）。

[143] 有两项经典研究，一项是由谢泼德和赫里克（Sheppard，Herrick，1972）做的，一项由健康、教育和福利部完成。对在制造厂工作的感受的研究，可以参看戈兰·帕姆（Goran Palm，1977）对 L. M. 艾里克森公司（瑞典最大的私营企业）的研究，或者尼科尔斯和贝农（Nichols，Beynon，1977）对不列颠化学公司为期三年的研究，或者巴泽尔（1976）对马萨诸塞西部发电厂的深入观察。布拉沃伊（Burawoy，1985，ch. 4）对资本主义和国家社会主义工厂的生活作了令人感兴趣的比较，他用自己的经验反对匈牙利人的诗篇以及社会主义者米克洛斯·哈拉斯蒂（Miklos Harasti，1977）所做的描述。

[144] 诺齐克（1974，p. 248）在原著中强调。

[145] 第三章中已经提交了这方面的一些证据。20 多年前，保罗·布龙伯格进行了25 年的研究。他的结论仍然是站得住脚的："几乎没有一项完整的研究能说明，工人的自我决策权得到真正的提升会使他们的满意程度提高，或者产生总体上为人接受的有利结果。"见布龙伯格（Blumberg，1969，p. 123）。

[146] 阿迪娜·施瓦兹（Adina Schwartz，1982，p. 646）引用《商业周刊》关于大众食品公司管理者对民主计划"漠不关心和直截了当的反感"，以及人造偏光板公司的领导人认为餐具计划必须停止，因为它"太成功了，那些掌权的人——管理者还能做什么呢？我们再也不需要他们了"。另见索沙娜·朱伯芙（Shoshana Zuboff）的研究，电脑技术的引入和管理者对已经开放的参与可能性的抵抗（1988，特别在第 7 章）。

[147] 见马克思（1967，p. ⅳ）。

[148] 瑟瑞安涅（1988，p. 7）。

[149] "劳逸平衡"（labor-leisure trade-off）这个词的用法在这里比通常要宽，部分是出于方便，也是因为它似乎适于分析。比如，工作节奏，指的是工间休息的频度；弹性时间则让员工更少被掠夺。

[150] 被雇用劳工的过老使劳动力的后备人员增加，同时反过来，后备人员的竞争给前者造成更大的压力，迫使他们过度劳动和屈从于资本的指令（马克思，1967，p. 636）。

[151] 在这里，"不管它是什么，它就是它本来的样子，因为这就是自然的情况"这句话的意思，不是在分析性伦理上的意思，也就是说，它不恰当地从"是"推导出"应该"。

[152] 下一章要对这个问题做更多更深入的讨论。

[153] 谢波德和赫里克（Sheppard and Herrick, 1972, p. 176）。

[154] 应该指出这里所说的改革和"性别时间"具有重要的相关性。传统资本主义工作场所和职业模式有很深的家长制特征，希望人们全副身心投入自己的工作，这样，有很强的意识形态支持男人们这样的感知，认为家务和照顾孩子都是自己配偶的事情。（这种感知即使在妻子也从事家庭外的"全日工作"的情况下也经常会延续下来并几乎不被质疑——这里的男性逻辑多少有点说不通。）更有弹性的工作安排有助于改变这种感知。见瑟瑞安涅（Sirianni, 1988, pp. 22-27）。

[155] 弗里曼（Freeman, 1978, pp. 157-158）引用的一个研究材料表明：对自己工作感到快乐的人，70%认为生活总体上是快乐的；而对自己工作感到不快乐的人，只有14%认为生活总体上是快乐的。他报告他自己的研究成果时说：只要高于一个特定的最小量，金钱的数量对幸福感就几乎没有什么影响了（p. 136）。

[156] 马克思（1967, p. 367）。

[157] 泰勒的三本原理著作：《车间管理》（1903）、《科学管理原理》（1911）和公共文件《国会特别委员会调查泰勒和其他车间管理制度的听证会记录》（1912），汇编在一本书中（泰勒, 1947），但分别标页。引文出自《车间管理》（pp. 32-33）。我的观点大部分是引自伯雷夫曼的（Braveman, 1974）。

[158] 泰勒：《车间管理》，p. 36。

[159] 泰勒：《科学管理原理》，p. 36。

[160] 德鲁克（1954, p. 280）。

[161] 爱德华（Edward, 1979）对这个问题有更深入的讨论。他不看重泰勒的特殊影响，并且认为今天在更加"官僚"的控制已经取代了"技术"的控制。但是单调和重复这种一般后果仍然存在。

[162] 朱伯芙（Zuboff, 1988, pp. 250-251）。

[163] "在其他条件相等的情况下，人类享受运用自己的能力（天生的或培养的）所带来的快乐，享受促进其他潜力的增长，或促进能力的完善"（罗尔斯, 1971, p. 426）。

[164] 诺贝尔（Noble, 1984），赛肯（Shaiken, 1985）和朱伯芙（1988）的经验研究都得出这个结论。

[165] 阿德勒（1986）和其他人的工作理论认为，新的技术发展为工厂民主开放了空前大的空间。见皮奥里和赛贝尔（Piore, Sabel, 1984），赫司豪恩（Hirshhorn, 1984）和朱伯芙（1988）。

[166] 格林伯格（1986, p. 114）。

[167] 这个引文和其他说明来自怀特和怀特（1988）。

[168] 格林伯格（1986, p. 81）。实际上，还更危险——暗示者意义重大的自我开发。

[169] 弹性工作时间、技能发展、劳动的性别分工这些议题在多大程度上成为公众的话语，将决定民主的工作场所在多大程度上采用它们。重要之点在于，工人管理的公司对改革的实施不存在结构型的障碍，但资本主义公司则存在这个问题。

［170］诺齐克（1974，pp. 250，252）。

［171］参见普特曼（Putterman，1982），列文和泰森（Levine and Tyson，1990，pp. 214-222）以及伊根（Egan，1990），对这个问题有探讨。

［172］这实际上会怎么变化是很难猜测的。鲍尔斯、戈顿和威斯考夫（Bowles, Gordon and Weisskopf，1990，p. 321）报告说在1975年的民意调查中，2/3的人说他们愿意在官员控制的公司里工作。

［173］我不是说在和资本家企业的竞争中合作社总会处于下风。有证据表明，最新的潮流和以往长期观察的得出的趋势并不一致，以前认为，在资本主义环境中的合作社会屈服于资本主义竞争的压力，要么彻底失败，要么按照资本主义方式改造自己。本诺（Ben-Nur，1984）和宫崎（Miyazaki，1984）对这个现象建立过解释模型。生产者合作社的数量最近几年在大部分西方国家急剧增加，在英国，这个数字在1975年还不到20个，到1986年已经达到1 600个。法国则从500个发展到1 500个，意大利在1970年到1982年间新开了7 000家合作企业。参见艾斯特林和琼斯（Estrin, Jones，1988）。现在要说这种趋势是否会持续下去还为时太早，但可以引证两个解释因素。第一，已经发展出支持性的结构，以克服孤立的合作社所面临的内在困难，并鼓励新兴合作社的发展。第二，存在这种可能性，最新的"后工业"技术建立起来并很好地采用了工作组织的合作社形式，这将证明合作社在开发生产力方面明显优于资本主义企业。布劳克（Block，1990）对所谓"后工业技术"有更多讨论。

第六章
现代自由主义

　　我已经完成了对古典自由主义的核心和灵魂，即自由放任主义的批判。但是，这里还存在着其他形式的资本主义。我认为，资本主义本质上是不再可以辩护的。接下来的三章将表明资本主义的保守模式存在深深的缺陷。本章拟对现代自由主义改革方案构成的这些模式作进一步的批判。

　　简单地回顾一下我对自由放任主义的批判，我认为自由放任主义是不可能持续地实现更高的效率、更快的增长和更多的自由的目标的，当社会主义对经济民主制还存在怀疑时，这些目标在社会主义条件下是不可能实现的。我有九点理由可以反驳自由放任主义的目标，这些理由可简单归纳如下：

　　1. 自由放任主义不可能实现充分就业。
　　2. 自由放任主义破坏了消费者的自主权。
　　3. 自由放任主义鼓励了不正当的增长方式。
　　4. 自由放任主义促进了不适当的增长。
　　5. 自由放任主义导致了经济的不稳定。
　　6. 自由放任主义限制了自由。
　　7. 自由放任主义产生了过分的不平等。
　　8. 自由放任主义与民主是相矛盾的。
　　9. 自由放任主义使劳动人民异化。

　　我认为，同样的理由也可以用来反驳其他形式的资本主义。相比自由放任主义，现代自由主义模式在这些控告上将遭到更少的责难，但相比于经济民主制，现代自由主义模式仍将遭到责难，我在这一章将对此予以阐明。这里有必要考察一个迄今为止被忽视的问题。因为对现代自由主义的某种形式的考察无疑会和它的核心问题"国际贸易"联系起来。和这个问题相关，我们也不得不考虑经济民主制怎会成功这个问题。

　　首先让我们来考察一下这个正在仔细研究的问题究竟是什么。现代自由主义大都理解为对极端的自由放任主义的一种回应。现代自由主义者，像社会主义者一样，认为从道德和经济来说自由放任主义是不可接受的。但是，现代自由主义者，并不像社会主义者一样，他们仍然认为资本主义的基本结构是合理的（sound）。他们认为，体制的"矛盾"是可以缓和的，而无须废除三个基本制度——私有财产制度、雇佣劳动制度、市场经济制度——的任何一个。当然，他们也承认，调整是必需的，但并不认为这些制度从根本上是有缺陷的。

这个矛盾该如何缓和呢？通过降低自由放任主义和允许政府干预。政府该如何干预呢？这个问题将使我们回到第二章讨论过的现代自由主义的划分上来。现代自由主义需要对自由放任主义进行改革，但改革的方案很大程度上依赖于我们对资本主义是如何定义的。对凯恩斯主义的自由主义者来说，资本主义本质上是如新古典主义模式所描述的那样，除了它不主动趋向充分就业外。如果使（政府通过恰当的措施）充分就业得以保证，那么新古典主义模式就既可用以解释自由放任主义的优点，也可用以解释它的缺点，并要求对后者进行适当的调整。对后凯恩斯主义者来说，新古典主义模式本身是被看做问题的一部分，而不是对问题的部分解决。它不但主张错误的改革方案，而且主张一种保护主义的意识形态，这就掩盖了这个制度真正的运作情况。

在我看来，后凯恩斯主义者对新古典主义模式的批判倒是还有很多可说的，但那只是和我们的中心主题略为触及的一个问题。我们必须确定的是凯恩斯主义者和后凯恩斯主义者为回应我们的多重责难而提出的自由放任主义改革的广度问题。对资本主义定义不同，建议的改革内容也不同，但是这些改革必须受到具体的考察。我的论点是，不管提出了什么改革模式，和经济民主制相比，仅仅改革资本主义是不够的。

改革资本主义的要求是很强烈的，其程度甚至有点超过我在这里对它正当性的证明。我并不打算考察凯恩斯主义者和后凯恩斯主义者主张的自由主义的整个领域，也不想分析那些我们称之为现代自由主义者所实践和倡导的无数改革，我打算重点考察每一个派别中的一个主要人物，他们勾画了一个相当全面的社会理想模式并为之辩护。然后，我将仔细地考察那些社会模式。在考察这些模式如何失败的过程中，我想这一点将会变得清楚，即任何保留资本主义基本制度的改革模式都是不可能取得成功的。

现代自由主义的代表人物并不是很容易找到的。在历史上，现代自由主义者提出了很多具体的、零碎的改革方案。但没有多少人自觉地、明白地提出过一个全面的设想。值得注意的例外是哈佛哲学家约翰·罗尔斯。很显然，罗尔斯最伟大的著作《正义论》主要地不是对自由资本主义的论述。它原来的目的是要提出和辩护一种关于"正义论"的创见。罗尔斯指出，这种创见是对我们关于正义的平常的、深思熟虑的判断的描述和澄清，它很大程度上是一种文法（grammar）理论，用以描述和阐明母语说话者的日常语言用法。[1]但这些"深思熟虑的道德判断"是现代自由主义的道德判断。[2]此外，罗尔斯还应用他的理论来评价社会经济学的形成。在这样做的过程中，他建构了一个相当详细的"财产所有的民主"（property-owning democracy）模式，并认为这种制度是公正的。[3]

我们正是要对这种资本主义模式进行考察，因为它很好地代表了凯恩斯主义的自由主义者的理想。不同于他同时代的大多数的政治哲学家，罗尔斯并不——因为专业的无能而通常声明——回避经济问题，当他面对这些经济问题时，他也不回避新古典主义（修正过的凯恩斯主义）模式的观点。

罗尔斯毫不犹豫地采用新古典主义的凯恩斯主义的观点是不足为奇的。这个观点是他在 20 世纪 60 年代中、后期撰写和重新撰写他的论文时提出的。从第二次世界大战到 20 世纪 70 年代早期——最重要的是，在那个普遍认为由凯恩斯主义的自由主义者，肯尼迪·约翰逊（Kennedy Johnson）削减税收带来的 20 世纪 60 年代的繁荣时期[4]——主流的"新经济学"被认为是坚不可摧的、不可非难的和科学的。右翼的异议被认为是儿戏。激进的和后凯恩斯主义的批评家们被人们置若罔闻，而这些批评家们却已开始在庄严的、盛极一时的凯恩斯主义的自由主义者的典范模式上对主流的经济学进行摧毁。然而，罗尔斯并不是唯一引人注目的人。[5]

在 1971 年，自由放任主义（作为一种理想模式，即使事实上不是如此）所做甚少且不为人所知，但很快就气势逼人。可是，人们几乎没有想到，"自由主义"，而不是"保守主义"，很快成为政治家逃避的标签。面对 20 世纪 70 年代中期开始而 80 年代相继的保守主义的苏醒，一些自由主义的经济学家依然坚持他们的凯恩斯主义信仰，一些转向右翼，另一些（尤其是那些脱离他们的新古典主义传统的人）则明确地提出了另一种方案，这种方案既不同于里根-撒切尔（Regan-Thatcher）的保守主义，也不同于标准的（新政）自由主义。

莱斯特·瑟罗是这种新思想的代表人物之一，他"或许是没有成为美国公共广播公司电视系列节目主持人的美国最著名的经济学家"[6]。瑟罗，1964 年毕业于哈佛大学，获得经济学博士学位，是总统顾问委员会的经济学家。1968 年，他任教于麻省理工学院，直到现在。1983 年，他出版了《危险的流通》（*Dangerous Currents*）一书，抨击了传统的经济理论（凯恩斯主义和新古典主义）。1985 年，他的《零和解决》（*The Zero-Sum Solution*）一书，在其 1980 年的畅销书《零和社会》的基础上，提出了一个全面改革的方案。1992 年，他在略加修改的基础上，出版了另一本书，即《面对面：即将到来的日本、欧洲和美国之间的经济战争》（*Head to Head*：*The Coming Economic Battle Among Japan*，*Europe and America*）。现在，瑟罗担任了美国麻省理工学院斯隆管理学院的院长一职，在这一职位上他热情和毫不妥协地主张他的观点。这一观点既不同于古典主义，也不同于凯恩斯主义的自由主义，我们可以称之为后凯恩斯主义的新自由主义，或简单地称之为"新的自由主义"（new liberalism）。[7]

在考察改革及批判之前，让我们继续做我们在前三章开始时所做的事，用一点时间考虑这样做的价值问题。据我们所知，所有对资本主义和社会主义的批判最终都停留在价值承诺上。在对自由放任主义批判的基础上，我已经阐述了这些承诺。其中有些即使对保守主义也是不成问题的：人类幸福、物质福利、效率、闲暇、自由，而其他——特别是民主、参与自治——则是颇有争议的，因此，一个保守主义者可能会在我反对自由放任主义，呼吁这些价值这一观点上犹豫不决。

没有哪个凯恩斯主义者会责难这些。我明确提出的这些价值不但对经济民主制是基本的，而且对凯恩斯主义的自由主义来说也是基本的。承诺减少不平等是凯恩斯主义的自由主义的一个特点。没有那个政治家比罗尔斯对平等表达了更深切的承诺。一个社会不但要建构它的制度，以便所有的人都有公正的（而不仅仅是形式的）机会平等。罗尔斯强调，这些制度还得形式化，以便所有不平等对毫无优势的人也能有所用处。不平等是允许的，但是只有在它被当做培养人才的激励手段上，而且只有这些激励手段能够充分地激发出最大的效率和革新，使最穷的社会成员也能受益时，才是允许的。[8]

从历史和原则上看来，凯恩斯主义的自由主义也承诺民主，要求把形式公民权扩大到被排除的团体，把形式的权利转变成实际的机会。罗尔斯在下面这段话中清楚地表达了这点：

决定社会基本政策的权威是代表团选举出来的……所有心智健全的成年人，和一定数量的普遍公认的少数人。他们有一定的任期，是为了选民并完全对选民负责的，都有参加政治事务的权利，并尽可能地实行一人一票的光荣的选举规则……此外，他们应该有公正的机会向政治讨论的方案提

出另外的建议。但是，不管任何时候，那些有强有力的私人手段的人都可以允许他们利用优势控制讨论的过程，使得参与原则保护的自由失去它们的价值。[9]

至于参与的自治（participatory autonomy），它是人民参与决策的权利，它影响着人民自身，其一般图景我们是不很清晰的。从历史看，凯恩斯主义的自由主义在这个问题是有点自相矛盾的，他们有的主张家长式统治，有的主张技术统治。然而，罗尔斯并不如此。对他来说，积极的政治参与既是一种权利也是一种价值。它"本质上是一种令人愉快的活动，它促进了大社会观念的形成和个人的智力、道德素质的发展，而这反过来又成为责任感和义务感的基础，公正制度的稳定性就是有赖于此"[10]。

这看起来好像是说，凯恩斯主义的自由主义的规范性承诺和我在肯定经济民主制比自由放任主义优越时呼吁的承诺，从根本上看是有点差异的。对新的自由主义，我们也能这样说吗？新的自由主义对平等价值、民主和参与自治的承诺和凯恩斯主义的自由主义对这些的承诺是一样的吗？这个问题在这里是有点含混不清的。

把瑟罗和罗尔斯作比较是有益的。经济学家瑟罗在伦理承诺上比哲学家的罗尔斯是更不清晰的。瑟罗给予平等明显的重视吗？他发现自 20 世纪 70 年代开始，在收入和财富上"重要的和烦忧的"变化已经发生了："富人变得更加富裕，穷人大为增加，而中产阶级在苦苦支撑。"[11]他强调：

当美国人不愿意思考不平等时，他们对自己的生存状况也是感到不满的。这种不满开始于我们的宗教传统。我们当中并不是很多人都需要向圣彼得解释"为什么我们要让我们的孩子挨饿，却对此无所作为"……在强烈的利己主义情况下，住在邻居家里和生活在城市中是十分美好的。在一个更强烈的利己主义情况下，没有哪个民主社会可以忍受收入和财富的极端不平等而幸存下来。[12]

把他分析的标准维度尽可能地建立在利己主义的要求上，是瑟罗在这里或其他任何地方的特点。这可能不过是一个经济学家学科训练的反应，但我怀疑这不仅仅于此。考虑到保守主义对现代自由主义的凶猛攻击，新的自由主义尽可能地坚持一种强硬的立场，以维护它的改革提议是不奇怪的。为了反驳这个责难，现代自由主义使它的提议依赖于凯恩斯主义的自由主义的"软"价值上，新的自由主义则强调不易受保守主义攻击的价值，即稳定、效率和增长。

这种强调仅仅是战略上的，还是在价值承诺上表示一种右转，我不敢妄下判断。显而易见，瑟罗对现代社会的不平等是感到悲哀的。与此同时，他坚持认为处于危险地位的不是平等（equality），而是公平（equity），即使如此，他坚持效率才是基础。他说，公平不是平等，而是"fairness"（公平）。他接着又说，"fairness"（公平）"是一种社会现象。愿意把人口看做什么，很大程度上取决于历史、制度和社会准则"。对瑟罗（至少当他提出问题的时候）来说，他重视的不是平等，甚至不是公平本身，而是公平的概念（perception of fairness）。因为没有公平的概念，自愿的合作就会停止，经济就会变得低效率。[13]

人们觉察到，类似的张力和模棱两可也存在于瑟罗关于参与自治和民主的论述中。瑟罗和其他晚些的后凯恩斯主义者深受日本西欧教训的影响，不厌其烦地强调更多的工人参与的重要性。这种观点和早期凯恩斯主义者们形成鲜明对比，后者没有注意到工厂民主的重要性。但工人的参与（这对瑟罗来说，绝不是完全的工厂民主）在生产力的提高上一直证明是有效的。[14]

瑟罗是民主党人，实际上，他不但是美国民主党成员，而且还是民主党总统候选人的首席经济顾问，但是，他对人们不应相信专家和选举出来的政客这样的建议感到愤怒，他认为这种建议"最好不过是一张寂静主义的处方，最坏就是一种白痴病人的暴政"。在他看来，文明精英分子的存在是民主发挥作用的必要条件。他认为，至关重要的是，这些精英分子能够组成一个真正的"行政机关"，而不是一个"寡头统治集团"。

这两个集团都是出身名门的富人团体，他们互相通婚，操纵着国家。行政机关和寡头统治集团两者的区别在于：行政机关认为，"我感兴趣的是我的国家长远的成功，而且我个人坚信如果我的国家成功了，我也会成功"。而寡头统治集团本来就是不可靠的，它必须有瑞士银行的秘密账户。[15]

　　瑟罗这段话是真心真意的，还是仅仅策略上的？尤其是现在，作为一个声望很高的管理学院的院长，瑟罗经常对商业界领导讲话。由于他真诚地相信他提倡的改革会使商业变得更有效率，而且由于他正确地察觉到这样的改革面对商业界的阻力将很难实现，仅仅说实业阶层是特权阶层，因此和民主不相容，就可以指望他疏远他的听众吗？即使他相信这点，能希望他说出来吗？如果他从来都隐瞒这种信仰，他可以任命为斯隆学院的院长吗？

　　如果以上所说的不能完全确信，我认为，主张新自由主义和凯恩斯主义的自由主义、民主的社会主义都具有相同的价值承诺是似是而非的。但是，新自由主义者还是十分犹豫不决，不敢公开宣称这一观点。所以，如果不能完全确信，那么主张援引这些道德准则会促使新的自由主义的产生，即使当它直接和自由主义本身相对立时，它也是似是而非的。如果不是似是而非，新自由主义就不会被它的全部信徒所信服。

第一节　凯恩斯自由主义的"公平资本主义"

　　在《正义论》中，约翰·罗尔斯勾画了一个他认为是理想的公正的财产所有制体系。让我们称之为"公平资本主义"（Fair Capitalism）[16]。这个模式构思精巧，对基本制度的阐释明晰地说明了这些制度的功能及其相互作用。这个体制的政治机构是民主的，良心的自由（liberty）和思想的自主（freedom）同其他为人熟知的公民自由一样都是理所当然的。它的经济结构是资本主义的，但是这种结构被强大的政府监控着。政府的四个部门被分配了主要的责任，每一个部门承担着不同的固定职责。调控部门（Allocative Branch）负责维持经济的竞争性，负责调拨税收和津贴，以弥补那些竞争性价格不能准确反映社会收益和成本的行业。那就是说，它试图纠正由于垄断和外差因素（externalities）导致的对帕累托最优的背离。稳定部门（Stabilization Branch）则负责经济的微观平衡。这似乎是说，"在需要工作的都能找到工作这个意义上"[17]，强大的有效需求会带来尽量充分的就业。两个部门综合在一起就可以确保一个稳定、有效的市场经济。

　　与正义更直接相关的是流通部门（Transfer Branch）和分配部门（Distributive Branch）。流通部门把个人和家庭看做最小的单位，它向所有人保证一定水平的福利。分配部门位于财富生产的另一端，通过遗产、捐赠和税收支出等综合的明智的方式防止财富的集中，这种方式可能危及政治的自由和公平的机会平等。

　　我们发现，这种模式是现代自由主义的，它一般假定政府在抵消自由市场带来的残酷结果方面起着主要作用。它是符合凯恩斯理论的，而和后凯恩斯主义理论相对立，它把竞争性市场当做实现效率的理想途径，主张政府通过维持强大的有效需求来解决失业问题。

对于政府试图想做的是什么，我们是可以明白的，但是，这种制度能够充分实现这种意图吗？凯恩斯主义的自由主义经济能够逃脱对自由放任主义的无数责难吗？它和经济民主制相比，情况又如何呢？为了回答这些问题，让我们考察一下罗尔斯对我们九条理由的反驳，我们每次只考察一条。为了推动问题的暴露，让我们作一些轻微的调整，从非经济的责难开始。对经济不稳定的责难我们将放到最后来考察，但这将引起人们最广泛的注意，因为这就是问题的症结所在，这就是凯恩斯主义的政策处方最显著地背离自由放任主义的地方。

为了断言经济民主制优越于自由放任主义，我要对"自由"进行考察。的确，自由放任主义下的个人比经济民主制结构下的个人更自由。在自由放任主义下，所有者和投资者只是受他们自己的潜在利润观念的限制，而在经济民主制下，管理人员则完全对管理状况负责，他们作出的投资决定必须对民主的支持者（democratic constituencies）负责。但是，如果某些人在自由放任主义下是自由的，那么大多数人则是不自由的，即大多数人屈服于另一些人的专断，也就是说，大多数劳动人民和大多数社区成员是不自由的，他们的生计和福利依赖于他们无法控制的政策和投资决定。

公平资本主义对管理的特权有温和的干涉[18]，而对投资决定则几乎没有什么干涉，所以上述观点既反对自由放任主义，也反对公平资本主义。这种观点认为公平资本主义倾向于支持国外被压制的政权。在公平资本主义下，资本家仍然向海外寻找投资机会和廉价的劳动力，他们强迫政府支持那些对他们保持经济"开放"和让他们的劳动力驯顺的外国政权。众所周知，凯恩斯主义的自由主义在美国（粗略地说，从富兰克林·罗斯福到理查德·尼克松）的历史记录强有力地支持了这个观点。

和自由一样，"平等"也是罗尔斯正义论的一个中心概念。那么，公平的资本主义的平等是怎样的呢？社会主义者在这里将惊愕得透不过气来。罗尔斯对平等提出了一个意义深远的承诺。他对平等的理论责难同最热情的社会主义者一样是严厉的。然而，他辩护道，一个体制应该承认且确实需要造成现代社会不平等的根本源泉的所有权收益。利息、租金、股票红利——全部"来自所有权的收益"——都是公平资本主义所坚持的。

确实，政府分配部门的行为抑制了收入和财富的不平等，但是，它的手段足以实现分配给它的任务吗？这些手段能确保这些不平等会对最没有优势的人的利益起作用吗？必须注意，遗产制度、捐赠制度、税收支出制度——分配部门的措施——对收入的来源并没有区别对待。作为完成繁重劳动或开拓必需的技术的激励手段的工资差异，和任何非生产部门的工资差异并不是截然不同的。实际上，他们的差异是不可能如此显著的。公平的资本主义依赖私人积累来获得它的投资基金，而当经济的投资是依赖私人积累时，所有权收益必然是允许的。[19]但是如我们对经济民主制的分析所证明的，利益的引诱刺激的私人积累并不是非中心化的市场经济所必需的，所以，很难理解对平等有坚定承诺的罗尔斯的正义理论如何能够在所有权收益上保持中立。事实上，这是不可理解的。罗尔斯自己的理论，无论想在资本主义和社会主义之间保持怎么样的中立，都会明显地赞成经济民主制，而不是赞成公平的资本主义。

我曾主张，自由放任主义和真正的民主是不相容的。我的第一个观点——财产的集中，在自由放任主义下是不可避免的，它会引起一系列不均衡的政治影响——已为罗尔斯所承认。他说："当财富的不平等超过了一定限度时，确保机会相对平等的制度就会处于危险的境地，而且政治自由也同样倾向于失去它的价值，于是，代议制政府在表面上就变得摇摇欲坠了。"[20]因此，在防止不平等超过限度上，分配部门就特别地承担了责任。

考虑到所有权收益不可避免地导致不平等，分配部门能够使财富处于一定限度内是让人大加怀疑的，但是即使它能够成功地确保财产相当广阔分散，我的第二个观点，即要求投资者有信心依然是有效的。对公平资本主义所包含的资本主义经济来说，为了保持稳定，投资者需要有信心。这样，选举出来的官员对投资者（他们也许是很少的人，也许是较多的人）的利益必须给予特别的重视，而不管这些利益是否和社会大多数人的利益一致。这样，投资者就构成了一个特权阶层，这个阶层额外地符合——或许是相当不符合——我们纯正的、流行的规则和概念。

投资者，让我们称他们为资本家吧，因为即使在公平资本主义制度下，成为资本家也是心怀大志的投资者想要实现的梦想。他们的利益是必须考虑的，但他们的利益和社会的一般利益从来都是不一致的。工厂的异化这个问题是特别重要的。这里提出的观点和那些反对自由放任主义的观点是完全一致的，因为公平资本主义在工厂改革上所做甚少。人们可以期望对利润分享进行一些实验（在自由放任主义下也是可能的），但是没有理由假定这些改善会达到一种最佳的水平。因为只要改革的动力取决于这样一些人，他们的显著利益是他们的底线，改善就不可能达到最佳水平。

必须注意，我们在定义最优化过程中要求的价值承诺，甚至防止了把生产力的真正提高作为最终的标准。即使生产力由于工人的重大参与将要损失什么，工作满意度的增加也可能是压倒一切的。如罗尔斯自己强调的：

> 相信一个公正的社会必须等到很高的物质生活水平之后是错误的。人们所需要的是在和他人自由协作的情况下的有意义的工作，这些协作在基本的正义制度的框架内调整着他们互相之间的关系。为了达到这种状态，巨大的财富并不是必需的。[21]

很显然，这是一个经济民主制的处方，而不是自由放任主义的处方。

现在，让我们转到对自由放任主义的经济责难上。我们发现其中之一，也是凯恩斯主义的自由主义所完全认同的，是自由放任主义不能实现充分就业。凯恩斯这个名字与其说和任何东西都无关，倒不如说它和失业有关，它是和革命性诊断和推断性治疗相联系的。对失业的一种非常简单的，和常识相反的治疗方案是：当时代坏透了、过时了、负债累累时，就别拯救它！如果消费者难以得到实惠，那么政府应该介入这个缺口，并通过超税收的支出来打破预算平衡。[22]

凯恩斯主义者的治疗对政府来说是简单的，但它是有效的吗？它在不引起其他破坏性后果的情况下，能治疗失业吗？让我们再谈论一下这个问题。我们应该把问题分开解决。让我们考虑一个不同的观点。假设凯恩斯主义者的政策能够确保充分就业，他们能够实现吗？1943 年，迈克尔·卡莱茨基（Michael Kalecki），"凯恩斯主义的"一般理论的共同的独立的创造者，提出了一个与流行的乐观主义不同的观点。卡莱茨基不同于坚持凯恩斯理论的自由主义者，他把阶级冲突看做决定性因素：

> 的确，在一个永久充分就业的政治制度中，"解雇"将停止它作为惩戒性措施的作用。老板的社会地位将被削弱，工人阶级的自信心和阶级意识将增强。在充分就业的制度中，相比在自由放任主义下的平均水平，工人为工资而斗争的罢工增加了，工作条件的改进更大了。甚至由工人更强有力的商谈能力带来的工资的增长，也更可能使价格提高，而更不可能降低利

润，唯一有影响的是食利者。但是"工厂中的纪律"和"政治的稳定性"比利润更为企业领导者所欣赏。他们的阶级利益告诉他们，持续的充分就业在他们看来是不合理的，而且失业是"正常的"完整的资本主义体制的一部分。[23]

商业分析家也经常表示了同样的忧虑，虽然他们没有卡莱茨基的体制—批判的优势：

对保持劳动力弹性来说，失业率是太低了。但任何时候，即使是普通工人十分缺乏之时，失业总人数都低于200万。雇主都倾向于储备熟练工人。当然，工会在工资谈判中是处于掌舵者的位置。毫无疑问，虽然很多工人境况十分糟糕，但他们的工资也是一笔相当可观的费用。而且，他们可能并不是最需要的熟练工人。就像不能保证避免真正的失业储备一样，通货膨胀也是不能保证避免的。这个说法是直率的、无情的，但却是事实。[24]

在经济民主制维持一定失业的情况下，不存在一个特殊利益的人民阶级，这也是一个直言不讳的、无情的事实。失业不会产生降低工资的压力，因为这里不存在雇佣劳动力。失业既不能加强工厂的纪律，也不能增强与工会相比较的管理能力。因为失业人员物质需要的补助必须取自在业人员税收，后者在保存马克思称之为"产业后备军"[25]的过程中，得不到任何好处。

这并不是说经济民主制在向每一个需要工作的人提供工作时不会遇到任何困难，而是说这个困难在结构上不会和阶级利益相关，如同它在资本主义、甚至公平资本主义中那样，这个困难将在更容易控制的情况下解决。历史是不会忘记的，资本主义，不管是古典自由主义的理想模式，还是凯恩斯主义的自由主义理想模式都告诉我们，在和平时期它一直有失业问题。

促销是另一个领域的问题，在这里，资本的利益和社会其他人的利益是冲突的。新古典主义理论家，无论是否凯恩斯主义者，对消费几乎都没有足够的重视，罗尔斯也是如此。没有一个自由资本主义的政府机构要求对非理性的销售术进行控制。罗尔斯的亲密读者可能发现这个令人奇怪的、而对罗尔斯却十分明白的问题，即"一种经济制度不但是一种满足现有的需要和愿望的制度上的规划，而且还是满足未来流行的需要和愿望的方式"[26]。然而，罗尔斯"好的生活"的分析明确地把善（goodness）当做合理性（rationality）。他假设"民主社会的成员有，至少在直觉上有合理的生活计划，据此，他们安排他们最重要的目标和配置各种资源"[27]。考虑到对合理性的重视，罗尔斯肯定十分轻视宣传机器，为了消费量，它们以最矫揉造作的心理技巧无情地宣传金钱能购买任何东西。

不管是经济民主制还是公平资本主义都要实行市场经济，所以他们很容易被攻击为滥用非理性的消费能力。但二者又不如自由放任主义那样容易受到攻击，因为二者都允许通过政府干预来抑制过分的滥用行为。但这也不是说他们都同样容易受攻击。在这个问题上，第三章提出的最重要的观点既适应于自由放任主义，也适应于公平资本主义。个体企业不但是自由放任主义的扩展方向，而且也是公平资本主义扩展的方向，所以在经济民主制下的企业更倾向于在销售领域大规模投资。然而，公平资本主义和自由放任主义一样都依赖于稳定的增长，所以其政府比经济民主制下的政府更不可能通过干预来抑制滥用行为。[28]

关于自由放任主义鼓励这种增长方式的批评，我详细阐述了三个主题：不平等使发展扭曲；增长的不平衡；外差因素，主要是环境的破坏使增长陷于困境。罗尔斯对这些问题是不敏感的。收入的再分配将受到按照他的模式建立起来的政府流通部门和分配部门的影响。调控部门将试图纠正"准确衡量社会效益和成本价格的失灵导致的对效率十分明显的背离"[29]。但是，对它的反应也是显而易见的："太微弱和太晚了。"在自由资本主义里，不平等并没有完全减少。这就是他早些时候的观点。因为投资控制在私人手里，投资的决策并不是协调的——这当然是不协调的，如果市场要保持竞争的话。关于外差因素，公平资本主义相比经济民主制，它的基本弱点是劳动力屈从于资本，而不是相反。同在自由放任主义下一样，在公平资本主义下，工人要么必须诱惑资本趋向于他们，要么唯资本所趋。所以资本主义企业能使工人与工人相争，地区与地区相争，"外差因素"真是糟透了。在经济民主制下，资本将在总资本的基础上，分配到各个地区，因而比公平资本主义更容易控制（人文/自然）环境。

上述最后一个观点是特别重要的。无论是在公平资本主义下，还是在自由放任主义下，必须承认，是不能依赖市场来解决环境困难的。但是，如第四章所提到的，只要投资主动权控制在私人业主手中，政府的改善措施在规模上必须是全国性的（或者甚至是国际性的），因为如果它们是地方性的，企业就可以逃脱限制。但是这意味着：（1）环境问题在必不可少的一致达成以前，将会变得更加严重；（2）调整由于工业和地区的妥协而可能减弱；（3）调整将不会和各地情况完全符合。经济民主制，虽然不是治疗环境困难的绝妙方法，但相比公平资本主义或自由放任主义，能更好地处理这些问题。

如果公平资本主义没有能力解决增长的质量问题，它就不能很好地控制它的增长率。凯恩斯主义者的政策旨在确定储蓄和投资的平衡并能够确保充分就业。当储蓄超过了投资，或者相反时，必须采取措施减少一个或增加另一个。但是，足以诱惑雇主去雇用所有需要工作的人的投资水平，是否在任何条件下都和社会需要的（或社会期望的）增长率相关，这个问题却从未提出来。

罗尔斯没有看到这一点。如果他看到了的话，那将是令人惊恐的，因为罗尔斯把社会储蓄的问题当做值得考虑的迫切的道德问题之一。他详细地论述了"代与代之间的正义"问题，他担心由于选择减少储蓄政策，一个民主的选民可能"对其他代的人犯下严重的罪行"[30]。罗尔斯没有注意到，公平资本主义没有为自觉地、谨慎地决定储蓄率和投资率提供任何机制。市场决定了储蓄和投资的比率。于是，如果出现了失衡，政府就进行干预，以保证充分就业。[31]但是，在干预的过程中，独立地考虑未来几代人的需要是没有可能的。在公平资本主义制度下也没有可能——如同在经济民主制下一样——去对我们应该储蓄多少这样的问题作出自觉的、集体的决策。

罗尔斯对后代人命运的特别担忧可能是一种错误，这个问题是值得评论一番的。他担心储蓄的不充足，但是资本主义的趋势，尤其是凯恩斯主义的资本主义的趋势，却是以高储蓄率为目标的。[32]这个趋势就是储蓄超过投资，这（如凯恩斯指出的）将引起经济的紧缩，如果政府干预的话。资本主义——尤其是凯恩斯主义的资本主义——被组织起来，进行储蓄、投资，并得以发展。但是，这种增长，当它由未经民主程序调停的市场力量驱动时，在总体储蓄没有不足的情况下，就会给后代造成威胁。

如果增长给公平资本主义带来了问题，那么不需要增长就很自然了。第四章的最后一节表明，没有增长，自由放任主义就是不稳定的。让我们回顾一下这个基本观点：如果利润仅仅被资本家阶级消费掉，结果将是政治的不稳定，因为财产所有权不起作用的特点对所有人都是显而易见的。所以，由于资本家阶级有（且将要承担）某种职能，他们大部分利润必须再投资。但是，即使在这种情况下，如果增长不会很快出现，仍然可能出现政治的不稳定。如果经济没有增长，那么利润就会下降，商业就会衰落，投资者信心就会动摇。投资的减少将导致失业、需求的减少和工商业的不景气。如果工商业的不景气长期持续，阶级的（和其他的）对抗将变得十分致命。没有经济的"复苏"，即增长的恢复，政治的不稳定就是这个时代的常事了。

所以，公平资本主义的经济必须增长。但是它能增长吗？我们已经看到，持续增长需要三个条件：必须有投资，预期的生产力增长必须实现，产品必须能够卖出。我们知道，后一条件取决于消费者信心和有效需求。用这个图式，我们就可以很好地评论传统凯恩斯主义者的治疗方案并判断它们产生效力的可能性。

凯恩斯主义者的政策分成两种：货币政策和财政政策，即一方面控制货币供应，另一方面控制税收和政府支出。到现在为止，甚至最保守的"凯恩斯主义者"，也确信政府对工商业的严重不景气必须有所作为[33]，但是他们所特别偏爱的只是第一种政策（即偏爱"货币主义"）：政府的干预必须限制，不能超越中央银行增加和减少货币供应的主动权。[34]如弗里德曼强烈要求制定一个法规，要求金融主管当局"负责货币储备〔包括商业银行及商业银行所有存款以外的流通〕逐月地增加，甚至尽可能以3％至5％的持续速度逐日地增加"[35]。如果市场引起太高的增长率，中央银行就会干涉，紧缩货币。如果增长率太低，中央银行就会发行更多可用的货币。

货币主义的巨大优点，在保守主义者眼中，是干预最小，而且税款或政府费用都没有牵涉进去。没有政府的限制，个人可以随意地利用货币或贷款。在配置投资和分配收入上，市场依然处于最高的位置。

货币主义的逻辑是很容易掌握的。只要货币供应稳定增长，投资者就能提供资金、扩大规模，消费者就能买到生产的商品。但是，这是否足以避免反复无常的经济衰退呢？货币主义不能确保充分就业，它也不能宣称可以做到。弗里德曼认为，存在着一个和价格稳定相适应的"天然"的失业比例。试图降低这个比例就是鼓励失控的通货膨胀。[36]但是，即使把失业问题放在一边，这种货币政策能保证经济的增长吗？

关于这个问题，琼·罗宾逊指出："在弗里德曼思想中有一种怪异的、神秘的成分。仅仅是货币储备的存在就会莫名其妙地促进货币的支出。"[37]但是，仅仅制造可利用的货币并不能保证投资者会投资，生产力会提高，消费者会更多地购买消费品。弗里德曼和他的货币主义同事诉诸历史的材料，但那是不能令人满意的，因为商业繁荣和货币供应扩张二者之间并没有被证明具有因果关系。如罗宾逊指出的，商业活动的急剧增长很可能先于货币供应的增加，因为营运资本贷款的增加在统计数字上将比产品价值的增长更快地泄露出来。但是，这并不意味着货币供应的增加会引起产品的增加。[38]

然而，最近的历史资料却并不是货币主义所期望的。货币主义者的政策，在 1979 年被美国联邦储备局自觉地采用，在解决通货膨胀上取得了成功。但是它也迎来了自大萧条以来的最严重的经济衰退。于是，这种政策被迫放弃，人们转而支持（传统不承认的）凯恩斯主义者的财政政策。因为政府在"星球大战"和其他战争装备上大规模的支出大大增加了，支出和税收不相平衡。

凯恩斯主义的自由主义者同意前面得出的结论：货币主义是不够的。[39]他们认为，财政政策也是必需的。表面看来，财政政策的逻辑和货币主义的逻辑一样，都是透明的，尽管在更深层上并不是如此。我们首先考察第一个层面。假设相比投资而言，储蓄过量了，如我们已经看到的，如果投资不能和储蓄相抵，有效需求就会减少，这将导致经济的紧缩。但是，（按照财政政策的逻辑）如果投资不充分是由私人储蓄部分造成的，那么政府可以直接投资于军备、公共设施、航空等任何项目并资助这些项目，通过贷款给自己的方式，而没有必要等待私人企业来承担这个责任。

这里存在着一个需要更深刻分析的困难。当经济处于衰退时期，它看起来不会有过量的储蓄。而当经济紧缩时，消费和储蓄都跟着紧缩。过量的储蓄可能会陡然陷入经济衰退之中而迅速消失。在这里，凯恩斯主义者提出了他们最精致的观点：当经济处于衰退时期，投资能创造储蓄；人们投资前，不必有储蓄；人们可以先投资，然后代替投资的是作为结果发生的储蓄。这个观点是违反直觉的。必须承认，个体企业日常的投资是在储蓄以前，然后用利润偿还贷款，但是他们不得不向某个更早些时候已经储蓄的人借，不是吗？

凯恩斯主义者的回答是否定的：在投资前必须首先有储蓄是不正确的。此外，某种拜物主义也笼罩着我们的理解。假设我想为自己的工厂"投资"，买进一些新机器。我可以去银行取得一笔贷款（假定是其他什么人的储蓄），然后，我就可以向某人订购机器，或者直接向厂家订购机器。如果机器制造厂正处于淡季，他可能愿意或能够赊账卖给我。这样，他让厂里的工人生产这台机器，我安装和使用它，然后我从后来的储蓄中偿还这台机器的钱。[40]在这个例子中，请注意，是先有投资，然后才有储蓄。这不但是可能的，而且是重要的。这是凯恩斯最基本的见解之一。

从这个见解制定出的政策却暗示了一个令人吃惊的观点：政府应该支出它没有的东西。一个处于经济衰退时期的国家不需要坐等自发的储蓄出现（这一传统的自由放任主义的途径）。政府可以无中生有，可以超过它征收的税而支出。如果有闲置的私人储蓄，政府可以向他们借。如果没有这样的储蓄，它可以向它自己借（通过简单地印刷更多的钞票）。这里的观点是，通过刺激全面支出来刺激投资，或者是直接通过让政府购买，或者是间接使钱流入公众手中，更可能地超储蓄（如通过削减下层和中层阶级的税收）地支出。如果支出上涨了，投资者信心就会增加，就会有更多的私人投资，增长就会恢复。当形势明朗时，为什么要等待一只看不见的（也许来，也许从来不会来的）手呢？可见的干预不是同样可以把这个球滚动起来吗？

这就是凯恩斯主义者财政理论的逻辑。这种政策能够起作用吗？我们知道，他们的目的是通过增加总体需求来增加投资，但是这存在着明显的困难。如果政府削减税收，那可能仅仅增加消费者的储蓄，或减轻消费者的债务，而不增加消费者的支出。如果政府通过向私人借贷来弥补财政赤字，那么那种借贷可能排挤私人借贷。如果政府通过印刷更多的钞票向它自己借贷，那可能仅仅导致物价上涨。显然，财政政策起作用并不存在逻辑的必然性。

如果我们回想我们的基本模式，这个重要的问题就变得更清晰了。货币政策和财政政策的适当混合能够使总体需求保持足够高的水平，使投资和储蓄相符合。但是，这些政策并不直接地影响增长活动的主要动力：生产力的增长。或者这样说，他们以矛盾的方式影响着生产力的增长。一方面，总体需求的增长会增强投资者的信心，投资有助于提高生产力，如政府直接用于研究和发展的津贴起的作用一样。另一方面，扩大货币供应仅仅能刺激投机冒险，对生产力毫无影响，而政府支出则能导致官僚作风的泛滥和/或把资源和人才转向对生产力贡献甚微或无所贡献的领域（主要是军事花费，这可以引证明显的例子）。但是，政府对生产力刺激失败时，其结果不是增长，而是通货膨胀和由此带来的不稳定。简言之，无论货币政策还是财政政策都不能保证增长，而增长对资本主义稳定是至关重要的。[41]

和经济民主制相比，最重要的观点是：它不需要增长。稳定状态的经济不会暴露其不起作用的资本家阶级，因为那里没有资本家阶级。如果处于增长中的经济放慢增长速度，不必担心投资者会失去信心，经济会衰退。因为新技术的应用既能够增加产品，也能够增加闲暇，不存在一个先在的原因去假设投资资本的需求会降低速度。而且，如果存在这个原因，多余的资金（由税收产生的）也能回到公民手中，这样，就给经济以巨大的推动力。既存在于自由资本主义，也存在于公平资本主义的不稳定的根源，在这里就不复存在了：经济依赖于资本家阶级的"元气"（animal spirit）。[42]

我们已经完成最初针对自由放任主义而提出的九点反驳理由的考察。在这一节，我认为在最大的问题上，凯恩斯主义的自由主义比自由放任主义应该更少理亏心虚的，但这决不适应于经济民主制。在前一节中已经强调，促进凯恩斯自由主义者改革的价值承诺，相比古典自由主义的价值承诺，和作为经济民主制基础的价值甚至更为一致。同样，伴随公平资本主义的问题也许并不比自由放任主义、凯恩斯自由主义的问题更为严重，也并不比那个喜欢它们的模式胜于喜欢经济民主制的古典自由主义有更多道德上的原因。实际上，它们没有道德上的原因。[43]

第二节　后凯恩斯主义的"新自由主义"

除了贸易、投资和与第三世界的联系外，我们远没有充分注意到我们的任何模式的国际维度，自由放任主义、公平资本主义和经济民主制都被假设为或多或少独立自足的经济。这个空白将在这一节弥补，因为新的自由主义什么都不是，甚至连国际竞争经济都不是。瑟罗反复强调，国际贸易的增长和国际货币及资本的流通速度已经改变了经济竞赛的性质。新的自由主义是特别设计出来参与那种竞赛的。经济民主制情况如何呢？它也能参与那种竞赛吗？它能同根据自由主义观念构造出来的经济那样竞争吗？如果不能，又怎样呢？选择一国社会主义是可行的吗？在回答这些问题之前，我们需要一幅新的自由主义模式的清楚图画，需要去理解：面对我们对资本主义的九点反驳如何立足。让我们首先解决这些问题。

瑟罗是典型的现代自由主义者，他强调要改革现存体制，反对提出一种理想模式。他最为关注的是重新设计美国的经济，以便迎接欧洲和日本发起的挑战。尽管如此，从他的著作中抽取出一种和他的改革方案一致的模式仍是可能的，实际上，我认为是这是一种囊括了其远见卓识的精髓的模式。[44]让我们称之为"新的自由主义"（New Liberalism）[45]。

明白地说，这种模式就是后凯恩斯主义模式。后凯恩斯主义的最大和有启发意义的特点是它对传统称之为"垄断"的处理。对新古典主义经济学家来说，垄断和寡头独占是有害的。垄断可以用权力使商品供应形成短缺，以抬高商品价格。因此，垄断是低效的（最终使严谨的新古典主义影响变坏），它将使社会处于这样一种情形，它真正需要的东西不足，而它不是十分需要的东西却很多，即非帕累托最优。此外，垄断也会导致懒惰、松懈、缺乏创新动力。

后凯恩斯主义者也许会认为这种分析是荒谬的。在他们看来，虽然这些结论是从新古典主义的假设得出的，但是这些结论不符合现实。大垄断公司很少囤积短缺商品，而且它们并不一定很懒惰。最多产、效率最高、最有创新力的公司经常是那些有相当大的市场能力的公司。后凯恩斯主义者认为，反托拉斯法旨在阻止公司之间互相勾结，迫使公司更具价格竞争力，它是从一种世界运行方式的错误观念出发的，这个观念把街头角落的杂货店当做多产、有效、有创新力的企业典范。如果让事实而不是过时的理论说话，只有美国国际商用机器公司或者日本三菱公司或者德国西门子公司才当得起这个典范。

后凯恩斯主义的新自由主义来源于对今天两个最成功的发达的资本主义经济实体日本和德国的确信。这两个国家在结构上有某些共同特点，与那些古典主义的资本主义或凯恩斯主义的资本主义不同，这些不同反映了范式的转变。对自由放任主义来说，"竞争"是核心范畴：竞争性市场协调所有的经济活动。凯恩斯主义的资本主义让政府承担了大量的角色，但是竞争仍然是经济的驱动力。新的自由主义用两个重要的范畴——竞争和协作——重新界定了经济。从微观层面到宏观层面，所有这些因素都必须重新考虑，都应该给它们合适的位置。无论是在公司内部，还是在公司之间，在公司和政府之间，在国际层面上，都必须达到竞争和协作的适当平衡。在新的自由主义看来，无论是古典主义的自由主义，还是凯恩斯主义的自由主义都没有充分意识到经济活动中协作这一尺度的重要性，因此，他们的制度表明他们过多地重视竞争，而过少地关注协作。

这种我们称之为新的自由主义的特别模式的基本特点，反映了对这两个范畴平衡的关注。为了明白这一点，让我们一层一层地，从公司开始来考察这个模式。

在公司内部，新的自由主义需要更多的工人参与和联合作业。它希望在公司内部创造"劳动力对提高生产力直接感兴趣的环境"[46]。它提倡工作保障和资历工资（seniority wage），这在新古典主义观点看来是低效的规定，但是瑟罗认为，这会促进工人和企业的认同，促进工人学习技术的积极性和适应性精神，这种适应性精神从长期看会反过来促进效率与红利的提高。[47]新的自由主义也需要利润的分成，或者进一步说，需要一种红利制度，利润的分成是基于增殖价值基础上的，它差不多占工人年收入的1/3。[48]所有这些特点的主要目标是在公司内用协作取代竞争，使公司本身更具竞争力。

瑟罗依照后凯恩斯理论的要求，希望废除现存的反托拉斯法。他希望它们能够被某种法律框架所代替，这种框架将鼓励（而不是使之违背法律）"商业集团"的形成，这种商业集团"是那些现存于西德和日本商业集团的同等物，它在大萧条以前曾存在于美国"[49]。为了在国际舞台上能够有效地竞争，今天的公司需要更多的，而不是更少的市场力量。他们必须通过商业银行或控股公司在横的和纵的方向上使他们自己一体化。通过这种方式，管理就能够从股东专制——曾经出现的不友好的接管威胁——中解脱出来，这种股东专职强迫管理者关注一年四季的短期利润报表，阻止他们从事危险的投机活动，以免这些活动破坏对经济健康十分重要的长期计划。

在企业集团内的公司可以互相协作，但是它们可以和其他集团内的公司及国际上的竞争者进行竞争。企业集团［可以日本的系列公司（keiretsu）为模式］的中心是一个金融机构，持有每一个子公司的足够的股票，并控制子公司的收益。它在每个子公司的董事会上都有代表，负责聘请和解雇子公司的管理人员，监督着整个集团的战略和投资，使每个子公司和集团公司在整体上取得成功。[50]

政府和企业的关系也具有重大协作的特点。在这种关系中，政府不是对抗性的、疏远的，而是密切地关注经济发展的各个细节。政府将不监视私人企业，以确保公司互相竞争而不是互相勾结。政府也不限制它对短期货币政策和财政政策的经济干预，这些政策的目的在于保证充分就业。总之，瑟罗认为反托拉斯法是一种误解（如我们所指明的），凯恩斯主义者的宏观管理将不再起作用。

更准确地说，凯恩斯主义者的宏观管理只有一半起作用。的确，政府有能力制造一种衰退，以此来缓和通货膨胀。削减货币的供应也能做到这一点，尽管社会成本太高了。凯恩斯主义者的政策目前不能做的是倒转这个进程，把经济从衰退中拉出来。根据瑟罗的观点，存在的问题是国家的经济现在已经深深地融入世界经济了。凯恩斯主义者的政策是基于如下前提：当政府出现赤字时，充分刺激需求可以刺激国内投资。但是，由于外国商品可以轻易地得到，过分需求很容易被增加进口满足。[51]新自由主义者对古典自由主义和凯恩斯主义的自由主义的缺点的回答是，建议政府承担起更积极的、使经济一体化的任务。为了保证充分就业，政府不能依靠凯恩斯主义者的宏观管理。它本身必须为那些在私营经济中不能找到职业的人提供工作——真正的工作及合适的工资，提供社会所需要的物品和服务。[52]凯恩斯主义者的政策是不可依赖的，它也不能确保社会储蓄足以满足投资需要。如果储蓄出现不足（如瑟罗提到的美国经济的情形），政府应该限制消费者赊账，并且创立消费税。[53]

此外，推行新自由主义经济的政府应该继续坚持货币政策和财政政策，而那正是里根时代所反对的。与紧缩的货币控制和宽松的财政控制相反（即高利率，大量的赤字支出），政府应该放松前者和紧缩后者。必须有足够的货币，使利率保持较低的水平，预算也必须保持平衡。

由于平衡的预算和公共消费保持一致及对个人消费的限制，投资基金将是充足的。由于利率较低，投资成本也变得更为廉价。剩余的储蓄可以在下一次投资——这样就可以提高生产力。于是，新的自由主义再次干预了自由市场。"又一次，亚当·斯密的'看不见的手'变成了扒手的手。自由的无拘无束的市场养成了一种探寻非常有利可图的、但却非生产地活动的习惯。"[54]

政府应该对非生产性投资进行征税和管制，但是这些消极措施是不够的。新的自由主义需要一种"产业政策"："我们不需要中介意义上的中央经济计划，这种计划试图作出所有的经济决策，我们需要全国性的类似协作投资委员会的对等机构，以改变投资的方向，从'夕阳'产业转向'朝阳'产业。"[55]政府——与相关企业密切商议——必须从事经济计划战略的制定。它必须对诸如什么样的技术是最有希望的技术作出判断，然后使投资瞄准这种技术。[56]它必须愿意在这些企业的早期阶段（仅仅是早期阶段）对它们进行保护。因为赊购货物将使企业在国际市场上不再有竞争力，它也必须愿意在限制这些企业赊购货物上作出艰难的决策。对于这样的计划不能起作用这个传统论点，瑟罗回答说，它能够而且已经在起作用。日本和德国这样做了，而且它们的经济胜过那些没有这样做的国家。

> 十年以前，主张刺激投资（物质上和人力上），刺激商业集团和国家战略计划，而不是尝试战略增长政策，是可能的。通过转向传统的盎格鲁-撒克逊资本主义的更有活力的形式，美国将解决它的问题。无论是撒切尔夫人在英国，还是里根在美国都是在这样的纲领上当选的……现在，这两种尝试都过时十多年了，没有哪个取得了成功。[57]

刚才描述的制度改革构成了新自由主义者改革方案的核心，至少在它和国内经济相联系的程度上是如此。新自由主义者在国际贸易上的观点将稍后考虑。现在，我们正处于适当的位置，可以把这种模式和经济民主制模式作一比较了。

读者无疑会吃惊，与自由放任主义和公平资本主义不同的新自由主义改革，与经济民主制的体制特征是如此相似。[58]新的自由主义下的私人公司承诺工人参与和职业保障。这样的公司可以合并成类似系列公司的企业集团。政府将在创造和分配投资资金上起着积极的作用。

当然，这里也存在着重大的不同：工人参与并不是完全的工厂民主，新的自由主义的公司和集团比经济民主制下地方性的"猛龙"式集团公司更大。

新自由主义者的投资资金依然来自私人储蓄，它依然主要地由市场进行配置。

这些不同有多大重要意义呢？新的自由主义与经济民主制十分接近，难道我们的九点反驳必须被推翻吗？新的自由主义在这些问题上比经济民主制更不容易受攻击吗？让我们考察一下就会明白。对大多数理由，我的考察都是相对粗糙的，因为读者现在已经熟悉根本的变动情况。同前一节一样，我将重新安排反驳理由以促进问题的揭示。

失业。新的自由主义将向"每一个愿意和能够工作的人（不管年龄、种族、性别或教育程度）"提供"工作"。[59]这能做到吗？在没有失业的"产业后备军"的情况下，资本主义能维持下去吗？资本主义能在没有"解雇的惩罚"下做到吗？在实行新的自由主义的日本，至少有一半劳动力在经济的先进部门工作，并有就业保证。但是，必须谨记，日本经济古怪的二重结构——成千上万的企业与大的有势力的公司订有转包合同——把困难时期的经济负担转嫁给下面的公司。在中心的工人是有保障的，而那些在外围的工人则是没有保障的。[60]如果所有的工人都保障就业，并且如果都有参与权利，工人对不充分的民主会依然满意吗？他们依然要对他们的工资要求（wage demands）"负责"吗？我想，在迅速肯定地回答之前，人们应该会犹豫的。

储蓄能力。在新的自由主义下，人们可以期望国内和国际都有巨大的储蓄能力。但是新的自由主义的理论没有注意到这个问题。实际上，非理性的消费信念在美国，和在德国、日本一样都起着巨大的作用。[61]没有哪个国家禁止使用有效的高度发展的销售技术，在国外市场推销它的产品。美国任何一个电视观众都可以证明这一点。

自由。由于有就业保障和参与权利，工人在新的自由主义下比在其他形式的资本主义下更加自由。但是，国际的问题依然存在。不能否认，新的自由主义下的公司将努力抢夺，以不受阻碍地获取第三世界的劳动力、资源和市场。所以，我们可以看到第三世界国家的政府不得不在强大的压力下，同意发达资本主义国家（新自由主义者的或不是新自由主义者的国家）的意愿，打击不同意见。

瑟罗也许没有把这当做重要问题。他认为，在国际贸易中自然资源的重要性正在下降，而第三世界国家现在太穷了，以至于它很难称得上是一个很好的市场。他对资本主义拯救第三世界并不抱幻想[62]，不过，他也许倾向于主张第一世界的政府将比以前更不关心扑灭第三世界的暴乱运动。我认为，这可以算是全面自由的一个胜利。但事实仍然是，新的自由主义的跨国公司继续认为它们对第三世界的投资才是他们至关重要的利益所在。

平等。瑟罗十分痛惜，美国公司中普通工人和高级管理人员之间的收入差距悬殊。[63]他也十分痛惜，充分就业的工人之间在种族和性别上存在着工资差距，他强烈要求社会应该确立"收入分配"的公平目标，"要让每一个人都与现存收入分配制度下充分就业的白人男性工人一样平等"[64]。在其他事情上，新的自由主义也需要低利率，然而那将减少所有权收益。

这些平等主义目标在细节上将如何实现，新的自由主义是含混不清的。在原则上，它们不是不可能实现的，但是必须说明，它们的实现看起来并不是有希望的。人们可以设想一下，货币政策和税收政策的联合可以令人信服地降低总经理的税后所得工资，并大大削减所有权收益。人们也可以看到这种障碍。如果利率太低，我们如何确保充分的储蓄？而且，把消费税提得更高（理论上的回答）在政治上也许并不是可行的。并且，我们该如何贯彻剧烈递进的累进税，必须考虑到对此大加反对的将是那些有钱有势的人？通过税收来消灭不平等是极端困难的，不平等是源于社会认可的权利。一方面，如果我们允许所有权收益，但是另一方面，我们又试图通过税收排除它，这将很难回避剧烈的不满——和为减少税收进行政治动员。必须注意，这个问题在经济民主制那里是不存在的，因为经济民主制将通过对企业资产征税，而不是向个人收入征税来积聚投资基金，它将完全排除所有权收益。

民主。很显然，新的自由主义不是像经济民主制一样民主。工人虽然有参与权利，但是他们不可以选举他们的管理人员。在新的自由主义下，管理人员的控制权属于控制公司利益的金融机构。把民主引进产业政策也是受限制的。支持哪种技术和产业，淘汰哪种技术和产业，取决于政府和产业专家的决定。

瑟罗坦率地认为，一种成功的经济不能控制在"寡头集团"手中，因为其成员仅仅关心自己的狭隘私利。但是，成功的经济能够并且应该控制在一种"权势集团"手中。这个"权势集团"是出身名门的富翁，他们进相同的学校，互相通婚，等等，但是他们良好的责任心使他们把自己的命运和整个国家的福利充分地联系在一起。[65]

毫无疑问，瑟罗主张，如果一个社会保证公民的权利，有新闻自由，举行定期的和诚实的选举，把不平等限制在一定范围，并且允许工人一些真正的参与，那将与我们希望实现的民主十分接近。在这样的体制中，有责任心的行政机关是有用武之地的。一个足够幸福的社会是能够让人们享有切实可行的大量的民主及繁荣的社会。

如我们所看到的，经济民主制能比这做得更好。[66]

工厂自治。这里，在这个问题上的比较是很明显的。新的自由主义在这个方向上比自由放任主义或公平资本主义前进了一大步，但还是不够彻底。

增长方式（kind of growth）。对自由市场的增长来说，主要的困难是环境恶化问题。经济增长不是任由自由市场支配是新的自由主义的一个根本特点。由于政府深深地卷入经济问题之中，新的自由主义看起来特别善于给经济强加必要的限制。瑟罗明确地提出这个问题，他把环境问题摆在"严峻问题"的首位。[67]他鼓励对汽油征收高额的污染环境的废物税，提倡国际协作。

这些措施当然是有好处的，但是，它们没有提出我们被当做资本主义基本问题的那个问题：由于威胁要换地方，公司有能力让一个地区或国家和另一个地区或国家进行竞争，以避免或减少控制。在新的自由主义的制度下，这个问题依然尖锐。但对经济民主制来说，它并不存在，因为员工管理的公司不会重新换地方，而且在经济民主制下，资本本来就是流向整个社会的。

增长率。无论是自由放任主义还是公平资本主义，对于社会该储蓄多少、投资多少，都没有深思熟虑地、有意识地考虑过。然而，新的自由主义对此则深思熟虑：政府可以决定公民储蓄是否充足；如果储蓄不充足，消费者赊账将会受到限制，并且消费税也要提高。

对至关重要的决定性的经济福利努力实现有意识地控制似乎是值得向往的——只要我们自信我们努力追求的增长率确实就是公民真正（或应该）想要的。[68]但是我们仍有一个问题，新的自由主义和其他形式的资本主义一样，必须保持社会的稳定。不但政治的行政机关，而且资本家阶级在增长上都会有既定的利益，这种利益并不必然为所有的国人所共有。当然，如果是要选择增长还是衰退，公民无疑会倾向于增长。但是，那是在资本主义（也包括新的自由主义）条件下的选择，而不是在经济民主制下的选择。在经济民主制下，为了闲暇或者为了更有意义的工作，也会面临放慢贸易消费增长的选择。在生态问题得到控制而变得更和谐的条件下，经济民主制能够致力于一个更稳定的消费水平，这个目标是新的自由主义无能为力的。

稳定。相对自由放任主义和公平资本主义，我们有一个重要的进步。如我们所看到的，在自由放任主义下，人们仅仅希望储户会有充分的储蓄，这些储蓄可以适当地投资，消费者可以买到新的产品。如果这只"看不见的手"失灵的话，公平资本主义则通过政府干预来刺激需求，但是它不会解决"黄金时期"增长的必要条件：生产力的稳定增长。而新的自由主义直面着这个问题。

的确，新的自由主义建议，政府的政策要解决我们在第四章确定的为稳定所必需的每一个因素。消费税会鼓励储户储蓄，而低利率则会鼓励投资。产业政策可以引导投资移往生产力需要努力提高的部门。至于消费者需求，如果足够多的工业部门定位于国际市场，国内需求就不可能是个问题。如果它变成了问题，那么消费者赊账就会放松，而且/或者消费税就会削减。

社会系统并不是坚固的。如果工业和政府对支持什么技术估计错了，或者如果整个世界的需求衰退，那不稳定就会跟着发生。但是，没有那个社会系统是坚固的。因此，有理由认为经济民主制比新的自由主义更有利于稳定吗？

让我首先特别提出一个赞成的理由，然后再提出反对的主要理由。赞成的理由以前曾援用过，即经济民主制不再需要增长。没有增长，它也会是稳定的。在经济民主制下，没有阶级，阶级存在的合理性是依赖于增长的。而新的自由主义，与所有的资本主义形式一样，必须积极建设，引导增长，它需要增长，没有增长就没有稳定。

这就给了我们重要的反对理由，即新自由主义者也许会反对经济民主制，这个反对理由或许是强有力的，足以压倒一切推行经济民主制的有利条件："新的自由主义确实要积极建设，引导增长——和鼓励在国际市场竞争。事实上，在这方面它比经济民主制做得更好。相比较其他资本主义，经济民主制在新的自由主义的资本主义世界里将遭受更多的磨难，它除了带来政治的不稳定外，别无其他好处。它是如此不稳定，以至于作为取代资本主义的切实可行的选择，它缺乏任何的可信性。"

现在我们该谈谈国际贸易和国际竞争的问题。我们已经证明，在几乎所有的九个方面，新的自由主义相比经济民主制要遭到更多的责难，但是一个大的问题，也许是压倒一切的问题依然存在。经济民主制在世界市场上能跟新的自由主义（或者，就此而言，同自由放任主义或公平资本主义）竞争吗？如果不能，那又怎样呢？经济民主制和世界没有联系，闭关自守吗？难道我们必须把希望寄予世界各地突然创立经济民主制的世界革命上吗？从表面上判断，这些选择没有一个看起来是有前途的。

首先，让我们考虑一下竞争问题。经济民主制和新的自由主义之间最重大的体制不同，在于公司的内在结构和投资基金产生和分配机制的不同。哪一种公司更有效，是充分民主的，还是仅仅参与的？哪一个在产生投资资金、企业资产税，或红利、利息的诱惑与消费控制的结合上更有效呢？在我看来，没有理由可以判断新的自由主义的特点更为优越。

至于投资资金的分配，我们发现，经济民主制同新的自由主义一样，看起来都有利于贯彻产业政策。这两种政策都有利于决策的制定，把部分投资资金引导到被认为是最有前途的研究和开发领域上，同样通过财政刺激，也可以鼓励一定行业从事一定的工程开发。在这两种政策里，公司自己的判断将是决定性的。在经济民主制下，公司不得不缴纳"鼓励奖"税，尽管税率很低。而在新的自由主义的政策下，公司将不得不自己提供部分资金。因此，看不出有更好的理由认为其中一种方法比另一种优越。

这两种体制还存在一个巨大的不同，这个不同看起来关系到我们的整体评价。如我们所看到的，在新的自由主义下增长的需求将比经济民主制更强大。经营良好的新自由主义公司的规模会更加庞大，它将激烈地争夺国内和国际日益扩大的市场。员工参与管理的公司将保持小的规模，在扩大销售上更没有竞争性。可是，这种区别有多大的重要意义呢？

规模并不是效率的保证，承认这一点是很重要的。通用汽车公司比它的日本竞争对手更加庞大，但是，它没有胜过其对手。1984年，美国排名第三和第四的钢铁制造公司的合并导致了两年后该公司的破产，然而，诸如 Nucor 和 Chaparral 这样的"小钢铁厂"却取得了令人震惊的成功。在德国和意大利，中小型公司"由于它们第一流的表现被引为欧洲——东欧和西欧都一样——未来工业发展的模式"[69]。小公司往往比大公司更具创新能力和灵活性，而且更没有白领阶层的层层等级的负担，这种等级不但没有促进反而似乎阻碍了生产力的提高。[70]

这里仍有理由需要考虑上述问题。这些极具竞争力和高效率的日本汽车制造厂绝不是小规模的。而那些小规模的、灵活的欧洲公司（资本家的公司，如果不是协作公司），如果环境适宜，将快速扩展。一个创建已久并有刺激增长机制的公司在国际市场上积极拼搏，难道它不可能胜过一个满足于当前市场的公司吗？在这里，我不敢相信这种可能性，但是这种可能性肯定是有的。有理由相信，在经济民主制下在国际市场积极进取和成功地竞争的公司不会比人们在新的自由主义下看到的公司（或公平资本主义或自由放任主义下积极进取和成功地竞争的公司）更多。

这个可能性引出了一系列基本的问题：为什么要在国际市场竞争？为什么要玩这种游戏？为什么不切断联系退出游戏？为什么不用不同的规则玩？

要解决这些问题，首先让我们回到自由放任主义和它从未讨论过的一个核心原则——自由贸易的客观需要（desirability）——上来。[71]自由放任主义赞成彻底自由的贸易——没有关税或限额——和赞成流通中浮动的（即市场决定的）汇率。[72]新古典主义论点的一个令人惊奇的推论是："一个国家内的自由贸易"是理想的，即它主张一个国家单方面地采用自由贸易。如弗里德曼所说，"即使其他国家不免除关税，我们也可以从免除关税中获利。当然，我们甚至收益更多，如果其他国家削减它们的关税，但是我们的收益并不需要它们削减关税。各国的私利是一致的，不相冲突的"[73]。他建议：

> 　　我们可以对世界其他国家说：我们信仰自由，而且打算实践它。没有人能给你自由，那是你自己的事。但是，我们能在人人平等条件下给你提供充分的合作机会。我们的市场向你开放着，在这里你可以售你所能和售你所想。用你的收益买你所想。在这种人际间的合作中，世界将变得更加广阔自由。[74]

　　由于认为这种自由贸易会危及国内高工资产业，它经常遭到反对，但弗里德曼不同意这一点。他认为，只要汇率由市场决定，工作水平（生产力水平）的差异就与自由贸易漠不相关。

　　这种影响深远、简单且精致的论据是：假设日本和美国以同样的技术生产同样的产品，但是日本的实际工资较低，难道日本的产品不会比美国产品定价更低？如果不受限制，它们不会泛滥美国市场，强迫美国制造商降低工人工资或淘汰出局吗？弗里德曼说：不。

　　因为日本的产品相对美国消费者来说"更便宜"，它们必定在美元价格上也更便宜。但是，这与实际的成本是无关的。重要的是美元和日元的汇率，因为日本的公司用日元支付它们的工人，所以日本公司要在美国销售产品必须把美元换成日元。如果它们用美元换成日元（通过在美国市场卖出产品），它们就会寻找那些需要用日元换美元的人，在政府不干预的情况下，供应和需求就会建立起一种汇率。

　　现在到了关键部分了：这种汇率不可能如此这样地建立，因为在美元价格上所有的日本产品的确比相应的美国产品便宜，如果真是如此，那么没有人会抛掉日元去换美元。为什么会这样？除了一些正要去美国的旅游者，没有人在日本会需要美元。在日本产品必须用日元购买。而且，没有那个日本进口商能够在进口美国产品中赚钱（因为要买这些产品，他需要美元），因为美国产品比日本产品更昂贵。

　　根据供求关系，这种状况是不稳定的。和美元相比，日元将十分紧缺（几乎没有踪影），所以自由市场的汇率必须调整。人们必须支付更多的美元才能换得日元。但这意味着日本的企业必须提高产品的美元价格——直到这个价格使得它们的某些产品不再具有竞争力。在前一种汇率上，平衡是不会建立的，只有日本对美国产品的需求相等于美国对日本产品的需求时，平衡才会建立。[75]

这个论点如果是可靠的，将有深远的含义。没有哪个国家在国际贸易中会受到损失，即使技术落后的国家也不可能真正受到损失。在一定的汇率下，低价格是否归因于低工资或技术的优势对于这个论点是不重要的。技术的革新和低工资也许会使某些出口产品更有竞争力，但是汇率的变化却会使其他产品竞争力更弱。私人企业必须担心国际的竞争，但是国家作为一个整体却不必杞人忧天。

由此得出一个推论：经济民主制在一个国家是可行的，即使员工管理的公司在国际市场上比资本主义公司更没有竞争力，也没有理由担心国家在国际贸易中会受到损失。汇率的调整将保证，无论生产力的实际差异如何，国家充足的产品在国外将具有价格竞争优势，从而抵消了进口外国产品比本国生产的产品更便宜的优势。

如果世界真的按照新古典主义理论预测的方式运转的话，这也许是很美好的，但并不如此。首先，虽然浮动汇率的问题还是长期为各派经济学家所鼓吹，最近的经历已经表明，浮动汇率是非常不稳定的，非常容易为投机交易所攻击（现在技术上已经有能力，通过转移大笔现金，引起预期的汇率波动），因此基本情况的可怜指示器就假定反映了这种变化。"由于汇率的猛烈波动，它完全不可能使经济高效运行。没有人知道经济活动应该定位在哪里。也没有人知道哪里可以供给最廉价的资源……于是，危险和不稳定在徒然地增长着。"[76]

比货币投资造成的不稳定更严重的问题是新古典主义的假定。它认为，资源的再分配，包括劳动力，会平稳迅速地产生——且无暇引起凯恩斯主义的问题。但是，事情当然不是这样。当一个大的产业在与外国竞争者竞争中失利时，它就引起工人开始被解雇，需求开始下降，其他公司跟着遭难，首先是那些直接的领域，然后是更广泛的领域。无论如何都不能保证，汇率的变化带来的国家某些其他产品更具国际竞争力，会导致对外需求的大量的增长，从而抵消产业的衰落，即使比以前失业率更高社会也将趋于稳定。[77]

"新贸易理论"提出另一种论点[78]：资助（和保护）新兴产业对首次进入这个领域的产业是十分重要的，尤其是如果它们有很高的技术副产品时。飞机制造工业就是一个很好的例子。世界市场只能维持几家这样的公司，一旦少数几家公司站稳了脚跟，新公司将很难插足。因为飞机制造工业需要的高技术研究在这个产业之外创造了许多应用产业，这对政府（或如欧洲空中客车般的政府联营企业）无须考虑自由市场和自由贸易就可以推进这类产业的发展具有重要意义。新贸易理论假定大部分的国际贸易都是如此。[79]

而新自由主义者经常强调另一观点。他们的经典设想，如前面勾画的，却假定国家对货币的需求仅仅取决于购买国家产品的需要。但是美元也可以用来购买一个国家的资产。如果日本人用过剩的美元购买美国的房地产、工厂等，那么美元相对于日元依然可以保持较高的汇率，即使美国产品没有在日本销售。也就是说，生产力的不足可以通过国家丰富的产品来弥补，以此逐渐换来别国更多的资产。[80]

让我们提出最后一个需要考虑的问题，这是一个明显的但几乎不能归于主流经济学家的问题，即"越多的贸易，越有利"。这个问题实际上是不证自明的。[81]一个把大部分的经济活动定位于世界市场的国家，在发展上比那些没有控制世界市场的国家更容易受到冲击。一个国家出口多，进口也会多（除非它用过剩的资金去购买外国的资产），它就变得越依赖于那些进口物品。当然，这是为人们普遍注意的，但是经济勒索的危险也开始出现，石油输出国组织或其他国家对此极为关心。自由贸易的鼓吹者正确地指出，国际卡特尔在使其成员避免破产边缘上面临着极端的困难。石油价格，由于通货膨胀作了调整，现在已经低于 1973 年第一次石油输出国组织石油危机时的价格。人们可以假设，一般而言，如果技术进步了，进口产品的价格将随着时间变化而下降，而不是上涨。不过，真正的问题不是与进口有关，而是与出口有关。国家生产进口产品的产业部门的技术变化也许是有益的，但是国家出口产业部门技术的变化——如果技术的革新不是为了国家的竞争者，那就不是有益的了。这就是国际竞争的伤痛发生的地方。如果国家的出口产业停止竞争（保护主义这里不提供保护），那么国家就不能出口同样多的产品。由于经济在一定程度上依赖于进口，混乱和生活水平的下降就会接踵而来。

为了引进自由贸易的客观需要性问题，我已经提出四个不同的论点（除了强调浮动汇率的变化无常外——决定性的第二个论点）。新的自由主义会毫无怀疑地同意前三个，即关于凯恩斯主义理论，航空工业和资产拒绝的观点。[82]新的自由主义的特点之一是主张贸易不应该是自由的，就是说，应该是控制的（managed）。[83]

选择贸易控制决不意味着退出国际竞争，但这是对以自由放任主义为特征的古典主义和凯恩斯主义的自由主义的强烈拒绝。瑟罗宣称，贸易控制在世界很多国家都卓有成效："一个产业接着一个产业——钢铁、造船、汽车、电子——都从真正的国际竞争中撤退出来，变成了正式的或非正式的限额控制的产业，或政府其他市场条例控制的产业。"[84]他认为，一个国家也不能完全地放弃自由贸易，但是它应该准备援引一种"普遍互惠"的政策，如果与其他国家的贸易不平衡变得十分尖锐的话。[85]

我们现在正为经济民主制勾画一种贸易政策，并把它的效力和新的自由主义的效力作一比较。很显然，经济民主制没有必要完全和国际经济切断联系，它可以允许货币充分自由地兑换，并遵循国际社会达成的任何准则，无论是自由的浮动汇率，还是为抑制迅速的通货膨胀制定出来的一些调整协议。[86]市场决定汇率引起的不确定性对经济民主制的伤害和它对资本主义经济的伤害是同等的。

像新的自由主义一样，经济民主制也可以选择控制的贸易政策，反对自由贸易。经济民主制也许比新的自由主义（因此也比古典主义、凯恩斯主义的自由主义）更需要"贸易保护主义"。尽管经济学家和传统思想的维护者大声疾呼，贸易保护主义措施并不全然有害，克鲁格曼还是揭露了同行的另一个"肮脏的小秘密"：

> 贸易保护主义的代价究竟多大？答案有点令人为难，因为保护成本的标准估计竟然是如此之低。美国就是最好的例子。当美国大部分贸易活动有些许障碍时，它就采取几项重要的保护措施，限制进口汽车、钢铁、尤其是纺织品。然而，这些重要限制对美国经济的总代价通常估计低于美国三个季度的国民收入的 1%。[87]

克鲁格曼从其提出的更惊人的估计中提出了一个假想场景。他假设国际贸易战争爆发，国际贸易削减了一半。那将使世界经济损失约 2.5% 的收入，这虽"不是微不足道的小数目，但离大萧条却也很远"[88]。保护主义的"恐怖灾难"，像通货膨胀的灾难一样，其结果大都是有阶级基础的骗局。

还有一种保护主义措施对经济民主制具有突出意义。关税应该加在实际收入低的国家的进口产品上，从而把产品的价格提高到适当程度，使实际收入相等。事实尽管相反，弗里德曼认为，低工资的确使国家在竞争中处于优势（至少短期如此），而且使不同国家的工人以彼此破坏性的方式互相竞争。[89]

在经济民主制和新的自由主义的比较中，我们发现二者有许多相同之处。二者都有工厂组织，可以培养温顺、有技术、有动力的劳动力。二者主要的投资决策都可以避免盲目的自由市场力量的控制，因此他们可以把资金瞄准（如果真的想如此做）"朝阳"产业，渐渐地远离"夕阳"产业。二者都不承诺实行自由贸易，所以这些产业在其发展的早期都可以得到保护，从而避免国际竞争。

新的自由主义似乎拥有一种优势，它可以让适合市场发展的公司为了国际社会共享的稳定巨大的市场而激烈地竞争。但是这和我们提出的一个与众不同的见解相违背。经济民主制和资本主义经济之间惊人的不同是前者缺乏超越国界的资本流动。工人管理的公司不会在国外设立子公司。产生于税收的投资资金也停留在国内。因此，在经济民主制里，没有资本输出。[90]同样，也没有资本输入。社会的资产是国家的共同财产。它们不可以买卖。外国的资本家不能全部购买，甚至不能融资于工人管理的企业。

没有资本的流动，严重的国际竞争问题就不存在了。生产力落后的国家将面临被外国业主夺去资产的可能性。通过变卖资产，看不见的手可以为贸易赤字筹措资金，而在经济民主制下却并不如此。在经济民主制下，贸易赤字将导致汇率的调整（如弗里德曼所主张的），通过提高进口产品的价格纠正贸易的不平衡。不管任何原因，如果汇率没有得到适当调整，问题将以新自由主义者流行的方式通过双边谈判加以解决。

事实的真相是：一个国家如此构建，以至于它的资本可以不超越国界，它远比资本主义国家更能够控制经济的命运。它能使自己和世界经济融为一体，而不像资本主义国家那样脆弱。它能够，如果它十分向往的话，以可控制的、理性的方式减少对国际贸易的依赖性。[91]由此，这至少推导出一个对我来说似乎十分重要的结论。

如果我们思考这个结论，它将令我们极度地震惊，在一个被这些真正的问题——城市衰微、大量贫困、环境恶化——困扰的世界里，先进资本主义国家的公民竟然被相互的竞争困扰着。在高清晰度的电视、电信、计算机或软件产业方面，或在新材料科学、生物技术、微电子技术方面，如此担忧哪个国家领先是十分奇怪的。然而，在资本主义国家里，人们必然会担忧这一点。如果一个国家的公司不具有国际竞争力，这个国家就不仅仅是发展速度比其他国家慢，它的经济及它提供的生活质量也将恶化。美国人的"乡村地带"（rustbelt）已经成功地保存下来了，但是它现在却比20年或30年前更糟糕，更难以居住。[92]

这里有着强烈的不合理的——人们可能会说是非常愚蠢的——地方，当这个星球的需要是如此明显和孤注一掷时，世界经济如此构建以至于在它的最先进的部门不但需要大量的资源，而且需要最杰出的、最聪明的人才，投身于改进几乎不需要改进的事情。[93]

经济民主制的巨大的优点之一是它能够，如果它这样选择的话，避免这种愚蠢的行为，或至少可以大大减轻这种压力，培养一种更人性的关系来对待世界。在经济民主社会里，工人能够重建他们的工厂，使它们更令人感兴趣。他们开始重视闲暇，轻视消费，打破日常生活的紧张节奏。公民开始重新设计他们的城镇，使其更符合生态发展的规律。他们帮助贫穷的国家，而不担心那里的工人将来有一天会为他们的工作而激烈地竞争。因此，期望发扬一种更加宽宏大量的精神并非不切实际的。无论是自由放任主义，还是公平资本主义，还是新的自由主义都不能提供这样的前景。虽然经济民主制不能保证这样一种出路，但是他们承认它是一个合理的希望。

［注释］

［1］见罗尔斯（1971，pp. 46-53）。罗尔斯并不是如文法类推所主张的那样忠实于日常语言用法的现状。他承认，正确的正义理论并不同于正确的文法理论，它将让我们重新考虑和修改我们的"日常用法"。

［2］对这一断言的更大范围的辩护，见巴里（Barry，1973）。

［3］见罗尔斯（1971，pp. 274-284）。罗尔斯不认为只有资本主义结构是公正的。他的"意识形态中立"具有现代自由主义的典型特征，这和古典自由主义不同，它通常是愿意主张资本主义的一定形式能够是公正的，而没有进一步断言社会主义不可能是公正的。罗尔斯（1975）甚至对左翼进行抨击："正义的原则并不排斥社会主义的一定形式，事实上社会主义是需要正义原则的，如果一个秩序良好的社会的稳定性除了正义而别无他法才能达到的话"（p. 546）。我将在下一节说明后一句话是正确的。

［4］在那些日子里主张繁荣与战争有关是根本不值得尊敬的。

［5］在那些（经济上）没有烦恼的日子，米尔顿·弗里德曼可能宣布"我们现在都是凯恩斯主义者了"，而理查德·尼克松则可能说："我现在不是一个凯恩斯主义者。"引自保罗·萨缪尔森的著名教科书《经济学》第9版（1973）；这段引文重见于该书的第11版（1980）；由于时代变了，在该书第12版时（1985），这些引文被删掉了。

［6］曼恩（Mann，p. 46）。这是与米尔顿·弗里德曼和约翰·肯尼思·加尔布雷思相比较而言，这两个人在20世纪80年代早期都主持过一系列电视节目（分别是"自由选择"和"不确定的时代"）。加尔布雷思，相比"晚期后凯恩斯主义"的代表瑟罗，是我称之为"早期后凯恩斯主义"的代表。对加尔布雷思坚持这种模式的批判性文章早就发表了（见施韦卡特，1980）。罗尔斯和瑟罗在这里也采用了这种模式。

［7］这种观点有时称为"'新'自由主义"（neo-liberalism），但现在的用法却包含了"新自由主义"相反的含义。这一术语有时是指代现在的知识分子鼓吹自由贸易、私有化、大力削减社会公益服务以解决世界灾难的途径。这种保守的"'新'自由主义"和瑟罗的后凯恩斯主义的"新自由主义"是大为不同的（实际上，在许多观点上是直接对立的）。在本书中，我要用"新的自由主义"来指代瑟罗代表的观点。当这一词大写时，它将指代一种具有特别结构的模式，这将在下一节论述。

瑟罗的新的自由主义的一个重要研究基地是经济政策研究所，这个研究中心成立于20世纪80年代中期，由瑟罗、杰夫·福克斯（Jeff Faux）、罗伯特·赖希（Robert Reich）、罗伯特·库特纳（Robert Kuttner）、巴里·布卢斯通（Barry Bluestone）、雷·马歇尔（Ray Marshall）创立，以弥补凯恩斯主义的自由主义者的布鲁金斯（Brookings）研究所转向右翼而形成的空白。

[8] 罗尔斯（1971，pp. 73 - 78）。我在这里对罗尔斯的平等主义的评价可能略微有点夸张。罗尔斯（1977，p. 160）写道："假定［为了满足不同的原则，对不平等］可以提出无数的理由，然而，在这些理由当中，具有激励作用的只有一个。"罗尔斯没有说其他的理由可能是什么，但不管它们是什么，事实仍然是：不同的原则隐含着对平等的相当强烈的承诺。

[9] 罗尔斯（1971，pp. 222 - 225）。

[10] 罗尔斯（1971，p. 234）。必须指出，罗尔斯并不称这种原则为"自治（autonomy）"。他是十分康德主义地使用这个术语："自治的行动是从我们是自由的、平等的、理性的存在这一原则出发的行动"（p. 156）。

[11] 瑟罗（1980，p. 30）。

[12] 瑟罗（1986，pp. 111 - 112）。

[13] 瑟罗（1986，pp. 120ff）。"一个仅仅依赖于规章和法令的强制性的社会或公司是一个低效率的社会或公司。所有的社会都需要自愿的合作才能达到高效率"（p. 122）。

[14] "软生产力是一种未开采的生产力的黄金矿脉。美国必须开采这个矿脉以创造一个吸引人的经济咨询组——但这意味着所做的事情必须能够产生促进力、合作、协调"（瑟罗，1985，p. 125）。

[15] 这段和前一段的索罗的引文可参见曼恩（1990，p. 62）。也可参见瑟罗（1992，p. 266）。

[16] 罗尔斯没有把他的模式称为"资本主义的"，相反称之为"财产所有民主制"。但是因为这种模式以私有财产、雇佣劳动、市场为特征，所以，它实际上是一种资本主义模式。

[17] 罗尔斯（1971，p. 276）。

[18] 虽然罗尔斯并不讨论诸如为了职业的安全和健康制定的规章，我们也应该假定凯恩斯主义的自由主义的这些和那些标准规定还是包含在公平资本主义里。

[19] 我并不想要暗示，和凯恩斯主义的自由主义相一致的税收计划根本就不能区别收入的各种来源。收入税（不为罗尔斯所支持，但在特别的情况下为他所允许）通常做的就是这些。然而，所有权收益的税率（1）不可能太高和（2）同其他收入税税率不能有太大的不同。如果违背了限制（1），投资就会减少。如果违背了限制（2），就会导致太多的低效率或违法行为。

[20] 罗尔斯（1971，p. 278）。

[21] 罗尔斯（1971，p. 278）着重补充。

[22] 虽然"凯恩斯主义"现在提到政府的货币政策和财政政策（我们后面要谈到），

但凯恩斯本人在激励公众上并没有犹豫。在 1931 年的一段广播发言中，他强烈要求："哦，爱国的家庭主妇们，明天一早到街上来吧，顺应宣传，大做买卖。你会做得很好，从来没有什么东西如此便宜，便宜得超过你的想象。贮藏家庭亚麻布、被单、毯子，满足你们的需要，而且给人带来喜悦，增加就业，增加国家的财富，因为你们正在进行一场有意义的活动，给兰开夏、约克郡、贝尔法斯特一个机会和希望。"引自伊丽莎白·约翰逊（Elizabeth Johnson，1973，pp. 15 - 16）。

[23] 卡莱茨基（1972，pp. 424 - 425）。

[24] 《商业周刊》，1952 - 05 - 17。巴朗（Baran，1968，p. 102）引证。

[25] 马克思（1967，p. 628）。

[26] 罗尔斯（1977，p. 160）。

[27] 罗尔斯（1988，p. 254）。也可参见罗尔斯（1971，ch. 7）。

[28] 公平资本主义制度中的公司和自由放任主义下的公司都是扩展的方向，这一点是显而易见的。对公平资本主义来说，要证明增长依然是必需的，还需要一个新的理由，这有待后面补充。

[29] 罗尔斯（1971，p. 276）。

[30] 罗尔斯（1971，p. 284 - 298）。

[31] 至少那是政府力图做的。至于它可能多大程度上成功，后面将予以考虑。

[32] 这些日子里，谴责美国经济在不充分储蓄上的悲哀是很平常的。但利普西和克拉韦斯（Lipsey，Kravis，1987）谨慎地（而我则自信地）主张这种"不充分"是由于误解。平心而论，美国同我们的工业化的竞争者一样，都储蓄了很大一部分的国民生产总值。也可参见利普西和泰斯（Lipsey，Tice，1989）。无论如何，国家储蓄率的增长和后代的福利是根本不相关的。

[33] 20 世纪 70 年代中期，保守主义者否认凯恩斯主义者的标签是很流行的。这可能是由于，至少是部分由于"新古典主义经济学"的崛起，它不但攻击凯恩斯主义者的社会模式的理论基础，而且宣称（诉诸"理性预期理论"）无论是货币政策还是财政政策对总生产额都不能有多大影响。时至今天，这种偶像破坏运动的大多数主张都已经不足为信了——虽然和"自由主义"一词相联系的坏名声依然和"凯恩斯主义者"一词相联系。对这个讨论的出色评价，可以参见布林德（Blinder，1989）。

[34] 中央银行有很多手段来任意处理这些问题。最常用的手段是买进和卖出政府有价证券，以新发行的货币来买进政府债券以增加货币的供应。卖出债券使货币退出流通，紧缩货币的供应。由于储备部分货币是必需的，因此就产生了一种乘法效应。储备的需要也是由中央银行调整的，如果认为必要，中央银行可以作出调整。

[35] 弗里德曼（1962，p. 54）。也可参见卢卡斯（1981，pp. 249 - 261）。

[36] 弗里德曼（1968）。虽然大多数经济学家接受这一观点，布林德（1989，p. 120）还是认为，经验证明，"凯恩斯主义者陷于乐意接受天然率这一假设是有一定理由的"。

[37] 罗宾逊（1971，p. 87）。

[38] 罗宾逊（1971，p. 86）。这将让我们回到第四章对通货膨胀的讨论，即中央银行

不可能完全控制货币的供应。货币供应将适应商业和金融活动而波动。中央银行以其补偿运动对这些自发运动作出反应。因此，出现了区别因果联系的困难。

[39] 参见哈恩（Hahn, 1984），尤其是他的论文《为什么我不是一个货币主义者》。

[40] 如果工人已经失业呢？他们也许愿意拖欠他们的工资。很明显，他们这样做的障碍是社会的和心理的，而不是物质上的。凯恩斯主义者的政策就是企图打破这些障碍。

[41] 这是早期里根时代的"供应经济学理论"，然而这一理论在他们自己的政策制定中被误导了，然而他们并不认为是错误：凯恩斯主义强调为商品而刺激需求，但是在没有增加供应的情况下增加需求只是意味着通货膨胀。实际上，凯恩斯主义相信市场的力量足以引起商品供应的增加，只要需求在那里。根据最近的历史，这种信仰看起来是一种误导。

[42] 读者会想起在第四章讨论过的经济民主政策中通货膨胀的不稳定问题。这里可以下结论：通货膨胀，虽然不是不太可能的，却不是一个影响稳定的问题。

[43] 我这里提到的原因和各个模式的内在需要有关。凯恩斯理论的自由主义者也许会同意这点，但它反对公平资本主义比经济民主制有更好的贯彻机会。这个"转变问题"将在第七章讨论。

[44] 多年来，瑟罗的各种改革提议历经修正和调整重点：《零和社会》（1980）强调平等和确保就业。《零和解决》（1985）强调工人的参与。《面对面》（1992）更多地关注商业团体。这个模式是所有这些著作观点的结合。

[45] 遵循为自由放任主义采用的惯例，我应该用大写的术语来指明用具体例证说明一般倾向的特别模式。

[46] 瑟罗（1985，p. 148）。

[47] 见瑟罗（1983，pp. 196-215；1985，pp. 170-180）。在工作保障问题上，瑟罗指出，人们不能假设每一个工人是（或能够做到）尽职的和勤勉的："在日本与我谈话的每个经理都说他雇有不充分履行职责的工人。公司官员说，他们被人以十分不令人恭维的言语来描绘，他们承受的社会巨大压力使他们不得不重新工作。但他们不被解雇，即使他们一年都不工作"（瑟罗，1985，p. 173）。但是这种过失远不是他们所得到的能弥补的。尤其是，和资历工资相应的失业保障允许日本工人接受而不是抵制新技术，因为技术的革新并不以他们的工作为代价，也不要求他们降低工资。

[48] 瑟罗（1985）认为，"增殖价值"，即总收入和非劳动力输入的成本之间的差额是衡量工人集体贡献的十分简单明了的一个标准，因此更可能激发工人积极性。他强调，"工人是十分怀疑利润背后的创造性价值的"（p. 161）。

[49] 瑟罗（1992，p. 288）。

[50] 瑟罗（1992，pp. 280-290）。我从瑟罗的改革方案中推断出一种理想模式。瑟罗希望鼓励美国商业集团的形成。他对我描绘的形式表示同情，但是他不坚持所有的商业集团都正好有这种形式，或者所有的企业都必须附属于商业集团。我正提出这种具有统一特点的模式，以强调它的基本结构。

[51] 凯恩斯主义者的治疗方案在20世纪80年代早期为法国密特朗政府所尝试，但

失败了。瑟罗承认，里根时代大规模的军备支出赤字的确起了作用，但这样的政策，他预言将不再起作用了。"世界会发现，1982 年美国强大的宏观刺激是这类表演的最后努力。"（瑟罗，1992，p. 239）

[52] 瑟罗（1980，pp. 204-206）。必须说明，瑟罗改革方案的这个提纲已经超出了他晚期的著作。瑟罗在 1985 年的著作中转向了魏茨曼（Weitzman）的"股份经济"模式（见第三章对魏茨曼的简短的批判性讨论）。瑟罗（1992）没有提出任何明确的旨在保证充分就业的改革方案。我把他早期的建议包含在这里提出的模式中，是为了使新的自由主义同经济民主制相比尽可能地言之凿凿。

[53] 见瑟罗（1992，pp. 262-273）。如在前一节所强调的那样，利普西和克拉韦斯在 1987 年，利普西和泰斯在 1989 年都争论过这个论点。

[54] 瑟罗（1992，p. 285）。

[55] 瑟罗（1980，p. 95）。产业政策是所有形式的后凯恩斯主义的新自由主义的一个标记。这是瑟罗的主要著作一再重复的主题。见瑟罗（1985，ch. 9；1992，pp. 290-297）。

[56] 为了保证私人企业也充分卷入其中，瑟罗建议政府可以拨给至多一半的资本投资一个选择性的工程，如果没有哪个公司或企业集团愿意冒险投资剩下的 50%，那就放弃这个工程。

[57] 瑟罗（1992，p. 297）。

[58] 虽然这两个模式都得到独立的发展，但它们的相似性并不是偶然的。不管是经济民主制，还是新的自由主义都是对美国资本主义极为不满的反应。两者都十分怀疑新古典主义的世界观；两者都坚持着眼于经验现实，以此来判断什么起作用，什么不起作用。当然，两种观点的根本不同在于，前者相信，后者怀疑资本主义本身就是问题。

[59] 瑟罗（1980，p. 204）。

[60] 见萨凯（Sakai，1990）对神话的揭露。这个神话认为："日本的工业是由少数有势力的、工厂分布全国各地的工业巨无霸组成，工人形成了一支忠诚的雇工大军，他们只是在退休后才受到家长式统治的企业的照顾"（p. 39）。萨凯的论点并不是说这个"神话"全都是错误的，而是说它只是一半正确。

[61] 比较日本和美国的广告可知，见克兰（Kline，1988）。

[62] "20 世纪富人俱乐部只加入了一个新的工业国成员——日本。这并不是什么大惊小怪的事，如果没有什么新成员准备在 21 世纪加入的话"（瑟罗，1992，p. 218）。瑟罗预言大多数第三世界国家更加困难的时代就要到来（pp. 207-209）。

[63] "1990 年，美国首席执行官（CEO）所得收入是一般工人的 119 倍。日本的首席执行官在 20 世纪 80 年代稍好一点（生产力提高了 3 倍），然而他们所得是他们的一般工人的 18 倍"（瑟罗，1992，p. 138）。

[64] 瑟罗（1980，p. 201）。他估计这个比例将约是 5∶1，这个数字来源于 1/5 平均最高水平（top-quintile average）和 1/5 平均最低水平（bottom-quintile average）的比例。

[65] 瑟罗（1992，p. 266）。

[66] 在这一章的导言部分，我曾认为反民主情绪对新的自由主义并不是必要的。如

果它是必要的，也没有理由认为新的自由主义会比公平资本主义更民主。而公平资本主义，如我们所看到的，并不如经济民主政策民主。

[67] 瑟罗（1992，pp. 219 - 229），也可参见瑟罗（1980，ch. 5）。

[68] 这里突然插入了一个价值问题，但这并不影响整体的评价。如果民主受到单独的重视，那么决定什么和公民喜欢什么之间的差异就不利于民主制度了。如果民主是因为提高社会福利而受到重视，那么公民将倾向什么呢？这两种情况都给新的自由主义提出了一个难题。

[69] 见亚当斯和布罗克（Adams and Block，1992，p. 5）关于钢铁公司合并的有关章节（见第7页引文）。更多的例子可见亚当斯和布罗克（1986）、皮奥里和萨贝尔（Piore, Sabel，1984）。

[70] "在［美国］每一个产业中，许多生产力问题都可以追溯到快速增长的白领官僚上去"（瑟罗，1992，p. 168）。

[71] 对自由贸易的支持决不限于古典自由主义。直到最近，主流经济学才达成自由贸易是客观需要的这个确定的原则。在这里，没有任何别的问题（除了社会主义的不合意性）能达到如此广泛的一致。

[72] 在凯恩斯主义的全盛时期，国际金融是根据布雷顿森林协定来运行的，以固定汇率为基础，实行金本位制。但这种制度证明是不能运行的，它在20世纪70年代早期就被放弃，取而代之的是现行的浮动汇率制度。几乎所有的主流经济学家，保守主义者和自由主义者都支持这种制度变化。

[73] 弗里德曼（1962，p. 73）。他承认，"对这些观点，存在可能的例外，但是它们只是理论的好奇心，与实践可能性无关。"

[74] 弗里德曼（1962，p. 74）。唯恐人们会认为这种观点是特殊的，萨缪尔森和诺德豪斯（1985，p. 864）指出："我们已经看到的，关税十分像运输成本的增长。如果其他国家愚蠢到让它们的道路毁灭，它会支付我们在自己的道路上开洞挖路的费用吗？当然不会。类似地，如果其他国家通过设立关税损害我们和自己，我们也不应该再通过设立关税而使我们自己雪上加霜。"

[75] 见弗里德曼（1962，pp. 71 - 73）。多边的（与双边的相反的）贸易使这个论点更复杂，但不会改变基本的逻辑。

[76] 瑟罗（1985，p. 344）。因为这个原因，许多经济学家过去支持浮动汇率起阻碍作用的观点。"灵活的汇率是经济研究人员，包括我自己的一个研究领域，它完全是错误的"（瑟罗，1992，p. 240）。

[77] 在第三世界，被进口资本破坏的地方产业经常导致巨大的灾难。马克思引证了印度总督关于英国纺织品进口的影响说的一段话："在商业史上几乎难以发现类似的悲惨，棉纺织工人的白骨堆满了整个印度平原。"马克思评论道："毫无疑问，在把他们驱逐出这个'暂时'的世界的过程中，机器带给他们的只不过是'暂时的不方便'"（马克思，1967，p. 432）。

[78] 麻省理工学院的保罗·克鲁格曼是这个观点的主要的代表，此外还有普林斯顿

的阿维纳什·迪希特（Avinash Dixit）、特拉维夫的埃哈南·赫普曼（Elhanan Helpman）和不列颠哥伦比亚大学的詹姆士·布朗德（James Brander）、芭芭拉·斯宾塞（Barbara Spencer）。见克鲁格曼主编的丛书（1986）及克鲁格曼（1990c）。

[79]"传统的贸易理论认为世界贸易整个地是小麦买卖这样的活动，新贸易理论则认为贸易范围更为广阔，是类似于买卖航空器这样的活动"（克鲁格曼，1990c，p.1）。

[80]在严格意义的新古典主义者说来，这并不重要，因为全部的所有者都认为是认同利润最大化的。实际上，国家资产的所有者是否是该国公民对民主主义的公民来说，似乎并不重要。对今天的经济学家来说，新古典主义假设所有权不重要，并不比美国人买下剩下的大部分世界更直观明显。

[81]见萨缪尔森和诺德豪斯（1985）著作中关于国际贸易的章节。虽然完全的自由贸易存在的困难（特别是凯恩斯主义理论的问题）已经得到公认，本书整体上还是高兴地赞同约翰·斯图尔特·穆勒的评论（过去他们把它当做一章的引语）："国际贸易的好处——世界生产力能够得到更有效的利用"（p.831）。

[82]对最后一个论点要警惕，因为它建议更少的贸易比更多的贸易更好。新的自由主义追求的是在国际竞争中建立能接纳所有国家的"世界级经济"（瑟罗最爱用的表达语之一）。

[83]克鲁格曼对"控制的贸易（managed trade）的承认是很勉强的"，虽然他承认除非其他国家由于国际协议禁止采用战略性的贸易政策，美国也会不得不跟着采用"控制的贸易"政策。

[84]瑟罗（1985，p.335）。

[85]瑟罗（1985，pp.362-363）建议实行下列机制：A国政府考察世界贸易模式并决定它能承受B国的不平衡的数量，然后通告B国它向A国的出口量不能超过它从A国的进口加上允许的不平衡的总和。为了实行这个准则，政府需要所有从B国的进口都必须得到许可。这些许可证（并不是特别的产物）每个季度被拍卖。这种调解确保了贸易不平衡不会变得太严重，并且鼓励积极平衡的国家更充分地开放它们的市场。这也可参见控制贸易的另一个强烈鼓吹者普雷斯托维茨（Prestowitz，1988）。对于这样的论点：由于这种调解，国家将陷入无尽的双边谈判的困境之中，伯莱斯威茨（曾代表美国政府参加与日本的重要谈判）回答说："我们已经是如此深陷困境——现在除了谈判是如此的充满怨恨以至于几乎难以操纵外，别无所获"（p.325）。

[86]瑟罗（1985，pp.354-355）建议实行"稳扎稳打"（crawling pegs）的制度：把市场波动限制在相当狭小的范围，每6个月左右根据通货膨胀、生产力和贸易过剩及赤字状况对这个范围作出调整。

[87]克鲁格曼（1990，p.104）。

[88]克鲁格曼（1990，p.105）。

[89]这个提议将遭到许多左翼的反对，他们认为这会伤害贫穷国家工人的利益，保护富裕国家工人的利益。据此，我要提出两点：第一，长期看来，低工资很少对第三世界有利，因为这种方法创造的利润都进了精英分子的口袋，而且低工资减弱了引进更高技术

的动力。第二，为了抵消贫穷国家工人的不利条件，可以征收关税，并且征收的关税要归还被征收的国家，用于（为什么不呢）加强工人的协作。

[90] 除去税收和折旧，那部分利润应该归还工人。国内公司在国外公司的投资是社区银行提供的公共资金。这些资金是偶尔获得的，也许可以使一个公司有机会获得某技术，但是可以推测这种情况将是很少的。

[91] 虽然国际贸易的数量比过去几十年有持续增长，但是不能就此认为这种趋势是不可避免的。而且关于原料、食品和国家特产的贸易越来越少，关于制成品的贸易则越来越多，事实上，这些制成品在世界各地都可以生产。的确，最新技术似乎可以为相对自足提供更多而不是更少的机会。见布罗克（Block，1990，p.19）。

[92] 瑟罗，尽管目光如炬，似乎也没有理解这一点。在其近期著作，他的评论纯是一派胡言，他断言美国生产力的下降是危险的，即使在缺少竞争的情况下，因为"美国人想知道为什么需要两倍多的时间才能使他们的生活水平翻一番"（瑟罗，1992，p.166）。他似乎不理解公众的不满不是生活水平没有翻得足够快的结果，而是生活水平在下降的结果。

[93] 这又和对太多的人性不抱希望的趋向相违背，这种趋向现在正流行于经济学家、甚至自由主义经济学家当中。下面是瑟罗对撒哈拉沙漠以南的非洲的评论："如果上帝把它给你，并让你成为它的经济独裁者，唯一聪明的举动是把撒哈拉沙漠以南的非洲还给上帝"（瑟罗，1992，p.216）。我认为这个评论是有趣的，它无疑是对商业午餐会的冷嘲热讽。

第七章

过　渡

我假定我已经说服读者相信：经济民主制是可行的，而且比任何形式的资本主义都要可取得多。那么我们需要做些什么呢？怎样才能实现过渡呢？过渡是可能的吗？

当然了，最后一个问题非常紧要，如果答案是否定的，人们就可能怀疑我们前面所做的一切的意义。要知道，理解一个复杂的主张会带给我们知识上的满足，而弄清楚那些热情的或冷漠的、聪明的或愚钝的、经常自鸣得意的资本主义的捍卫者们是错误的，也会带给我们道德上的满足。左派，尽管有错误和颠倒之处，但在它的中心规范命题上证明是正确的：资本主义在道德上不能为自己辩护。但是，如果我们被迫承认经济民主制虽然有它的好处，但却不可能实现，那么我们的满足感就会大打折扣。在这一点上我不打算让步。

柏拉图对转换问题的回答为人们所熟知：要么哲学家成为国王，要么国王成为哲学家。[1]马克思总的来说对这种"理想主义"没有耐心，用"走向必然结果的无可辩驳的必然性趋势"[2]取而代之。但对我们来说，这两种答案都不是我们想要的，本世纪的灾难使我们对什么哲学家—国王和什么历史必然性的主张保持戒心。

只是断言我们可以实现转型，然后就没有了下文，这种做法，说的温和一点，未免有点专横。我们可以提出的第一个要点就是：当我们推论"由此及彼"时，我们头脑中的"此"是什么？为回答这个问题，让我们用第一、第二和第三世界这几个术语来建立一个框架，当然了，我们对这些范畴的使用会与众不同。我们怎样才能从一个发达资本主义社会、从一个现在（或曾经）由共产党领导的工业化社会、从一个作为发达资本主义核心之附庸的贫困国家走向经济民主制？我不会假装胸有成竹地回答这个问题，但允许我提出一些方案。这些方案肯定只是启示性的，但我认为，想象各种可能性是一种很好的操练。

第一节　从发达资本主义而来

虽然要从发达资本主义突然转变到经济民主制实际上是一件遥远的事情，但要正视这种转变可能怎样发生并不困难。假定一个社会主义的政府强大起来，有足够的民意支持通过和强制推行它想要的任何法律，下面这些法律会对实现这个图谋很有好处[3]：

1. 所有以资产为基础所得的收入都是禁止的和无效的。也就是说，公司要停止给持股者分红，不管是公司还是个人都不为他们的贷款支付任何利息；停止所有的租金支付。

2. 所有私人企业雇用员工在 X 人以上（X 是一个很小的数字）者，就应该由在那里工作的人来管理，实行一人一票的制度，不管他们看起来是否合格。唯一的限制是资本股份的价值必须保证完整。

3. 所有的银行都属于它所在地的社区。银行雇员的工资从每年总的税收中支出。

4. 所有的企业必须为他们资产的价值支付使用税。

当然了，事情并非这么简单，还会有多种辅助措施出台，对住房抵押、居住租金和消费贷款会区别对待。对那些养老金和退休福利依靠其职务收入的人要提供支持。为避免疏远成千上万的小股份持有者和债券持有者，可能根据特定总量给他们赔偿。[4]银行业必须改造自己以适应没有利息的经济的新角色。

重要的是，在"革命"之后，大部分人可以继续从事以前一样的事情，几乎不会发生什么经济上的断裂。人们还是会去工作，他们的管理者也还在其位（只是现在是民主地各司其职）。生产者依然生产和出卖他们的产品给企业和消费者。除了不再有华尔街和其他金融区突如其来的失业浪潮外，需要立刻改变的东西并不多。[5]真实的变化是慢慢发生的，工人开始运用他们在工作场所新得到的权利，社区开始运用新得到的决定投资意向的控制权。

关于前景我不会扯得太远，因为毕竟说来，它并不是近在眼前，还甚至没有出现在地平线上。这是一个可能的前景，但不是马上就会发生。让我们用一种不同的观点来看看这件事情吧，我们考虑一下现在、或者说眼前，一个有民意基础的政党可能会推行什么看得见摸得着的东西。将经济民主制看成是社会主义事业的目标，它的巨大好处之一，就是可以让我们看到众多似乎彼此不相关的斗争和革命可能会怎样联合成一种有凝聚力的运动。

为使分析足够具体，我们把目光集中到美国。因为作为经济民主制三个基础性特征之一的市场已经存在了，所以我们考虑其他两个特征：工厂民主制和对投资进行社会控制。先说第一个，要推行工厂民主，需要我们做什么样的努力？

第一，是要建立生产者合作社，不管是草创的还是买断产权（buy-outs）的。据估计，美国目前大约有1 000家民主组织的工作场所，如果包括进小零售和消费合作社的话，大约有3 000家。[6]很明显这里还有很多扩展空间。在意大利有超过2万家生产合作社，有很多规模都挺大，而且很多运作得不错。[7]在美国有不少组织现在正致力于发展合作部门，但这种努力还很不够。[8]

第二，另一方面的努力是使资本家的企业具有更多的参与性。"工作生活计划"将因"日本模式"移植到美国所取得的表面上的成功而得以推进。最近有很多关于"团队理念"的话题，也进行了很多实验。即使在劳工运动中对这类实验持高度（也是正确的）怀疑的人大体上也承认：传统车间组织和劳动力—管理者关系的模式肯定已经发生了某些变化。越来越多的人倾向于认为

> 工会运动已经成功地让管理层将这些思想纳入议程，我们可以开始讨论我们自己版本的人性化工作场所……劳工运动现在可能还不会实现很多他们的目标，但是如果我们能清晰地定义它们，我们就可以更接近目标，而不是离它更远。[9]

争取人性化工作场所的斗争包括推进真正的参与，技能升级、弹性工作计划，包括处理社区和家庭事务的"个人时间"、仿照陪审团义务豁免时间制度，现场日间托儿以及保健等。[10]

第三个因素，作为真正走向经济民主制的必要条件，必须复兴劳工运动自身。尽管组织起来的劳工经常会反对参与性合作计划，理由是这些可能破坏阶级团结和/或者传统工会结构的效力，但除非工人自己组织起来，否则很难想象他们能顺利推进会严重限制资本权利的参与性改革。尽人皆知，20世纪80年代美国的工会运动可以说是急剧下落，现在工会成员已经不足第二次世界大战刚结束那几年的一半，只占劳工总数的16％。[11]这种趋势必须得到扭转。

在此，改革美国劳动法的斗争已经成为中心问题。人们能够从此前工会遭遇的打击和退步中振作起来。工会成员过去从 1920 年高达 500 万人（占非农业人口的 17.5％）下降到 1933 年的 300 万人（10.6％），但是随后，受到新政中出台的新法律的推动，工会成员达到 1935 年的 370 万人，两年后更是膨胀到 730 万人。到下一个 10 年又翻了 1 倍。[12] 它迫使 1947 年的塔夫特-哈特雷提案要阻止工人的前进步伐，并为雇主的反击提供法律支持，使之到今天仍然势力强盛。为美国工人重新争取在私人部门的组织权利（这就其实际目标来说，已经算废除了）[13] 的斗争就是争取经济民主制的斗争——我可以补充说，这和争取在工会内部的真正民主一样。

假如复兴工人运动对工厂民主化是基础性的，那么它对整个走向经济民主制的运动的其他内容来说也是基础性的。没有强有力的工人运动，就很难想象会在众多有关这个议题的合法性斗争中取得胜利。

我们的社会模型假定，争取对投资实行社会控制的斗争包括三个内容：力图消灭作为投资基金来源的资产收入，并用税收来取代它；力图迫使资本留在社区中起作用；力图迫使投资决策者慎重考虑由民主决定的非市场性优先权。

对第一个内容来说，一个重要的因素是由新自由主义提出的，即采用一种保持低利率的货币政策。联邦储备的民主化可能对此有所帮助。一个在政治上具有敏感性的货币供应监督者将会发现，要像现在的制度安排所允许的那样厚颜无耻地为资本利益服务将会变得困难起来。[14] 除了这些好处，低利率可以充分地为纳税人减少由国家债务所引起的负担。要注意，在利率低于 50％ 的情况下为债务重新注入资金，和还清本金中的一半是等效的。令我吃惊的是，那些体面的公司从来没提到过这一点，包括佩诺蒂公司。

如果利率过低以至不能吸引储蓄，政府就应该进行干预。如果低利率导致储蓄不足，就应该通过对资产征税来弥补。[15] 这种税收可以收到双重效果，一方面积累了投资基金，另一方面削减了低利率带来的通货膨胀势头。它还能够（就我们对自己的模式的了解，是应该）成为一种促进经济增长的机制。

至于说将资本限制在社区中，第一步要做的就是为工厂的关闭立法。要求工厂发布通告和付清遣散费。社区应该提高资本迁移的费用。很明显，有必要在国家的层次上订立标准，这样新的资本就不会逃避境况不佳的社区。健全联邦立法以羁绊国际游资也是有必要的。

一旦可行，社区也应该为工人买断公司担当中间人。最近雇员持股计划（ESOP）获得立法通过，此事比过去更加切实可行了，因为现在已经可能资助买断，也就是说，工人们可以通过信用的建立去借贷买断基金，间接地用公司潜在受益为信用作保证。[16]

社区还应该建立自己的（公有）银行为地区工商事业提供贷款。当私人银行经营不善时（如最近记录的数据反映的），联邦政府不应该只是简单地保护存款人（也就是说，用纳税人的钱吸纳债务）以及低价出卖银行（包括其资产），政府应该保留所有权，然后将它交付给地方社区接管。议员伯纳德·桑德斯（Bernard Sanders）的助手提出了一个简单的建议，可以认为（在真正的民主社会中）这会是一个普遍的要求：

> 如果纳税人必须为救援银行付钱，那么纳税人最后得到的不能仅仅是坏账，也应该包括银行本身……这样，每个银行就有可能变成社区银行，以救援行动后所余固定资产作为资本。这样的社区再投资银行可能担负起重建和实现美国的二次工业化的责任。社区银行的贷款限制在三个方面：负担地方和州政府重建基层组织的费用，为中低收入的家庭提供财政支持，为创造职业机会的新工商企业以及现存的企业提供贷款——大的或小的——这些企业可以为地方的发展投资并创造很多新的就业机会。[17]

把资本引向社区这种积极的举动和防止资本逃离的消极对策相比较而言，可能会因为加强已经通过的法律，或者，更好的是，因为在保守主义和中庸之道把它变得面目全非之前通过（和加强）这样的法律而得到有力的推进。1978 年的汉福瑞-霍金斯提案向政府提交了一份"充分就业"的政策，但其中关键的规定已经被切除了，这项规定要求政府成为最后可以仰仗的雇主。如此一来，就剥夺了政府实现这个提案所委托的目标的能力。

如果政府真的受托实现充分就业，就会与失业工人所处的市场力量和资本渠道相抵触。它不得不为工商业提供增加就业的动力，它不得不为社区的公共就业工程提供资助。这样的工程某种程度上要靠自筹资金，因为随着与贫穷相关联的非直接费用（政治庇护、监狱、对穷人的健康照顾等）的降低，福利的增长将会下降。如果需要资金，一个小规模的资本财产税可能是理想的解决方案——由税收提供基金是社区投资独有的特征。

把就业作为投资政策的清晰目标，就把市场从它的绝对优先地位拉了下来。这对环境立法和各种新自由主义的工业政策提议也有影响。所有这些例子，都是用政治标准（虽然不一定也不应该完全取代）来补充市场标准。

也许从我们对经济民主制的分析中提出的最具有对抗性的改革建议和国际贸易有关。我们要求更少而不是更多的国际贸易，试图限制资本的跨国流动，我们不怕背上"保护主义"的骂名。

一个进步的贸易政策，它的基本目标之一是阻止国际薪酬竞争。从工人阶级的立场看，挑起工人间的敌对是一种以邻为壑的策略。对 X 国的产品课以关税，提高某些项目的费用，使 X 国的工人所得和本国工人达到相当的程度，这似乎是很合理的。这一规定可以通过保护本国现有的企业以及通过减少美国制造业向境外发展的动机来保护美国工人免受境外低工资竞争的侵害。X 国如果环境保护费用太低，也应该课以重税。目标是"公平"贸易，而不是"自由"贸易——虽然前者可能更凌乱、更复杂。[18]

对于这种专业经济学家异口同声的呼吁，我可能用克鲁格曼的估计作为回应：如果世界贸易减少一半，全世界的收入就会减少 2.5％。[19] 作为消费水平微弱下降的代价，上百万的工人将获得工作保障，国家整体经济也会具有独立性和稳定性。[20] 没错，保护主义要冒挨骂的危险（毕竟让公司推迟了现代化），但是在自由贸易的条件下，这个险是值得冒的，因为它抵制了近在眼前的工资压价和资本逃逸。

有两种评述正好可以说明这个结合点。我已经简略地描述了一系列可以看做经济民主运动内容的改革，应该指出，这中间没有哪个是毫无问题的。合作社中的工人可能发展出"企业意识"而不是"阶级意识"[21]，参与计划可能最后证明和管理层破坏工会以便用最低的工资获得工人更多的工作量的做法没什么差别，劳工运动最后可能官僚化、非民主化，政府在指导投资、创造就业和保护工业免受不公平竞争方面可能是无能的，有时甚至是腐败的。假装这些问题不可能发生未免太天真了。但假定有比自由放任主义更好的制度，这是一种意识形态上的反思。自由放任主义几乎不能免于无能和腐败，我认为这种情况在后里根、后撒切尔时代有明显表现。

认为一项改革议程很容易就能得到实施，这也很天真，这类改革会遭到非常有权力、非常有钱的利益集团的激烈反对，虽然这些改革似乎并不显得非常激进，但这种外观有欺骗性。改革严重侵害了资本权利，动摇了它的根基，因此有关集团肯定会奋力抵抗。这不意味着改革不可能成功，但成功将来之不易。

假如我们成功地让实施这些改革获得立法通过，离社会主义仍然有很长的路要走，我们拥有的东西和瑟罗的新的自由主义或者瑞典的社会民主制度并无太大不同——仍然是资本主义，只是这种资本主义有更人性的面孔而已。谁可能提出计划让我们走完后面的路程呢？本章中打开的还是不可能的前景，但是让我们假定沟通现有隔阂的另一种可能性。

私人财产权和有酬劳动是有着历史联系的制度，二者在概念上和实践上都有差别，认识到这一点非常重要。要废除一个保留另一个在理论上是可能的。实际上，苏联的模式准确地说就是——废除生产资料私有制，但没有废除有酬劳动。很少有人认识到可能会有相反的方案。废除有酬劳动制度而不触及私人产权，这完全是可能的。因为财产所有权自身并不形成雇佣劳动力的权利，正如它并不必然形成购买奴隶的权利一样。只需要一纸法律条文，就可以禁止使用有酬劳动，就像瓦内克提交给马耳他政府的宪法修正案说的那样：

> 无论何时何地，两个或两个以上的人在同一个企业共同工作，那么他们，也只有他们可以支配自己的劳动成果，不管这些成果是正面的（产品）还是负面的（代价或债务），他们，也只有他们具有在平等选举的基础上民主地控制和管理企业的权利。这些工人可能不是他们所为付出劳动的资本财产的所有者，但无论如何，这种所有权并不构成控制公司的权利。[22]

我不是主张要从我们讨论的改革一下子跨越到这种法律，这样的跨越似乎太长了。但争取工厂民主的斗争方向，就是争取这种法律的斗争方向，认识到这一点非常重要。

假定我们继续在这个方向上前进，直到工人具有相当的工作保障，具有检查公司各项记录的权利，具有选举代表参加领导会议的权利，具有过问工作安排、投资决策和其他主要政策事务的权利。假定这些权利都被写进法律条文。[23]所有这些内容都是针对有酬劳动制度的，那么为什么我们今天反对的却是私人所有权？

一个著名的答案是由瑞典的鲁道夫·梅德勒（Rudolph Meidner）在20世纪70年代中期提出的。他提出，每个超过500名雇员的公司都应把税前利润的20％作为工会控制的基金用来购买本公司的股票。根据计算，20年后，瑞典的工人将拥有大部分瑞典的工业。[24]

梅德勒计划得到劳工运动的支持，但遭到工商业利益集团的激烈反对，最终未能实施。这个计划提出后不久，从大萧条时代起一直掌权的瑞典社会民主党在1976年的选举中被赶下台。虽然1982年又东山再起，但社会民主党开始向右转，而且吃一堑长一智，停止推行这种社会主义转变方案。[25]

让我假定一种替代性的方案，它来源于我们对经济民主模式的思考。基本思想很简单：（1）将公司所得税转换为资本财产税；（2）为利润份额立法。然后渐进地（或突进地）增加分给公司员工的受托离任份额，这和低利率货币政策一起起作用，将急剧减少资本家阶级所占的国民收入份额，直到打断投资资本供应，增加资本财产税付。

现在我们来考虑，人们希望拥有生产所有权，只有两个真实原因：控制和收入。在资本主义社会，随着有效的控制权从持股者那里转移到管理者手中，个体资本家对企业的控制已经弱化很久了。[26]我们所讨论的改革会更进一步侵蚀资本家的控制，将它转移到公司员工的手中。改革也会降低资本家的收入。这样，政府在与"罢投资"的对抗中就占据了有利位置，而不必担心如梦初醒的资本家会把国家引向衰退。

于是，就变成了这样的情形，利率降为零，而工人占有利润份额的100％，同时资本—财产税为新的投资项目提供全部基金。这就是经济民主制。从技术上来讲，企业仍然为资本家所拥有，但"所有权"并不意味着控制权和收益权。股票本身还是可以出售——但是谁会买它呢？

如果我们专注于美国的问题，就有另外一个值得考虑的因素。当代美国资本主义一个引人注目的特征，就是它的私人养老金制度，社会保障的福利对大多数工人来说是不够的，因此工会和公司建立起雇员的养老金计划。这些养老基金数量巨大，其中大部分被投资在股票市场。[27]

这是一种令人不安的安排，它让很多工人处于很容易遭受打击的地位。"谨慎的"基金管理者被要求依法办事（《退休雇员收入安全法案》，1974），但是谨慎并非总是有效，而且也不是光有谨慎就够了。[28]为什么不通过一项法律，允许工人将养老基金委托给社会保障部门（或其他政府代理机构）以期福利有保障呢？这会具有整体上改进退休保障的效果，同时也会使政府拥有相当份额的国民生产财富的所有权。政府有资格（和每个持股者一样）参与股票的分红，这样整个计划也就多少可以做到自给。另外，政府还拥有投票权，这种投票权可以在企业里代表工人行使，如果右翼政府（左翼政府也一样）掌权，它就果真会行使这个权利。如果要求足够的控制，政府可以在领导层会议上和工人结盟，建立工厂民主制度，并尽可能增进工人享有的利润份额。

到此为止，我已经简略地描述了两种可能的转变方式，一种是突进的，一种是渐进的，由此及彼——从发达资本主义社会到经济民主社会。第一种方案太令人难以置信，第二种方案我也看不出必然性，两种都不会轻易得以实现，即使在最好的环境情况下。

在发达资本主义社会，作为统治阶级的资产阶级筑起了深沟高垒，要取得胜利，就必须发动一场强有力的、忠心不二和充满智慧的政治运动。但我觉得这似乎是可能的——这是在实现凯恩斯的梦想（"食利者的安乐死"），加尔布雷思的梦想（"股东的安乐死"），甚至马克思的梦想（"对剥夺者的剥夺"）。[29]

第二节　从指令性社会主义而来

在 1989 年之前，共产党控制着十多个国家的政府：苏联、中国、柬埔寨、越南、老挝、朝鲜、古巴、南斯拉夫、阿尔巴尼亚、蒙古、匈牙利、保加利亚、罗马尼亚、波兰、捷克斯洛伐克、德意志民主共和国等。实际上，所有这些政府创建自己国家的经济结构时，都是依据通常所谓的"苏联模式"，或者更一般地说，"指令性经济"。

从概念上讲，这个模式很简单：所有的生产资料属于国家所有，政府的计划部门承担起对全部经济的控制，设定物价和工资额，专门为每个企业设立定质定量的生产配额，物资输入量和所需技术，以及劳动力、企业管理者由国家指定，他们被责成完成这些计划。从理论上讲，所有经济上的神秘性都消失了，因为全部生产和消费模式现在都是有意识地决定的。国家看得见的手代替了市场看不见的手。

现在几乎所有人都认为，这个模式——半个世纪以来，在多数人心目中，它与社会主义是同义词——具有深刻的缺陷。[30] 到 1989 年为止，已经没有哪个社会主义国家对这个模式循规蹈矩了，有些甚至已经相差很远。不过，在思考这样的国家如何走向经济民主制时，指令性经济模式仍然是基本出发点。

当然了，今天几乎没有人在思考指令性经济模式如何过渡到经济民主制。在东欧和前苏联国家，政界和知识界的经济分析和改革提议满脑子想的就是如何过渡到市场经济，而在这些地方，"市场经济"又被理解为（和西方国家一样）是资本主义的同义词。

恕我直言，所有关于市场经济和资本主义之间的概念混淆都是更深层次问题表现出来的症候。我认为，整个东欧和苏联正在进行的经济重构，大部分是误导的和应该谴责的，要么是出于无知，要么迫于西方的压力，要么出于国家政策制定者及其知识界帮闲的自我利益或自我欺骗。现在的改革使多数人惨遭伤害，而且苦难还会更多。[31]这可能导致对地区政治民主制的破坏，他们的承诺大部分将得不到兑现，这是我直截了当的预言。

我不准备在这里作总结性批判的系统论述，但提及一些观察到的事实是有用的。首先，东欧知识界和政治决策者可以轻易发现市场经济或私有化意识形态的吸引力。实际上，在 20 世纪 80 年代，这个意识形态在整个世界风行一时，不仅在美国和它的发祥地英国，而且也在新西兰、拉丁美洲、部分西方国家和其他地方。美国经济比西欧更快地从 20 世纪 80 年代早期的萧条中复苏，并仍然处于我们历史上最长的"和平发展年代"的中期。[32] 没有人意识到这种发展与自由市场和私有化几乎没有什么关系。从长远来看，这种结果无疑看起来也不坏。有人会认为，这种情形对知识界人士和官员来说就特别有利，他们因此可以指望自己成为公司执行人员、年轻的企业家或者高薪酬的专家——他们实际上确实是"里根革命"的受益团体。

也许比无知和错误信念更重大的影响来自西方所施加的压力，它们诡称这种改革会起作用而其他的则不会。不仅西方经济学家纷纷献计，而且还采取一个特殊策略。1987 年，威尼斯"七国集团"首脑会议开始阻挠戈尔巴乔夫沿非资本主义路线重建苏联经济，这一策略包括对从苏联进口产品课以重税，严格限制对苏出口，许诺减轻债务和给予外国资助，等等。对这个令人遗憾的传说还未见详细讲述。[33]

由于西方主流论述中几乎没有人提起这件事，那么让我来强调一下其中的要点：不能假定西方发达资本主义国家的利益会和前共产主义国家的利益一致，所谓改革就是让西方的公司更容易得到原材料、市场和廉价劳动力，而且更容易让利润回流到本国，比如，现金可兑换、无规制价格、私有化，因此从西方资本和当地买办阶级的观点来看，这种改革可能更有效，但同时却使人民摆脱贫苦的境地。近年巴西和智利的经济"奇迹"就是最好的说明。东欧的某些国家进行这个改革可能是时机成熟的，虽然应该强调，历史地看这种改革和政治的民主不相融。[34]

对当前的发展形势想不沮丧都难，他们其实有更好的前进方案，这是我的观点。如果本书的基本主张是正确的，那么经济民主制，而不是资本主义应该成为东欧和前苏联地区改革者用来指导自己的模式。但实际情况并非如此。

但如果情况如我所想又会怎么样呢？或者说，在不远的将来会有什么情况出现？人们可以怎样想象从指令性经济向经济民主制的转型？[35] 实际上，转型是很容易把握的，至少在纲领性层面是如此。它极有可能比现在这种需要创建和普及资本主义的机构、资本主义的价值观和资本家阶级的几乎没有可能的计划更容易实行。[36]

显而易见的第一步是实行工厂民主制度。因为所有的企业还属于国家所有，或者至少还尚未"私有化"，所以只需要一项简单的立法条例就足够了。[37]但光有工厂民主制度是不够的，它虽然把控制权交给了工人，但如果缺乏能鼓励工人合理行使这项权力的体制支持，就不能解决任何经济问题，实际上还会使问题恶化。比如说，假如允许工人选举他们的管理者，但其他的改革并没有跟进，那么这些管理者可能被迫为了更高的薪水去游说权威人士，而放松了工厂的纪律要求。这就会导致更低的，而不是更高的生产力。

要保证工人有选出称职的管理者的动力，就必须把工人收入和全公司的绩效挂钩，也就是说，工资随产品售出量的增加或成本的降低而增加，这就意味着企业必须在市场的环境下运作。

但是需要指出，这里的市场不一定是价格由供求关系决定的"自由市场"，实际上，所有的指令性经济都以与有效需求相关的短缺为特征，人们有钱，但没有地方花。这和资本主义恰成对照，后者以与有效需求有关的过剩为特征。所以如果在指令性经济条件下解除价格控制，就会物价飞涨，当然了，排队现象会消失，但人们手中的存款[38]也会消失。更糟糕的是，由于结局难以预料，任何政府和单个企业的长期计划都是不可能的；大量投机和腐败的机会腐蚀了生产能力；垄断企业（这在指令性经济下很正常，因为企业越少，制订计划越容易）放开手脚利用自己的市场权力以自肥。总之，其所导致的动机结构是高度非最优化的。自由市场会迅速提高生产力，这种神话般的许诺只是拙劣的诡计而已。

保持指令性经济中的价格控制机制起作用，并逐渐对价格作再度调整是有意义的。当然，这样做的目的是要将价格引导到和成本相符。只有在价格得到合理化和经济已经变得有相当的竞争力之后，才应当放松控制。

强调这一点很重要，即一个在价格方面并非"自由"的市场经济是可能的。市场经济的关键特征是公司有权生产它希望生产的东西、出卖货物给愿意购买的人、购买它能找到的原料。这些自由和价格控制是可以协调的。要使工人管理的企业成为负责的经济能动者，这些自由是最基本的条件。在这样的市场中，收入依赖于销售量，因此企业必须满足消费者的需求；如果成本降低收入也会增加，这样就会促使企业的生产更有效率。[39]

在提高经济绩效的过程中要求市场所扮演的角色不一定需要"自由"，也不一定需要它囊括比产品和服务更多的东西。资本的生成和分配离不开市场，这是本书的基本立论，在这个方面，指令性经济必须创造出新的制度来：由社区银行负责分派投资基金，还要推行新的税种：资本财产税，并用它作为基金的来源。

在这里我们遇到一个难题，如何估价作为税收基础的资本财产呢？不管是账面价值还是交换价值在这里都没有用武之地。账面价值是由与实际成本几乎没有关系的价格制度决定的，如果根据交换价值来对公司征税，则需假定现有的工厂设计得很有效率。为什么工人应该承担资本可能的浪费所形成的成本？瓦内克在此提供了一个高明的解决方案，他提出一种"公平"的定值[40]：为公司资产给定一个值，其中包含着公司职工此前已经获得的收入。也就是说，确定资产价值为 F，然后 $W=S-C-RF$，W 是前期工资总额，S 表示去年的销售量，C 表示去年的采购开销，R 是资产的税率。[41] 这种定值方案，如果运用得当的话，可以保证在向市场经济的过渡过程中没有人的情况会变得更糟。[42]

工人现在可以自由地去重新组织他们的设备，申请投资款项，诸如此类。假如决策无误，他们的收入就会增加；如果决策失误，他们的收入就会降低。无论怎样，从此以后，他们将对自己的经济命运负责。

必须指出，对一些公司来说，这些资产价值可能会起负面作用。在一定的价格上，即使不包括资产税，销售额也可能不足以使他们获得和以前一样多的工资。实际上，他们得要求补助金。他们会提出这样的要求，而且补助金也应该支付。从社会整体上来看，听任这些人失去工作并不会有什么影响——如果是在与资本主义教条一致的"私有化"情况下多半会这样。[43] 但在改革后工人的信念中，指令性经济对消除显性的失业是成功的，这种既定印象不会轻易消除。当然，充分就业会使得惩戒性的大棒"失灵"，并往往导致大范围的无效率，但是转向一个有效率的社会主义是不必也不应该把资本主义最严重的缺点重新摆出来的。[44]

瓦内克的方案会面临一个潜在的严重障碍，假如不可能保证收入不降低，情况会怎样？假如要求补助金的公司太多，以致剩余的投资基金不足以实现真正有必要的新投资，这种情况下会怎么样？考虑极端的情况（毕竟这是西方人的普遍印象），如果在指令性经济条件下没有一个公司的效率高到可以不要求补助金，这又怎么办？

在此我们需要区分真问题和伪问题，我们要问，效率的参照对象是什么？在流行的讨论中，效率标准来自资本主义社会具有国际竞争力的公司。根据这种标准，说某个公司没有效率指的是这个公司不能参与国际竞争。

但这并不是合适的标准。用流行的国际竞争力标准来衡量，X 国的公司可能真的全部都没有效率，但这并不意味着 X 国的公司都得要求补助金才能经营下去。毕竟，1950 年时美国的企业几乎没有一家能在当今的国际市场上有竞争力，这并不是说这些公司在那个时候都必须申请补助金。1950 年的美国公司当然不可能和 20 世纪 90 年代的公司在国际市场上竞争，但它们确实以合格的（实际上是令人羡慕的）生活标准为公民提供了足够的商品生产和服务。

至于东欧的国家，这种说法也大抵成立。东欧的经济在 1989 年遭遇困难，但若不根据国际标准，它们并不算贫穷的国家，很清楚他们能在相当的生活标准上为公民提供人力和物质资源。它们的技术（通常）不如西方国家中最强的，但东欧的公司并不需要和西方的公司竞争，就像美国 20 世纪 50 年代的公司不用和 20 世纪 90 年代的公司在国际市场上竞争一样。共产主义国家的贸易圈大体上是自成一体的。

东欧国家的经济并不是因为其技术不如西方才陷入危机，认识到这一点很重要。技术比较落后这倒是经常的现象，但这本身并不会产生危机。

那么为什么又有危机呢？最清晰，我认为也是正确的解释是：东欧共产主义国家的经济危机来源于一种"动机性的危机"，而这种危机又根源于"合法性危机"[45]。各种经济和政治困境破坏了现政府的合法性，结果是工作纪律分崩离析。回想一下当时的流行说法："他们假装付钱给我们，我们假装工作。"当工人失去对政府的信任后，经济困难就会逐步升级为危机。

失去信任并不是没有原因的。事实证明，那些工业化国家的经济结构忽视了消费品的生产，大量国内筹集和向西方借贷的投资基金，已经被或正被抛洒掉，东、西欧本来已经接近的生活标准差距又扩大了。这些现象导致工人异化日益扩大，由此导致工作勤奋程度的下降，并引发了经济危机。

假如这个说明是正确的，那么担心指令性经济下所有的公司都会因缺乏效率而要求给予补助金就是一个假问题——当然，除非经济完全开放到国际竞争中，而这正是西方顾问们的建议。

假如抵制住西方的这种压力，那么无效率问题就会变得容易解决了。[46]这并不是说实现向经济民主制的转型会一点痛苦都没有，生活水平必然会有所降低。就经济获得外国贷款支持的程度而言，就基础性投资牺牲给消费性投资的程度而言，要实现向健康经济的转变，一些当前消费的缩减是必要的。也就是说，想估量一个国家可用于启动足够进行投资的基金的资本财产，同时又要维持原先的收入水平，这也许是不可能的。

理论上解决这个问题的办法已经很清楚了，假定在 R 税率水平上所有的公司都能保持原有收入不变，但这个税率低得不足以形成开展新投资的基金，那么可以修正性地提高估价额，使所有的收入削减 $X\%$。这样投资总量就会增加，而负担则得到公平分担。[47]

现在，向经济民主制的结构转型已经完成了。工人接管了工厂，他们必须为此支付资产税。这个税收积累而成为投资基金，通过社区银行网络来发放。现在这些银行可以向申请的公司分发款项，保证这些投资能够增加利润、创造就业，以及实现其他民主决定的目标。公司虽然还没有定价的自由，但拥有按自己的需要生产、销售和购买的自由，以及申请投资款项的自由。现在他们必须为自己决策的后果负责。

最后还有一点值得注意，人们常说在指令性经济下养成的心理倾向可能会阻碍向更可行的经济制度的转型。这种说法通常是由那些哀叹向资本主义转型困难重重的人制造出来的。有人说人是那么消极，以致工人不愿意放弃他们的工作保障，缺乏进取精神。瑟罗报告说，苏联工厂的管理者"不能清楚地把握资本主义大刀阔斧的手段，他们总是强调合作，竞争的观念让他们十分不舒服"[48]。

至于说到横亘在不计后果的改革面前的经济保障和公平，社会主义者只会持欢迎态度。但同时必须承认，假如经济民主制要取得成功，就需要培养特定的技巧以应付当前的供应短缺，特定的态度也需要得到检验。比如说，经济保障的需求很重要，也很值得推崇，但不应该通过强制削减公司的长期预算来满足这个要求。也就是说，如果公司申请的投资款是用于补助不产生利润的行动，社区银行就必须拒绝这个申请。如果某公司没有补助金（超出对资产的初步估算的）就运转不灵，并不能提出一套可行的重组计划，那么就必须允许它倒闭。

同时，银行必须鼓励企业家技能的发展；银行必须为愿意和有能力发展新企业的人提供基金。为激励似乎与社会主义的平等伦理有别的思想提供特别财政支持可能也是有必要的，这种决定可能在国家、地区或者地方的层次上做出。[49]要小心不去破坏人们对公平的基本感知，同时，应该承认企业家才能是值得培育的重要财富。

第三节　从新殖民主义的欠发达而来

第三世界的国家，如果以所占地理区域或人口规模为基础来分类，应该算第一世界，数量众多、情况复杂，以至于对它们作总体描述都似乎显得太专横，更不用说提出建议了。同时，认为从它们大量已有的、特别是近半个世纪的经验中学不到什么东西，这种想法是错误的。地球上悲惨的人不得安宁，人们付出大量心血试图打破紧紧附在众多人口身上的贫穷和落后的循环，这些努力有些来自第三世界内部，有些来自外部。

当然，人们谈到第三世界的时候，都是众说纷纭、互相矛盾。[50]在各种争论中，意识形态的分歧把参加者分为不同的阵营。概念模糊比比皆是，资料来源也受质疑，优越感或卑微感、愤怒感或愧疚感、希望或失望在似乎利益无涉的科学分析表面纠缠交织。这种情形毕竟是很危险的。每年有数以百万计的人因饥饿和可以预防的疾病而死亡[51]，叛乱、暴动以及游击队运动成为大地上的普遍景象，而镇压暴乱的手段更是难以想象的暴戾凶残。

要问经济民主制和第三世界的相关性，这就提出了一个过于复杂因而很难回答的问题，但这个问题又非常重要，不可等闲视之。为此，我不会装模作样给大家一个肯定的答案，但至少让我对这个问题作一些陈述，澄清一些立场，概括一些主张，并举出一些证据。

在思考第三世界向经济民主制的转变这个问题之前，我们必须问一个更基本、更重要的问题。本书的主旨是要揭示无论根据经济的理由还是根据道德的理由，经济民主制都比资本主义更优越。我用以比较的社会是美国这个技术上非常先进的社会，那么第三世界的情况如何呢？经济民主制对想解决自己的根本问题的第三世界国家来说是一个适当的模式吗？

这不是一个简单的问题。首先，我们必须问：对谁适当？对有权力的阶级和集团适当的制度可能对人口中的大多数人是不适当的。对大多数人适当的制度对最贫困的少数人来说可能是不适当的。对穷人适当的制度可能对拥有大量国家抵押的国际借款代理来说是不适当的。

我们必须追问"根本性问题"。这些问题是什么？在决策后面隐藏着什么样的价值观？着手解决某一问题的改革和针对另一些问题的改革是配套的吗？我们还必须追问抑制性因素：物质资源的限制、教育和技能的限制、国内政治的限制（也就是说，阶级力量的构成和平衡）、国外政治的限制。简单地说，做到什么程度才不会引起美国或其他先进资本主义国家反对？

要让这个复杂的问题更易处理，让我们做一些简化的假定。我们假定问题是由一个运动、一个政党或者致力于基础性社会变迁的新政府提出，而且我们假定他们在前文论述的那些价值观上都有共识，我们还假定前文的主张在发达资本主义国家已经得到普遍接受，并为第三世界国家建立起一种强烈的第一印象：经济民主制比资本主义优越。这样的话，问题就变成第三世界面临的问题和限制性因素与发达资本主义国家有明显不同吗？[52]

与发达工业国家比较，第三世界国家有两个更迫切的问题。第一，是满足所有人口的基本需要，包括衣、食、住、教育和卫生。当然，并不是所有发达国家都满足了人民的这些需要，但很明显他们可以做到，而且大部分做到了。[53]对第三世界的国家来说，这个问题的压力很大。第二，第三世界发展经济的要求比第一世界更迫切。发展必须是"合理的"也就是说与我们设定的价值观以及环境限制保持协调，但当北方的邻居是如此富足时，认为第三世界的国家应该（或将会）满足于苍白的物质享受，这是错误的想法。[54]

如果先抛开国内和国外限制性因素不论，因为这些因素在讨论转变的时候再考虑更为适当，我们的问题就变成下面这个：对寻求满足所有国民的基本需要和致力于合理发展的第三世界国家来说，经济民主制是可行的模式吗？

让我们从基本需要开始。先考虑夺去大量儿童和老人的生命的饥饿和由营养不良引起的疾病这个问题。经济民主制能解决这个问题吗？这个问题能得到全部解决吗？是否太多人嗷嗷待哺以致不可能提供足够的粮食？陷于饥饿的国家是否太多以致无法寻求一个总体的解决方案？基恩·德瑞兹（Jean Dreze）和阿马蒂亚·森（Amartya Sen）最近对这个问题作了专业的和细致的研究，他们提出了以下观点：

> 饥饿不是一种新的苦难，周期性饥荒和地方性营养不良构成长期历史的特征。在世界很多地方的大部分时间里，生命短促而且艰辛……然而，饥饿以一种在过去不可能的方式存在于现代社会，因而令人无法忍受。这不完全因为饥饿的人群更加集中，而是因为现代社会广泛的饥饿是如此的不必要和不正当。最近若干世纪生产能力的大幅度提高已经或许是有史以来第一次，使得保证为所有人提供充足的食物成为可能。[55]

事实是，我们明明知道在现代社会消灭饥饿是可能的，我们知道这一点，不仅因为我们知道我们有消灭饥饿的生产能力[56]，而且也因为有一些十分贫困的国家已经能养活自己的人民，而且还能满足人们的其他基本需要。迄今为止最戏剧性的成功发生在中国这个十多亿人的大家庭里。在1949年革命后的30年里，中国，虽然参照国际标准仍然算非常贫困，但已经令人吃惊地降低了婴儿死亡率，明显地提高了成人的识字率，并把人口预期寿命从40岁提高到将近70岁。

和印度相比较更能突出中国成就的巨大。印度比中国早两年取得独立，那个时候，饥饿在这两个国家都是普遍现象，预期寿命、识字率和婴儿死亡率都属同一水平。但是到1980年，印度的预期寿命只在55岁～59岁之间，5岁以下婴幼儿死亡率是中国的3倍，成人识字率只是中国的1/3。[57]

古巴在满足人民的基本需要方面也取得了突出成就。它的婴幼儿死亡率在第三世界国家中算最低的，只是中国的一半。[58]即使是在因经互会贸易伙伴疏远和美国禁运压迫造成的"特殊时期"，古巴也设法为每个人提供足够的食物、健康照顾和教育。[59]

还有好多其他的成功故事。斯里兰卡人均收入和中国相当，在预期寿命、婴幼儿死亡率、识字率等社会指标方面也可以和中国媲美。[60]印度的喀拉拉邦比印度大多数邦都穷，其主要社会指标也和中国相当。[61]哥斯达黎加和牙买加的婴幼儿死亡率、预期寿命和识字率与古巴相当。[62]

我们从经验性数据可以知道，第三世界国家完全有可能减少与贫穷有关的饥饿、疾病和文盲现象，我们也了解了它们是怎样做的。所有的例子中，国家对经济的干预都是势在必行的。[63]一个要解决贫穷问题的国家不能指望自由市场，森用斯里兰卡的例子生动地说明了这一点：

> 斯里兰卡是一个典型的发展中国家，他们要达到更高的预期寿命，如果不是通过直接的公共行动，而是通过经济成长，那么——根据假设——斯里兰卡要达到现在已经达到的世界平均预期寿命水平，还需用 58 年到 152 年。[64]

在所有成功的例子中，国家都要给人民广泛的健康保障和教育，保证易受伤害的群体不会挨饿。

如果我们考虑适用的结构，很明显，和资本主义比较，传统形式的社会主义在满足基本需要方面具有两项突出的优势。由于公共领域和私人领域的界限不明显，健康和教育基金也不会非常依赖国家整体的经济。在资本主义制度下，经济的低迷立即就会转化成公共税收的减少，这样就会引发预算削减。在指令性经济制度下，经济滑坡不会造成财政危机，因为政府总是能发行货币支付工资，包括教师和医务人员的工资。和资本主义不同，经济滑坡转化为固定资产和消费商品的短缺，但是几乎不会转化为医疗和教育费用的削减，因为这些领域是劳动密集型的。[65]

第二种优势来自两项政策的结果：充分就业和价格控制。这保证了每个家庭实际上都能得到温饱以上的收入，没有人会穷得难以糊口，即使在经济危机时期，也几乎没有人失业，并继续领一份工资。短缺可能发生，但因为有价格控制，短缺会造成排长队，但不会造成物价上涨。如果短缺严重，也通常用配给的办法解决，不会有人一无所得。

那么经济民主制呢？经济民主制缺乏给指令性社会主义以优势的特征，这一点应该很清楚。因为不用投资基金，公共—私人的界限不会像资本主义那样分明。新学校和诊所的基金也同样来自资本财产税。不过，教师和医务人员的薪水应该从年度总税收收入（收入税和消费税）中支出，如果发生经济萎缩，年度税收将会下降，这和资本主义一样[66]，也会面临削减预算的压力。

经济民主制和指令性社会主义一样，要求充分就业，因此易受伤害的人比资本主义少。不过，必须承认在经济民主制度下要完成这项任务会更难，因为那里允许公司破产，而指令性社会主义几乎从不允许这样。经济民主制的政府可以充当最后的雇主这个角色，但是公共工作职务的基金是来自年度总税收，如果合作社遭遇困境，公共部门也会受到压力。

对经济民主制不利的第三个因素是，那里总的来说没有价格控制。如果发生短缺，价格就会上涨。运作不良的工厂里的工人可能会发现，食物的价格在涨，他们的收入却下降了。

如果满足了基本需要就万事大吉，那么可以说作为第三世界的发展模式，指令性社会主义比经济民主制要强。但基本需要的满足不是全部。指令性社会主义拥有一些分配上的优点，但在生产上则不然。使经济民主制在分配上不占优势的因素——也就是说，将经济分为竞争合作领域和公共领域，允许无利可图的公司破产，允许供求关系决定价格——正是使它拥有更高的效率和生产力的因素。

这里似乎需要一种平衡。当国家保证每个人都有一份工作，当国家控制着工资和物价时，要做到满足人民的基本需要相对来说要容易一些。不幸的是，这却会带来生产效率的问题。[67]

我们陷入一个僵局——无疑，这是经济学家们非常钟爱的平等——效率平衡问题的一种翻版——但这不是不可克服的。这个问题在经济民主制下不会像在资本主义制度下那么严峻。经济民主制下公—私界限不会像资本主义那么分明，而充分就业的任务就更紧迫一些。但即使在第三世界的资本主义国家，只要政府有政治意愿和政治权力实施必要的计划，也是可以满足基本需要的。这就是斯里兰卡、哥斯达黎加和牙买加经验的重要价值所在。如果这些国家都能为人民提供像样的营养、教育和卫生条件，那么经济民主制肯定也能。

必须承认，只要基本需要还是基础性的关注点，指令性社会主义就是值得推荐的，它遇到麻烦是在基本需要满足之后。前进到这一步——合理增长的舞台——经济民主制的结构就大有用武之地了。

但能担保说这是可以预期的吗？这是最紧要的问题。我们已经认为，前文所述的员工自我管理、投资的社会控制和提供商品及服务的市场这三大基本要素会促进第一世界开展有效率的生产。但是，这些主张符合第三世界国家的国情吗？

让我们先从已经弄得最清楚的地方谈起，然后再谈那些还不那么清楚的。似乎已经证明，在稀缺的条件下要达到有效率的生产，市场就必须在经济中扮演角色。也许会存在要求实行价格控制的情况，但即使如此，企业仍然要拥有自由选择对象进行采购和销售的自由。在国民经济中，虽然通货控制是与此密切相关的另一个问题。[68]因为无可置疑的是，第三世界国家企业都需要创新和效率，因此就需要达到这一目的的激励机制。我还找不到可以替代市场来提供充分的正面或负面激励的东西。

投资的社会控制，也就是订立投资计划对合理发展来说必不可少，这在我似乎是无可辩驳的。因为根据第四章所列举的种种理由，市场没有能力对稀缺的投资资源作恰当的引导。这不是说制订计划的人不会出错，他们经常会犯错误，而且后果经常是灾难性的，特别是在承担常常由国际信贷部门斥资的大规模工程的时候。只要可能，计划投资就应该分散化，并应该让该地区接受基金的人参与投资计划。但计划是必不可少的。"私有化并让自由市场发挥它的魔力"，这种 20 世纪 80 年代的处方在理论上已没有意义，而且已经在实践中导致了灾难。[69]

至于说到我们的三大要素中的第三种，工作场所中的民主的生存能力，分开考虑工业和农业是有用的。有必要强调，农业，不管采用家庭农场还是民主的合作社形式，和经济民主制都并行不悖。在理想的情况下（也就是和理论模型一致），土地由国家分租出去，但在实践层面，所有权问题不是中心问题。只要征收资本财产税和限制雇佣劳动，就不必在意土地私有权。

两种农业组织方式都可能有效，用哪一种，或者还是把两者合成使用是最适宜的，这个问题只能根据实际情况来回答，而且各国的答案也会各不相同。[70]只要给家庭农场和合作社提供必要的结构支持，也就是技术咨询、资本投入，像样的基层组织，就没有理由怀疑它们的生存能力。

对工业中的工厂民主来说，这里的证据就不是那么清晰了。彼得·阿贝尔（Peter Abell）和尼古拉斯·马洪尼（Nicholas Mahony）在对秘鲁、塞内加尔和印度的小规模工业合作社进行研究后发现，这些合作社大部分都失败了（虽然肯定不是全部失败）。他们发现，其主要原因不是因为缺乏资本，而是缺乏有效的管理。他们还发现，"在合作社的成功和人们可称之为高度的凝聚力之间有一种几乎完美的相通关系，反过来，失败和低凝聚力之间也是如此"[71]。

这些发现表明了教育的极端重要性，不仅在技术能力上，而且在合作的价值观上（也是"猛龙"公司给我们的教益）都是如此。不消说，教育的缺乏是许多第三世界国家的问题，教育设施供应缺乏，有幸得到良好教育的人又经常移民到北方国家。同时，我们应该记住，教育是一种高度劳动密集型的产业，而且有责任开展创造性的实验。

受教育程度高的人员缺乏，这并不总是会否定合作社的价值。阿贝尔和马洪尼观察到，"如果给他们一定的专业技术和教育，人们会惊异自己能做得那么好"[72]。但这种缺乏确实表明，在具有支持结构的团体中加强教育和组织合作社（如"猛龙"公司，再如我们所提出的模式），以提高人们运用自己技能的效力，的确至关重要。

我已经给出的理由和列举证据表明，一种以对投资进行社会控制、提供商品和服务的市场，以及以工厂民主为特征的社会主义形式，对那些希望满足人民的基本需要和致力于合理发展的国家来说是可行的。还有两个重要的例证可以提供另外的（如果不是完全的）经验证明：南斯拉夫（1950—1980年）和中国（1978年以后）。让我们对这两个例子作些简要介绍并澄清一些疑虑。

一如我们在第二章中说明的，南斯拉夫在与苏联关系破裂并打破指令性社会主义模式后的30年中，从一个贫穷的、农业占很大比重的不发达国家变成了一个生活标准超出第三世界水平的国家。到1980年止，南斯拉夫的人均GNP在所有中等和低等收入国家的列表中名列前茅。1960—1980年间的增长率仅在韩国之后名列第二位，而人均GNP是韩国的近一倍。[73]

但是从1980年开始，南斯拉夫的经济开始走下坡路。在20世纪90年代，它的社会组织已经被民族仇视撕得四分五裂（证据确凿，如果还需要证据的话。破坏总是比建设更容易）。发生了什么事呢？成功变成如此惨痛的失败，人们何言以对？让我先不列举证据，只给一个简短的答案，然后再详细说明它的内容。这个答案就是，为了补偿经济体系中的结构性缺陷，南斯拉夫向西方银行欠下沉重的债务，而对贷款又没有有效地使用。当20世纪70年代"石油美元"的低利率到里根的80年代转变成高利率时，游戏就过火了。

这种至少与我们提出的大致相似的模式在经济上的"结构性缺陷"是什么？瓦内克列出了最理想的自我管理型经济必须满足的七项条件，并认为南斯拉夫全部背离了它们。最紧要的四项条件是：

1. 完全独立行使民主化自我管理、有责任心和生存能力的公司。在南斯拉夫，大部分领导实际上是由地方政客挑选。而且几乎没有人过问公司流失的钱。

2. 所有商品都以竞争性价格出卖和购买。南斯拉夫的市场被寡头政治的固定价格，专职政府的价格控制和不现实的兑换率给完全搞砸了。

3. 出入公司的自由。在南斯拉夫，不允许经营不善的公司破产，不允许个人或群体兴建新的公司。

4. 公司以反应性稀缺和按同等的不动产利率租用资本。长期以来，南斯拉夫的公司都是以负不动产利率支付，它们举债过多。[74]

如我们所知，经济民主制的机构没有这些缺点。有理由同意瓦内克的看法，南斯拉夫给我们的真实教训不是员工自我管理不起作用，而是"任何想继续前进并想不重蹈（南斯拉夫）设计不完美之覆辙的国家，就应该比南斯拉夫做得完美"[75]。

中国的经验也和第三世界推行经济民主制有关。到 20 世纪 70 年代末，中国已经在养活和教育它超过十亿的人民、并为他们提供基本卫生条件方面取得了令人瞩目的成就，但中国仍然是一个非常贫穷的国家。为了打破僵局，邓小平在 1978 年发起了一系列改革，力图彻底改造中国社会的经济、政治和社会结构。这个仍在不断波动的改革进程在中国内外都引起了大量的激烈争论。经济急剧地被非中心化，在价格上有选择地放松控制，并引进了市场关系。解散集体化农业，代之以"生产责任制"，给每个家庭一小块地，并让农民有相当的自由去选择生产什么，怎么生产。

很多左派人士把这些改革看成是资本主义复辟的预兆。[76]对此我不能同意。这种判断幼稚得令我吃惊。不错，邓小平是说过"致富光荣"[77]，不错，现在确实有一些合资企业，一些真正意义上的资本主义企业（其中有一些肯定是有剥削性的），以及某种股票市场，但事实上，生产资料的私人占有在中国是非常有限的。农业合作社解散了，但土地（现在由单个家庭耕种）仍然属于国家。大城市的企业实际上都属国有，乡镇企业典型的所有者是它们所在的村庄。认为中国经济已经私有化可以说是谬以千里。黄宗智（Philip Huang）对长江三角洲的研究使他得出这样的结论：

集体组织实际上在新的副业和工业领域中得到了前所未有的繁荣，虽然行政建制的名称由队变成了行政村，由公社变成了乡镇。在华阳桥乃至整个长江三角洲地区，20 世纪 80 年代以来至今，几乎所有的工业企业和高度资本化的副业，仍然是由集体创办的。[78]

改革有一个主要的影响。中国宣布它在 1980 年到 1988 年间的年增长率为 10.3%，在亚洲是最高的。[79]中国农村贫困线以下的人口从 1979 年的 2 亿下降到 1986 年的 7 000 万，"下降速度令人吃惊，几乎无以能比"[80]。消费品生产显著增长，电冰箱和电视机产量从 0 分别增长到年产量 750 万台和 2 500 万台，令人肃然起敬。正如 M. J. 戈顿（M. J. Gorton）所指出的："对许多在十年前还被认为是奢侈品的产品，中国已经或不久就会成为世界上最大的生产者。"[81]

改革的一个最重大的成就是城乡收入差距的大幅度缩小。甘地和毛泽东都曾试图把工业引进乡村，但都失败了，其后者的努力还是成功地缩小了城乡差距。乡村中国的轻工业化似乎可资解释农业生产力的提高，城乡差距的缩小和超过 1 亿人的脱贫。[82]

我绝不是说中国的改革没有问题，那里已有很多对腐败的谴责，也有人指责改革把基层忽视了。[83]甚至有统计数据表明预期寿命有所下降，女婴（不包括男婴）的死亡率急剧上升。[84]公共卫生事业也有显著滑坡。"赤脚医生"大概已经消失了。中国绝对还没有解决它所有的问题。

不过我们应该牢记，中国需要处理的问题有多庞杂，它取得的成就有多伟大。中国的面积与美国相当（不包括阿拉斯加），但它有 5 倍于美国的人口和相当于美国 1/3 的可耕地。在 50 年的时间内（经历一个多世纪受外国支配的历史之后），它已经从一个被别人瞧不起的穷国转变为中等繁荣的，以及用国际标准来看，非常平等主义的国家。日本"奇迹"在我看来也相形见绌。

改革后的中国是一个市场社会主义的实验室，这一点不容否认。中国领导人也这样说（而不是说转变为资本主义），现有证据足可证明这一点。领导人宣布要使经济民主化，邓小平说："没有民主，就没有社会主义。"[85]事实上，从 1978 年之后，中国领导人已经想方设法在社会整体水平上提升民主运作，在共产党内部、在工厂内部都在这么努力着。[86]1984 年的"改革决议"中这样说道：

企业要有生机和活力，就必须依靠工人的头脑和双手，发挥他们的创业精神、智慧和创造力……在改造城市经济的过程中，必须正确处理好职工和企业之间的关系，使他们成为真正的主人。[87]

至于说到执行情况，证据就比较混乱了。据报告说在 34 000 家国有企业中都有工人委员会。[88]但詹尼·威尔逊（Jeanne Wilson）看见的却是真正权力下放和不受党组织控制，但几乎不鼓励工人参与、工厂民主气氛淡漠的组织。[89]在农村，企业通常由乡镇或村主办，但它们似乎不会按民主的方式管理[90]，至少现在还没有。与现在已经到位的意识以及制度相比较，企业民主似乎并不是逻辑的下一步。下面会不会进行这一步（突进的或渐进的），还需要看看再说。[91]

南斯拉夫和中国的经验为我们提供了证据（如果不是结论性的，也是假设性的），经济民主制的基本制度可以适应第三世界的情况。两个国家都在一定时期采用了计划和非资本主义意义上的市场相混合的制度，某种程度上也采用了工厂民主制度，并都取得了引人注目的成就。很显然，经济民主制不是万应良药，不能保证成功。但是看看我们手里的证据，再比较一下指令性社会主义和资本主义这两种备选方案，经济民主制（在某些细节上也许需要修正）似乎不失为一种值得追求的目标。

如果同意说经济民主制对第三世界寻求基础性变迁的运动是一种可能又可行的模式，那么现在回到前面提过的问题，人们怎么实现转型呢？不过因为初始条件在这里是如此重要，又因为它们非常之庞杂，除了一般性地说几句话，也没什么好说的。中国或古巴革命的形式可以消除主要的问题，毫无疑问，在大部分第三世界国家和地区，地主—资本家阶级是进行社会改革的障碍，这是一个只要自己的财产受到威胁，就会毫不犹豫地召唤或联合地方"安全"力量中最野蛮和最反民主的因素来抵制这种威胁的阶级。但也必须知道，这种革命可能会导致国家急需人才的大批外流，还可能招致美国（或其他发达资本主义国家）采取一致行动绞杀革命成功后国家的社会经济。

可能有更和平的社会主义道路吗？不论是第一世界还是第三世界，都还没有这种先例。这不表示这种道路是不可能的。在本章的第一部分，我就指出，在发达资本主义国家中进行某些斗争是值得的，它可以把我们引向经济民主制。同样的斗争在第三世界也可能是适当的，实际上很多已经在进行中了。[92]可能还必须有一些其他的发明。我们确信人民会继续抵抗资本主义的蹂躏，我们知道社会、政治和经济条件正在完善中。我们不无理由地相信，第三世界的进步力量已经成就了很多奇迹，它们还将继续创造奇迹。

［注释］

［1］柏拉图：《理想国》。柏拉图补充道：悲观地说，这两种结局似乎都是不可能的。

［2］马克思（1967，p. 8）。

[3] 读者们会注意到，这些法律乍一看似乎对大批选民具有显而易见的吸引力。为什么资本家阶级对民主制下"有破坏性的政策忧心忡忡，并千方百计筑起那么多制度性障碍以防范激进的提案引起广泛注意，这就不难理解了"。

[4] 在资本主义财富集中的情况下，这个数字不必太高。以美国为例，如果除开房屋和不动产，所有家庭中前 2% 就拥有全部净财政资产（股票、债券、养老基金等）的 54%，前 10% 的家庭拥有 86%，而后 55% 的家庭没有财政资产或者财政资产为负数。

[5] 这个指责从总体来看并不公平，需要指出，过去（资本家统治的）政府对不景气的运作方案并不感到不安——让成千上万的人失去工作——从而可以约束劳工和保住受通货膨胀威胁的财产。社会主义者的政府则是有效地控制着股票市场和债券市场的崩溃。我们可以认为这样的政府在失业救济和职业再训练方面比他们的资本主义对手更慷慨大度。

[6] 克里默曼和林登费尔德（Krimerman and Lindenfeld, 1992, p. 5）。这些学者用的"民主组织的工作场所"这个术语，既包括合作社这种合法建立的企业，也包括民主运作的雇员持股计划（ESOPs）（后面将详细讨论 ESOPs）。

[7] 见厄尔（Earle, 1986）。意大利的合作者们通过加入三个大型协会获得政治影响力，每个协会都和一个政党有关。意大利有一项法律规定，被私人部门解雇的工人加入或建立一个消费合作社，他们每提交一个里拉，就要求政府补贴 3 里拉，合作者们也因此受益（厄尔，1986, p. 133）。不用说美国的生产合作社也可以通过这样的法律受惠。

[8] 克里默曼和林登费尔德（1992）对此有乐观的估计，他们的根据是越来越多的人加入工会，合作者之间的联络也日益增加，而且也建立起一些团体提供这方面的支持，像费城的 PACE、波士顿的 ICA、美国消费合作社、工业保持和革新联盟等。

[9] 帕克和斯劳特（Parker and Slaughter, 1988, p. 31）。帕克和斯劳特对工会和团队理念进行了细致的批评性分析，特别参照了自动化工业。克里默曼和林登费尔德（1992）对工会运动中 ESOPs 和工人买断产权也有相似的争论。

[10] 见帕克和斯劳特（1988, ch. 4）。

[11] 《世界年鉴》（World Almanac），1992, p. 180。作为比较，瑞典 85% 的蓝领工人分属 24 个国内工会，75% 的白领工人归属 20 个国内工会，见卡森（Carson, 1990, p. 534）。

[12] 这些数据来自"系列 D8，D951 和 D952"，出自美国商业部民意调查局。

[13] 劳动法律师托马斯·盖根（Thomas Geoghegan, 1991, p. 52）说得很简洁："当人们问我'为什么我们不能像 30 年代那样组织工人'的时候，答案很简单：以前我们做的每件事，现在都是不合法的。"他在陈述时用了一个很引人注目的例子："我们什么都没有，没有法律、没有争取公民权的行动使这个国家更激进一点，更民主一点，也不能复兴民主党，除了对法律做了这么一点小小的改动：如果人们喜欢，允许他们自由地加入工会，而没有谁会强迫你，也没有被臭骂一顿的威胁……这个问题上最让人吃惊的事情是：没人知道这些都是他应该得到的"（盖根，1991, p. 276）。

[14] 见格雷德（Greider, 1987），他揭露了联邦储备政策的阶级立场本性和对它民主化的抵制。20 世纪 70 年代末 80 年代初，"一个利益集团，几乎是单独地理解它在论战中

的地位——证券持有人、商业银行家，华尔街40万财务专家和他们的客户，还有投资人。他们众口一词，对联邦政府或者痛骂，或者颂扬，要求政府优先考虑为他们服务"（格雷德，1987，p. 701）。

[15] 我们的经济民主模式强调税收方面的这种转变。有人提出另外的主张，比如征消费税（新自由主义）、或者采用梯度差别很大的所得税（传统自由主义和很多左派），但是考虑到最终目标，征收资产税是最合适的，而且这在政治上也更可行。

[16] 埃勒曼（Ellerman, 1990, ch. 5 - 7）分析了在走向民主化经济的过程中雇员持股计划所扮演的角色。同样的内容也见于布拉西和克鲁泽（Blasi and Kruse, 1991）以及克里默曼和林登费尔德（1992, pp. 188 - 190）对布拉西的采访。这里的中心范例是维尔顿钢铁公司。

[17] 古特曼（Gutman, 1992, pp. 36 - 37）。人们不能假定因为私人银行破产了，就断言它在转化为公共银行后也难逃厄运。最近美国银行倒闭的浪潮在相当大的意义上说是对20世纪80年代解除管制的报应。重新管制——对私人银行也好公共银行也好——很明显是必要的。

[18] "要建立一种开放的经济，每个人就都必须感到拥有同等的胜出机会——在美国这叫做'同一水平的竞技场'，在欧洲叫'互惠'，在日本叫'平等的机会，不平等的结果'。但如果经济游戏要看成是公平的，就必须有广泛相似的税收、规定和私人运作模式。"（瑟罗，1992, p. 64）瑟罗所说的话对发达资本主义国家之间的贸易是恰当的，但他不能把它扩展到第三世界。

[19] 克鲁格曼（1990b, p. 105）。如果保护主义的代价是这样温和，为什么经济学家们会如此强硬地反对它？克鲁格曼重申保罗·萨缪尔森的评论，比较优势只是并非明显真实的经济学里少量几个观念中的一个（克鲁格曼，1990b, p. 106）。我更倾心于马克思的观察："如果自由贸易者不能明白一个国家怎样才能达到和另一个国家一样的富裕程度，我们不必对此惊异，因为同样是这些绅士，他们也拒绝弄清楚，在同一个国家中，一个阶级怎样才能使自己富足到另一个阶级的程度。"（马克思与恩格斯，1976, pp. 464 - 465）

[20] 出口定向工业内的工人就会遭难，但是现在的很多努力并不有利，因为考虑到就业机会的因素，低工资竞争会重新变得有利可图。如果逐渐引进保护主义的手段，适应过程就不会特别痛苦了——肯定会比适应流行的反工业化过程要好。

[21] 见克里默曼和林登费尔德（1992, p. 158）。

[22] 瓦内克（1990, p. 203, n. 5）。

[23] 为不让美国的读者认为这是一种乌托邦，我急切地指出瑞典的工人享有所有的这些权利。1972年产生会议代表；1974年通过"就业保障提案"；1976年的"工业民主法"使工会，主要在地方层面，能够在有工会的公司内参与所有管理决策进程。同样也很重要的是：1980年通过两性间的平等法案，禁止所有工作上的性别歧视。见卡森（1990, pp. 551 - 556）。

[24] 因为很多美国人有不同想法，所以也许应该指出，瑞典是一个资本主义国家。1981年的一项研究显示，该国75％的个人持股为1％的家庭拥有，而有80％的家庭完全不

持股（卡森，1990，p. 557）。

[25] 穆恩伊和沃勒斯坦（Moene and Wallerstein，1992）研究了斯堪的纳维亚社会民主运动的低落情况。我不是意图认为工商业者对梅德勒计划的反对是瑞典社会民主党竞选失败的唯一原因，更重要的是当前瑞典遭遇的经济困难：资本流失和来自外国的低工资竞争。瑞典的经济非常依赖对外贸易，工业产品中超过40％用于出口。

[26] 伯利和米恩斯（Berle and Means，1932）对此有详细论述，加尔布雷思（1967）也强烈主张。我不清楚控制权是不是从作为一个阶级的资本家那里转移走了。惊人的高薪，利润分享，股票选择等，保证了高层管理者的利益不会和所有者有明显分歧。至于说有少数个体持股者对其享有股权的公司拥有很多控制权，这似乎不在讨论范围内。

[27] 根据班克斯（Banks，1992，p. 122）的数据，工会谈判得来的养老基金现在大约有1.3万亿美元。

[28] 盖根（1991，pp. 149－154）记录了很多关于退休金的故事。

[29] 凯恩斯（1936，p. 376）；加尔布雷思（1973a，p. 261）；马克思（1967，p. 763）。

[30] 下一章将对它作系统的批判。

[31] 瑟罗（1992，pp. 87－88）指出：波兰1990年家庭平均收入只相当于共产主义时代最高年份的40％……1990年和1991年，波兰、捷克斯洛伐克、匈牙利、罗马尼亚和保加利亚的GDP下降了16％，工业生产下降了28％。

[32] 我给这个被广泛引用的术语加上引号是因为这个"和平发展时代"是由我们历史上最强大的军备来保证的。

[33] 高恩（Gowan，1990）已经开了一个好头。

[34] 东欧的经济学家和他们的西方顾问对此并不清楚。以下是哈佛的鲍里斯·鲁默（Boris Rumer，1991，p. 22）所提的建议："苏联'渐进'的市场化过程需要政治秩序和财政稳定来保证。资本化的市场需要权威性的领导来实施走向私人企业的自由政策。它极度需要西方投资和能吸引投资的良好环境。"他所鼓吹的模式通常（令人不寒而栗）被称为"智利模式"。

[35] 下面说的话只具有指导性，而不是严格的规定。当经济民主制作为规范性理想时，所要进行的改革和以资本主义为目标的改革会大相径庭，但是无论用哪种方案，都必须适应本国的特殊条件。

[36] 瑟罗（1992，p. 109）复制了俄罗斯朋友的一封信，他写道："我最近花了几个月时间和同事们一起为决定过渡到规范的市场经济的政策准备背景资料。当采取行动的时候才发现，无论是经济还是公众观念对此都还缺乏准备。给人印象似乎是建立共产主义比回到资本主义更容易。"

[37] 实际上在改革年代期间，许多国家已经通过了这类法律。匈牙利在1985年就有此立法，但是政治权威保留着非正式的否决权。见科尔奈（Kornai）在尼和斯塔克所编书中的文章（Nee and Stark，1989，p. 40）。1987年，苏联通过这类法律，到1990年就废除了。见帕尼兹与根廷（Panitch and Gindin，1991，p. 19）。在所有例子中，管理者对工厂民主都抱敌视态度，和所有西方顾问的态度没有二致。杰弗里·萨克斯（Jeffrey Sachs，

1991，p. 28）的哀叹特别典型："东欧的企业整体上都没有获得有效的公司管理，除了有时候每个公司的工人委员会会提出一些不健全的措施外。"

[38] 瑟罗（1992，p. 88）讲了一个前共产主义国家广为流传的笑话："在共产主义社会，大家口袋里都有钱，但没有好东西买。在资本主义社会，商店里东西很多，但口袋里没钱。"

[39] 经济学家会抢白说任何形式的价格控制都会导致低效率。如果企业不能提价，他们就不会对较高的成本花费提出改进方案。如果他们不能在价格上进行竞争，他们就不会去管怎样降低消费者的花费。可以用以下三点驳斥这种说法：（1）任何合理的价格控制体系都是允许调整的。（2）与价格有关的配置无效率对完全竞争价格的偏离不可能很大。（3）替代的方案——从价格控制急剧转向价格放开——那将导致社会成本巨大，同时收益甚小。

[40] 瓦内克（1990，pp. 190ff）。我所详细论述的转变计划和瓦内克的提议整体上相同，虽然在细节上有差异。

[41] 销售量和成本按改革后的价格计算。

[42] 也可能会调用其他的公平标准，如果此前的工资发放过分地不公平更会如此。不过，从实际政治的观点看，如果能避免所有公司的情况变得比过去更糟，那么改革的策略设计可能就是最成功的。正如斯塔克所指出的，这就是中国在近年所采取的策略。

[43] 从严格的现金流动观点来看，至少以社会要支付的失业救济金额补助低收入企业是有意义的。如果我们将失业造成的影响中较少可定量的部分纳入考虑，补助金就可能上升。给这类企业注入低利率的投资，使其设备升级，这也是有意义的。不过，补助金应该有时限，以促使工人重组设备和结构。

[44] 读者可以记起第三章曾说及这是一种效率缺陷。资本主义的会计制度倾向于掩盖这个事实。假定有两个社会，每个都有 100 个工人。在第一个社会中有 10 个人失业，剩余的 90 人创造 18 万美元的 GNP；第二个社会是充分就业，创造 19 万美元的 GNP。标准的资本主义会计程序对第一个社会的计算结果是每个工人的生产力为 2 万美元（因为失业者是不计算在内的），而第二个社会则只有 19 000 美元，给人的印象就是前者比后者更有效率，而事实上后者（在合理分配收入的情况下）才是"帕累托最优"（Pareto-superior）。

[45] 我从哈贝马斯（Habermas, 1973）那里借来这个术语。他发展出来的用于理解资本主义危机的理论框架证明对理解共产主义世界的剧变是非常有用的。

[46] 这里我并不鼓吹专制，我们已经知道，经济民主制既不要专制，也不要自由贸易，而是要求受控制的贸易。重要的是这些国家的经济不会过于紧密地和国际竞争绑在一起。

[47] 注意：应该调整对资产的最初估计，而不是调整税率。提高税率会迫使碰巧在一个资本密度高于平均水平的公司工作的工人承担不相应的社会负担。

[48] 瑟罗（1992，p. 97）。

[49] 读者可以回顾一下第五章对不平等的分析：这种激励不意味着回归资本主义。

[50] "第三世界"这个术语本身就是一个例子。有些人视它为对地球上大多数人的诋

毁，另一些人又把它看成一种政治控诉。这个术语明显根据法国人口统计学家阿尔佛雷德·索维（Alfred Sauvy）的术语"第三等级"（"Third Estate"，法国大革命中发明的概念，指所有不属于贵族和神职人员的人）类推而来的，用来指涉工业化的资本主义国家和工业化的社会主义国家之外的国家（查理安，1987，p. 197）。在1955年印度尼西亚万隆会议时，亚洲和非洲国家的领导开始用这个术语来指称自己的国家，之后，这个术语得到广泛使用，我倾向于历史客观地用这个概念，指LDC（lesser-developed country）国家（欠发达国家），今天在学术圈里和国际出版物上，这个意义更为常见，因为"第三世界"包含了前殖民地的意思，这是我们这里要讨论的几乎所有国家的共同历史经验。

[51] 1987年北欧环境与发展会议估计，有5亿男子、妇女和儿童受到长期营养缺乏和饥饿的威胁，每年有4000万人死于饥饿和与饥饿有关的疾病。这"相当于每年有超过300架大型喷气式客机失事，上面的人无一生还，其中半数的乘客是儿童"。引自德瑞兹和森（Dreze and Sen，1989，p. 36）。

[52] 和前面一样，这里对经济民主制和资本主义有一个基础性比较。但我们将看到，和指令性社会主义进行比较也应该纳入考虑范围，因为就第三世界的国情而言，指令性社会主义的转型方案比发达资本主义社会的方案要有力得多。

[53] 不包括美国。众所周知，美国有很多人陷于饥饿和无家可归。见哈佛公共卫生学院（1985），以及德赖尔和阿佩尔鲍姆的著作（Dreier and Appelbaum，1991）。

[54] 应该提到"合理发展"的一个面相。物质充裕、闲暇等价值观，因为男性也是为女性培养的。马尔塔·芬特思煽动性地鼓吹："发展对妇女来说是一种恶"，引自弗兰克（Frank，1992，p. 135）。就大多数第三世界国家致力的发展计划来说，这一判断无疑是正确的。什娃（Shiva，1989）列举了大量证据。但说贫穷对妇女来说是一种恶，这也是正确的——而且对世界上很多地区的妇女来说是极度的恶。德瑞兹和森（Dreze and Sen，1989，pp. 50-59）掌握了南亚和西亚、北非和中国的"迷失妇女"的统计材料。

[55] 德瑞兹和森（1989，p. 3）。

[56] 见格登伯格等主编（Goldemberg et. al.，1987）。

[57] 见德瑞兹和森（1989，ch. 11）。这期间中国的发展并不顺利，与其令人瞩目的成功相对照，是紧随"大跃进"失败后，1959—1961年间发生的人类历史上最大的饥荒，其间有很多人失去了生命。弗里德曼、皮克科微茨和塞尔丹（1991，ch. 9-10）对一个村庄的灾荒经历作过令人痛苦的说明。但即使对这个恐惧年代也应该长远地看。根据德瑞兹和森的计算，"印度每8年或稍长一点死亡的人数比中国1958—1961年间大饥荒中死亡的人数还多，因为它的自然死亡率比中国高。印度每8年往柜子里放的白骨比中国引以为羞的年代还多"（德瑞兹和森，1989，pp. 214-215）。

[58] 现在是16‰（是美国仅仅17年前的水平）。古巴的婴幼儿死亡率不仅比其他第三世界国家低很多，而且比非洲裔美国人的婴幼儿死亡率还低。见美国1991年《统计摘要》第62页和1992年《世界年鉴》第752～939页。

[59] 我在1992年夏天写下这些文字，那时我在古巴待了两个星期。

[60] 见德瑞兹和森（1988，pp. 227-229）。斯里兰卡令人鼓舞的纪录近年来无疑已经

有所下降，因为自 1983 年起，这个国家就卷入了残酷的民族争斗中。

[61] 弗兰克和恰森（Franke and Chasin，1989）展示了这一令人瞩目的成就的细节。在 1991 年的著作中，他们对此又作了更简洁的说明。应该注意，这个邦和印度其他部分形成鲜明对照的，是这里妇女比男子多，这表示在得到基本需要满足方面的性别歧视更少。

[62] 见德瑞兹和森（1989，pp. 240 - 249）。中国、古巴、哥斯达黎加和牙买加是第三世界国家中排在前六名里的四个国家，它们在 1960—1985 年间 5 岁以下儿童死亡率下降的百分比，被联合国列为在满足基本需要方面最好的单项成就。应该注意，近年来国际货币基金组织以大力削减卫生和福利费用作为援助条件，强迫哥斯达黎加和牙买加接受，因此现在的统计数字可能没有那么乐观了。

[63] 有两个国家似乎可以作为这一声称的反例：智利和韩国，两者在德瑞兹和森的表格中都以脚注的形式出现。但如作者显示的（1989，pp. 229 - 239，293 - 297）它们在社会指标上的良好表现并不能归功于自由市场的作用。

[64] 森（1984，p. 496）。

[65] 根据古巴经济学家卡洛斯·塔布拉塔（Carlos Tablata）的说法，古巴近几年严重的经济紧缩并没有导致医院或托儿所的倒闭，也没有造成教师失业（给北美哲学家代表团的致辞，1992 年 6 月 10 日）。

[66] 我主张经济民主制比资本主义更稳定，所以这种情况较少发生。但确实可能发生，特别在那些对国际市场依赖很强的国家，这可能是大多数第三世界国家的实际情况。

[67] 下一章将讨论这个问题。

[68] 我们对第三世界经济民主制的讨论将特意省略掉对国际贸易的论述。第六章对国际贸易的分析所得出的结论会有更大的应用性。如果非限制贸易对一个试图将自己的经济纳入民主控制的发达工业国家是危险的，那么对一个发展中国家来说就更危险了。这不是为专制国家辩护，第三世界国家很少能避免卷入重大的贸易，这种贸易不应该是"自由放任"的（也就是说，要为政治权威所规制）。

[69] 这个总结性判断会在保守主义者圈子中引起争论。现在人们吹捧智利的成功，它的经济自 1986 年来一直保持 5% 以上的年增长率，各项社会指标也令人肃然起敬（Briggs，1992）。但是智利的"奇迹"必须放在一定的背景中来看。在 1973 年粗暴推翻民主选举的萨尔瓦多·阿伦德政府之后，皮诺切特将军登门向米尔顿·弗里德曼和其他"芝加哥男孩"求教，并实施了他们的大部分计划。取得的结果肯定被弄混淆了。此前智利的基本社会指标就已经不错——但靠的是救济政策，而不是仰仗自由市场。见格拉汉姆（Graham，1991）。同时应该注意到，1985 年，距实验开始已经有 12 年了，实际工资仍然比将军掌权前低 13%（德瑞兹和森，1989，p. 233）。20 世纪 80 年代，智利的人均年收入每年只上升 1.1%——所谓"奇迹"只是相对于拉丁美洲其他地区而言，这些地区大部分也在进行自由市场改革。卡多佐和黑尔韦格（Cardoso and Helwege，1992）对拉丁美洲"迷惘的十年"有总体评价。

[70] 值得注意，与普遍的信仰相反，集体化农业并不是内在地不如私人农业。比如，

这里有证据，南斯拉夫的私人农庄（该国农业的主体）效率和生产力都明显低于合作化农场伯雅德（Boyd，1987）。再如罗伯特·麦金太尔（Robert McIntyre，1991a）所观察的，"东部的农业高度机械化，基本上不再以面朝黄土背朝天以及季节性迁移作为生活方式……取消集体化的压力要么来自改革者意识形态化的想法，他们认为在工业和城市推行的私有化，在逻辑上也可以运用到农村中去，要么来自那些希望通过获得和售出土地以进行短期投机的个人——他们几乎没有人对自己去进行小规模农业生产感兴趣"。

［71］阿贝尔和马洪尼（Abell and Mahoney，1988，pp. 365 - 367）。

［72］阿贝尔和马洪尼（1988，p. 376）。

［73］森（1984，p. 490）。

［74］瓦内克（1990，pp. 180 - 182）。他的其他三项条件是：没有寡头政治倾向、具有支持结构以及平等获得技术。

［75］瓦内克（1990，p. 182）。

［76］欣顿（1990）对此作了最有力的呈现。

［77］尼（Nee，1989，p. 184）认为这个长期以来传媒中不断重复的口号，其目的是要向农民们保证，政府真的支持企业家勇冒风险，不会突然政策转向。考虑到中国自革命以来的历史，作这种保证不是没有正当理由的。

［78］黄宗智（1990，p. 220）。他补充说，私人企业在福建、广东和温州扮演更重要的角色，但是"1986年，中国全部乡村企业的收入总额中，集体企业仍然占据了2/3"。大部分非集体收入都来自家庭（非资本主义的）企业。

［79］戈顿（1992，p. 56）。引自世界银行数据。

［80］德瑞兹和森（Dreze and Sen，1989，p. 216）。

［81］戈顿（1992，p. 55）。

［82］这是黄宗智（Huang，1990）提出的基本论题，他的主张很有说服力。他说，我们现在拥有了既在放松经济控制方面不同于"毛氏保守主义"，又在要求私人财产和自由市场方面不同于"激进改革派"的模式。简单地说，它是一种在所有权的社会主义制度里追求企业家精神的模式和景象。

［83］欣顿（Hinton，1990）列举了很多例证。

［84］见德瑞兹和森（1989，pp. 216 - 221）。变化令人震惊。1978年男婴和女婴的死亡率是持平，而现在女婴死亡率是男婴的一倍。这个变化毫无疑问和中国对家庭规模的严格限制和传统上对女性的歧视有关，但也有可能和家庭契约制度以及公家提供的社会支持减少有关。

［85］转引自威尔逊（Wilson，1987，p. 298）。

［86］威尔逊（1987，pp. 299 - 300）。也见韦尔（Ware，1992a），他论述了中国的民主概念和西方流行概念的显著差别。

［87］转引自威尔逊（1987，p. 302）。

［88］巴亚特（Bayat，1991，p. 302）。

［89］威尔逊（1987）说："虽然赋予工人代表大会的功能和权力在纸面上扩大了，但

若对工人代表大会的规章制度做仔细检查，就会发现，所有由工人代表大会通过的方案和提议，都依赖（指定的）工厂管理人员去执行。"

[90] 见黄宗智（1990，ch.12），有对乡村工业化的说明。

[91] 我不排除会有一种混合性制度，既不是资本主义，也不是社会主义或民主制度。中国的未来如何，还需拭目以待。

[92] 巴亚特（1991）对当今第三世界争取工人控制和自我管理的斗争有精彩的回顾。

第八章
其他形态的社会主义

　　资本主义已不再存在健全的道德和经济的正当性，这是本书的核心命题。我已经提出这个论点。我希望读者已经被说服。我不否认资本主义曾经是一个进步的社会形态，但那已经是明日黄花。资本主义之所以继续存在发展，并不是因为没有可行的、更理想的社会主义，而是因为那些资本主义最大受益者依然有极大的权力阻止任何这样的新制度出现。

　　在对资本主义的反驳中，我详细地提出了这样一种选择，并最终主张这种社会主义形式。我把社会主义这个标签贴在经济民主制上，社会主义不仅在道德上，而且在经济上都优越于资本主义。我所没有指明的是，经济民主制是最好的一种选择。这一见解与我们的主要论点并没有必然联系。如果取代资本主义至少有一种可行的选择很符合我们的基本准则，那么资本主义就不再是正当的。

　　然而，我认为经济民主制是当前历史阶段取代资本主义的最切实可行的选择。在本章，为了彻底说服读者，我要为这种观点辩护。但这里我不想过多地讨论这个主题，我打算考察几种可供选择的社会主义模式，然后阐明它们如何和经济民主制不相同。

第一节　指令性社会主义

　　在不久以前的那些日子，主张指令性社会主义（command socialism，即苏联模式）有很大的缺陷是不会有争议的。[1]但是理解其缺陷的特殊性质很重要，尤其是因为那种模式的失败经常被引为社会主义本质上不行了的证据。

　　指令性社会主义曾经被认为是一种与社会主义等同的经济形式，它实行国家控制的中央计划。政府的计划委员会对整个的经济实行控制，规定每个生产单位产品的数量和质量及物资的输入、技术的使用、产品的定价、工资的支付。[2]由于行为者自觉地决定生产什么、如何生产、产品卖给谁，所有的经济神秘化都消解了。

不幸的是，这种模式从概念上说是十分清楚明白的，但是它注定有严重的实践困难。首先，要处理的任务是困难的。亚历克·诺夫是批判指令性经济模式缺陷的最远见卓识和百折不挠的左翼批评家之一，他说，"根本的一点"是：

> 在大多数场合，中央并不知道它应该做什么，同时，由于信息的分散，管理人员在这种情形下也不知道社会真正需要什么，除非中央告诉他……麻烦的是在这种方式下，要求微观经济手段近乎不可能，即使是最善意的管理人员也不会不被误导。[3]

看一个简单的例子：钢板的生产。计划中心（planning center）必须规定每一个工厂的配额。以什么为单位呢？假定选择吨为单位。由于工厂的管理人员没有什么其他信息作为他决策的基础，他倾向于生产厚钢板，因为那种方式能够更"有效"地满足规定的配额。如果相反，选择平方米为单位，那他则倾向于生产尽可能薄的钢板。[4]如果计划中心需要特别的钢板，具体的吨数、厚度、各种等级等，它必须从全国各地的潜在用户中收集相关的信息，对信息进行适当综合，然后把任务恰当地分给生产钢板的所有企业，这是一个充满着错误可能性的艰巨复杂的任务。所有这些都是为了一种产品，而且计划委员会必须为整个社会的生产制订计划。[5]

即使每一个人都坚持忠诚的、一心一意的协作态度，收集和散布适当信息的困难也是中央计划委员会面临的基本的问题之一。同样，在激励机制上也存在问题。为什么管理人员对工厂的供给需要和生产能力诚实无欺？因为他完成（或超额完成）计划可以获得奖励，所以要求超过需要的供给和低估工厂的能力就是可以理解的了。当然，计划制定者认识到这种倾向，所以他们就有意设立更高的目标，超过公司上报要求完成的目标，并且提供少于公司要求的供给。但是这样的调整，从计划制订者来说是合理的，对直率豪爽的管理人员却不利，而且会鼓励和培养欺骗之风，助长玩世不恭。

对可得到的供给的有效使用也没有什么激励措施。一方面，如果一个公司通过保存供给来提高它的利用率，可以想见在随后的时间供给将减少。如果它重新组织生产以提高它的产出，可以想见在以后的时间它的配额将增加。

另一方面，如果它不能够有效地生产，那就会遭到"惩罚"。实际上，指令性经济下的公司是在一种"软预算约束"（soft budget constraint）下运行的。那就是说，公司决不破产。如果配额没有完成，它们将会向下调整。[6]

配额必须保持一个正确的比例。苏联经济尽管是低效率的（这被新古典主义经济学家快乐地记录下来），但它以其经典形式存在了半个多世纪。指令性社会主义虽然在运行上有缺点，但它还是运行着，在某些方面甚至比华盛顿资本主义运行得更好。那里极少失业，事实上也没有非理性的倡导性消费。回顾上面所说，失业和非理性的倡导性消费都是一种效率不足。

当然，国家可以努力迫使公司发挥效率，抵消前面提及的深刻的、根深蒂固的无效率。但是，效率毕竟是判断经济制度的一个标准，虽然在一个比较富裕的社会，效率几乎不是最重要的评价标准。从平等方面来判断，指令性社会主义往往胜过资本主义。比如在苏联，企业高层管理人员的收入和一般体力劳动者的收入之比约是 4∶1。[7]而在美国两者之比经常超过 100∶1。但是苏联免费的卫生保健和教育的提供，十分低的购房费用，也起了平衡作用。甚至是匈牙利经济学家科尔奈（Janos Kornai），现在所有社会主义的激烈批评家，也承认"从根本上说，如果考虑到古典社会主义制度下整个社会物质福利等所有因素，其不平等比现行资本主义制度更少"[8]。

如果把指令性社会主义和经济民主制作个比较，我们立即就发现，后者并不比前者更倾向于无效率。对指令性经济十分基本的信息和激励机制问题并不存在于经济民主制，因为这正好是市场经济可以有效地解决的问题。当然，作为一种市场经济，经济民主制必须容忍收入的不平等。[9]如我们所说，这些问题并不比资本主义少，但是否比指令性经济可能存在的问题少，这是不能先验地回答的。因为工资是由中央确定的，指令性社会主义理论上是能够选择它希望的任何程度的平等（或不平等）的。但是，在实践上，它必须平衡物质刺激的需要和意识形态的正统性、政治民主（如果社会应该是民主的）强加的限制的需要。[10]

假设在一个给定的情形下，指令性社会主义比经济民主制会表现出更多的平等主义。根据这个理由，指令性社会主义的优势就不但可以平衡它的无效率，而且可以平衡它在其他重要价值上的不足。对指令性社会主义的最重大的反对理由并不是它的无效率（虽然道德败坏的影响和非理性不可小看），而是与自由和民主相关的问题。

中央计划需要中央集权的权威，那意味着权力集中的危险。古典自由主义者关心的自由在这里并没有被误导。在指令性经济中，政府是唯一的顾主，政府任命所有企业包括媒体的管理人员。人们可以想象宪法对言论自由的保护，但是对人们行为（对历史不敢说三道四）的综合考虑却引起人们对宪法保护效力的严重的怀疑。

指令性经济和政治的民主是相容的吗？理论上是。选民选举出政府，政府任命计划委员会成员。要不是刚才正好提过的原因，人民要在实践中（不管任何形式的保证）超越权力，挑战一个控制所有职业和所有媒体的现行政府看起来是极度困难的。[11]

如果对民主的承诺是以对参与自治的承诺为基础的，那么指令性社会主义就变得更成问题了。我们知道，这种价值是对资本主义进行重要控告的基础，即资本主义不能把民主引入到工厂。指令性社会主义在这个指控上也是容易受到攻击的。实际上，我认为对中央计划经济来说，允许企业真正控制它们的工人而不是控制任命管理人员是不可能的。有两个原因。第一，因为计划委员会规定产品配额、价格、供给和工资，工人很少有真正的决策机会，而工人的决策对他们的福利会有着实际的影响（消极的和积极的都一样）。正是这个原因，指令性社会主义下的企业缺乏真正的自治。

第二，惩罚问题。如果企业不能够履行计划，中央计划制订者会如何处理呢？他们就试图惩罚所有的工人，但是这种措施将激起敌对、分裂性的反应。因此，在中央计划制订者看来，任命一个厂长并使他具有责任心将更为"有效"。但是，如果他兢兢业业地完成了配额和计划中详细规定的其他细节性任务，那他对工人就没有负到应有的责任。在我看来，这种独裁主义的倾向是不可抵抗的。

如果总结这个对比，我们发现，经济民主制比指令性社会主义不但更自由、更民主，也更有效率。指令性社会主义也许是、也许不是更为平等主义的，但是任何这样的矛盾，如果它有利于指令性社会主义，就不能指望它在其他问题上足以压倒经济民主制的明显优越性。

第二节 技术专家统治的市场社会主义

指令性社会主义缺乏效率也许不是对它的最严重的责难，但是它在经济运行领域的突出的缺点使它没有吸引力，当然，它不但对生活在发达资本主义社会里的人，而且对那些与过去的共产主义相脱离的人也不具有吸引力。

人们也许会推测社会主义是否出问题了，从历史观来说，它错在试图太激烈地改变事物。没有哪个社会，甚至是远古社会，曾试图对整个经济实行中央计划，所以总的说来，它没有取得预期的结果并不奇怪。[12]如果某人从资本主义国家移民到社会主义国家，无论是在经济运行上，还是在平等上，他也许只会遇到一些十分简单的变化，甚至比移民到经济民主制国家面对的变化还简单。不管中央计划如何，必须强调：为什么不是仅仅使所有企业进行国有化，为什么不是让市场及公司高级管理人员继续像以前一样以利润最大化为目标，而是让效益不归业主所有（其所有权将被剥夺）而归国家所有，用以投资或作为社会福利还给市民？

对以上述观念为基础的社会主义，我称之为"技术专家统治的市场社会主义"，它是市场起核心作用，而不是员工自我管理的任何形式的社会主义。技术统治的市场社会主义避免了中央的计划，但是没有采用工厂民主。它无须否认所有的计划，但是（像经济民主制一样）依然把市场作为协调生产和大部分产品、服务的分配的基本机制。

这种社会主义理论的起源可追溯到 20 世纪 20 年代—30 年代间的学术争论，这场争论发生于奥斯卡·兰格及其支持者弗瑞德·泰勒和各种社会主义的批判家路德维希·冯·米塞斯与弗里德里希·哈耶克之间。[13]新近的两个支持者是经济学家詹姆斯·扬克（James Yunker）和约翰·罗默（John Roemer）。[14]我们将在这一节考察他们的具体主张。

技术统治的市场社会主义面临的基本问题是通常称为"首要执行者的问题"（the principal-agent problem）：如何建构激励机制，以确保首要愿望能够为下属机构执行——在这种情况下，如何确保企业管理人员会真正努力地实现利润最大化。在传统的所有者经营的资本主义公司里，这种问题并不存在，因为所有者和管理人员是同一的。而在资本主义企业里，企业的领导是受股东监控的。[15]在技术统治的市场社会主义制度下，如何实行这种监控呢？

詹姆斯·扬克，近 30 年一直鼓吹所谓的"实用主义的市场社会主义"，他把他的模式简单概括如下：

资本家阶级的经济职责是在公司高级管理人员中确立利润最大化的激励机制，这一职责将被国家的政府代理机构，即所谓的公共所有局（the Bureau of Public Ownership）所接管。在资本主义社会，全部的所有权收益普遍地归个人所有，而在实用主义的市场社会主义下，则归公共所有局所有。公共所有局将保留 5％的利润用以行政支出，其余的将以社会福利的形式用以公共开支。一般地说，其他一切则保持原样。[16]

　　让我补充一些细节问题。本质上，全部的固定的大型企业设立的收入—产出金融机构，通常都归私人所有，将由公共所有局接管。公共所有局将（1）监控这些公司的管理，根据制定出来的合理的公司管理章程，监督公司继续像以前一样运行；公共所有局被授权作为股票和债券的所有者，它将（2）征收所有的红利和利息，然后把这笔钱（减去运行费用）归还于公众，作为社会福利用以个人。

　　为了确保有效的监控，公共所有局设立几千个代理人，这些代理人是从经验丰富的企业高级管理人员中征募而来的，每人分到监督几家企业管理的任务，并从那些企业中征收一定百分比的利润作为收入，对这个百分比的规定高得足以使得这个职位具有很大的吸引力。如果某个企业运作得不好，主管该企业的公共所有局代理人将有权解雇企业高级管理领导并另聘新人。

　　这些安排的目的是为了消灭所有权收益——或者更确切地说是为了重新分配所有权收益——而保留资本主义全部高效率的优点。公共所有局代理人仅仅是承担目前由公司董事委员会承担的角色。他的收入，像董事的收入一样，与企业的运行状况相联系。代理人，像董事一样，是受到激励的，能够有效地行使监督权。公共所有局代理人自己则受公共所有局中央管理人员监督，他们负责招募代理人和收集对代理人有用的统计资料。

　　必须指出，只有大型的、常设的企业才会服从这些安排。小型企业则仍然像以前一样运行。所以，公共所有局的规模不必十分庞大。[17] 而且所有仍然由其创始人经营的企业都是免税的。这维护了企业家的积极性，企业创始人仍然可以利用这一好方法富裕起来。

　　扬克宣称，相比资本主义，这一模式有两点基本的优势：它是更为平等主义的，因为所有权收益将不再如此集中[18]；而且它效率更高，因为监督将是更有效的。[19] 他还进一步主张另外两种机构，即国家投资银行系统（NIBS）和国家企业投资委员会（NEIB），使经济增长更有活力。[20]

　　扬克说得有道理吗？我认为是。如果不是，经济民主制就显而易见地比实用主义的市场社会主义更优越。他在下面这点上也许是正确的：实用主义的市场社会主义至少和资本主义同样有效率。主要的问题是公共所有局的效率问题，但是，如罗默所指出的：

当前，关于美国企业控制与股票市场的关系和日本的经验——在那里，

> 与其说是股票市场，不如说是银行有效地监督着企业的经营和对投资项目进行评价——之间的争论表明，对政府聘用的产业专家经营的国有公司有效监督是有可能性的。[21]

如果整个的经济在实用主义的市场社会主义下和资本主义下一样有效率地运行，那么，似乎不能怀疑它在平等上也有重大的收获。读者可以回顾我们关于资本主义不平等的论述。由于所有权收益的流动，当代资本主义的大量不平等得以保持下来，而实用主义的市场社会主义将减少这些现象。

人们也许会担心，没有资本家将没有充足的储蓄用以投资。这种合理的担心，如同在经济民主制下得到解决一样（虽然不是很激进），在实用主义的市场社会主义下也得到解决。如果存在储蓄不足，将由税收弥补，而且公共投资银行（前面提到的国家投资银行系统和国家企业投资委员会）也要对经济进行投资。[22]这些机制和经济民主制的机制十分相似，以至于它们的效力在这里无须怀疑。

我也准备承认，实用主义的市场社会主义在经济上是可行的，而且比资本主义更理想。同样地，它将取代经济民主制作为在一般观点上反对资本主义的相关术语。然而，同经济民主制相比，它的缺点也是明显的：它没有工厂民主。所以我们发现，与这一特点相关的各种优点也将失去：重要的未知的高效率、更多的参与自治、更合理的劳动力市场、经济上对非理性的倡导性消费和经济增长的更少依赖。

这种模式还有另一种性质非常不同的问题。这个问题在第七章已经提出，即如果不能从这种模式转变到另一种模式，争论取代资本主义的问题就没有多少意义（除了理论上和道义上的一定意义）。如果转变问题是难以解决的，那有什么意义呢？

当然，从逻辑上说，从我们原来那儿过渡到实用主义的市场社会主义并不是不可能。人们总是可以用魔法召唤一场革命或者一次大规模的选举的成功，使政府有权力实施其期望的变革。但是，如果要避免诉求于暴力之神，我们就必须能够瞄准真正的力量和倾向，向这种模式所指示的方向推进。要取代经济民主制，就必须加强协作活动；扩大工人参与生产的权利；努力抑制资本的灵活性，从市场的逻辑中扭转过来，使它受社会的控制；等等。但是，实用主义的市场社会主义情况并不是如此。据我所知，没有任何证据表明我们对著名的企业实行了国有化，以政府代理人取代了股东。[23]当民主运动的参与者仍然坚持自己是社会主义者时，上述的这些东西也许曾经是社会民主运动的目标，但是那些日子已经过去很久了。

实际上，我们正在审视价值观。实用主义的市场社会主义呼吁的是巨大的效率和高度的物质平等。这些价值在经济民主制里也起作用，但更主要的价值是民主，而民主是以参与自治为基础的。我认为，民主是极为顺应人心的。如果塞缪尔·保尔斯（Samuel Bowels）和赫伯特·金提斯（Herbert Gintis）是正确的，并且言之有理，那么过去几个世纪的社会历史就可以被最恰当地描述为一系列争取扩大民主的历史；而经济民主制，就其本身来说，比实用主义的市场社会主义更理想，对那些追求根本变革的人来说，它也是更现实的目标。[24]

最近几年，约翰·罗默一直和其他的同事一道研究，把他的卓越的智慧转向了市场社会主义。[25]尽管转变的问题只是扬克模式中的阿基里斯足踵，但却不能如此轻易地说罗默的"银行为核心的市场社会主义"就存在同样的问题，这种社会主义作为取代私有制的可行的选择已经清楚地提出来了，现已在东欧风靡一时。[26]

罗默把代理人问题当做市场社会主义的最严重的问题。为了解决这个问题，他提出了一种与经济民主制的特点之一惊人相似的机制：公司将集聚成金融集团，在其核心，政府的一个"重要银行"将对公司进行主要的监督。[27]

然而，在罗默的模式中，这些公司却既不是民主经营的，也不是（以无中介的形式）归社会所有的。每一个（国有）公司（firm）都是一个联合股份公司（company）。[28]这些股票分散在（1）总行、（2）公司的工人和（3）集团中其他公司手中。[29]每个公司的董事会由来自每个子公司的代表组成，并且每个子公司有权利分享利润。

这种金融风险对每个子公司都有促进作用。对于某个确定的公司的工人来说，本公司利润的分红可以弥补他们的工资，从而激发他们更有效地工作。对于集团公司的子公司来说，总公司利润的分红可以弥补它们其他的收入，从而促使它们互相监督。至于总行，所有子公司利润的分红，加上它收到的利息，构成了它的总收入。这笔收入是公司运行良好与否的切实证据，这促使它关注自己团体里的每个公司，并且总体上留心集团的经济福利。

由于总行是一个风险银行，它的收入（它的股票分红和各种放款业务量）是公共的收入。根据政治上确定的规则，这个收入在扣除业务费用后要返回到公众手中。这样，每个工人的收入就有四种来源：工资、本公司利润的分红、所属集团公司中其他公司的利润分红，以及社会红利。

这种调解如何解决混合经济中各种各样的代理问题呢？我们发现，每个代理人都受到多重的监督。工人互相监督，因为他们分有公司的利润，而且他们也要受管理人员监督。公司的管理人员受代表工人、总行和其他公司利益的董事会监督。总行自己则直接受行政上的主管部门和子公司监督。主管部门掌管着总行运行表现（银行的净收入）的明确的数量上的指标，而子公司则对总行从质上进行评估，并把评估情况上报给主管部门。[30]

这种监督制度有一个值得特别注意的特点。总行在其集团内是每个公司的主要的监督机构，这不仅仅是因为它在策略上定位于财政，而且是因为这种模式特别地规定：如果集团内 A 公司认为 B 公司不是实行利润最大化，A 公司有权把 B 公司的股票卖给总行。如果这样的事发生了，它就被当做从独立的消息来源发出的一种信号，表明这个公司经营不善。如果几个公司跟着提起控诉，总行自己就不得不采取行动了，因为如果它被迫买进太多的股票，它自己的现金流通就会出现困难。[31]

当总行一发现其他公司有倾销某个特别公司的股票的重大企图时，这种迹象通常出现的很早，总行就会采取措施刺激和惩罚管理人员，如果需要的话，对债务合约重新谈判，协调金融营救的战略，以延期偿付利息和紧急贷款形式帮助公司，并且安排相关公司给予技术援助；而且为了（临时）销售公司（在其他公司中）的资产，隐瞒其经营亏损情况。[32]

罗默模式的其他几个特点也值得特别一提。他提出了一个类似于扬克的策略来解决革新问题。他相信，在国有公司中革新是会发生的，因为这些公司必须和其他公司竞争，但是为了让其他企业有竞争激励机制，传统的资本主义公司将继续存在。公司只有达到一定规模，才会国有化，并得到适当的弥补。

从根本上说，由于我为经济民主制辩护而提出的同样原因，罗默模式表现出第二个特点：投资的计划性。由于积极和消极的外差因素和其他形式的市场失灵，"无助的市场不能实现社会渴望的投资分配计划"[33]。罗默建议这种计划应该顺应市场。他认为，投资的计划性由于适当的混合折扣利率的提出而得到了最好的实现。[34]作为这种折扣的结果，如果贷款的需求太大，投资基金将由税收来补充。

最后，罗默模式赞成民主的社会主义。他希望一个多党的政治民主。在经济上，每个政党在选举期间都会提出一个纲领和两条政策要点：一是关于全部国有公司税后利润的实行分配的主张，另一是关于促进经济发展的投资的水平和模式的主张。第一个政策要点呼吁平等的家庭分配，或平等的单位资本分配，或根据所得收入的比例进行分配，或与收入成反比例进行分配。[35]第二个政策要点是强调社会各方面的轻重缓急。

这种以银行为核心的市场社会主义作为取代资本主义的一种选择已经在东欧提出。为了反对这种观点，人们也许会提出罗默归结于马丁·维特曼（Martin Weitaman）的反对意见："当你可以有真正的制度时，为什么所有这些模仿资本主义的复杂制度的调整都令人讨厌呢？"[36]罗默和巴德汉从三方面做了回答。这就是：（1）系统将是更为平等主义的；（2）资本主义投资的非理性风险将更少；（3）转变问题的提出是和资本主义相矛盾的。

> 西方资本主义制度，包括它的法律的、政治的和经济的基础结构，是经过很长一段时间的发展形成的。某些制度并不是轻易地重现的。实际上，我们描述的以银行为核心的机构就是在资本市场体制上减轻历史障碍的一种方式。认识到如下这点是很重要的：在19世纪晚期的德国资本市场是不发达的，它后来发展为包括工业公司的金融和管理在内的现行的巨大的银行系统。[37]

就我们的目的来说，没有必要仔细审视扬克模式是否优越于资本主义这个论断。[38]读者应该不会奇怪我同意这一论断。毕竟，这个模式十分类似于我建议的模式，它的特点是，投资的民主控制；有产品和服务市场；企业围绕公共银行形成集团；工人分享利润。如果经济民主制是可行的，那么这种以银行为核心的市场社会主义就应该是可行的。因为大多数公司都是国有的，国有公司的利润或多或少都是平等分配的，因此它无疑比资本主义更为平等。它也是更民主的，因为资本家阶级将不再具有特权。

令人奇怪且值得注意的是，平等和民主这两种价值，在罗默模式中和在经济民主制中重视的程度是不同的。罗默的市场社会主义比经济民主制更倾向于平等，但是却更少地倾向于民主。我认为，这是这两种模式的本质区别。

从经济上看，这两种模式没有多大区别。但是，我并不认为由此我们就可以推断哪一种制度更有效率、更具有创新力，或在增长上更合理。理论上说，经济民主制下的公司在投资上会遇到"范围问题"（horizon problem），而罗默模式下的公司却没有这个问题。这个事实可以用来反对经济民主制，但是如第四章所主张的，范围问题实际上很可能并不是什么大问题。因为如果经营良好，经济民主制下的公司应该是更高效率的。要不是因为罗默体系下的公司可以参加广泛的利润分红，这种考虑是有利于经济民主制的，不过这种差异也许没有什么重大意义。经济民主制下的公司应该是较少扩张性的。同样的原因，它们应该比资本主义的公司更少扩张性。我们已经看出，这些考虑既有正面的，也有反面的。总而言之，因为这两种制度都如此地依赖于个别环境和特定制度，所以我不认为我们可以断言两种制度中哪一种大体上更有利于促进普遍的物质福利。但是我们却可以断言在大多数情况下，任何一种制度都比资本主义更有利于促进普遍的物质福利。

如前面所评论的，两种模式的本质差别表现在民主—平等的平衡上。尤其重要的是，工厂民主在罗默模式中因巨大的物质平等已被削弱。[39]这种差异在结构上的原因是：在经济民主制下，一个公司的所有税后利润都要回归到该公司的工人手中。而在罗默模式中，这些税后利润将在整个社会重新分配，这或许直接有利于巨大的平等。为了这种巨大的平等必须付出一定的代价：必须保留雇佣工人。管理人员不是由工人选举产生，而是由董事会任命，这些管理人员将以工资的形式雇用工人。

必须特别指出，甚至这种"本质的"差异也并不如想象的那么大，它甚至可以变得很小。在罗默模式下，工人可以获得公司的部分利润，而且他们有代表在公司的董事会。工人有广泛的参与权利，他们甚至可以允许选举管理人员，尽管董事会可以保留否决权。这种变革可以增强以银行为核心的市场社会主义的民主因素。

如果罗默模式比它最初看上去的更民主，那么经济民主制则可能是更为平等主义的。如果允许，经济民主制下的公司可以保留它们所有的税后利润，但是必须记住，税收是资本资产的基础，而且这笔收入将在按人口计算的基础上回归到国家。如果仍然需要更多的平等，累进所得税不失为一种选择。

事情的真相是，虽然经济民主制和以银行为核心的市场社会主义起点截然不同——前者把工厂民主作为起点，后者需要所有权收益社会化——它们的终点却并不是离得很远。[40]

第三节　无市场的参与性社会主义

我们就要考察的最后一种社会主义形式并不能达到同样接近的终点。假设我们把工厂民主作为核心，不但拒绝中央计划，而且拒绝市场作为协调经济活动的手段。假设我们同意中央计划是内在的权威，并同意市场是内在的离间手段。我们就要接受计划，不是中央集权的计划，也根本不需要市场。我们所需要的是由分散的、非独裁主义的、民主的计划调整的经济。

民主的社会主义者对此向往已久，但是它的可行性却一再被表示怀疑，甚至有时十分坦率地被表示怀疑。如亚历克·诺夫承认，他越来越不赞成那些

　　不愿意努力探索后—革命世界图像的人。在后—革命世界里，根本不存在经济问题或者在那里任何可能产生的问题都可以通过世界共和国的"联合的生产者"顺利地解决……在混合的产业经济中，各个部分之间的内在关系原则上要么是以自由选择的谈判达成的合约为基础（这意味着自治和商品生产），要么是以计划委员会制定的有约束力的指令性制度为基础，而没有第三条道路。[41]

然而，《Z》杂志的副主编和联合创始人迈克尔·艾伯特（Michael Albert）和美国大学的经济学教授罗宾·哈乃尔（Robin Hahnel）却拒绝承认这一点。虽然在 1978 年的《非正统的马克思主义》中，他们实际上就提出了"第三条道路"的观点。这个"第三条道路"既不包括中央计划，也不包括市场，因为缺乏可行性而遭到广泛的批判。[42]近来，他们又提出这种观点，这次为了应付批判意见，他们大规模地在他们的模式中使用计算机。[43]公平地说，他们是应该受到赞扬的，因为他们为平等主义的、参与的无市场的经济提出了一个相当详细的模式。但是我不得不说，这些建议在我看来仍然是十分狂妄的。

也许是我太苛刻了，不过读者可以判断。基本的观点是十分简单的。从鲁滨孙孤独地在一个小岛开始，他就必须选择一种"劳动情结"（work complex）（这种劳动方式包括不同程度的愉快和不舒适的活动），一种"消费方案"（他喜欢怎样消费），一种"生产方案"（他愿意工作多少次）。从这三种选择的无限的可能性结合中，他必须决定一种相互协调的结合方案，那就是说，他必须选择在一系列适当的任务中投入充足的时间，以满足他的预期消费。

假设星期五出现了，并假设他和鲁滨孙承诺不但要有参与的民主，而且

要有平等。他们无疑可以从协作中收益，但是协作必须是公平的。于是，每个人说出他想要的消费方式、工作时间，两人就此谈判，并服从使他们的工作复杂化的限制性条款。这些条款虽然不必是同一的，但必须是"平衡的"，即它们大致地包含同样程度的愉快和不愉快。[44]鲁滨孙也许想比星期五消费的更多一些，但是他可以劳动更长时间。他们讨论这些问题——商讨各种各样消费方案的好的、坏的结果，指出与从事各种劳动真正相关的东西。[45]最后，他们达成了一个方案。注意这里既没有市场，也没有中央权威。

现在，把这个模式从 2 个人扩展到 2.5 亿人，这样就为美国提供了一个艾伯特-哈乃尔的参与经济模式。的确，事情变得有点复杂了，但是有计算机和各种各样的"促进委员会"可以使事情变得容易些。

如，简·多伊（Jane Doe）无须和每个人讨论她的消费。最初，她只是把她这一年想消费的东西输入计算机。最后，她得到一份日常消费的"自白"记录，据此，她也可以看看她是如何坚持不懈的。[46]不过，她也可以改变她的要求，然后重新提交上去。只是在第三次重申时，她才会诉诸她街道的"消费委员会"。如果她的消费超过一般水平，她就必须试图劝说负责人接受她的消费单。当然，对她和邻居选择的消费方式的可能的有害影响，也是要讨论的。大部分这些讨论都是匿名的，没有超过一般水平的消费单是不会附上名字的。

当街道委员会同意所有的一切时，它必须把核对的总数提交代表该行政区各街道的区行政委员会，其成员也必须达成一致意见。简也许会要求重新考虑她的一些选择，如果这种共识碰到意外的障碍。核对和总计结果将从那里提交到城市消费委员会联盟，然后再提交到州联盟、区联盟，最后再提交到国家联盟。在每个阶段，都需要进行争论、谈判、重新审议——但是最终（希望）通过。计算机将帮助解决这些问题，使得每个阶段的参与者都获悉一般的消费水平是什么，因此每个人都知道行政区、市、地区或国家之间是否不协调。

同样的程序，加以适当调整，就可以使所有的工作达到公正平衡，使个人和街道、市、国家和地区可以对它们愿意做多少与它们的预期消费有关的工作发表建议。这时，计算机又可以大显神通了。

当然，供求最后必须相等。最后的相等将这样达到："重申促进委员会"对所有积累的材料进行审查，并提出五项可行性计划，即该项计划提供的工作量可以满足生产需要的产品。然后，这个国家就可以从事一系列的去粗取精的选择活动，直到唯一的创造性选择留下。这样，这项"全面的计划"就可以提交到每个单位（地区、国家、城市、行政区、街道），供它们选择，接受或拒绝。接着，就是进一步的谈判，"产业部门和消费单位内部及它们之间继续进行协商，直到一个为所有单位和个人接受的计划产生为止"[47]。

在所有这些问题上，我都已经提出了我的概括性看法。我不想试图作详细的批判，然而，一长串反对理由又立刻涌上我的心头，其中有些是艾伯特和哈乃尔在他们的书中已提到的，但是还有很多，即使是十分常识性的东西，他们却没有提到。我只提两个。

让我们从第一步开始：拟订消费单。简·多伊坐在计算机旁，把这一年她想消费的东西输入计算机。艾伯特和哈乃尔估计"整个过程可能要经历三个星期，但不需要 30 小时。现在，对大多数人来说，输入消费单的时间还没有填写所得税表的时间长"[48]。他们假设她手边有打印出来的去年的消费单，并用计算机帮助处理。但是，去年的消费单又从哪来的呢？一般说来，人们将不得不下定决心记录下他整个一年中每天购买的所有东西。每个人，所有的 2.5 亿人都必须有这样一个记录。并且所有这些资料都必须积聚起来，输入计算机。这里，难道我们没有第一手资料的可行性问题吗？[49]

除了可行性的问题，还有一个客观需要性（desirability）问题。即使简有她去年的消费单打印资料，并且即使这并不比计算她的税收更糟，但她为什么要坐下来估计来年所有的消费需要和预期消费呢？为什么要去街道委员会商讨她的消费单和街道委员会的消费单呢？为什么那样会比纯粹去买其所需（假定收入公平分配），或者如果她认为某种消费方式有害，就写点评论性和煽动性文章（如现在所做的）会更好呢？

让我们移到最后一个阶段：提交给投票者的最后的计划。艾伯特和哈乃尔对每个计划的形成也是模糊不清的，但是看起来有两种可能性：其一，全部分解的计划，列举出每个人的劳动情结、消费和生产量；其二，列举出输入和输出的综合计划。显然，五项完全分解的计划是不可能提供给投票者的。每项计划都有 2.5 亿个条目（一个市民一个条目），每个条目不仅仅包含了一个数据，而且包含了那个人的工作情结的说明、工作时间及消费状况。很明显，投票者不可能研究这五项计划并选择其中一项。

因此，这些计划不得不以高度综合的形式提交上来。但这里还有一个困难：即使它们是以高度综合的形式提交上来，如 1 亿吨食品、2 000 万件衣服、1 000 万套新房、600 万辆新车等，投票者也应该知道当他们投票时，他们实际上是赞成分解计划的。投票者也许赞成，比如说，1 亿吨食品，但是计划者却不告诉全国的农场主"要生产 1 亿吨食品"。于是，他们就不得不告诉小麦农场主、牲畜牧场主、草莓栽培者和家禽养殖者他们真正想要什么。供和求必须与特定的产品相符，不仅仅要和总的种类相符。所以，当投票者投票时，他们也不可能知道他们要选择什么，即使投票者有计算机也是如此。

我们发现，任何形式的经济计划的核心都有矛盾，即不但假定了计划的民主性，而且假定了计划的全面性。经济计划，如果是全面的，就必须详细说明几乎无限的变量。但是，经济计划，如果实际地是民主的，就必须限制自己在十分有限的变量中。具有讽刺意味的是，指令性社会主义的主要反对者，艾伯特和哈乃尔，却最终给予计划者几乎像前苏联国家计划委员会享有的那样巨大的自由决定权。从呈报上来的令人难以置信的大量资料中，它们的"促进者"不但有权从百万个计划中选择五项可行的方案，而且有权把它们聚合一起，当它们看上去合适时，并且理所当然地有权进行最后的选择。[50]

在艾伯特和哈乃尔包含着参与自治原则滥用的方法（区别于可行性的考虑）中，存在着一个根本的规范性缺陷。参与自治的原则规定，每个人都有权参与制定他们必须服从的规则，知道决策的结果，但该原则并不强迫这种参与。

艾伯特和哈乃尔的参与经济模式完全没有给人民参与制定社会的消费和生产计划的权利，它只是需要他们这样做：简·多伊必须提交她的消费计划和生产计划，并作出谨慎的修正，取得街道委员会和职业委员会的批准。否则，因为不存在市场信号，"促进者"对"人们需要什么"和"什么资源可以利用"就不会有一个准确的理解。

艾伯特和哈乃尔看来并没有认识到参与民主的消极方面，像市场一样，它也会使人们异化。有时甚至更为严重，其代价不仅仅是时间和精力，还常常导致感情的损害、情绪受挫、身体无力和无能的愤怒。然而，市场交易导致的感情距离绝不是一种明显的罪恶。

因而，在建设民主经济的过程中，这个诡计并不是要用全面的、民主的计划来取代市场，而是要使计划和市场以这样一种方式一体化：只有可以有效地予以规划的东西才纳入计划，其余的则属于市场。这样做是必需的，这不但是为了可行性，而且是为了加强民主本身的深远意义和将参与异化减到最小。经济民主制努力实行这样的一体化，而"参与经济"却不是如此。

［注释］

［1］这一节是对我早期的批判观点的轻微修正（施韦卡特，1980）。我认为早期的观点还是很好地经受住了最近的证据的考验。至于更详细的分析，参见诺夫（Nove，1983，第二部分）或科尔奈（1992，第二部分）。

［2］关于这个计划委员会如何运作的更详细的揭示，参见科尔奈（1992，ch. 7）。

［3］诺夫（1977，p. 85）。我认为诺夫是个左翼批评家，尽管他最近告诫读者，"某些

［批评家］不顾我的实际，把我纳入左翼阵营"（诺夫，1991，p. ix）。诺夫远不是个保守主义者也是很显然的，他指责芝加哥经济学是"不合适的渐进主义，错误的边际主义，近视的货币主义"（诺夫，1989，p. 108）。

［4］诺夫（1977，p. 94）引证了发表在《科罗克帝尔》（Krokodil）上的一幅漫画。画面的内容是：一个巨大的钉子悬挂在一个大车间里，厂长指着这个钉子说："这个月的计划完成了。"当然，单位是吨。

［5］诺夫（1983，p. 101）认为，苏联的钢板产值，由于产地完全分散，估计在1 000万吨到1 200万吨之间。

［6］有一段时间，曾认为效率问题可以通过要求公司管理人员对与劳动力和物质资料成本（根据给定价格规定的所有成本）有关的产品价值追求最大化来解决。但是，软预算约束以另一种形式清楚地再现了这个问题。如果一个公司无法收回它的成本（如经常发生的那样），它几乎总是通过津贴、价格调整、赊账或削减税收来达到平衡。详细内容见科尔奈（1986）。科尔奈是"软预算约束"一词的发明人。

［7］伯克森（Bergson，1984，pp. 1085 - 1086）。

［8］科尔奈（1992，p. 332）。

［9］它或许也存在很多失业和非理性的倡导性消费的困难，虽然无论哪种情况（根据前面阐述的原因），这个问题并不比在资本主义下轻松。

［10］就它是非民主来说，指令性经济是和相当大的不平等相容的，苏联就是如此，虽然其不平等程度比主要的资本主义国家少。细致的评价参见伯克森（1984）。指令性经济是否必定是非民主的，我们稍后会考虑。

［11］我用"人民超越权力"（people out of power）而不是"政党超越权力"（party out of power），不是为了暗示"政治的民主"和多党选举是等同的。政党和民主的关系与中央计划和民主的关系是风马牛不相及的。

［12］必须提及，作为社会主义经济模式的复杂的中央计划并不是马克思倡导的，马克思拒绝"给未来的餐馆写食谱"（1867，p. 17），列宁也没有这样做。正是在列宁死后，斯大林以资本主义—社会主义混合经济模式中断了苏维埃实验。苏联新经济政策一直持续到1928年，并开始实行指令性社会主义的基本制度。

［13］这在第三章有简单的论述。详细叙述（从其同情者的观点到米塞斯和哈耶克）参见拉瓦伊（Lavoie，1985）。

［14］另一个支持者是利兰·斯陶贝尔（Leland Stauber），他是市场社会主义的长期鼓吹者。因为他的模式和扬克的如此相似，我不想区别对待（在某些方面——投资基金产生于税收，由社区的银行分配——甚至比扬克还更接近我自己的模式）。详情参见斯陶贝尔（Stauber，1977，1987）。必须指出，技术统治的市场社会主义的现代支持者和其早期的鼓吹者之间存在着重大的不同。早期的鼓吹者关心的是企业管理人员的运作规则，这种规则将确保经济看上去像竞争性经济。而现代的鼓吹者则需要真正的竞争。

［15］大量的争论（与我们这儿无关）发生在近几年，围绕的是这种监控的效率问题。参见詹森（Jenson，1989）和1989年11月、12月间出版的《哈佛商业评论》中的反驳文章。

[16] 扬克（Yunker，1986a，p. 65）。扬克（1992，p. xi）告诉我们，实用主义的市场社会主义这一基本概念是他在 1964 年至 1965 年间在福德姆（Fordham）大学读书时的大学毕业论文中提出来的。从那以后，关于这个主题他还写了大批论文和两本书。更深入的观点则主要在下列著作中提出的：扬克（1979，1982，1986a，b，1992）。在 1992 年的著作中，他对这个领域研究的最新成果做了精辟的概括。

[17] 就美国经济来说，扬克（1986b）估计中央局需要人员 2 000 人～3 000 人，代理人 5 000 人～6 000 人就足够了。

[18] 扬克（1982）估计，所有权收益是按工资和薪水收入分配的，美国 90％的人在实用主义的市场社会主义下可以比他们现在得到更多的收入。

[19] 参见扬克（1979）。他的主要观点是：股票的分散所有减少了股东对大多数企业的控制，使得管理能够更有效地为单个的、高素质的代理人监督，代理人的收入将和企业的利润紧密地联系在一起。

[20] 扬克（1986a，pp. 74ff）。这些机构是对现行的储蓄和投资机构的补充。国家投资银行系统将贷给企业实物资本，国家企业投资委员会则鼓励企业家的商业风险活动。

[21] 罗默（1990，p. 5）。也有迹象表明，许多经营的很好的国有公司，甚至比扬克主张的还更少监督。

[22] 扬克（1986a，p. 74）。在实用主义的市场社会主义下，税收仅仅是私人储蓄的补充。在经济民主制下，税收将取代私人储蓄（作为投资资金的源泉）。

[23] 扬克（1979，p. 108，n. 46）评论道，"为了正义和政治的可行性"，业主应该有所补偿，但是他对资本主义反对这样一个建议的剧烈程度并没有说什么，他也没说为什么人们在面对这种反对理由时会期望资本主义能成功。扬克（1992）关于转变的论述本质上是呼吁"一种反对偏执的无知和偏见力量的启蒙运动。这是在真诚地友好地劝说基础上的和平的、从容不迫的、和善的运动"（p. 280）。

[24] 保尔斯和金提斯（1986，ch. 2）。

[25] 罗默以他 1982 年的论文《剥削的一般理论和阶级》而声誉卓著，该论文是数学上一流、哲学上深奥微妙的力作，是对我们现在理解的马克思的剥削理论的改造。近来，他又创作（和合著）了大量关于市场社会主义的著作。在后面，我就要提到：罗默（Roemer，1989，1990，1991，1992），奥图诺-奥廷、罗默和西尔韦斯雷（Ortuno-Ortin，Roemer，Silvestre，1990，1991），巴德汉和罗默（Bardhan and Roemer，1992）。虽然基本的模式显然是联合研究的成果，但我把它称为"罗默模式"。

[26] 这在巴德汉和罗默 1992 年的书中也提出来了，虽然没有被其他著作所引证。在该书中，他们也提出了一种"蛤壳"经济模式，这种模式涉及为所有成年人进行股票担保的问题，是他们原来的模式的变种，它作为取代资本主义的选择也许适合于东欧。在这里，我不想对此进行讨论，因为两种模式的差异对我们正在讨论的观点没有什么影响。至于对罗默基本模式最全面的描述和辩护，参见罗默（1991）。

[27] 我不认为这种相似完全是偶然的，即使产生两种模式的灵感是不同的。经济民主制的这个特点来自"猛龙"公司的经验。至于罗默，这个灵感来自日本的系列公司。这

种形式（有点修正）也见于德国和韩国，在各种各样的形式中，此种形式被证明是能够解决现代公司在市场经济下面临的许多问题。

[28] 国有公司是那些按照我们所描述的建立起来的公司。据我们所知，在经济中，也存在一些私人的（即传统的资本家的）公司。

[29] 罗默也允许集团公司外的机构持有股票，如其他金融机构、养老金基金会、当地政府等。然而，它们持有股票的总数量应该比三个部门少，这与我们的问题无关。实际上，罗默并没有详细说明公司的股票在不同的部门中是如何分配的问题，我猜测三个主要部门持有的股票应该粗略相等，只有小部分留给外面的机构。

[30] 这最后的规定并没有为罗默所提及，但是这对我来说是很显然的，并且也符合他的模式的精神。

[31] 这种模式似乎有一点缺陷。罗默对股票应以什么价格重新买回并没有说什么。从观念上说，如果公司经营良好，股票的价格应该是股票之所值，但是如何判断这一点呢？假定某些股票市场的存在，并不是为了私人，而是为了那些可以购买公司股票的其他机构，人们必定想知道这种调节的效力如何。

[32] 巴德汉和罗默（1992，p. 108）。那就是说，总行将像日本主要银行的典型做法那样做。

[33] 罗默（1991，p. 4）。

[34] 这个观点表面上的一个证据是由奥图诺-奥廷等人（Ortuno-Ortin，1991）提出的。然而，由于它的形式性和抽象性，人们对它的实践的重要性不够重视。实际上，投资计划性，如经济民主制所提倡的，利用量的分配和（在实行的）利率折扣的相结合的方法，或许将是更可取的。如果是的话，这样的机制应该很容易融入罗默模式。

[35] 罗默（1991，pp. 3－4）反对按收入比例的分配（按收入比例分配是扬克喜爱的主张），这主要是道德上的原因。尤其是，这样一种分配可以加强，而不是减轻来自技术和才干的收入差别——这是罗默（1982，p. 212）称之为"社会主义的剥削"观点的基础。他也谈到"严重的效率问题"，但是他提到的关于分配的观点，我认为与实际的世界没有多大相关。

[36] 巴德汉和罗默（1992，p. 102）。

[37] 巴德汉和罗默（1992，p. 103）。他们特别提到，在日本以银行为核心的系统也是起源于高度不完善的金融市场。

[38] 如果不是如此，经济民主制显然是更优越的，因为经济民主制显然优越于资本主义。

[39] 相对于对社会过剩的民主控制，这种平衡并不是对工厂的民主控制，如罗默（1989）所说："我坚持原有的马克思主义观点，相信经济过剩的民主控制，而不是工厂的民主控制，是社会根本变革所真正必需的"（p. 99）。在经济民主制中，对经济过剩的民主控制通过投资的民主计划支配是可以实现的，如它在罗默模式中一样。

[40] 这里有一个重要观点可以提出来以反对罗默模式：在一定程度上，罗默模式似乎有意与现行的（按美国模式建设起来的）资本主义社会有关，为反对扬克而提出的关于

转变问题的反对理由在这里也是适用的。这种模式对政治实践的定向指导不可能有多大用处。

［41］诺夫（1983，pp. ix-x，44）。

［42］这方面的批判可参见施韦卡特（1980，pp. 217-218）。

［43］至于这种模式的流行的介绍，参见艾伯特和哈乃尔（Albert and Hahnel，1991a）。学术性的著作，参见艾伯特和哈乃尔（1991b）。概括性介绍，参见艾伯特和哈乃尔（1992）。

［44］原著强调，"无阶级和真正的而不仅仅是形式的工厂民主要求每个工人有一种工作情结，这种情结是由可比较的履行的责任构成"（艾伯特和哈乃尔，1991a，p. 19）。

［45］为了维护"简化的计算"，每个因素都需要进入直接和间接参加生产产品的所有事物的目录，进入从它们的消费来说什么可以获利的说明。这意味着那些生产和消费特殊产品的人必须试图从质上传达人的影响，而这些是不能从量的指示器上获得的。这并不需要每个写长篇小说《乌托邦辛克莱》的人的工作和生活状况。这也不意味着编造简明的理由来取代每个人都能亲自地经历每种环境这一事实。

［46］即使在参与的经济中没有货币，指导性价格还是必需的（如艾伯特和哈乃尔所承认的）。否则，消费的平均水平就与人们的认识——相比"平均水平"，人们的观点立足于哪里——无关。人们需要知道的并不是他们建议的冰淇淋消费是否高于或低于国家的平均水平，而是他们的总消费额是否高于或低于国家平均水平。

［47］艾伯特和哈乃尔（1991a，p. 86）。

［48］艾伯特和哈乃尔（1991a，p. 90）。我禁不住想知道他们是从哪里弄来那些数据的，他们为什么认为这将引出如下看法：这不会比填写所得税表格更糟。

［49］可行性问题已经十分远离转变问题，但这个问题是难以回答的。每个家庭将不得不有一个计算机，而且所有的家庭都必须严格地操作，诚实地使用等。

［50］艾伯特和哈乃尔对计划的施行保持沉默，他们更愿意谈及沟通、谈判、一致同意。对那些超过计划允许消费的人，或那些劳动时间太短，或拒绝接受分配的工作的人，要加以什么制裁并没有明确的规定。但是，实际情况是，计划一旦决定了，就必须执行。如果没有，不但在异化上，而且在（大）规模的非理性上，经济都容易受到攻击。

第九章

马克思主义者的反思

1969 年，我到肯塔基大学数学系任客座副教授，一位年轻的社会学教师和一个研究生合开了一门大学自由课程，我报名参加了学习。在课上，我有生以来第一次开始学习马克思的理论。[1]当然，像其他人一样，我自以为对马克思已有所了解，然而在大学和研究生学习期间，除了一两篇导读性论文之外，我实际上从没有读过马克思所写的任何东西。

我们讨论的材料既令人困惑不解，也让人记忆犹新。在接下来的整个夏天，我仔细地研读了《资本论》第一卷，顺便说一下，这标志着我从数学到哲学的转变。我的经验与萨特迥然不同，萨特是寻找一种方法，回忆一种相似的瞬间。"我读了《资本论》和《德意志意识形态》，我发现一切都非常明白，我理解了绝对的虚无。理解就是变化，就是超越自己。这两本书的阅读并没有改变我。"[2]

然而这种阅读却使我发生了改变。当我还没有思想准备自认为是马克思主义者时，我已经被马克思伟大真理的其中一条所折服。资本主义及其取得的辉煌成就，在其起源上，在其日常的运作中，在其理论核心的极度不公平的经济秩序上，都植根于剥削。我以前并不知道这一点，马克思使我明白了这一点。作为读者我清楚地意识到，我对此一直是信服不疑的。

那次转变性的邂逅之后，我又阅读了马克思的大量著作，也广泛地阅读了大量的经济学、历史学和哲学著作。我试图去理解这个世界，并时而不断努力地去对它做些小的改变。在某些时候（我想不起准确地是什么时候，因为没有感受到明显转变），我甚至开始认为自己是一个马克思主义者。我现在也是这样认为。我可以一如既往地信奉它吗？马克思主义有前途吗？在反思后一问题时（最后一章的根本的主题），我也反思前一问题，即我的认同问题。

从根本上说，这些反思是独立于本书的其他部分的。如我试图阐明的，反对资本主义这一基本主张倾向于被广泛地当做标准。这是大部分马克思主义者所持有的标准，但绝不是"马克思主义者的"典型标准。大部分自由主义者或左派持有这样的标准，保守主义者也持有其中的许多内容。本书的基本论点绝不仅仅依赖于马克思主义者所独有的内容。

当然，作者承认本书很大程度上受益于马克思，也并无不妥之处。读者可以注意到，本书主要论点的许多辅助性观点都是深受马克思启发的。正如在马克思时代，"在德国知识界发号施令的愤懑的、自负的、平庸的模仿者们，今天却已很高兴地像莱辛时代大胆的莫泽斯·门德尔松对待斯宾诺莎那样对待黑格尔，即把他当做一条'死狗'了"。而马克思则公然承认自己是"这位伟大思想家的学生"[3]。当今时代，诋毁马克思、嘲笑马克思主义似乎是十分时髦的行为，趁此机会我也像马克思那样，宣称自己是马克思的学生。

我也趁此机会把本书的目标定位于马克思主义的两个基本观点：它的终极观点和它的历史理论。我想把马克思主义表征为三个组成部分。马克思主义是对现状（即资本主义）的一种批判，是对未来（特指共产主义）的一种预见，也是一种历史理论，一种解释历史如何进展并从而探知未来的理论。本书集中在第一部分，通过为可行的社会主义提供一个具体的建议，试图填补马克思著作的巨大空白，并以此作比较性批判。

但是，对经济民主和马克思原来的共产主义观点——如他早期著作中描述的——有何联系进行研究是值得的。马克思在早期著作中把共产主义描述为：

> 人向自身、向**社会的**（即人的）人的复归，这种复归是完全的、自觉的而且保存了以往发展的全部财富的。这种共产主义……是人和自然界之间、人和人之间的矛盾的**真正**解决，是存在和本质、对象化和自我确证、自由和必然、个体和类之间的斗争的真正解决。它是历史之谜的解答，而且知道自己就是这种解答。[4]

人们可能很难被强迫去明确地表达一个更过分的代表一种社会秩序的论断。经济民主与马克思的观点有何关系？它和马克思的著名信念，即"历史的运动最终会把我们带向这种共产主义"有何联系？历史真正的是按马克思预言的方向运动吗？历史是根据马克思声称他所洞悉的"规律"那样运动吗？简言之，马克思主义的第三个部分——马克思的"历史唯物主义"——

仍然是可行的吗？难道他的历史理论没有最终被现实——尤其是最近令人惊讶的事件——所证伪？这些就是最后一章将要阐述的问题，当然，这些问题并没有得到详尽的阐述，只有当它们和经济民主问题相联系时才能得到详尽的解决。[5]

第一节　共产主义

必须承认，我发现马克思的根本观点是极为吸引人的：在社会中，我们才开始意识到我们作为人"类"的存在，意识到我们和其他人的深刻联系；社会说出人的语言，在这种语言中，"要求"（need）的表达不是"一方面被感觉为和被称为一种恳求、乞求和耻辱，另一方面它也不被听作和拒斥为厚颜无耻或愚蠢的行为"[6]。我已经被马克思的如下观念所打动：总有一天，财富和贫困不再会被当做一对矛盾概念，但是它们将反映一个完整的人的生活的各个方面，我们可以说"富人是一个需要综合展示人的生活的人，他的自我实现是作为一种内在需要、一种要求而存在的"；而"贫困是一种消极的结合剂，它引导人为了巨大财富和成为他人的需要而奋争"[7]。我喜欢马克思的这个观点：我们的感觉变得解放了、人性化了，我们的工作也变成了"一种生命的自由展示和生活的享受"[8]。我不明白，为什么人类应该满足于不足。

但是这种共产主义和经济民主有什么关系呢？让我们仔细考虑一下马克思的一个更为审慎的论述，这个论述不是写于他的青年时期，而是在他生命的暮年，这是和拉萨尔的信徒论战的部分论述。[9]在《哥达纲领批判》中，马克思提出了一个革命的过渡阶段，这个阶段之后才进入共产主义的"第一阶段"，然后，随着时间的过去，将发展到"高级阶段"。虽然马克思本人没有提出这些专门的名称，但在马克思主义的传统中，这个第一阶段日渐被称为"社会主义"，而"共产主义"则特指高级阶段。让我们遵循这种习惯。这样我们就可以说，马克思设想了通向社会主义的革命的过渡阶段，然后，随着时间的推移，社会的进化，再从社会主义发展到共产主义。

假定我们把经济民主等同于马克思的社会主义（即他的共产主义的第一阶段）[10]，让我们推断它是如何演变的。在紧接资本主义到经济民主"革命的转变阶段"之后，对大多数人直接所涉及的环境而言，情况并没有什么改变。[11]那时，股票经纪人、金融家等等诸如此类的人将要失业，当然，资本家也将发现他们自己既不能从生产资料中收益，也不能控制生产资料。但是绝大多数人将在同样的职业上从事工作，依然存在工头和管理人员（supervisors）（然而，他们是对公众负责的），并且依然会发现他们的收入和成就与企业的绩效联系在一起。

现在让我们假设，工厂民主和新的投资的民主控制的结果使他们觉得，充分就业已经实现，公司内的不平等已经缩小，经济增长的衰落是重要的。再假设，越来越多的技术和高效率带来的利润并不是被用于提高消费水平，而是使工厂更有趣，更可能促进和发展人们的技术和能力。假设这些利润也用于创立一种新的"计时的政治经济"（political economy of time）[12]，那就是说，工作时间越来越短且更为灵活，每个人都有周期性休息，有更多的机会改变工作和职业。最后，假设私人和公共投资资源分裂的结果带来的是"私人的富足和政府的贫穷"现象，并伴随着为每个人提供自由、高质量的卫生保健、教育、退休机会的改革。此类情形，一旦达到这样的阶段，大多数人都高兴地工作，没有人贫困，我们就把它称作经济民主的"高级形态"。

我想对这种高级形态提出三个论断，对我来说，前两个是相对地不成问题的。第一，刚才描述的进化的动力，虽然不是不可避免的，但似乎是极为似是而非的，即使是可能的，经济民主也应该是可以建立起来的。充分就业是经济民主的明确目标。免费的医疗保健、免费的教育等，长期以来都是社会主义事业的纲领所要求的。在前面的章节中，我曾经主张，从长远的角度看，经济民主可以减少不平等，消除资本主义增长规律，提供更有意义的工作。

如果资本主义被经济民主所取代，如我所描述的发展轨道那样，将显得似是而非。此外（这是我的第二个论断），很容易想象这个过程的终结状态。[13]这种经济民主的高级形态丝毫不存在狂热的乌托邦，它和我们的技术能力、人类本性之间也丝毫不存在任何形式的根本冲突。这里没有假定经济民主的高级阶段的社会特点，这种特点是为某种职业或在某些公司或某些国家中所不能发现的。我怀疑许多资本主义的支持者（大多数现代自由主义的支持者）会设想他们的事业的终点将具有这些特点。毕竟，充分就业、高度平等、轻闲的工作、普遍的卫生保健、教育和社会的保障——这些是今天普通的政治纲领都有的承诺（即使还未兑现）。

我的第三个主张更具有争议性：这种经济民主的高级形态指的是马克思的（高级阶段的）共产主义。或者更慎重地看待这一问题，根据马克思的基本概念，一旦资本主义已经被决定性地取代，这样的社会，我们还可以期待什么。马克思的"共产主义"不是某种羊和狮子可以并排躺下的浮夸的乌托邦景象，它是所有人类意见不合的终结，在那个社会里，所有的工作都是比赛（Play），并且产品极大丰富，人们各取所需。因此，描述（to represent）马克思就是曲解（to misrepresent）马克思。[14]

也许是这样吧，我对马克思的说明几乎和所有对马克思的其他解释材料都不一致，因为根据我的解释，即使是在共产主义下也要有货币、市场和国家。我断言，不必把马克思的共产主义想象为一个没有货币、没有市场、没有国家的社会。[15]

如果说在共产主义社会仍然存在国家，这会比我的其他论点更少引起争论，因为在一定程度上这是一个语义学的问题。当马克思谈到"国家的消亡"（withering away of the state）时，他用的是"state"，在狭义上指的是制度化的强制性的物质组织：警察、监狱和军队。[16]一个"没有国家"的社会可以有一个民主的政府，这一政府将继续对投资基金的生产和分配以及公共物资的供应做出决策。马克思断言国家将要消亡实际上只不过是断言：在一个民主社会里，每个人都有一个合适的工作，每个人都以一种重要的（significant）方式融入社区，那里几乎没有犯罪和暴力。[17]

大多数评论家都乐于认为，"国家的消亡"并不必解释为在共产主义社会毫不需要制度化的法律强制，我将对这一解释作更进一步的推进。人们应该想起，马克思曾经是一个黑格尔主义者。量的变化，如果积累到足够的程度，将导致质的不同。一个人在被认为是秃子之前是不必失去所有的头发的。如果在一个社会里，警察和监狱的数量及重要性和资本主义社会相比是微不足道的，那么我们可以说，这个社会，在马克思的意义上，是一个"没有国家的"社会。[18]

虽然大多数马克思主义者和马克思研究者都深信，马克思设想的彻底的共产主义并不需要政府的全然消亡；某些人甚至可能承认共产主义与小部分警察力量及一些"惩罚性设施"（correctional facilities）的存在并不抵触，但极少数人会愿意承认，在共产主义社会，仍然会有货币和市场。[19]马克思曾撰文激烈地批判上述各种观点，在《哥达纲领批判》中，他还就有关共产主义社会的经济问题，作了明确的声明。马克思断言，在共产主义的初级阶段，按劳分配（这似乎允许货币的存在）这个原则最终将被"各尽所能，按需分配"这两条著名的原则所代替。

关于这些原则的内容要求，以及它们的相互关系，作者已经作了过多的陈述。[20]请允许作者采取另外的策略，以首先探讨马克思表述的真实意图。作者认为，马克思把社会主义的原则归纳为"按劳分配"，其本意是强调，对于工人而言，在最初的阶段，他们的工作条件和激励体制都没有丝毫改变。马克思强调，社会主义最初"在各方面，在经济、道德、精神方面都还带着它脱胎出来的那个旧社会的痕迹"[21]。然而，变化很快就会发生。资产阶级的无节制的消费很快不复存在（我想，这对马克思来说是十分重要的，因为他清醒地知道资本家收入的大部分都是用来投资，而不是消费），经济也不再因繁荣和萧条反复交替而脆弱不堪。但是工作环境和工作动力却不会改变，至少不会立刻改变。

然而马克思相信，随着时间的推移，这两个因素依然会发生变化。于是，渐渐地，不同的原则就用来表征生产和分配了，这些原则最终发展成为他在共产主义旗帜上写下的两句光辉格言（maxim）："各尽所能，按需分配。"

现在，人们几乎总是这样解释这两句格言：人们将不再为报酬而工作，而是自由地工作；无须购买需要的东西，而是自由地消费。我想对此做出不同的解释。传统的解释，如我刚才介绍的，认定两条原则中的每一条都包含着两项解释。我想保留每条原则的第二项解释，而否认第一项解释。那就是说，我同意在共产主义社会人们将自由地工作和自由地消费，但是我否认人们不从他们的工作中获得报酬，不购买他们需要的东西。[22]由于没有货币，这里不必对"免费"（我想说，这是盲目崇拜）进行解释。

我承认，"自由地工作"其意思不过是指人们工作的首要动机与非金钱因素相关——比如乐趣、自我实现的需要、自尊感、对自己社区奉献的欲望、互惠意识（其他人正努力工作以生产我所消费的东西，我也应该为其他人做点什么）——而不是与消费品剧烈减少的威胁或消费更多物品的欲望有关。自由地工作并不必然意味着人们没有得到报酬。自由地工作意指工作的其他原因远比薪水重要。

同样我也承认，"自由地消费"首先意味着人们有充足的收入，没有金钱的忧虑。自由地消费并不意味着人们从来不必为某物而储蓄，或从不权衡某种得失，做出某种选择，它意味着没有严重的财力上的担忧。如果某人回顾过去（像弗里曼引用的文章说的那样），说"因为有钱，虽然我曾拒绝过，然而我不记得我拒绝过自己什么"，即使他为自己购买的商品付了钱，那么他也是"自由地消费"了。[23]

实质上，我已经解释了社会主义向共产主义的转变，马克思则是用原则的变化来表征这种转变的。马克思是用人们（与物质条件的变化相关的）普遍心理的变化，而不是用某种结构性变化来表述这一转变的。在我看来，这很符合马克思的精神，要知道，马克思并不认为，从社会主义到共产主义的运动只是从一种生产方式到另一种生产方式的运动。而是相反，如我们所强调的，马克思甚至没有用两个单独的词来命名这两种社会形态，而是用共产主义的初级阶段和高级阶段分别指代它们。

让我们来看另一种反驳。我把高级的经济民主等同于高级的共产主义，而本书中一直讨论的模式——经济民主的第一阶段，因为马克思明确地提出共产主义的初级阶段并不是市场经济，不能等同于马克思的社会主义，这两种提法如何自圆其说。马克思明白地指出："在生产资料公有制为基础的协作社会中，生产者不交换他们的产品；正如用在产品上的劳动，在这里也不表现为这些产品的价值。"[24]

我简短地回答两条。第一，反驳的逻辑有缺陷。我的主张很简单，即马克思用于表征高级阶段的共产主义的两句格言也可用来表征高级阶段的经济民主。马克思的共产主义初级阶段是否等同于经济民主和这个主张无关。第二，虽然我倾向于同意马克思在《哥达纲领批判》中勾画的模式不是市场经济的模式，但是这个事实并不重要，因为马克思的意图并不是想真正设计出一个可行的社会主义结构。他的意图显而易见，是为了批判哥达纲领中的特殊声明（statement），即"劳动所得应当不折不扣和按照平等的权利属于社会一切成员"[25]。这个声明有两个东西有充分的理由使马克思生气。声明暗示，工人在社会主义社会可以立刻得到更多的东西，并且能够平等分配。实际上，在共产主义的初级阶段，两种情形都不能达到，并且后者（如马克思一贯坚持的）并不是共产主义的目标。马克思还用经济民主这样的模式来进行这一批判。[26]

让我以几句评论来对这一节做个总结。我已经把马克思的共产主义等同于我称之为"高级形态"的经济民主，即经济民主发展到这样的阶段，大多数人并不是因为金钱上的迫切需要而工作，只有极少数人会由于收入拮据而深受拘束。这种解释克服了（公认的有趣的）关于共产主义社会里懒鬼和大吃大喝者的争论，对共产主义的这种解释，不是任何人始终都需要享受他的工作或是为另外的非金钱因素激励，也不是任何人在要求消费时始终需要合乎情理。人们仍然不得不为他们的收入而工作，并且那些收入将制约着他们的消费量。我的观点是，当货币不再是大多数人生死攸关的衡量尺度时，我们就可以坦诚地说，我们已经迈入了这样的社会，这个社会与它的母胎资本主义有着质的差别，配得上马克思树起的旗帜："各尽所能，按需分配。"

这种解释也可以让我们明白地理解马克思一贯声称的事实：共产主义已经孕育于资本主义社会的胎胞之中。根据这种解释，如果个人的工作是挑战性的、令人满意的和有保障的，而且他无须真正担忧支付租金或信用卡账单，那么他现在就如同生活在共产主义社会了。这种观点是就一般条件而言的，如果这是可行的，我们将拥有一个与我们今天迥然不同的世界。

最后一个评论：在前面的论述中，我已经强调工人生活质量的转变和金钱方面忧虑的缩减，这种转变和缩减可能发生于进化的经济民主制中，因为问题的焦点已经集中在《哥达纲领批判》中明确表达的原则上。但是，其他的变化也是可能的。消费应该稳定（这样就允许经济可以在社会生态学上持续增长），闲暇应该有实质性地增加，技术的发展将更少地源于不断增长的效率，更多地趋向于工人技能和产品质量的提高。

在我看来，在这样的语境中，马克思许多早期的共产主义"乌托邦"特征是具有现实意义的。在他的《1844年经济学哲学手稿》中，马克思要求我们"设想我们已经像人一样生产物品"。于是，

> 在产品中，我的个性（individuality）和产品的特殊性都被客观化，而且在生产活动的过程中，我可以享受个人的生活；在评论对象的过程中，我可以体验、了解我的性格（personality）的独特的乐趣，这种个性包括一种客观的、感觉上显而易见的和不容置疑的能力。与此同时，在你的满足和你消费我的产品的过程中，我将具有直接的和有意识的满足，因为我的工作满足了人的需要，它客观化了人的本性，它创造了合乎另一种人类需要的物品。[27]

我认为，这些很可能就是我们大多数人在（高级的）经济民主下具有的体验——即使我们工作是为了报酬且付款消费。同样也要注意，如果假期长些，休息充分些，生态环境适合，对我及我的一生的重要时期来说，也许真的可能"今天干这事，明天干那事，上午打猎，下午捕鱼，傍晚从事畜牧，晚饭后从事批判，完全随心所欲，这样就不会使我老是一个猎人、渔夫、牧人或批判者"[28]。

第二节　悖论与希望

第七章里阐明的从发达资本主义到经济民主的转变问题，其核心在于展示：资本主义的结构是如何被适当修正，从而转变成为我们的基本模式及其扩展所构架起来的经济。对马克思而言，在转变问题中还有一个更为重要的因素，如我们再三强调的，关于资本主义的结构是如何转变成可行的社会主义制度，马克思并没有说什么，然而，谁来实现这个转变，为什么作为执行人的无产阶级可以成功，他却说了很多。的确，他建构了一个详尽的理论来准确地回答这些问题，这一理论逐渐被称为"历史唯物主义"。

马克思主义在这一部分中，力图建构一种"科学的"历史理论。从这一部分中，人们可以推断出工人阶级的最终胜利。这一部分长期以来遭受非难，

其中甚至包括许多同情马克思对资本主义批判的人。如果共产主义真的会实现，这些人将会高兴地拥抱真正的共产主义。也正是马克思主义的这部分，似乎被东欧和苏联共产主义政权的倾覆而决然地驳倒。

认为历史唯物主义没有寿终正寝，还有别的理由吗？在结论部分，我想对此予以阐述，尽管不是直接地阐述。这一问题与我们对马克思主义未来的评价有重大的关系，它也会把我们引进悖论的混乱状态。我想阐明三点。

第一点：1989 年的东欧剧变和后来的苏联事件，使马克思主义遭到了极大的怀疑，却几乎完全符合马克思主义者的范式（paradigm）。马克思的社会转变理论的基本纲领是众所周知的，其纲领可简洁描述如下：

> 社会的物质生产力发展到一定阶段，便同它们一直在其中运动的现存生产关系或财产关系（这只是生产关系的法律用语）发生矛盾。于是这些关系便由生产力的发展形式变成生产力的桎梏。[那时社会革命的时代就到来了。——原文没有，译者注]随着经济基础的变更，全部庞大的上层建筑也或慢或快地发生变革。[29]

我们看到，这正是在东欧所发生的。苏联的经济模式是指令性社会主义，其集中配置资源以加快工业化进程，一度证明十分有效，却最终超出了它的极限。我们不要忘记，短短的几年以前，西方经济学家还为苏联设计方案，希望苏联在商品相当短缺的情况下赶上美国。如保罗·萨缪尔森在他的 1973 年版的著名教科书中，曾对现存趋势提出一个似是而非的推断，认为苏联经济到 1990 年时将超过美国。也是在那时，萨缪尔森还强调：

> 认为东欧大多数人是悲惨的，这是一个低级的错误。虽然毫无疑问正确的是，几乎没有哪个西方国家的市民愿意以他们在经济上舒适度和政治上的自由度为代价而生活在苏联，但同样正确的是，苏联的市民认为，相比于中国和早些时候的生活，他生活在天堂……在来自贫困的亚洲和非洲的旅游者看来，苏联富裕的增长程度必然看起来是给人深刻印象的。[30]

但是，当基础工业部门的普遍增长不能很好地适度应消费品部门时，"生产关系"很难说是适应的；当最新的计算机与信息技术不能充分发挥优势时，生产关系也不能算是合适的。生产关系的确"变成了桎梏"（我不禁插上一句，我们很多左派思想的人也这样预言过），当这些关系发生变化时，情况就会变化，从而"或慢或快地改变全部庞大的上层建筑"。

这些上层建筑的改变，即政治的和意识形态领域的改变也同样符合马克思的范式。根据马克思的理论，经济的变化，改变了不同阶级间力量的平衡。于是，一个新的阶级开始崛起，它明确地提出关于未来的理论。由于其理论具有如此的普遍性，它动员了社会的大部分力量。旧统治阶级中的许多成员也弃暗投明，拥护这一新的事业。当旧制度崩溃"尘埃落定"时，一种新的秩序就被创造出来——比它所取代的更先进——然而这个新社会给予群众（他们很快就被遣散）物质方面的待遇，往往并不比过去好多少。

马克思的这个范式源自他对英国和法国革命的研究，它对东欧的情况，也是异乎寻常地适合。让我们先考察一下布朗克·米兰诺维奇（Branko Milanovic）做的分析。米兰诺维奇是一个经济学家，在华盛顿的世界银行工作，他尽管（或也许是因为）受过贝尔格莱德的训练，对马克思主义却毫不同情。在 1989 年以前出版的一本书中，米兰诺维奇认为，东欧的形势最好可以理解为三部分利益的冲突：中产阶级的官僚，他们的身份地位与现状密切相关；"技术专家"（technocrats），他们控制着企业却怨恨中产阶级的官僚，因为体制促使他们必须依赖中产阶级的官僚，他们大都喜欢市场改革带给他们的高度自治；工人阶层，他们"更喜欢劳动管理权限的下放，因为这样能够强化他们的重要性和权力"[31]。

简而言之，米兰诺维奇看到了阶级冲突：中产阶级的官僚寻求维持现状，技术专家力求推进市场改革，工人则向往劳动管理和工厂的民主化。虽然他引用托克维尔的观察评论预言，"对一个政府来说，最危险的时刻是它试图变得更好的时刻"[32]，但他并没有预见到事情的变化会如此迅猛，他对工人利益至上的怀疑也被证实。[33]

所以，我们看到，马克思主义者的理论以令人惊异的细节证实了这种情况。有益于快速工业化的生产关系开始和生产力发生冲突，并束缚生产力的发展。权力的天平从官僚和政党官员转向工业化进程中产生的管理阶层，这个阶层通过以普遍的话语（即自由民主）表示他们的不满，赢得了与他们的经济角色相称的政治权力。许多公务员加入他们的行列，积极地摆正自己的位置，以便从当前正在进行的"私有化"改革中攫取利益。工人阶级拖着他们的躯体进行重大的游行，他们变得道德败坏，被迫遭受着经济改革的主要遗产——日渐恶化的失业的冲击。[34]

显而易见，马克思主义的范例在大多数细节上都已经被证实——然而它却一直被质疑。这就是第一个悖论：一个被质疑的理论被证实了。第二个悖论是对这个问题的部分解答，即历史唯物主义预言了它自己的定期衰落。马克思最具煽动性的论断之———萨特（在我看来，这是正确的）宣称是"绝对正确的"[35]——是"统治阶级的思想在每一个时代都是占统治地位的思想"。马克思补充道："一定时代革命思想的存在是以革命阶级的存在为前提的。"[36]

我认为马克思的意思是说，革命思想（如果不介意的话，可以称为革命理论）是和阶级斗争的命运密切相关的。这样人们就可以预见马克思主义自身魅力的盛衰消长，它在广大民众的激进主义时代发展壮大，如 20 世纪 30 年代的大结盟运动或 20 世纪 60 年代的反种族主义和反帝国主义运动，在阶级斗争失败时则失利衰落。第二次世界大战后近 10 年间，美帝国地位的巩固，或 20 世纪 60 年代后的反攻，这个反攻开始于 70 年代中期，嚣张于在整个 80 年代，一直持续到 90 年代。

很明显，后一时期的确是马克思主义的回落（rollback）阶段。从国际形势上看，从1949年的中国革命为起始，以1979年的尼加拉瓜革命为终端，席卷整个亚洲、非洲、拉丁美洲地区的成功的革命武装斗争的汹涌浪潮已经跌落。诺姆·乔姆斯基和爱德华·赫尔曼正确地评价道：美国在越南战争中并没有失败。[37]必须承认，我们在军事上被打败了，但是我们很大程度上实现了我们更为重要的目的：向第三世界的人们表明，对资本主义秩序的任何挑战都不可能获得成功。[38]即使武装斗争胜利了，胜利者仍不能兑现他们人人平等发展的诺言。经济的扼杀、高技术以及"低强度"战争的适当结合能够摧毁哪怕最为坚决的革命政府。如果说在成千上万的第三世界国家的穷人当中，所有的希望都破灭了，这将是错误的，但毫无疑问的是，第一世界的主宰者们现在大大松了一口气。让我们回顾一下罗纳德·里根的踌躇自满而再三重复的吹嘘："在我任职期间没有丢掉一寸土地。"

在国内，多数人的利益受挫也许不明显，但却是实实在在的。到第二次世界大战结束时，超过 1/3 的美国劳动力被组织起来。到 1992 年，这个比例已经降到 1/6 以下。贫富分化尽管在战后司空见惯，但是在 20 世纪 80 年代却得到加强。占全部人口 1％的最富裕者，税后家庭平均实际收入从 1977 年到 1991 年提高了 136％，同时，60％的社会底层，税后的家庭平均实际收入却下降了 10％。[39]失业率，在 20 世纪 60 年代平均为 4.8％，在 80 年代则平均为 7.2％，几乎提高了 50％。每周的平均收入（以 1987 年的美元比价计算）在 70 年代是 356 美元，但是在 80 年代却跌到 318 美元。[40]这几乎不再是什么秘密，曾经预言的安全体系现在已经是破烂不堪、漏洞百出了。饥饿的孩子、暴力的青年、无家可归的人们和老老少少的乞丐，给我们的城市这样一种感觉：第三世界的贫民窟。沿着这个逻辑，在一定意义上，反对贫困的战争就变成了反对穷人的战争。很显然，富人赢得了这场战争。

把过去的 15 年看做这样的时代，即资本影响力强烈地反攻两个主要挑战——第三世界革命运动向国外的扩散和国内似乎不断改善的卫生、安全、环境和福利措施，似乎是合情合理的。假设反攻成功了，就应该相信（如果历史唯物主义的基本论点是正确的），这种哲学在理论上是和工人阶级相联系的，在近来反帝运动的实践中，这种哲学应该发现自己处于危机之中——它确实存在这种危机。

如果衰落（如预见的那样）是暂时的话，第二个悖论——一种理论预见了它自己的衰落——当然是可以得到解决的。但是情况会这样吗？人们极易感到马克思主义在第一层面上两个要素冲突的影响力。马克思主义旨在成为一种科学的理论，一种立足于对现实的经验世界的理性理解基础上的理论。然而，它又是一种希望哲学（a philosophy of hope）。就后一方面来说，马克思主义不过是《圣经·新约》祝福的轻微变种："保佑被剥削者吧"，马克思说："因为他们应该继承这片土地"。

对马克思和大多数马克思主义者来说，这个希望一直被认为是理性的。马克思主义的科学性和它的期望也许有时会成为辩证的矛盾——但不是永久的矛盾。但是，如果马克思是错误的，结果会怎样呢？如果乔恩·厄尔斯特（Jon Elster）是正确的，又会怎样呢？一场真正的社会主义革命（即建立一个真正优越于资本主义社会的革命）既要求成功的客观条件，也要求成功的主观条件。必须有人力和物力资源以允许一个更高级、更具人性的生活方式，必须有一个能充分鼓动起来的以结束现存秩序的代理人。这就是基本的马克思主义。但是，厄尔斯特（和其他一些人）反驳道，条件已经今非昔比，在可以预见的未来，甚至永远都将如此。[41]发达的资本主义世界已经具备必要的客观条件，但是却缺乏代理人，因为工人们现在失去的将不仅仅是锁链了。第三世界具备了主观条件，但是却缺乏一个产生真正社会主义社会的资源。如果情况确是如此，人们必须在科学马克思和乌托邦马克思之间进行选择——然而如此切分，马克思主义就不再是马克思主义了。于是，马克思主义的第二个悖论就退化为真正的、非辩证的矛盾了。

由于马克思主义者的另一悖论，我想对目前形势提出另一种解读，这种解读更具希望，也更具悖谬性。我把另一悖论陈述如下：马克思主义是革命哲学，但却错过了也许是当今世纪最伟大的革命。它本来是不需要错过的。

这种革命和马克思主义的核心部分是完全一致的。然而，作为人们所曾希望或期待的理论，以及现在依然进行的大规模的、类似的尝试性运动，马克思主义并没有很有力度地倒转恩格斯所说的"世界范围内女性的历史性失败"。20 世纪开始的几十年，斗争从争取正式的政治权利扩大到女性运动，几乎无处不取得最终的胜利。如果说过去的 15 年对工人阶级和第三世界人民来说是失败而不是胜利，那么对女性就不能这样说了。众所周知，20 世纪 60 年代后期以来，女权主义的理论工作和激进主义的实践都得到了蓬勃的发展，这一运动发源于北美，扩展到世界各地。成果不可避免地不均衡分布，结果也必然不均衡。在这场"最长的革命"中，既有胜利，也有挫折，但是在我看来，取得的胜利却无一能与 20 世纪出现过的伟大胜利相提并论。[42]

我曾经断言马克思主义错过了这次革命，但是在这里人们必须公平，必须信任值得信任的地方。马克思主义，从它的诞生开始，就承诺理论上的性别平等。马克思主义的哲学家，可以回头看看他们喜爱的著作，决不对大多数其他哲学家的行事方式阿谀奉承。[43]当代女权主义理论中的重要潮流都深受马克思的影响，也是毫无疑问的。[44]

相比于其他政权的记录，马克思主义的实际记录也并不是那么糟糕。俄国的妇女先于美国的妇女获得选举权。以前民主德国的女性——很多人都极度震惊——她们现在面临着利益的丧失，而这些利益她们长期认为是理所当然的。[45]我并不是想暗示马克思主义的制度排除了男性的统治优势——离那还远着呢。我也不认为，马克思主义制度下妇女的状况比同等的非马克思主义制度下的妇女状况好。然而，我认为，这种比较性的记录效果不错。[46]

即便情况如此，但事实上，马克思主义几乎没有敞开双臂拥抱女权主义。马克思主义不但理论上和女权主义一致，而且（我认为）马克思主义在其核心上也是支持女权主义的，但马克思主义者和女权主义者之间关系还相当紧张。这值得问其原因。

这并不是一个容易回答的问题，原因不是因为太少的可能性出现在脑海，而是因为太多——从动情的个人遭遇到大范围的理论批判，尤其是女权主义者对马克思主义的批判，相反，也有马克思主义者对女权主义的批判。让我在这里谦虚点，说出我的部分答案。但是，在我看来，这个答案对马克思主义的前途具有相当大的意义。

即使有的话，也很少有马克思主义者能够否认女权主义者事业的合法性。当然，妇女一直是受到压迫的——这是马克思主义自身的一个基本原则。被压迫的团体当然有权利为推翻压迫而斗争，这些斗争还应该得到支持。棘手的问题是这种斗争的概念化问题——它和阶级斗争的关系。这个难题的一个重要原由，也许是最为重要的原由，是马克思主义者有关革命的概念。直率地说吧，马克思主义者很容易设想工人阶级发起一场革命：武装起义、全国性的大罢工、甚至（可以想象到的）一场大规模的选举胜利。但是，妇女怎么能发起一场革命呢？马克思主义者，尤其是男性马克思主义者，都会大跌眼镜并想到里绥斯特赫拉王国①里的女英雄们。

的确，马克思主义者会同意，一场成功的工人阶级革命必然会卷入大量的妇女，并且她们的特别要求必然被予以承认。但是，大多数马克思主义者很难明白，女权主义除了作为动员的工具把妇女卷入到真正的斗争——"战争之父"，如果你愿意这样称呼的——以外，他们对夺取政权如何能够有大的贡献。

让我说得更清楚点，我并不是说当马克思主义者断言除非工人阶级获得解放，否则妇女的真正解放是不可能的时候，他们（我们）是以不道德的信仰为原则来行事，我相信，那个断言是正确的。当我们承认（我们必须如此）社会主义并不保证男性统治的结束时，我们也不是不真诚的。我正要说的是，马克思主义者（尤其是男性马克思主义者）很难对两种斗争都给予同等的重视，因此也很难以足够认真的态度来关注女权主义者的理论研究和实践行动，这种研究和行动与阶级并没有明显或直接的联系。很难给予同等重视的原因是由于很难明白女权主义者的方案对革命的贡献。

让我介绍一个次要的悖论，那就是，大多数革命哲学的信徒——马克思主义者（发达资本主义社会及许多第三世界里的），都不再十分相信阶级革命了。那些以马克思名义提出的革命常常使我们大失所望。议会选举的道路——以20世纪70年代的欧洲共产主义为例——似乎一无所获。某些马克思主义者依然坚持大爆炸（big-bang）理论：某一天，我们每天在报纸上看到1 001种"危险"（crisis）——预算赤字、第三世界债务、储蓄贷款丑闻、日益腐朽的内部组织、消费品信用贷款的超负荷和（非经济因素的）毒品、犯罪、艾滋病、教育、卫生保健、环境等——某一天，这些危险聚合成危机（Crisis）和经济崩溃（Collapse），我们将在危机和崩溃的灰烬中点燃社会主义的希望。

我远不能声称不可能会发生这样的崩溃。如我在本书所主张的，资本主义远非稳定，在结构上它不能够解决我们的基本社会问题。但是我确实希望声称，除了纯粹的希望之外，马克思主义的核心中再没有什么东西可以使我们相信，我们在大灾难的灰烬中点燃的是梦想，而不是法西斯主义的噩梦。

---

① Lysistrata，西方作品中类似于《西游记》中的女儿国。——译者注

我想几乎所有的马克思主义者现在都知道这一点，我们是心知肚明。

那么，我们在哪里丢掉了这个梦想呢？用以全面评价当前进行的世界历史的"革命"概念，和马克思主义者基本的"革命"概念已经成为障碍，它成为一种马克思主义者无论如何都不相信的概念。我认为这个问题的答案显而易见，至少表面的答案如此：马克思主义需要一种不同的革命概念或理论，以使我们对这个世界正在发生的问题获得更为明白的见解。马克思主义需要一个根本改变的新观念，这一观念很少受武装起义和暴力解放设想的情感约束。在我看来，马克思主义的未来主要依赖于这一点。

如果对马克思主义者第三个悖论的表面回答是清楚的，那么实质的回答就不尽然了。这里显然不是提出新的革命理论的地方，即使我能提出（实际上我提不出）。[47]相反，还是让作者以与自身相关重要的东西——不是新的理论，而是新的实践，来做一总结吧。这样做不免有些惶恐，因为左派人士时常由于对远非国内的游击队斗争狂热而遭受嘲笑。但是，马克思主义者希望的本性是，相信解放运动能够真正地具有创造性，能够展现出新的可能性。基本理论问题不是能够抽象地解决的。马克思喜欢引证歌德《浮士德》上的一句话："行动先于一切。"

大家都知道1989年是东欧的"革命年"。即使当时都知道，现在也很少有人记得，在1989年，一位社会主义者钢铁工人差点儿被选为巴西总统——巴西，是一个被庞大的债务和不平等折磨着的、被经济危机和环境危机折磨着的第三世界国家。巴西是世界第九大经济强国、世界第四大食品生产国。它资源极其丰富，并拥有第三世界最大的工业中心。路易斯·伊纳西欧·卢拉·达·席尔瓦（Luis Inacio Lula da Silva）是工人党（PT）推出的总统候选人，该党在10年前才成立。

就是这个党，我想对它作一番考察，因为它是个极不平常的政党。这个党以令人感兴趣的方法把马克思主义的要素（如，关心阶级，关心有组织的以群众为基础的斗争）和受女权主义理论重大影响的要素（如性别、多元性、参与、非暴力）掺和到一起。这种掺和决非没有问题，但在要素掺和过程中，该党似乎趋向于一个"激进转变"的新观念。实际上，该党认为它在进行一场"独特的战略实验"[48]。

这个工人党是一个"工人的党"，它有意地拒绝列宁主义的严厉纪律模式，也有意拒绝武装斗争。[49]该党相信，"民主，应该理解为公民广泛地集合在一起参与政治和表达意见的权利，不能被看做是一种资产阶级的价值，因为当民主被工人阶级接受时，已经变成了一种普遍的观念"[50]。它是一个试图参与建设强大"市民社会"的政党，它有意地把自己建设为和各种广泛群众运动保持组织联系的党，这样的运动在巴西已经扩散开来。这个党 1979 年创立时的政治宣言声明：

> 工人党的信念是伴随着最近的广泛社会运动的发展壮大产生的，这个运动现在已从工厂扩散到街道，从工会扩散到一般的基督教社区，从生活费用运动协会扩散到居民协会，从学生运动扩散到教授协会，从黑人运动发展到妇女运动及发展到其他各种人的运动，如为土著人而斗争的那些运动。[51]

这是一个有群众基础的党，它由 150 万好战分子［他们当中有极具影响力的普劳诺·弗赖尔（Plauo Freire）和另外的 400 万支持者组成］。要成为这个党的正式成员，必须隶属于某个群众组织。工人党旨在让受压迫者掌握权力，而不仅仅是动员他们为了某种目标或为了"中央委员会"选举领导而努力。在这个党内有各种各样的官方承认的"派别"，其中某些具有明显的马克思主义性质，而另外的许多派别则没有。所有的派别都有权利提出纲领和候选人，以供党员讨论和选举。

我不想暗示说该党已经找到了解决困扰左派问题的神奇答案。[52]然而，我只是想强调，妇女在工人党内起了很大的作用，妇女的问题是具有显著特色的问题。如工人党的创始人之一的玛丽亚·海伦娜·莫雷拉·阿尔维斯（Maria Helena Moreira Alves，里约热内卢大学拉丁美洲和政治经济问题研究的教授）所评论的：

> 妇女们并没有"妇女委员会"，但是她们渗透于整个工人党，制定了关于妇女问题的党纲，对党施加相当大的影响，并被选为全国各地各种各样的政府官员。工人党已经在它存在的简短时期内选举了三位妇女担任主要城市的市长（其中包括世界第三大城市圣保罗）和巴西历史上的第一位黑人女议员。[53]

所有这些，和经济民主及马克思主义的未来有何联系呢？请允许我作最后一番考察。马克思主义在其辉煌时期的力量，来源于它对被压迫者的现实斗争的关心、参与。在很多地方，在很长的一段时间里，马克思主义在这样的斗争中都处于支配地位。但是，由于各种各样的原因，其中既有历史的原因，也有哲学的原因，这种支配地位衰落了。解放斗争（如正在巴西进行的）使人们日益开始反思体制和价值，逐渐对多元化、参与、非暴力、等级制度、单一模式失去信任。对于这些体制和价值，女权主义（吸收了它自己的创造性经验）比马克思主义给予了更多的关注。所以，在我看来，马克思主义将会日益被认为，和日益把自己视为解放哲学的一个部分，而不是解放哲学的全部。解放哲学里还有其他部分，各个部分辩证地互相影响互相丰富。

我想（被适当充实的）马克思主义将依然是理解资本主义经济、国家和国际政治经济秩序运行的钥匙。它将继续为我们理解"经济基础"如何有时敏锐地而有时并不敏锐地影响我们的政治和文化提供洞察力。马克思主义不会让我们忽视阶级问题，它对人类可能性的预见将继续给我们以鼓舞。令人奇怪的是（也是另一个悖论），马克思主义也许并不比本书一直关注的重点更为根本：建构切实可行的反资本主义或后资本主义经济结构。在这里，马克思主义的实践记录在很大程度上是负面的，而且它的理论也是不成熟的（underdeveloped）。

当然，对于这些问题的理解，马克思主义并不比我们更为根本：我们的性别身份和心理倾向如何构建，这些因素在促进和阻碍解放运动中起何作用，我们必须采取什么行动以打破充斥着我们当今世界的各种暴力循环（从亲朋间的相互仇杀到国际上的对抗），我们如何把种族和人种间的差别仇恨转变为丰富多彩的生活[54]，我们必须做什么才能使我们的星球免于毁灭等。这里其他的观点将更为重要。

因此，和资本主义的前途相邻，我想，马克思主义的确是有前途的。资本主义不能兑现为全人类自由的希望、博爱的自我实现这一承诺；对自由和自我实现的渴望，资本主义既不能消灭，又不能将其控制在安全的范围内，而这是它运行的根本。扰乱人间的妖怪已经钻出了束缚它的瓶子。

不过，我还是担心马克思主义能否重新赢得它作为解放哲学的支配地位。[55]任何一种理论看来都不可能像马克思主义曾经所处的支配地位那样。任何把自己首先局限于经济批判的运动都是不可能成功的，即使这种批判提出了一种可行的选择，如经济民主，也是不能成功的。情况变得越来越清楚，为了实现经济民主——为了实现妇女解放，为了结束种族主义，为了可持续发展的环境，为了世界和平——我们将不得不瞄准更多的目标，而不是其中的任何一个目标。为了实现某种东西，我们应该为所有的东西而奋斗。

　　受像我提出的多元的解放哲学那样的思想指导的一场运动，能否成功地教化我们人类，进而实现马克思的预言？没有哪个马克思主义者依然相信这种必然性。历史唯物主义的原则将不得不被调适。不过，我依然相信马克思主义者的希望是一个理性的希望。障碍是结构性的和暂时的，而且可确认的力量正在积极推进，以排除其障碍。这些力量能够成功吗？也许行，也许不行。"人类始终只提出自己能够解决的任务"，"任务本身，只有在解决它的物质条件已经存在或者至少是在生成过程中的时候，才会产生"[56]。对于这一点，人们是能够相信马克思的正确性的。

　　但是，同样存在可以确认的抵制的力量——在我们自己的心灵里，更不必说财富和特权的抵制力量了。让我谨以沃尔特·本杰明（Walter Benjamin）的话来结束本书："敌人还没有放弃获胜的企图。"[57]

［注释］

　　[1] 大学自由课程是20世纪60年代末70年代初美国大学的普遍特色：学生和老师相聚一起，非正式地研讨课程表中没有开设（或草草对待的）课题，不交学费，没有学分。

　　[2] 萨特（1963，pp. 17－18）。

　　[3] 马克思（1967，pp. 19－20）。

　　[4] 马克思：《1844年经济学哲学手稿》，弗罗姆版（1966，p. 127）。原著强调。［参见《马克思恩格斯全集》，中文1版，第42卷，120页，北京，人民出版社，1979。——译者注］

　　[5] 关于马克思的共产主义和历史唯物主义，这里还有一本大部头的深奥的著作，其大部分完成于最后的20年，并且大部分是受科恩启发的。科恩以极大的才气试图把有关马克思的问题用分析哲学的概念工具重新解释（Cohen, 1978）。在下文中，我不能公平地对待这本著作。相比于本书其他部分的目的，本章的目的仅仅是提供一些深思熟虑的反思，而不是全面的观点。

　　[6] 马克思：《1844年经济学哲学手稿》，见伊斯顿和古达特版（Easton, Guddat, 1967，p. 280）。

　　[7] 马克思：《1844年经济学哲学手稿》，弗罗姆版（1966，pp. 137－138）。原著强调。

　　[8] 马克思：《1844年经济学哲学手稿》，弗罗姆版（1966，p. 281）。

　　[9] 如韦尔（Ware, 1992b, p. 135）指出的，人们应该谨慎地阅读这个文本，因为它是匆匆写就的，而且是直接为爱森纳赫派的领导人写的。爱森纳赫派是马克思和恩格斯所支持的一个团体，但是马克思和恩格斯认为，在和拉萨尔派结盟时他们放弃了重要的原则。

　　[10] 有文本的基础抵制这种认同，但是让我们先把这个问题搁在一边，稍后再作更多的论述。

[11] 在第七章，从资本主义向经济民主转变的各种方案都已经提出来了。这里，我想起了一个十分意想不到的方案（基本观点与这个假设并无关系）。

[12] 注意，这个术语来自瑟瑞安涅（Sirianni, 1988）。

[13] 我这里使用"终结状态"（end state）并不是指某种稳定的和固定的东西，而仅仅是指最初的转变经过一些年（或几十年）后的形势。如我们的描述所明确显示的，关于这种终结状态并没有什么是最终的。［我们经常忽视，马克思的"终结状态"也是缺乏终结性的。注意，马克思称共产主义为高级（higher）形态，而不是最高级（the highest）形态。］

[14] 我承认，修辞学上的"马克思"有时用于明白地表示他的远见，这似乎暗示了比我正在主张的更多东西（本章第一节的引证材料可证明），但是人们在这里应该仔细分辨。大多数激动人心的段落都是马克思年轻时写的，而且并不是用于发表。然而（且更重要的是），要明白我所描述的经济民主的高级形态是有点"不充足的"，它不能够使我们意识到，马克思时代和我们自己这个时代大多数人的生活各个方面之间的情况隔着多么巨大的距离。

[15] 马克思本人是否把共产主义当做是权威解释，我们不必再谈。我的论断是，经济民主的高级阶段解决了和社会主义（从资本主义带来的）同样实际的问题，而且本质上是用同样的方式，如马克思的共产主义的高级阶段做的那样。考虑到权威解释的霸权地位，关于马克思事实上相信什么的根据比人们可以想象的更为含糊不清。至于有关引证的考察，可参见摩尔（Moore, 1980）。不过，他的分析和我的分析却迥然不同。

[16] 列宁（1932, pp. 12ff）强调这一点。

[17] 我已经使用"民主社会"这个表述来代替更传统的"无阶级社会"，因为民主（如本书所定义的）的特点之一是没有任何"特权集团"（见第五章），就它们和这里正讨论的问题相关而言，术语"民主的"和"无阶级的"在本质上都是相当的。

[18] 为了避免在这里被误解，我并不主张警察和监狱总是必需的，马克思也没有认为它们总是必需的。我发现设想另一种制度或机制来维持社会秩序是十分似是而非的。我的观点是，马克思对共产主义的预见和更传统的手段的存在是相容的，只要它们彻底地削减数量和规模。

[19] 斯坦利·摩尔（Stanley Moore, 1980, pp. vii-viii）断言，当他的凶残的政权废除货币和市场时，波尔布特（Pol Pot）是根据马克思的设想来行动的，因为"工资和市场，货币和银行在一个彻底的共产主义社会里的确是无法存在的"，摩尔认为，波尔布特试图如此突然地跳跃到彻底的共产主义的做法是非马克思主义的。这种对彻底的共产主义（及过渡到共产主义）的解释，在马克思研究者当中当然是霸权的，是遵循着列宁的思路的。见列宁（1932, pp. 78ff）。

[20] 明白易懂的解释，见韦尔（1992b）。

[21] 马克思：《哥达纲领批判》，麦克米兰版（1977, p. 568）。

[22] 更准确地说，我否认这个原则必然要求没有货币收入或者市场买卖。我不是说，无货币、无市场的经济是不可能的；我是说马克思的共产主义的生产和分配的原则和货币

与市场继续存在的经济是相容的。

[23] 在我看来，弗里曼的评价是主张"自由消费"的充分的条件，虽然不是必然的条件。即使某人偶尔记起因为没钱而拒绝过自己，他依然可以认为是已经自由地消费了，只要这种贫困或者说剥夺行为（deprivation）并不严重。马克思的口号——"各取所需"——的理性的要求是社会的前景，在那里，任何人的消费都不是极度过分的或严重限制的。如韦尔（Ware，1992b，p. 146）指出的，马克思用的德语的"Bedurfnis"（需要，必需——译者注）一词，并没有使"needs"和"wants"区别开来，所以这个口号不应该给予太严格的解释。

[24] 马克思：《哥达纲领批判》，麦克米兰版（1977，pp. 567 - 568）。

[25] 参见麦克米兰版（1977，pp. 566ff）。

[26] 摩尔（Moore，1980，p. 71）看到，马克思在《哥达纲领批判》中主张的模式实质上和马克思前几年严厉批判的李嘉图主义的社会主义者相关的模式是一致的。很难相信这种模式代表了马克思对社会主义结构的深思熟虑的判断。

[27] 伊斯顿和古达特版（1967，p. 281）。

[28] 马克思、恩格斯：《德意志意识形态》，弗罗姆版（1966，p. 206）。

[29] 马克思、恩格斯：《〈政治经济学批判〉序言》，弗罗姆版（1966，p. 218）。[参见《马克思恩格斯选集》，2版，第2卷，32~33页，北京，人民出版社，1995。——译者注]

[30] 萨缪尔森（1973，pp. 883，881）。

[31] 米兰诺维奇（1989，pp. 79，63）。后一个论断被1985年的一个调查证实。调查发现，87%的波兰工人向往自我管理，这个数字大大高于56%的赞成教会要起巨大作用的人的比例。引自诺尔（Norr，1987，p. 292）。

[32] 米兰诺维奇（1989，p. 82）。

[33] 关于苏联形势极为相似的分析，参见对俄罗斯院士利欧尼德·戈登（Leonid Gordon，1991，pp. 26 - 27）的访谈录。像米兰诺维奇一样，戈登也区分了三种相互竞争的力量：处于中心的当权阶级（middle-level nomenklatura），他们赞成旧的体制；知识分子、技术专家、管理人员和一些技术熟练的工人，他们向往资本主义；"约半数或2/3的工人和农民"，他们支持"工人控制资产的经济民主"。

[34] 按照马克思主义的经典范例，这样的革命的发展仍然是进步的——使大多数人进入到比他们以前更好的状况，并获得真正的自由。我也认为这个结论是正确的。我们很难不发觉，一个历史性的机会已经被错过（回顾我们第七章的论述），但是我不想断言，劳动人民的生活不容置疑地比以前更为恶化。况且，斗争似乎还远没有结束。虽然技术专家阶层（和大多数知识分子）的精英们正努力向资本主义推进，但是他们前进的道路上依然障碍重重：在这些国家至今仍然没有根深蒂固的资产阶级，也没有相关的操纵民主程序的丰富经验；"私有化"的机制证明很难实现；那些深陷资本主义道路的范例（民主德国和波兰）也并不令人鼓舞。哈瓦德的同事，美国政府的苏联经济问题顾问鲍里斯·鲁默（Rumer，1991，p. 22）这样评论道：如此数量众多的东欧技术专家和知识分子向往"实行

有利于私人投资的自由政策的独裁领导"，也就不足为怪了。

[35] 萨特（1963，p. 17）。

[36] 马克思、恩格斯：《德意志意识形态》，弗罗姆版（1966，pp. 212 - 213）。

[37] 乔姆斯基和赫尔曼（1979b，ch. 1）。

[38] 在这一部分，我有意识地把自己当做一个美国公民，因此我在这里和后面使用"we"（我们）和"our"（我们的）。

[39] 麦金太尔（McIntyre，1991b，p. 26）。

[40] 米舍和西蒙（Mishel and Simon，1988，p. 51）。年轻人的家庭遭受打击尤其严重。埃德尔曼的数据（Edelman，1992，p. 14）表明，以30岁以下的人为主的家庭的中等收入在1979年到1990年间非常惊人地下降了25%。

[41] 参见埃尔斯特（Elster，1986，pp. 54 - 63）。

[42] 我并不想缩小最近反对女权主义的"对抗性反应"——参见法鲁笛（Faludi，1991）——但是我认为总的评价还是站得住的。

[43] 在经典文献中，男性至上主义的丰富例子，参见奥金（Okin，1979），尚利和佩特曼（Shanley and Pateman，1991），或图安娜（Tuana，1992）。

[44] 关于马克思主义的女权主义和社会主义的女权主义，参见贾加尔（Jaggar，1983），也可参见堂（Tong，1989）。

[45] 参见鲁道夫、阿佩尔鲍姆和迈尔（Rudolph, Appelbaum and Maier，1990）。这种现象绝不限于民主德国，而是遍及整个东欧。见辛普森（Simpson，1991）。

[46] 该论点的详细的论述与具体论证，参见弗格森（Ferguson，1991，ch. 8）。

[47] 必备的起点是哈尔·德雷珀多卷本的研究（1978，1981，1986，1989）。

[48] 萨德尔和西尔弗斯坦（Sader and Silverstein，1991，p. 106）。

[49] 萨德尔和西尔弗斯坦（1991，p. 106）认为，这个党实质上并不拒绝武装斗争，"但是更准确地说是拒绝了某种武装斗争，即主张为了创造一个政府领导的社会而推翻现存政府，然后宣布独立的社会运动为不合法的武装斗争"。无论如何，工人党并不把武装斗争视为它近期获得政治权力的努力方向。

[50] 萨德尔和西尔弗斯坦（1991，p. 107）。引自工人党文件。

[51] 莫雷拉·阿尔维斯（Moreira Alves，1990a，p. 234）。我对工人运动的说明来自这篇论文和来自莫雷拉·阿尔维斯（1990b）、萨德尔和西尔弗斯坦（1991）、坎马克（Cammack，1991）。

[52] 紧接着鲁拉（Lula）最近的胜利（这件事在统治集团的精英人物中引起了恐慌），工人党在1990年的国会选举中遭受了重大的失败。然而，工人党只不过是几个左派党之一，所有支持鲁拉的在决定性竞选时都投票反对科勒（Collar）。关于统治阶级的恐慌和后来的"骗局"，参见萨德尔和西尔弗斯坦（1991，ch. 7）。关于工人党未来的谨慎的评价，参见坎马克（Cammack，1991）。

[53] 莫雷拉·阿尔维斯（1990a，p. 236）。最后一句引自莫雷拉·阿尔维斯（1990b，p. 14）。

〔54〕最近的和正在进行的事件表明，这个事业已经变得极度地紧迫。重新考虑种族、种族主义、种族划分等，也许可以更好地引起我们民主观念的重大变化——并带来影响深远的实践结果。

〔55〕我并不是说，生气勃勃的马克思主义不能把它的洞察和别的先进观点结合在一起，但是出于同样的考虑，其他的观点看来也同样能够把它的洞察和马克思主义的先进观点结合在一起。人们是否把自己看作马克思主义者，或许和他相信什么没有多大的关系，而和他的特殊的知识、情感和政治发展背景有着更大的关系。

〔56〕马克思：《〈政治经济学批判〉序言》，弗罗姆版（1966，p.218）。

〔57〕本杰明（1969，p.255）。

译后记

　　《反对资本主义》是美国芝加哥洛约拉大学哲学系教授、西方著名的左翼学者戴维·施韦卡特的代表作。书中提出了西方市场社会主义的一种重要模式——"经济民主"（其他的模式还有戴维·米勒的"合作制的市场社会主义"、约翰·罗默的"证券的市场社会主义"等）。

　　在本书中，作者以经济民主作为社会主义的范型，以自由放任（古典自由主义）作为资本主义的范型，就效率、增长、自由、平等、民主与自治等经济、政治价值比较项，详细论证了经济民主的市场社会主义相对于自由放任的资本主义和现代自由主义的资本主义所显示出来的优越性。

　　为进一步证实实行"经济民主的市场社会主义"的必要性与可能性，作者还论述了它如何可能从发达的资本主义、指令性的社会主义和不发达的后殖民国家过渡而来，并表明了其他社会主义形态——指令性的社会主义、技术统治的市场社会主义与非市场参与的社会主义——的缺陷所在。

　　最后，作者反思了资本主义向社会主义过渡的哲学基础——马克思主义的历史唯物主义，以此表达出对社会发展进步的理念。

　　本来，20世纪80年代中后期，苏联、东欧社会主义国家先后解体或转向，似乎"社会主义已彻底失败"，但西方左翼学者对市场社会主义的研究不但没有偃旗息鼓，反而在反思苏联、东欧社会主义失败的教训的基础上进一步旗帜鲜明地提出：市场社会主义是发达资本主义走向社会主义的唯一可行的方案。从本书论点之鲜明、论据之充分、论证之严密可以看出，施韦卡特就是这样一位大智大勇的学者。毫无疑问，此类西方学者的政治、经济制度取向有助于我们坚定社会主义必将战胜（超越）资本主义的信念。

　　市场与社会主义的关系问题一直是社会主义理论与实践中的一个重大问题。以施韦卡特为代表的西方市场社会主义者对市场能否与社会主义结合以及如何结合的问题进行了有益的探讨，这对我们目前正在进行的以建立中国特色社会主义市场经济为宗旨的经济体制改革无疑具有重要的借鉴意义，对推进以民主政治为目标的政治体制改革也不无启示。当然，从本书中同时可以看出，施韦卡特对自己所坚持的社会主义价值取向——效率、增长、自由、平等、民主与自治等还缺乏辩证统一的认识，而且到底也没能提出如何才能实现他所倡导的"经济民主的市场社会主义"的可行路径，没能找到实现这一理想社会的主体力量，因而其社会主义（共产主义）仍不免是"乌托邦"。另外，不容忽视的是，无论施韦卡特对中国有多"同情"，他与我们还是存在着立足点和视角上的歧异：一个更多的是从发达资本主义国家出发，一个坚定地从社会主义的初级阶段出发；一个更多寻求的是市场与社会主义的结合，一个执著探求的是社会主义与市场的结合。

本书的翻译是集体协作完成的。具体分工如下：

李智博士　前言、第二、三、四章；

刘曙光副教授　第一章；

杨晋涛博士　第五、七章；

陈志刚博士　第六、八、九章。

2002年，作者戴维·施韦卡特到杭州参加"全球化与中国的发展之路"研讨会，应邀为中文版写了序，此序由李智翻译。

全书由李智负责统稿。

翻译本是一难事，译者自知疏浅，勉力而为，错谬之处还请读者批评指正。

李智

2002年8月

于外交学院国际关系研究所

图书在版编目（CIP）数据

反对资本主义/（美）施韦卡特著；李智等译 . —北京：中国人民大学出版社，2013.4
（当代资本主义研究丛书）
ISBN 978-7-300-17322-1

Ⅰ.①反… Ⅱ.①施…②李… Ⅲ.①社会主义经济-研究②资本主义经济-研究
Ⅳ.①F04②F03

中国版本图书馆 CIP 数据核字（2013）第 064373 号

当代资本主义研究丛书
反对资本主义
［美］戴维·施韦卡特（David Schweickart）　著
李　智　陈志刚　等　译
Fandui Zibenzhuyi

出版发行	中国人民大学出版社			
社　　址	北京中关村大街 31 号		**邮政编码**	100080
电　　话	010 - 62511242（总编室）		010 - 62511398（质管部）	
	010 - 82501766（邮购部）		010 - 62514148（门市部）	
	010 - 62515195（发行公司）		010 - 62515275（盗版举报）	
网　　址	http://www.crup.com.cn			
	http://www.ttrnet.com（人大教研网）			
经　　销	新华书店			
印　　刷	北京中印联印务有限公司			
规　　格	160 mm×235 mm　16 开本		**版　　次**	2013 年 4 月第 1 版
印　　张	22.5 插页 1		**印　　次**	2013 年 4 月第 1 次印刷
字　　数	398 000		**定　　价**	68.00 元